CHRISTINA MORINA

Tausend Aufbrüche

Die Deutschen und ihre Demokratie seit den 1980er Jahren

Pantheon

MIX
Papier | Fördert gute Waldnutzung
FSC® C083411
www.fsc.org

Verlagsgruppe Random House FSC® N001967

1. Auflage
Pantheon-Ausgabe September 2025

Neumarkter Straße 28, 81673 München
produktsicherheit@penguinrandomhouse.de
(Vorstehende Angaben sind zugleich Pflichtinformationen nach GPSR.)

Umschlaggestaltung: Büro Jorge Schmidt, München
Umschlagabbildung: © bpk / Bundesstiftung Aufarbeitung / Günter Bersch
Satz: satz-bau Leingärtner, Nabburg
Druck und Bindung: CPI books GmbH, Leck
Printed in the EU

ISBN 978-3-570-55517-0

www.pantheon-verlag.de

Inhalt

Einleitung: Demokratiegeschichte in integrierter Perspektive

Die Frage ist nicht, wie wir nach 1989 über den Kommunismus denken. Die Vision einer totalen sozialen Kontrolle [...] liegt in Trümmern. Die Frage aber, wie wir unser Gemeinwesen zum Wohle aller organisieren, ist so wichtig wie eh und je. Wir müssen sie aus den Trümmern hervorholen.[1]

TONY JUDT (2010)

Zuletzt bringt mir die freundliche Archivarin noch zwei unscheinbare Pappkartons. »Aufbau demokratischer Strukturen. Initiativen und Verbände ab Herbst 1989 (Informationsmaterial)« steht darauf, und nichts deutet auf die demokratische Wucht hin, die einem entgegenschlägt, sobald man die beiden Deckel öffnet. Fein sortiert von A wie *Aktion Pleiße ans Licht, Leipzig* bis Z wie *Zentralstelle für Recht und Schutz der Kriegsdienstverweigerer aus Gewissensgründen e. V., Bremen*, finde ich darin Hunderte von Flugblättern, Briefen, Konzeptpapieren und Demozetteln aus den Monaten rund um den Mauerfall. Sie sind von Initiativen verfasst worden, die sich *Aufbruch 90*, *Bewegung »Wissen für das Volk«* oder *Forum für direkte Demokratie* nannten und diesen historischen Moment der Öffnung in ein Laboratorium des demokratischen Neuanfangs verwandeln wollten. Endlich sollte im Osten, aber keineswegs nur dort, die »wahre« Demokratie geschaffen werden. In dieser Sammlung verhandelte also eine durch und durch in Bewegung gekommene Gesellschaft Ideen für die radikale Umgestaltung ihres Alltags, ihrer Wohnviertel, Betriebe, Schulen und Kitas, ihrer Vereine, Lokalparlamente und natürlich auch der Ordnung des gesamten Landes. Ich notiere und fotografiere jedes einzelne Blatt, staune und schmunzle manchmal auch über die unbändige, demokratiehungrige Fantasie, die sich hier ausdrückt, und ich wundere mich über die vielen deutsch-deutschen Bezüge, die in der öffentlichen

Verhandlung der 1989er-Revolution heute kaum mehr eine Rolle spielen. Nach dem Verschließen der Kartons steige ich die weite Treppe im Leipziger »Haus der Demokratie« hinab – ein Haus, das seinen Namen erkämpft und verdient hat und zugleich die Autorität eines altehrwürdigen Gymnasiums ausstrahlt – und denke: *tausend Aufbrüche!*[2]

Dieses lebendige Denkmal der Revolution von 1989 steht in einem Landstrich, in dem nun ausgerechnet die in Teilen rechtsradikale Partei Alternative für Deutschland (AfD) bei der letzten Bundestagswahl vom Herbst 2021 mit 24,6 Prozent zur stärksten Kraft geworden ist. Auch in Thüringen erhielt sie die meisten Stimmen (24 Prozent), während sie in Brandenburg und Mecklenburg-Vorpommern mit rund 18 Prozent als zweitstärkste Partei und in Sachsen-Anhalt mit 19,6 Prozent knapp hinter der CDU als drittstärkste Kraft aus den Wahlen hervorging. Die AfD hat also in allen ostdeutschen Bundesländern jeweils mindestens ein knappes Fünftel der abgegebenen Wählerstimmen erhalten. Wie schon 2017 ist die politische Landkarte Ostdeutschlands flächendeckend blau bis tiefblau eingefärbt, während die AfD im Westen im Durchschnitt »nur« etwa 10 Prozent der Stimmen erhalten hat. Ihren niedrigsten Anteil hat sie im Wahlkreis Köln II errungen (2,9 Prozent), ihren höchsten in Görlitz in Ostsachsen mit 32,5 Prozent der Stimmen. In der politischen Farbenlehre des Landes führt diese Unwucht nach Osten hin dazu, dass auf bundesdeutschen Fernsehbildschirmen anno 2021 die Umrisse von einstiger BRD und DDR noch so klar zu erkennen sind, als wäre die Mauer niemals gefallen. Im Übrigen zeigte sich die Unwucht nicht nur mit Blick auf die AfD-Wahlergebnisse, sondern auch im Abschneiden der Partei Die Linke. Deren lila eingefärbte Wahlerfolge waren – trotz starker Verluste – auch bei der neunten gesamtdeutschen Wahl in Ostdeutschland signifikant dunkler ausgeprägt als in Westdeutschland.

Was verbindet diese beiden historischen Entwicklungen – die demokratische Revolution voller positiver Aufbrüche und die überdurchschnittlich hohe Unterstützung für Rechtspopulismus und -radikalismus im selben Landstrich? Wie konnte aus der demokratischen Mobilisierung einer sich selbst befreienden Gesellschaft der Nährboden für eine antidemokratische Revolte entstehen?

Ganz offenbar haben die *tausend Aufbrüche* im Herbst 1989 in der deutschen Demokratiegeschichte ein sehr zwiespältiges Nachleben. Sie haben ein ungekanntes Maß an Hoffnung und Unsicherheit, an Beherztheit und Zweideutigkeit, an politischer Emanzipation und gesellschaftlicher Polarisation entfaltet – und entfalten es noch immer. Häufig wird diese widersprüchliche Bilanz allzu schematisch betrachtet und auf die eine oder andere Seite reduziert: hier die Jahre vor, dort die Jahre nach dem Umbruch von 1989; hier die Diktaturgeschichte der DDR, dort die Demokratiegeschichte der Bundesrepublik; hier die schockartige »Übernahme«-Erfahrung der Ostdeutschen, dort die unverfrorene Abwicklung dieser »Übernahme« durch die Westdeutschen – und schließlich hier die demokratieskeptische, verunsicherte Restgesellschaft, dort die gewachsene, liberalisierte Zivilgesellschaft.

Dieses Buch wählt einen anderen Blick, indem es erstmals das Wesen und den Wandel des Demokratie- und Bürgerselbstverständnisses der Deutschen in Ost und West für die Zeit sowohl vor als auch nach der Zäsur von 1989 beschreibt. Sein Interesse gilt den demokratischen Vorstellungs-, Erwartungs- und Erfahrungswelten »ganz normaler« Bürgerinnen und Bürger. Zugleich versucht es die politisch-kulturellen Folgen des Umbruchs von 1989/90 nachzuzeichnen, die das vereinte Land zweifellos beflügelt haben, es aber bis heute immer wieder auch gewaltig verunsichern.

»1989« in der deutschen Demokratiegeschichte

Welche demokratiegeschichtliche Bedeutung der Revolution von 1989 zukommt, ist nicht nur eine historiografische, sondern auch eine politische Frage. Sie wird seit geraumer Zeit sehr ernsthaft gestellt, bleibt aber meist ohne differenzierte Antwort und ist bislang von der zeithistorischen Forschung nicht systematisch behandelt worden. Aus globaler, transnationaler und noch viel zu selten historisch unterfütterter Perspektive ist sie in erster Linie Gegenstand publizistischer und sozialwissenschaftlicher Betrachtung – und damit fest eingebunden in die seit Jahren geführten innerdeutschen Selbstverständigungsdebatten.[3] Es ist an der Zeit, dass diese Frage als zeithistorische Aufgabe verstanden wird und die Transformationsforschung den Umbruch von 1989/90 in einem größeren demokratiegeschichtlichen Rahmen untersucht.

Am bislang eindrücklichsten – eminent politisch und zugleich rein akklamatorisch – hat Bundespräsident Frank-Walter Steinmeier die Frage nach der Bedeutung der 1989er-Revolution in seiner Rede am Vormittag des 9. Oktober 2019 im Leipziger Gewandhaus formuliert. Dieser Tag war nicht nur mit Blick auf die Leipziger Großdemonstration gegen die SED vom 9. Oktober 1989 – eines der Schlüsselereignisse der Revolution – ein bemerkenswertes Datum. Die Feierlichkeiten wurden nämlich auf grausame Weise von der Gegenwart eingeholt, als am Mittag dieses 9. Oktober ein Rechtsradikaler in Halle auf die dortige Synagoge einen Anschlag verübte und dabei zwei Menschen tötete. Die in der Synagoge betenden Jüdinnen und Juden waren nur deshalb verschont geblieben, weil sich die schwere Tür nicht hatte öffnen lassen. Dieser Anschlag war ein Fanal, ein unabweisbarer Beleg dafür, dass die Radikalisierung in Teilen Ostdeutschlands 30 Jahre nach der »friedlichen Revolution« erschreckende Ausmaße angenommen hatte. Nur wenige Monate später sollte ein in Hanau verübtes Massaker an neun jungen Menschen mit Einwanderungsgeschichte jedoch daran erinnern, dass Rassismus und rechte Gewalt im Deutschland der 2020er Jahre eindeutig *gesamt*gesellschaftliche Probleme sind.[4]

Der Bundespräsident hielt seine Rede zum Leipziger Festakt, in der er eingangs auch von einem »in Teilen verunsicherten« und von »Rissen« durchzogenen Land sprach, kurz bevor sich das Attentat in Halle ereignete. Doch vor dem Hintergrund der Morde klingt Steinmeiers zentrale Aussage in der Rückschau wie ein verstimmt intonierter Lobgesang. »Ihre Geschichten«, sprach er die im Saal anwesenden »friedlichen Revolutionäre« direkt an, »haben deutsche Demokratiegeschichte geschrieben«. Sie stünden damit »in der besten Tradition unserer Geschichte, in der Tradition der deutschen Freiheitsbewegungen von 1848 und 1918. Ihre Geschichten sind außergewöhnliche Geschichten von Sternstunden unseres Landes. Sie haben unserer Demokratiegeschichte einen wichtigen Teil hinzugefügt.«[5]

Aber worin bestand nun genau dieser Beitrag? Auf welche Weise hat die Revolution von 1989 unsere Demokratiegeschichte seither geprägt? Wie haben sich die politischen Kulturen in den beiden deutschen Staaten, die nach Kriegsende den Bezug auf die gemeinsame NS-Vergangenheit teilten, sich dann aber unter entgegengesetzten Vorzeichen jeweils eigenständig entwickelten, im vereinigten Deutschland aufeinander zubewegt? Wie haben sie sich verbunden, und wo unterscheiden sie sich womöglich auch heute noch? Und wie hängt diese Entwicklung schließlich mit der Geschichte nach 1989 und zugleich mit europäischen und globalen Geschehnissen zusammen?

Politikerreden geben auf all diese Fragen für gewöhnlich nur dürftige Antworten. Doch auch die zeithistorische Forschung, die sich bei ihrer Entstehung nach 1945 – zumindest im Westen – dezidiert als »Demokratiewissenschaft« verstand, hat sich bisher wenig mit der Demokratiegeschichte der Deutschen um 1989 auseinandergesetzt.[6] Nach wie vor ist das überwiegend ein Thema der Politik- und Sozialwissenschaft. Diese stützen sich dabei vor allem auf die Wähler- und Einstellungsforschung und liefern damit naturgemäß »nur« eine gesellschaftliche Zustandsbeschreibung. Um jedoch die Ursprünge und Reichweiten dieser Entwicklungen verstehen zu können, muss man sie historisch einordnen, also ihrer Vorgeschichte nachgehen – ohne freilich zu unterstellen, diese Entwicklung sei zwangsläufig gewesen. Damit wird es nicht zuletzt möglich, einige viel diskutierte Thesen zur Nachgeschichte des Staatssozialismus und zur Entwicklung der vermeintlich siegreichen liberalen Demokratie seit 1989 zu überprüfen. So haben die beiden Politikwissenschaftler Ivan Krastev und Stephen Holmes den Aufstieg des Rechtspopulismus in Ostdeutschland und in weiten Teilen Ost- und Südosteuropas als Folge einer gescheiterten »Nachahmung«[7] des westlich-liberalen Demokratiemodells gedeutet. Man muss jedoch fragen, inwiefern es sich nicht vielmehr um einen eigenwillig-demokratischen »Aufbruch Ost« handelt, der auf sehr spezifischen Erfahrungen mit und Verständnissen von Demokratie basiert und sich parallel zur Krise westlich-liberaler Demokratien (und diese verschärfend) entwickelt hat. Die von Philip Manow beobachtete »(Ent-)Demokratisierung der Demokratie«[8], die zunehmende Ablehnung der *repräsentativen* Demokratie in demokratisch verfassten Gesellschaften weltweit, hat mehrere Quellen. Diese lassen sich nur in zeithistorisch-vergleichender Perspektive sichtbar machen. Die deutsch-deutsche Perspektive, auf die sich meine Studie konzentriert, stellt dabei lediglich ein Kapitel dieser weiteren europäischen Demokratiegeschichte dar.

Eine politische Kulturgeschichte »von unten«

Das vorliegende Buch ist der Versuch einer gesellschaftsgeschichtlichen Annäherung an die jüngste deutsche Demokratiegeschichte – einer politischen Kulturgeschichte »von unten«. Es fragt danach, auf welche Weise sich die Deutschen in Ost und West als Bürgerinnen und Bürger verstanden und verstehen und inwiefern sich ihr Staats- und Demokratieverständnis unterschied und unterscheidet.[9] Welche Rolle spielten dabei sozioökonomische Faktoren sowie die generellen Umbrüche in den Lebensumständen der Menschen nicht nur im Osten, sondern auch im Westen des Landes?[10] Ich greife dafür auf meist massenhaft überlieferte subjektive Quellen aus der Breite der Gesellschaft zurück – beispielsweise Bürgerbriefe, Eingaben, Petitionen und Flugblätter –, um zu untersuchen, wie sich das Selbstverständnis von Bürgerinnen und Bürgern sowie ihre Ideen von Demokratie seit den 1980er Jahren gewandelt haben.

Vor uns liegt durchaus Neuland, wenn unter Bezug auf historische Selbstzeugnisse individuelle Vorstellungen von Demokratie und (Staats-)Bürgersein im geteilten und vereinten Deutschland rekonstruiert und im Spiegel der Wahl- und Einstellungsforschung analysiert werden.[11] Die Grundlage dafür sind noch weitgehend unerforschte Quellenbestände, deren Auswertung eine methodische Herausforderung darstellt.[12] Bei den für die 1980er und 1990er Jahre relevanten Quellensammlungen handelt es sich durchweg um Selbstzeugnisse und anderes Schriftgut »ganz normaler« Bürgerinnen und Bürger – damit sind Menschen gemeint, die im Untersuchungszeitraum weder ein herausgehobenes öffentliches Amt innehatten noch eine als historisch zu erachtende Verantwortung trugen. Die Dokumente stammen überwiegend aus Zusammenhängen, in denen sich Bürger in großer Zahl an »ihr« Staatswesen im weitesten Sinne gewandt haben, also an

Repräsentanten und Regierungsvertreterinnen, Parteien oder Bürgerbewegungen, Institutionen und Gremien. Das Konvolut umfasst im Einzelnen

- im Bundesarchiv überlieferte Briefe an die Bundespräsidenten Karl Carstens und Richard von Weizsäcker (die mir für den Zeitraum bis Ende 1991 zugänglich waren);
- vom Ministerium für Staatssicherheit (MfS) abgefangene oder dorthin übergebene Bürgerpost an die Staats- und Parteiführung, Ministerien und Medien der DDR;
- themenbezogene Petitionen, Flugschriften, Unterschriftensammlungen und Privatbriefe an das *Neue Forum* und etablierte oder im Umbruch neu entstandene Zeitungen in Berliner und Leipziger Oppositionsarchiven;
- und schließlich Tausende von Bürgerschreiben an die 1992/93 tagende, aus dem Einigungsvertrag hervorgegangene Gemeinsame Verfassungskommission von Bundestag und Bundesrat (GVK).[13]

Ich nehme diese vielfältige ost-, west- und gesamtdeutsche Bürgerpost nicht streng vergleichend in den Blick, sondern interessiere mich vor allem für die darin zum Ausdruck kommenden Vorstellungen von Demokratie, (Staats-)Bürgersein, Partizipation und Repräsentation. Ungeachtet der sehr disparaten Entstehungs- und Überlieferungszusammenhänge dieser Bestände ist der jeweilige Aussagewert in Bezug auf das Politik- und Bürgerselbstverständnis ihrer Verfasser beachtlich. Schließlich sei noch vorausgeschickt, dass die Auswahl, die ja wiederum auf einer Selbstauswahl beruht – denn nicht alle Bevölkerungsgruppen verfassen in gleichem Maße derlei Briefe und Dokumente –, keine im strengen Sinne repräsentativen Aussagen erlaubt. Dennoch ermöglicht das hier untersuchte Konvolut an Primärquellen einen substanziellen Einblick in die Vielfalt der gesellschaftlich verhandelten Vorstellungen, die von mir immer auch im Lichte der jeweils verfügbaren Wahl- und Einstellungsforschung gewichtet werden.[14]

Mein Buch verhandelt die jüngste Demokratiegeschichte allerdings nicht nur auf dieser individuellen und gesellschaftlichen Ebene, sondern fragt darüber hinaus danach, wie die Bürgerselbst- und Demokratieverständnisse aus der Zeit der deutschen Teilung nach 1989/90 bis zum Aufstieg der AfD unter der »ostdeutschen« Kanzlerschaft Angela Merkels weiterwirkten, wie sie sich miteinander verbanden oder auch verschieden blieben. Freilich kann das für die jüngste Zeit nicht mehr ähnlich quellengesättigt geschehen, denn ab 1992 sind vergleichbare Bürgerbriefbestände wie für die 1980er Jahre nicht vorhanden beziehungsweise aufgrund der 30-Jahres-Frist noch nicht freigegeben. Die am weitesten in die Gegenwart reichenden Bestände, die mir zugänglich waren, umfassen die Bürgerbriefe an Richard von Weizsäcker zur Hauptstadtdiskussion 1990/91 und die Eingaben an die Gemeinsame Verfassungskommission aus den Jahren 1992 und 1993, die im vierten Kapitel analysiert werden. Schlaglichtartig lässt sich an ihnen die hoffnungs- und zugleich belastungsreiche Ankunft der Deutschen in der »Berliner Republik« nachzeichnen.[15]

Die in diesem Buch erzählte Demokratiegeschichte seit den 1980er Jahren versteht sich als Beitrag zu einer politischen Kulturgeschichte »von unten«. Der so geläufige wie vage Begriff der »politischen Kultur« ist dabei durchaus erklärungsbedürftig. Das Wortpaar hat in den 1980er Jahren einen »Siegeszug durch die Welt«[16] der Sonntagsreden angetreten und ist seither zu einem normativ aufgeladenen Allerweltsbegriff verkümmert. Zwar benutze auch ich ihn gelegentlich in dieser summarischen Alltagsbedeutung. In der Regel meine ich im Folgenden damit jedoch nicht nur ein auf die politischen Eliten beschränktes »diskursives Phänomen«.[17] Vielmehr betrachte ich politische Kultur auf einer gesamtgesellschaftlichen Ebene in Anlehnung an das *civic-culture*-Konzept von Gabriel Almond und Sidney Verba als »Summe der politisch relevanten Einstellungen, Meinungen und Wertorientierungen innerhalb der Bevölkerung«.[18] Zugleich knüpfe ich an historiografische Aneignungen dieses Konzepts durch die

»Neue Politikgeschichte« an. Diese will die klassische Unterscheidung zwischen »großer Politik« und gesellschaftlichem Alltag überwinden. Sie fragt dafür nach den »Bedingungen politischen Handelns«, die nicht zuletzt durch langfristig gewachsene Wertvorstellungen, Gesellschaftsideale und Politikerwartungen geprägt sind.[19] Wie (gut) ein politisches System funktioniert, zumal eine Demokratie, hängt maßgeblich davon ab, was sich Bürgerinnen und Bürger darunter vorstellen, wie sie dazu stehen, was sie sich davon erhoffen und wie sie sich dazu verhalten. All dies macht – in der Sprache der Politikwissenschaft – die »subjektive Dimension der gesellschaftlichen Grundlagen«[20] von Politik aus. Auf meine Studie übertragen heißt das: Der Fokus auf individuelle Selbstzeugnisse und die darin aufgehobenen Demokratie- und Bürgervorstellungen rückt die subjektive Ebene in den Blick, die in der klassischen, rein auf Umfragen basierenden Einstellungsforschung üblicherweise außen vor bleibt.

Historisierung und Gegenwart der Demokratie

Wie ordnet sich nun ein solches Unterfangen in den aktuellen Forschungs- und Wissensstand ein? Ungeachtet der seit Jahrzehnten eingeforderten »integrierten deutschen Nachkriegsgeschichte«[21] gibt es bis heute kaum Versuche, die im doppelten Sinne geteilte politische Kultur Deutschlands über die Zäsur 1989 hinweg als *eine* Geschichte zu schreiben. Die Bevölkerungen beider Staaten sind bisher weder in ihren Unterschieden noch in ihren Gemeinsamkeiten als politische Subjekte, als »Bürgerschaften« mit je spezifischen und nach dem Umbruch aufeinandertreffenden Vorstellungen von Politik und Partizipation betrachtet worden.[22] Darüber hinaus hat die zeitweilig überbordende DDR-Forschung ein Bild vom (späten)

SED-Staat gezeichnet, in dem die mit diktatorischem Furor durchgeführte »antifaschistisch-demokratische Umwälzung« angeblich zur Stilllegung einer ganzen Gesellschaft geführt hat. Dass sich der vermeintlich stabile, weil einbetonierte Einparteienstaat im Herbst '89 in einer unverhofften, friedlichen Revolution stürzen ließ, während das System selbst zuvor nur von ein paar Intellektuellen, kirchennahen Oppositionellen und rebellierenden Jugendlichen infrage gestellt worden war, wird meist der von Michail Gorbatschow angestoßenen Erosion des Sowjetblocks und der maroden Wirtschaftslage des Landes zugeschrieben.[23] Das politische Denken und Handeln in der Breite der DDR-Gesellschaft spielt in einschlägigen Darstellungen hingegen kaum eine Rolle; bestenfalls verweisen diese auf eine Kultur des Sich-Einrichtens und des angepassten Meckerns im Angesicht des täglichen Mangels. Das beginnt sich erst in jüngster Zeit langsam zu ändern.[24]

Vor allem im Kontext der 30. Jahrestage von Mauerfall und Wiedervereinigung 2019/20 hat die gesellschaftliche und wissenschaftliche Auseinandersetzung mit der jüngsten deutschen Zeitgeschichte eine neue Qualität erreicht. Trotz oder vielleicht gerade wegen des pandemiebedingt stark reduzierten Gedenkbetriebs im Herbst 2020 waren die Debatten über die (Nach-)Geschichte der Einheit und die Transformation Ostdeutschlands von einer kontroversen und zugleich produktiven Unruhe und einer zunehmenden Vielperspektivität geprägt.[25] Auch wenn der politische Diskurs, allen voran die einschlägigen Reden und Bundestagsdebatten, noch immer von dem Bedürfnis durchdrungen ist, die Lage der vereinten Nation am Grad der bereits erreichten beziehungsweise noch zu erreichenden Angleichung zu messen, sind viele jubiläumsbezogene Zeitdiagnosen zuletzt differenzierter und problemfokussierter ausgefallen als in den Jahren zuvor.[26]

Diese Zunahme an Präzision und Problembewusstsein dürfte zum einen eine Folge des sich durchsetzenden Selbstverständnisses als längst nicht mehr nur ost-westlich markierter Einwanderungsgesellschaft sein, zum anderen aber mit dem vor allem in ostdeutschen Wahlen forcierten Aufstieg der AfD und der damit verbundenen Polarisierung und Verunsicherung des Landes zusammenhängen. Der »problematische Osten« hat sich – gewissermaßen als eine Gegenwart, die nicht vergehen will – viel nachdrücklicher als erwartet in die politische Kultur der Republik eingeschrieben.[27] Dieser Umstand lässt sich je nach Standpunkt als demokratische Chance oder staatspolitische Herausforderung begreifen – und als zeithistorische Aufgabe.[28]

Nicht zuletzt ist die deutsche Demokratiegeschichte auch mit dem globalen *democracy boom* in der geistes- und sozialwissenschaftlichen Forschung der letzten Jahre in einer nie dagewesenen Intensität und Vielseitigkeit in den Fokus gerückt. Die Wurzeln dieses Booms liegen zwar im Ende des Kalten Krieges, er verdankt seine Dringlichkeit jedoch dem seit der Jahrtausendwende anschwellenden Krisendiskurs über die liberale Demokratie. Gewichtige Studien zur (westdeutschen) Nachkriegsgeschichte haben die Aufmerksamkeit systematisch nicht mehr nur auf die Abkehr und »Umkehr«[29] vom Nationalsozialismus gerichtet, sondern zunehmend auch die vielfältigen Demokratisierungsprozesse untersucht. Dabei überwiegt das Bild einer zwar windungsreichen, aber insgesamt »glücklichen«, vom Dunklen ins Helle führenden Entwicklungsgeschichte der bundesrepublikanischen Demokratie.[30] Wahlen und Wahlkämpfe, Geschlechterverhältnisse, Debatten- und Medienkultur sind intensiv erforscht[31], und immer öfter werden auch alltägliche, lebensweltliche Aneignungen demokratischer Kultur – wie auch deren Anfechtungen und Bruchstellen – thematisiert.[32]

Was die zäsurübergreifende Demokratiegeschichte um 1989 betrifft, wird das Bild dann allerdings schon deutlich blasser. Es gibt eine Reihe hochinteressanter Spezialforschungen zur Geschichte des Umbruchs, die jedoch meist auf die eine oder andere Seite fokussiert bleiben.[33] Noch viel zu selten werden verflochtene Perspektiven entfaltet. Dem »innere Einheit«-Paradigma des politischen Diskurses folgend ist jüngst etwa *(Ost)Deutschlands Weg* als eigensinniges, ost-westlich-verwobenes Geschichtenpanorama nachgezeichnet worden.[34] Skizzenhaft thematisiert Philipp Ther den Zusammenhang zwischen den ostdeutschen Umbruchserfahrungen, den vielfältigen (Eliten-)Anpassungsleistungen und der Wirtschafts- und Europapolitik von Angela Merkel. Die Beschäftigung mit Merkel als *ostdeutscher* Kanzlerin, als Frau, die seit 1990 im »Modus des Ost-West-Migranten«[35] eine einzigartige Karriere hingelegt hat, wirft ein Schlaglicht auf die Demokratie der Berliner Republik. Das fünfte und letzte Kapitel dieses Buches widmet sich diesem klaren, aber keineswegs einfachen und daher umso erklärungsbedürftigeren Zusammenhang zwischen Merkels Biografie und der *trotz* ihrer Kanzlerschaft bestehenden ostdeutschen Repräsentationskrise.

Wie groß der Erkenntnisgewinn solcher Perspektivwechsel sein kann, zeigt sich nicht zuletzt daran, dass mit einer erweiterten ostdeutschen Transformationsforschung auch die wunden Punkte der demokratischen Ordnung der »alten« Bundesrepublik in den Fokus geraten. Viele davon thematisiert auch dieses Buch, etwa die Rolle von Bürgerengagement in der Parteiendemokratie, die gesellschaftliche Reichweite des »Verfassungspatriotismus«, die materielle und ideelle Tragfähigkeit des bundesdeutschen Sozialstaatsmodells oder das Fortwirken nationalistisch-autoritärer Einstellungen in der Bevölkerung. Im Übrigen kommen damit auch spezifisch westdeutsche Umbruchserfahrungen zur Sprache, beispielsweise der im Zuge der Hauptstadtdiskussion 1991/92 viel diskutierte »Abschied von Bonn«. Wie die im vierten Kapitel analysierte umfangreiche Bürgerpost an Richard von Weizsäcker zeigt, lässt sich die Entscheidung für Berlin aus westdeutscher Sicht auch als eine Art »Abwicklung« verstehen. Denn in dem Moment, wo die Bonner Republik ganz zu sich gefunden hatte, kam sie in gewisser Weise auch an ihr Ende. Norbert Frei hat jüngst zu Recht eingefordert, dass dieser westlichen Erfahrungsgeschichte des Umbruchs und *deren* »Transformationsleistungsverlusten« mehr Aufmerksamkeit geschenkt werden sollte.[36]

Gleichwohl kann auch diese zunehmend ost-westlich perspektivierte Forschung nicht darüber hinwegtäuschen, dass gerade in der derzeit so populären Demokratiegeschichtsschreibung die ostdeutsche Seite der Geschichte noch immer routiniert außen vor bleibt: Gewichtige Bilanzen und als Pionierwerke präsentierte Synthesen, beispielsweise zum 70. Geburtstag des Grundgesetzes oder zur Demokratie als »deutscher Affäre«, schenken der Geschichte der 1989er-Revolution sowie ihren verfassungs- und demokratiepolitischen Potenzialen wie Konsequenzen kaum Beachtung.[37]

Aber von welcher Demokratie ist hier nun eigentlich die Rede? Man kann sich, wie der Althistoriker Christian Meier, über die Entstehung und Bedeutung des Begriffs »Demokratie« und damit über dessen »Nachhinken« hinter einer seit der Antike »unbegriffenen, aber wirklichen Sache« trefflich den Kopf zerbrechen.[38] So vielfältig die Demokratie als Idee und Praxis in der Geschichte war und ist, so vielfältig und mitunter diffus waren und sind die wissenschaftlichen Auseinandersetzungen mit ihr. Paul Nolte hat beobachtet, dass sie meist als »Erfüllungsgeschichte«, »Suchbewegung« oder »Krisengeschichte« erzählt wird.[39] Gerade in jüngster Zeit führen Publizisten, Politikwissenschaftlerinnen, Soziologen, Historikerinnen und Philosophen einen so noch nie dagewesenen globalen Krisendiskurs über Geschichte, Gegenwart und Zukunft der Demokratie. Eine Vielzahl von Studien betrachten die Demokratie als »post« (Crouch), »(ent-)demokratisiert« (Manow), »begrenzt« (Lessenich), »unpolitisch« (Michelsen/Walter), »simulativ« (Blühdorn), »regressiv« (Schäfer/Zürn), »ausgehöhlt« (Runciman) oder gar »sterbend« (Levitsky/Ziblatt). Die meisten dieser Interventionen sind von einer paradoxen Dauerkrisen- und zugleich Krisenüberwindungsvorstellung durchdrungen, die David Runciman feinsinnig auf den Punkt gebracht hat: Angesichts der vorhandenen Defizite der Demokratie bestehe die Gefahr, »uns in einem falschen Gefühl der Sicherheit einzulullen. Wir könnten weiterhin auf sie [die Demokratie] vertrauen und Rettung von ihr erwarten, obwohl wir vor Wut über ihre Unfähigkeit kochen, ihrem Auftrag gerecht zu werden. Die Demokratie könnte also scheitern, obwohl sie intakt bleibt.«[40]

Das vorliegende Buch versucht sich dem Paradigma von der Demokratiekrise ein Stück weit zu entziehen. Die derzeitige historische Forschung zur (westlichen) Demokratiegeschichte lässt sich ihrer jeweiligen Perspektivierung nach in zwei Hauptstränge unterteilen: Der eine Strang folgt einem *prosaischen* Demokratieverständnis und versteht Demokratie betont nüchtern als das Streben nach politischer Gleichheit. Der andere Strang folgt einem *emphatischen* Demokratieverständnis und meint damit über das politische Gleichheitsversprechen hinaus das Streben nach Chancengleichheit, also nach der stetigen Ausweitung von Teilhabe (politisch, sozial, kulturell usw.). Ersterem geht es um die Historisierung einer prinzipiellen Idee – beispielhaft steht dafür Jill Lepores Geschichte des »amerikanischen Experiments«[41] –, Letzterem um die historisierende Sichtbarmachung gesellschaftlicher Demokratisierungsprozesse und -potenziale.[42] In beiden Strängen changieren die Analysen zwischen eher distanzierten, betont nüchternen Erkenntnisinteressen und emphatischen, dezidiert *für* die Demokratie engagierten Erzählungen. Nicht wenige Darstellungen sind von einem staatsbürgerlichen Verantwortungsgefühl geradezu durchdrungen. Historiker wollen mit ihren Arbeiten ganz konkret dazu beitragen, die Gegenwart und Zukunft der Demokratie zu retten, etwa wenn einleitend gemahnt wird: »Wir sollten die Demokratie stärken, indem wir ihre geschichtliche Vielfalt sichtbar machen.«[43]

Dieses Buch ordnet sich nicht einseitig einem dieser beiden Stränge zu, sondern rückt stattdessen die Frage nach dem historisch gewachsenen und veränderlichen Demokratie*verständnis* ins Zentrum. Die ersten beiden Kapitel *Staat, Bürger, Sein* und *Zweierlei Demokratie* spüren den spezifischen Bürger- und Demokratieverständnissen in Ost und West auf Basis einer reichhaltigen und sehr diversen Bürgerpostüberlieferung nach. Das zentrale dritte Kapitel *Tausend Aufbrüche* bildet das Scharnier der Erzählung. Darin rekonstruiere ich die vielfältigen im Herbst 1989 und den Folgemonaten entwickelten Ideen, die sehr oft basis-, direkt- und volksdemokratische Vorstellungen verhandelten und erstaunlich viele ostwestliche Wechselbezüge und Resonanzen aufweisen. Zugleich beginnt am Ende dieses *Frühlings im Herbst* auch der Weg in die Berliner Republik – und der Fokus wechselt von der individuell-gesellschaftlichen auf die politik-, parteien- und diskursgeschichtliche Ebene. Die Kapitel vier und fünf, *Geteilte Demokratie* und *Umbruch, Aufbruch, AfD*, fragen danach, wie sich die vor 1989 und im Revolutionsherbst geformten Demokratievorstellungen im vereinten Deutschland auswirkten, wie sie Wahlverhalten, demokratische Praxis und die bis heute intensiv geführten innerdeutschen Selbstverständigungsdiskurse über die »innere Einheit« prägten. Welche Rolle spielen spezifische Teilhabe- und Mitwirkungserfahrungen beziehungsweise -erwartungen – von der Relevanz ostdeutscher Politikrepräsentanz (die mit Kanzlerin und Bundespräsidenten bis in die Staatsspitze reichte) bis hin zu den möglichen Ursachen für die besonders starke Verfestigung rechtspopulistischer und illiberaler Einstellungen in Ostdeutschland? Das *Fazit* wagt am Ende keine Bilanz, sondern den Versuch einer anderen, deutsch-deutsch und »von unten« entworfenen Demokratiegeschichte der jüngsten Zeit. Er soll dazu beitragen, die Dynamiken und Potenziale, aber auch die Herausforderungen und Bedrohungen besser zu verstehen, welche die seit 1989 von zahlreichen Aufbrüchen gezeichnete Berliner Republik umtreiben.

Dieses Buch rekonstruiert damit erstmals systematisch, wie die Deutschen im weitesten Sinne – also nicht nur deutsche Staatsbürger, sondern, wo immer es die Quellen erlauben, auch in Deutschland lebende Menschen mit Einwanderungsgeschichte – Demokratie als politische Ordnung und alltägliche Praxis, als Versprechen und Hoffnung im geteilten und vereinten Deutschland verhandelt haben. Es beschreibt, was es vor 1989 für sie bedeutete, in der Bundes*republik*

Deutschland und in der Deutschen *Demokratischen Republik* zu leben, und was aus dieser doppelten Berufung auf die Demokratie – hier die liberale, parlamentarische Repräsentativdemokratie, dort die »Volksdemokratie« oder »sozialistische Demokratie« – folgte.

Auch wenn mit Blick auf die DDR nicht von einer Demokratiegeschichte im engeren Sinne die Rede sein kann, ist es essenziell, sie als *Demokratieanspruchs*geschichte zu verstehen und zu beschreiben. Der strategische, symbolische, propagandistische – oder schlicht: *simulative* – Bezug auf die Demokratie im SED-Staat spielte in der Geschichte dieses Landes (wie des Staatssozialismus insgesamt) eine zentrale Rolle. Generationen von Ostdeutschen haben sich daran in ganz unterschiedlicher Weise abgearbeitet, haben ihn akzeptiert und geglaubt, eingefordert und gelebt, kritisiert und verachtet. Um Marx' berühmtes Diktum in etwas anderer Weise aufzugreifen: Als Tragödie und Komödie wird die Demokratie häufig genug betrachtet, aber eine Geschichte der Demokratie als »Farce« ist durchaus noch zu schreiben.[44]

Der Sozialismus war der ideologische Glutkern des ostdeutschen Experiments. Der misslungene Versuch einer vitalen sozialistischen Ordnung, der im Grunde nur auf einer »niemals eingestandenen revolutionären *self-fulfilling prophecy*«[45] beruhte, war ein wesentlicher Grund für den Legitimations- und letztlichen Machtverlust der SED. Doch gerade angesichts der riesigen Kluft zwischen Versuch und Scheitern gilt es, nach der Präsenz des »(Volks-)Demokratischen« in der DDR-Gesellschaft sowie nach dessen Nachleben in Form plebiszitär-ethnokratischer Demokratievorstellungen in Ostdeutschland nach 1990 zu fragen.[46] Ausweislich der Verfassungspräambel sah sich die DDR auf dem Weg zur Verwirklichung »des Sozialismus und Kommunismus, des Friedens, der Demokratie und Völkerfreundschaft«. Sie versprach ihren Bürgern die Ausübung ihrer politischen Macht durch »demokratisch gewählte Volksvertretungen« (Art. 5, Abs. 1). Rund 90-mal fallen die Wörter »Demokratie« oder »demokratisch« in diesem Verfassungstext.[47] Dabei nutzte die SED den Demokratie-Begriff in Wahrheit zur Verbrämung ihres autoritären Machtanspruchs. Für sie war Demokratie, wie die einschlägige Forschung gezeigt hat, letztlich ein »Zustand der kooperativen Arbeitsteilung unter Anleitung zum Zwecke der Zielerreichung«.[48] Auch wenn also die »sozialistische Demokratie« in der DDR nur zum Schein existierte, sie tagtäglich mit großem Aufwand von Staats wegen postuliert und in der Bevölkerung »eigen-sinnig«[49] angeeignet wurde, sollte die gesellschaftliche Bedeutung dieses Scheins ernst(er) genommen werden. Mit anderen Worten: Die Geschichte der DDR erschöpft sich nicht in ihrer Beschreibung als Diktatur; sie ist auch die Geschichte eines zwar unerfüllten, aber dennoch real wirksamen Demokratie*versprechens*.[50]

Für die Nachgeschichte der Revolution von 1989 und ihre Verortung in der deutschen Demokratiegeschichte ist diese Einsicht von maßgeblicher Bedeutung. Sie erlaubt es, die *tausend Aufbrüche* und die vermeintlich »kurze Demokratie«[51] (Thomas Lindenberger) des Umbruchs präzise zu beschreiben – all die vielfältigen verhandelten Demokratievorstellungen, die kurzlebig wie nachhaltig, konstruktiv wie destruktiv in die Berliner Republik hineinwirkten. Auf dieser Grundlage ist es auch möglich, die politische Kulturgeschichte Ostdeutschlands als integralen Teil der bundesdeutschen Demokratiegeschichte zu erzählen und die Bedeutung der Zäsur von 1989 historisch zu vermessen. Nicht zuletzt wird damit – einem Gedanken des eingangs zitierten Historikers Tony Judt folgend – deutlich, wie stark die vergangenen Jahrzehnte von der Auseinandersetzung mit einer Frage geprägt sind, die mit dem Ende des Ost-West-Konflikts keineswegs hinfällig geworden, sondern vielmehr eine epochale Gegenwarts- und Zukunftsaufgabe geblieben ist: der Frage nämlich, wie eine Gesellschaft sich selbst und ihr Gemeinwesen »zum Wohle aller« versteht und gestaltet.

1 Staat, Bürger, Sein: Was heißt es, Staatsbürger/-in zu sein?

Der gute Bürger aber muss sich sowohl regieren lassen, wie auch regieren können.[1]

ARISTOTELES, 350 v. CHR.

Am Anfang steht ein ebenso geläufiger wie opulenter Begriff: Staatsbürger.[2] Er hat eine bis in die Aufklärung zurückreichende Geschichte und war im geteilten Deutschland mit sehr unterschiedlichen Bedeutungen gefüllt. Man stelle sich einmal vor, es wäre möglich, in die frühen 1980er Jahre zurückzureisen und in beiden Teilen des Landes quer über die Mauer hinweg ein und dieselbe Umfrage durchzuführen. Auf die Frage, was ihnen als Erstes in den Sinn kommt, wenn sie das Wort »Staatsbürger« hören, hätten vermutlich viele der Westdeutschen »Staatsbürger in Uniform« und viele der Ostdeutschen »Staatsbürgerkunde« geantwortet. Diese Antworten würden die in beiden Staaten jeweils dominanten Vorstellungen von Staatsbürgersein und damit zugleich die Grundpfeiler ihrer politischen Kulturen sichtbar machen: Der Staatsbürger in Uniform ist die Leitidee der »Inneren Führung« in der Bundeswehr; sie gilt als radikaler Gegenentwurf zum vernichtungskriegerischen Schulterschluss zwischen NS-Staat und Militär vor 1945 und steht bis heute, wenn auch nicht unangefochten, für das politisch-normative Selbstverständnis der Bundesrepublik.[3] Der Staatsbürgerkundeunterricht in der DDR wiederum war der generalstabsmäßige Versuch einer »Überzeugungsbildung«[4], ein Ideal- und Sinnstiftungsunterfangen, mit dem der Staat seine Bürger nicht nur zu indoktrinieren, sondern ihr ganzes Denken, Fühlen und Verhalten zu bestimmen suchte – *positive* Propaganda, wie es der Totalitarismus-Kritiker George

Orwell einmal formulierte.[5] Kinder sollten in der Schule zu »sozialistischen Persönlichkeiten« herangezogen werden, dort von den Ansichten von Marx, Engels und Lenin »unerschütterlich« überzeugt werden, die »Politik der kommunistischen und Arbeiterparteien (insbesondere der DDR) verstehen lernen« und »nach diesem Kompaß im Leben handeln«.[6] Diese Art »Staatsbürgerkunde« war für Generationen von Schülerinnen und Schülern das am meisten mit Ängsten und Unbehagen verbundene Fach im Schulalltag. Die als Fürsorge verbrämte Einschüchterung flog der Lehrerschaft – wie bald der gesamten Partei – orkanartig um die Ohren, als sich die Angst im Laufe des Herbstes 1989 verflüchtigte. Die in den Wochen um den Mauerfall geführte hochemotionale Debatte über den Anspruch und die Folgen der sozialistischen »Volksbildung« wird im dritten Kapitel eine eigene Rolle spielen, denn auch in ihr spiegelten sich viele der spezifischen Kennzeichen der damals entstehenden innerostdeutschen Öffentlichkeit samt ihrer Demokratisierungsideen.

Vom Untertan zum Staatsbürger. Eine kurze deutsche Ideengeschichte

Der »Staatsbürger« – erst seit wenigen Jahren denken wir dabei selbstverständlich auch an die Staatsbürgerin – war in Ost- wie Westdeutschland und jenseits der politischen Systeme auf einer alltäglich-gesellschaftlichen Ebene eine dennoch recht abstrakte Figur. Umso wichtiger und erhellender ist es, zu fragen, wie man sich in der Breite der Gesellschaft in den 1980er Jahren in der Bundes*republik* Deutschland beziehungsweise in der Deutschen Demokratischen *Republik* diesen Staat vorstellte und wie man über sich selbst als Bürgerinnen und Bürger dachte. Um diesen Vorstellungen beiderseits des Eisernen Vorhangs angemessen nachgehen zu können, ist es wiederum sinnvoll, zunächst jene Zeit – die 1980er Jahre – und den Begriff beziehungsweise die Idee des (Staats-)Bürgers in den weiteren historischen Kontext einzuordnen.

Die Rede vom letzten Jahrzehnt der deutschen Teilung ist eine zeitliche Verortung, die vor allem vom Ende dieser Teilung her gedacht und daher für die Frage nach dem grundsätzlich offenen Verhältnis der Deutschen zur Demokratie eigentlich hinderlich ist. Wie Frank Bösch gezeigt hat, kann das Jahr 1979 als globale »Zeitenwende« verstanden werden, von der aus die für den Ausgang des 20. Jahrhunderts und die ersten Dekaden des 21. Jahrhunderts maßgeblichen Konflikte und Entwicklungslinien bis in die Gegenwart reichen, und zwar in politischer, wirtschaftlicher und geostrategischer ebenso wie in sozialer, religiöser und (trans-)kultureller Hinsicht. Auch anderen zeithistorischen Untersuchungen zufolge begann in den von Ölpreisschock und Wirtschaftskrise geprägten späten 1970er Jahren die »Vorgeschichte der Gegenwart«.[7] Mit Blick auf das geteilte Deutschland war dies eine Zäsur voller Ambivalenzen. Einerseits hatte sich um 1980 mit der weitgehend als selbstverständlich erachteten Zweistaatlichkeit ein »Normalzustand« etabliert, den längst nicht mehr alle Zeitgenossen als unerträglich empfanden. Innerhalb des geteilten Landes verstanden es staatliche Stellen und intellektuelle Stichwortgeber in Ost und West effektiv, wenn auch mit unterschiedlichen Prämissen und Methoden, ihre jeweiligen Teilgesellschaften über sozialistische beziehungsweise verfassungspatriotische Nationsentwürfe zu integrieren.[8] Andererseits verschärften sich mit dem Einmarsch sowjetischer Truppen in Afghanistan, der Aufstockung sowjetischer Militärstützpunkte mit atomaren SS-20-Raketen, dem darauffolgenden NATO-Doppelbeschluss und der Ausrufung des Kriegsrechts in Polen die scheinbar stillgelegten geopolitischen und ideologischen Konflikte – nicht nur zwischen den Blöcken, sondern auch innerhalb der sie tragenden Staaten.

Die Bevölkerungen der beiden deutschen Teilstaaten einte und trennte zugleich unglaublich viel. Historisch ging das Trennende vor allem aus der seit 1949 bestehenden staatlichen Teilung hervor, die das politische, wirtschaftliche und kulturelle Leben beiderseits der innerdeutschen Grenze maßgeblich und zunehmend antagonistisch geformt hatte. Das Einende basierte auf weiter zurückliegenden Entwicklungen und Traditionen: zuerst auf der gemeinsamen Verantwortung für die nationalsozialistische Herrschaft, mit der die Deutschen Krieg, Genozid und Zerstörung über ganz Europa und nicht zuletzt das eigene Land gebracht hatten; und davor und weit darüber hinausgehend teilten sie eine kulturnational geprägte Politik-, Rechts- und damit auch Gesellschaftsgeschichte, in der das Grundverständnis des »deutschen« Gemeinwesens über Jahrhunderte hinweg an die Dichotomie von Obrigkeit und Untertanen gebunden war. Begriffsgeschichtliche Studien haben gezeigt, dass sich der Bürgerbegriff nur im Deutschen im Zuge der Aufklärung in den »Staatsbürger« und den »Privatbürger« aufspaltete. Einen umfassenden, Staatlichkeit und Persönlichkeit (oder Bürger und Mensch) zusammenbindenden Begriff im Sinne eines *citoyen* oder *citizen* gab es hingegen lange Zeit nicht.[9] Mehr noch, den Begriff des Staatsbürgers prägten und verwendeten selbst liberale deutsche Rechtsgelehrte als Reaktion auf die Französische Revolution lange in dezidierter Abwehr der Idee universaler Menschen- und Bürgerrechte: Ein Mensch galt als ständegebundener Untertan. Sein Status definierte sich vornehmlich danach, in welchem Verhältnis er zum Fürsten stand und welchen Grad an ökonomischer Selbstständigkeit ihm seine persönlichen Einkommensverhältnisse ermöglichten.

Erst in der Weimarer Republik, mit der Einführung des allgemeinen und gleichen Wahlrechts, setzte sich in Deutschland ein weitergehender, »wertneutraler« und »einheitlich auf den Staat bezogener« Staatsbürgerbegriff durch.[10] Jedoch war auch diese Vorstellung zunächst nicht von Dauer, denn die Nationalsozialisten setzten nach 1933 alles daran, sie durch die Idee des herrenmenschlichen »Volksgenossen« zu ersetzen. Sie luden die traditionelle ständisch-ökonomistische Hierarchisierungslogik rassistisch-antisemitisch auf, und über die damit in Gang gesetzte (Selbst-)Mobilisierung der deutschen »Volksgemeinschaft« erzeugte das Regime eine historisch beispiellose *gesellschaftliche* Vernichtungsgewaltbereitschaft. Zugleich setzten bekanntlich auch kommunistische und sozialistische Staatsentwürfe im Laufe des 20. Jahrhunderts auf den Begriff des »Genossen«, wenn er dort auch auf lange Sicht an die Parteimitgliedschaft gebunden blieb und damit nur eine vergleichsweise begrenzte Reichweite hatte.[11]

Diese vielschichtigen Traditionen und Prägungen – sowohl was den Bedeutungswandel des Begriffs als auch die jeweils mit ihm verbundene politische Kultur angeht – wirkten in der Nachkriegszeit nicht nur auf der staatlich-rechtlichen Ebene nach, sondern auch im gesellschaftlichen Leben, in den alltäglichen, für selbstverständlich erachteten Staats-, Politik- und Bürgerselbstverständnissen in der Breite der Bevölkerung.[12] Veranschaulichen lässt sich das beispielsweise am Artikel 33 des Grundgesetzes, nachdem »jeder Deutsche die gleichen staatsbürgerlichen Rechte und Pflichten« hat. Im Absatz 3 dieses Artikels, der den Zugang zu öffentlichen Ämtern regelt, ist sowohl von bürgerlichen als auch von staatsbürgerlichen Rechten die Rede; Letztere beträfen »die gesamte Beziehung zwischen Bürger und Staat [...] vom aktiven und passiven Wahlrecht [...] bis zur Pflicht, Steuern zu zahlen«, erläutert ein in der politischen Bildung viel gelesener Grundgesetz-Kommentar.[13]

Nach gültiger Rechtsauffassung ist dies jedoch eine rein semantische, der Entstehungsgeschichte und bundesstaatsrechtlichen Logik des Grundgesetzes geschuldete Unterscheidung, die sachlich bedeutungslos ist. Der Begriff der staatsbürgerlichen Rechte sei »weit auszulegen und bezieht sich auf das öffentlich-rechtliche Rechtsverhältnis des Einzelnen zum Staat in toto«, so ein unter Juristen maßgeblicher Grundgesetz-Kommentar; es werde »*entgegen* dem Wortlaut [des Abs. 3] zwischen bürgerlichen und staatsbürgerlichen Rechten *nicht* unterschieden«.[14]

In diesem Beispiel, das nicht nur die trockene Rechtstheorie betrifft, sondern über die Vermittlung des Grundgesetzes in politischen Bildungszusammenhängen weit in die Alltagskultur hineinreicht, finden sich also noch ganz klar die Spuren jener »eigentümlich«[15] windungsreichen Entwicklungsgeschichte des deutschen Bürgerbegriffs (und damit Bürgerseins) vom hierarchisch angeordneten Untertan zum freien und gleichen politischen Subjekt. Diese Entwicklung führte in ihrer Fortsetzung nach Kriegsende 1945 weder in Westdeutschland und noch viel weniger in Ostdeutschland direkt und unausweichlich vom Dunklen ins Helle. Die Deradikalisierung und »Rezivilisierung« der (West-)Deutschen ist eine viel diskutierte Frage in der zeithistorischen Forschung, und das damit verbundene »Projekt« der Demokratisierung seit 1945, welches über viele Jahre als reine Erfolgsgeschichte beschrieben worden ist, wird inzwischen vor dem Hintergrund anwachsender nationalistischer und illiberaler Einstellungen im Land zunehmend kritisch hinterfragt.[16]

Die bis weit in die Berliner Republik hineinreichende Gegensätzlichkeit der staatlich-systemischen wie alltäglich-populären Staatsbürgervorstellungen in Ost und West ist kaum zu überschätzen. Schon ein Vergleich der Logik, die das Verhältnis von Staat und Bürger beiderseits der Mauer definierte, zeigt dies deutlich: Die DDR-Verfassung, sowohl in der Fassung von 1949 als auch in der 1968 überarbeiteten Fassung, formulierte die Grundrechte jedes und jeder Einzelnen als *Teilhabe*rechte. Diese waren an Mitbestimmungsmöglichkeiten gebunden, die nicht nur das politische, sondern das gesamte gesellschaftliche Leben einschloss. Sie waren als teils individuell, vor allem aber kollektiv wahrzunehmende Rechte gefasst – etwa über die Einbindung in betriebliche und kommunale Strukturen. Mit diesem »sozialistischen« Mitbestimmungsprinzip verfügte die SED in der Praxis über ein »äußerst wirksames Mittel zur Disziplinierung des einzelnen Bürgers«.[17] Im Gegensatz dazu definierte das Grundgesetz als radikaler »Gegenentwurf« zum Nationalsozialismus die Grundrechte als *Abwehr*rechte. Bürgerinnen und Bürger der Bundesrepublik sollten durch die Gewährung von Grundrechten primär vor staatlichen Ein- und Übergriffen geschützt werden.[18] Folglich beschränkt sich das Grundgesetz im erwähnten Artikel 33 darauf, jedem Bürger die »gleichen staatsbürgerlichen Rechte und Pflichten« einzuräumen und ihm gleichen Zugang zu »jedem öffentlichen Amte« nach »Eignung, Befähigung und fachlicher Leistung« zu garantieren, ohne Rücksicht auf die »Zugehörigkeit zu einem Bekenntnis oder einer Weltanschauung« – und vor allem ohne jede moralisch aufgeladene Verpflichtungsrhetorik, wie sie die ostdeutschen Verfassungen durchzog.

Die DDR war ein Mitmach-Staat, eine »partizipatorische Diktatur«.[19] In gewisser Weise war auch sie ein Gegenentwurf zum Nationalsozialismus, jedoch unter gänzlich anderen Vorzeichen. Der 1949 gegründete »Staat der Arbeiter und Bauern« verkörperte die bitteren Erfahrungen der deutschen Kommunisten in der ersten Hälfte des 20. Jahrhunderts. Das Vorhaben einer »antifaschistisch-demokratischen Umwälzung« – zunächst auf die Bevölkerung in der sowjetisch besetzten Zone begrenzt – war Ausdruck eines tief sitzenden Misstrauens einer kleinen, dank der Sowjets aber mit enormer Macht ausgestatteten Minderheit gegenüber dem gemeinschaftlichen Versagen der Mehrheit der deutschen Bevölkerung, die dem Nationalsozialismus bis zuletzt die Treue gehalten und dessen Verbrechen nicht nur gebilligt, sondern millionenfach mit ins Werk gesetzt hatte. Walter Ulbricht und Genossen zogen mit ihrem Entwurf einer Deutschen Demokratischen Republik *ihre* Lehren aus einer singulären politischen Enttäuschungserfahrung. Ihre »Republik« fußte nicht auf demokratischem Zutrauen, sondern auf ideologischem Kontrollzwang, sodass selbst die Mitwirkungs*rechte* in der DDR als Verpflichtung, ja als moralischer Imperativ formuliert waren. »Jeder Bürger hat das Recht und die Pflicht zur Mitgestaltung in seiner Gemeinde, seinem Kreise, seinem Lande und in der Deutschen Demokratischen Republik«, hieß es im Artikel 3 der ersten

DDR-Verfassung; jeder Bürger sei »verpflichtet, im Sinne der Verfassung zu handeln und sie gegen ihre Feinde zu verteidigen« (Art. 4). In der 1968 in Teilen stark veränderten, vor allem nun auf die »sozialistische Gesellschafts- und Staatsordnung« ausgerichteten Verfassung (von der 1949 aus gesamtdeutschem Kalkül noch keine Rede gewesen war) ging diese Zwangsberechtigung noch weiter: Jeder Bürger, heißt es da in Artikel 21, Absatz 1, habe das Recht, »das politische, wirtschaftliche, soziale und kulturelle Leben der sozialistischen Gemeinschaft und des sozialistischen Staates umfassend mitzugestalten. Es gilt der Grundsatz ›Arbeite mit, plane mit, regiere mit!‹« Dazu die Ermahnung, dass die »Verwirklichung dieses Rechts der Mitbestimmung und Mitgestaltung eine hohe moralische Verpflichtung für jeden Bürger« sei, denn *jeder* trage »Verantwortung für das Ganze« (Art. 3).

In der Staats- und Verwaltungspraxis spielte jedoch der konkrete Verfassungstext, gleich welchen Jahrgangs, bezeichnenderweise kaum eine Rolle. Weder wurde dazu ein Kommentar veröffentlicht – ein solcher wurde vom Politbüro 1950 für »nicht zweckmäßig« befunden –, noch gab es in der DDR eine verfassungsgerichtliche Rechtsprechung.[20] In den zugespitzten Worten des ehemaligen Bürgerrechtlers Gerd Poppe: »[K]ein einziger Grundrechteartikel der DDR-Verfassung [war] das Papier wert, auf dem er stand.«[21] Dennoch hatte diese Verfassung eine gewisse Präsenz. Laut einer durchaus aussagekräftigen Befragungsstudie der Leipziger Pädagogischen Hochschule unter Schülern der Klassen 8 bis 10 aus dem Jahr 1989 besaßen 80 Prozent der Jugendlichen ein Exemplar der Verfassung, ebenso viele hielten sie für »bedeutsam« oder »sehr bedeutsam«; jeder vierte Schüler kannte sogar das »Grundgesetz der BRD«. Diese Zahlen legen nahe, dass den verfassungsmäßigen Grundlagen eines Gemeinwesens eine Bedeutung zugesprochen wurde, die abseits oder gar im Widerspruch zur Linie der alleinherrschenden Partei lag. Denn zugleich glaubten derselben Studie zufolge nur 55 Prozent, dass es »einen Zusammenhang zwischen verfassungsrechtlich fixierten Grundrechten und -pflichten und dem Charakter der *Demokratie* in einem Staate gibt«.[22]

Auch in den tausendfach überlieferten Eingaben und Bürgerbriefen beziehen sich Absender immer wieder auf die Verfassung, sie kennen sie als Text. Ihre Gültigkeit wird stets aber entweder eingefordert oder gleich ganz infrage gestellt, erst recht dann, wenn die SED und ihre Presse in wohlfeilen Verlautbarungen auf die verfassungsmäßige »Verankerung« bestimmter Rechte verwies. »Ach ja, die Verfassung. Was in diesem Wunderwerk der Demokratie so alles ›verankert‹ ist. Man könnte statt ›verankert‹ ›auf Eis gelegt‹ sagen«, hieß es beispielsweise in einem Leserbrief aus Zwickau an das *Neue Deutschland*, der nicht abgedruckt, sondern an das Ministerium für Staatssicherheit (MfS) weitergeleitet wurde.[23]

Letztlich wurde Mitwirkung in der DDR auch nicht primär unter Bezug auf die Verfassung, sondern auf eine *Weltanschauung* versprochen – den Sozialismus. Über mediale und schulische »Aufklärung« und Bildung, in die der Staat alle ihm zur Verfügung stehenden Ressourcen steckte, wurde der Bevölkerung vermittelt, worauf es bei der »Verwirklichung des Sozialismus« vermeintlich ankam: auf das Engagement und die Zustimmung jedes einzelnen »schaffenden Menschen«. Das viel gekaufte *Kleine Politische Wörterbuch* erläuterte unter dem Eintrag »Demokratie«, dass jeder Einzelne in der sozialistischen Demokratie erstmals die Möglichkeit habe, »die gesellschaftliche Entwicklung bewußt selbst zu gestalten und [sein] Recht auf Mitarbeit bei der Leitung des gesamten politischen, wirtschaftlichen und kulturellen Lebens wahrzunehmen«.[24] Macht wurde nicht geteilt oder delegiert, sondern – gerahmt durch die das Ganze »führende« Einheitspartei – in einer Art basisdemokratischer Utopie ausnahmslos allen in Aussicht gestellt. Jeder und jede hatte hier quasi Aussicht auf Leitungsverantwortung. Der Slogan »Plane mit, arbeite mit, regiere mit!« stand nicht nur in Artikel 21 der Verfassung, er zierte auch unzählige Betriebswandzeitungen – ohne jede Spur von Ironie.[25]

Das große Mitwirkungsversprechen des SED-Staates war also stets auch eine Mitwirkungsverpflichtung, eine Aufforderung zur permanenten staatsbürgerlichen Selbstmobilisierung. Ein im Gegensinne *staatsfernes* Leben, ein Recht des Einzelnen auf Abstand zum Staat, wie es in der schützenden Logik des westdeutschen Grundgesetzes angelegt war, sollte und konnte es hier nicht geben. Das hatte weitreichende Folgen, sowohl für die DDR als Staat als auch für ihre Bewohner, die sich für diese Mobilisierung teils offen zeigten, sich ihr teils aber auch zu entziehen suchten. Wie Forschungen zum Nations- und Heimatverständnis in der DDR gezeigt haben, bildete sich im Laufe der Jahrzehnte vielerorts auf lokaler und regionaler Ebene ein starkes Gemeinschaftsgefühl heraus, ein bürgerschaftlicher Verantwortlichkeitssinn für die eigene Lebenswelt und die unmittelbare Umgebung, in sozialer wie geografischer Hinsicht (in Bezug auf den eigenen Betrieb, die Nachbarschaft, das Oderbruch oder den Thüringer Wald). Dieser Verantwortlichkeitssinn war auf sehr spezifische Weise weltanschaulich wattiert – der Sozialismus spielte darin als visionäre Lebensform und pragmatische Alltagsaufgabe eine wesentliche Rolle. Denn für die »sozialistische Heimat« konnte man sich nicht nur nach Maßgabe, sondern auch jenseits oder sogar gegen die Gängelungen lokaler Parteifunktionäre engagieren.

Die Kehrseite dieses eigentümlichen, provinziell-utopischen Bürgersinns bestand darin, dass sich die meisten Bewohner der DDR zwar mit ihrem Land und dessen sozialen beziehungsweise sozialistischen Idealen, aber kaum mit dem Staat und dessen Institutionen identifizierten.[26] An demoskopischen Untersuchungen aus dem Jahre 1990 lässt sich das eindrücklich zeigen: Im Februar 1990 lehnten 60 Prozent der Ostdeutschen in einer Umfrage des Allensbacher Meinungsforschungsinstituts den Satz »Nie wieder Sozialismus!« ab[27]; noch im Juni 1990 bejahten 80 Prozent der Ostdeutschen die Frage, ob es so etwas wie eine »eigene Identität der DDR-Bürger« gebe. Die damals oft gehörte Behauptung, die Ostdeutschen hätten »den Sozialismus gründlich satt«, hielten die Meinungsforscher für eine »unhaltbare Vereinfachung«. Wenn sich 82 Prozent der Befragten weiter ein »Recht auf Arbeit, daß keiner arbeitslos ist« wünschten, zeuge das nicht von einer marktwirtschaftlichen Orientierung, sondern von sozialistischen Wirtschaftsvorstellungen. Während also Land und Ideal auch im Umbruch noch erstaunlich anziehungskräftig blieben, kam dem Staat DDR innerhalb kürzester Zeit das Staatsvolk abhanden: Nur wenige Monate nach der Öffnung der Mauer wollten den Umfragen zufolge »nahezu alle DDR-Bürger die alte Staatsbürgerschaft ablegen«.[28]

Die Ostdeutschen strebten nun gemeinschaftlich nach der Staatsangehörigkeit der Bundesrepublik. Der westdeutsche Teilstaat, der nach Konrad Adenauer einzig legitime »neue Kernstaat« nach der Katastrophe, hatte 1989 sein vierzigjähriges Bestehen gefeiert – mit viel weniger Pomp und Fanfaren als die DDR, dafür aber mit deutlich mehr Grund zur Zuversicht und Selbstgewissheit. In seiner Rede anlässlich des Staatsaktes in der Bonner Beethovenhalle im Mai 1989 hatte Bundespräsident Richard von Weizsäcker die Geschichte der Bundesrepublik als gelungenes demokratisches Zivilisierungsprojekt erzählt. Grundlage dafür sei das 1949 verabschiedete Grundgesetz gewesen, das »höheres Vertrauen in das Recht als in die Politik« gesetzt habe. Auf diese Weise habe sich im Laufe der Jahrzehnte »das Verhältnis der Bürger zum Staat entscheidend wandeln« können, so der Bundespräsident. Nachdem der Staat ihm zufolge fast ein Jahrhundert lang »die Kraft seiner Bürger und in den Kriegen ihr Leben eingesetzt« hatte, um selbst »an Macht und Größe zu wachsen«, konnte er nun nicht mehr derart maßlos über seine Bürger verfügen. Vielmehr sei er »zum Schutz der Rechte des einzelnen verpflichtet« worden, sodass sich der Rechtsstaat »zur Rechtsgemeinschaft, zur Einrichtung der Bürger füreinander« gewandelt habe. Dies sei alles andere als eine geradlinige Entwicklung gewesen, räumte von Weizsäcker ein und warnte vor Selbstzufriedenheit. Gemessen am Ideal versage noch die Wirklichkeit der bestehenden Republik. Dennoch zog er ein optimistisches Fazit, denn Demokraten aller Parteien hätten im Laufe der Zeit gelernt, selbst die schärfsten Konflikte mit Vernunft zu lösen und »bei allem Streit zuerst daran zu denken, was sie gemeinsam zu schützen haben«.[29]

Die Wochenzeitung *DIE ZEIT* hatte die »erste Republik von Dauer« im Mai 1989 mit einer ähnlichen Mischung aus Zurückhaltung und Zuversicht gewürdigt. Nach dem Scheitern der Weimarer Republik sei die Demokratie im Westen Deutschlands in einem »zweiten Anlauf« endlich gelungen.[30] Diese Tradition einer bescheidenen Erfolgserzählung ist seither auch von der zeithistorischen Forschung aufgegriffen und fortgeschrieben worden. Eine insgesamt »glückliche Entwicklung«[31] wird der Bundesrepublik selbst in solchen Darstellungen bescheinigt, die bis ins krisengebeutelte frühe 21. Jahrhundert reichen. Doch bei näherer Betrachtung zeigt sich durchaus, wie zäh und windungsreich dieser Wandel von einer ethnisch-völkischen hin zu einer liberal-partizipatorischen Gesellschaftsidee war – und aktuelle zeithistorische Studien weisen nachdrücklich darauf hin, dass er keineswegs als unumkehrbar gelten kann.[32]

Die mit dieser Entwicklung verbundenen Staats- und Staatsbürgervorstellungen unterschieden sich fundamental von den ostdeutschen Anschauungen und Prämissen. Im Zuge von »1968« hatte sich die bundesrepublikanische Gesellschaft zudem nachhaltig geöffnet, liberalisiert und pluralisiert. In der Folge veränderte sich auch die Art und Weise, wie über das Verhältnis von Bürger und Staat nachgedacht wurde. Im Laufe der 1970er Jahre entstand daraus unter anderem die viel zitierte, aber noch wenig historisierte Idee eines »Verfassungspatriotismus«, dessen Erfinder, der Heidelberger Politikwissenschaftler Dolf Sternberger, nunmehr die Verfassung beziehungsweise den Verfassungsstaat »als eine Art Vaterland« verstanden wissen wollte. Ein »neuer, zweiter Patriotismus«, der nicht mehr das Volk beschwor, sondern »auf die Verfassung sich gründet«, sollte die nach seiner Sicht seit 1945 klaffende Leerstelle füllen, in die der alte, zerstörerische Blut-und-Boden-Patriotismus geführt hatte. Sternbergers Konzept einer an die Verfassung gebundenen »vaterländischen Gesinnung« war dabei ursprünglich alles andere als anti- oder gar postnational gedacht, sondern schloss die »verwundete Nation« (und damit auch die DDR-Bevölkerung) sehr wohl ein.[33] Erst als der Philosoph Jürgen Habermas diesen Begriff Mitte der 1980er Jahre im Kontext des Historikerstreits und zur Abwehr eines lauter werdenden konservativen Neonationalismus aufgriff, erhielt er jene dezidiert antinationalistische und universalistische Prägung, die ihm bis heute anhaftet.[34]

Die gesellschaftliche Breitenwirkung dieses Intellektuellenversuchs, die »republikanische Neuerfindung der Westdeutschen« zugleich zu behaupten und zu befördern, lässt sich mangels empirischer Studien und zeithistorischer Tiefenbohrungen bislang nicht leicht beurteilen.[35] Keineswegs lassen sich derlei Versuche – nennen könnte man hier auch M. Rainer Lepsius' Idee der westdeutschen »Staatsnation« oder Kurt Sontheimers »bundesrepublikanischen Patriotismus« – als reine Kopfgeburten einer Handvoll theoretisierender Politik- und Sozialwissenschaftler abtun. Sie beruhten vielmehr auf der realen Beobachtung einer sich stark verändernden Gesellschaft, die sich nicht zuletzt aufgrund der fortdauernden deutschen Teilung zunehmend eigensinnig entwickelte.[36] Zugleich geriet nach 1968 infolge der außerparlamentarischen Mobilisierungen rund um Fragen von existenzieller Bedeutung – etwa Gleichstellung, innere und äußere Sicherheit oder Umweltschutz – das repräsentativdemokratische Modell unter Druck. In dem Maße, in dem sich diese Protestkultur in der immer politisierteren Gesellschaft ausbreitete und verstetigte und damit von einer Demokratisierung im Sinne erweiterter Teilhabe(-bedürfnisse) und Partizipationsmöglichkeiten zeugte, geriet auch das politische System der Bundesrepublik in eine »Legitimationskrise«. Vor allem für das Jahrzehnt zwischen 1975 und 1985 ist einschlägigen Studien zufolge von einer »wachsenden Kluft zwischen den Politik- und Funktionseliten in Parteien und Parlamenten, Behörden und Verbänden einerseits und den Stimmbürgern andererseits« auszugehen.[37] Auch vor diesem Hintergrund sind also die Debatten um einen republikanischen Verfassungspatriotismus sowie die Frage nach dessen historischer Reichweite von großer Bedeutung – und sie erinnern nicht zuletzt daran, dass die politischen Ordnungen in *beiden* Teilstaaten mit Legitimationsproblemen konfrontiert waren.[38]

Von Anfang an wurde gegen die Idee eines westdeutschen Verfassungspatriotismus der Einwand erhoben, mit solch »abstrakten« und vermeintlich gefühlskalten Identifikationsangeboten sei »auf Dauer kein demokratischer Staat zu machen«.[39] Es ist denn auch bezeichnend, dass derlei Angebote lange Zeit keinen Niederschlag in der Meinungsforschung fanden. Allensbach etwa führte weder rund um das 30-jährige Grundgesetz-Jubiläum 1979 noch im Laufe der 1980er Jahre, als sich diese Debatten intensivierten, Umfragen zur gesellschaftlichen Breitenwirkung verfassungspatriotischer Ideen durch. Erst im Kontext der Vereinigung wurde die Frage indirekt gestellt, als man eruierte, inwiefern das Grundgesetz in der Bevölkerung Akzeptanz fand oder ob nicht eine Mehrheit der Meinung war, man müsse nun ein neues schaffen. In diesem Zusammenhang wurde das hohe Ansehen des Grundgesetzes erstmals empirisch deutlich – rund zwei Drittel der Westdeutschen (und nur 18 Prozent der Ostdeutschen) hielten es 1989 für bewährt und bewahrenswert.[40]

Bei aller Bindungskraft, die das Grundgesetz im Laufe der Zeit zweifellos entfaltete, verhandelten die von Intellektuellen wie Sternberger und Habermas geprägten Anstrengungen um eine werte- und regelbasierte »Staatsfreundschaft« (Sternberger) jedoch keineswegs ein gänzlich neues Staatsverständnis. Denn auch wenn sie sich deutlich abhoben von jener wirkmächtigen Tradition im deutschen Staatsdenken, wonach der »Staat nicht nur als Ordnungsmacht, sondern als Stifter von Sinn und Sittlichkeit« galt, blieb die Vorstellung einer von verfassungspatriotischen und »wehrhaft« engagierten Bürgerinnen und Bürgern gelebten Demokratie auffallend staatsnah, ja geradezu staatszentriert. Mit dem Begriff der »Staatsfreundschaft« verband sich für Sternberger nicht nur die Idee eines prinzipiell wohlwollenden Verhältnisses der Bürger untereinander, sondern eben auch eine grundsätzlich einvernehmliche Haltung der Bevölkerung zum Staat.[41]

All diese aus älteren und jüngeren Traditionen gespeisten Vorstellungen zum Verhältnis von Bürgern und Staat haben die Geschichte der Bonner Republik geprägt, wenn auch ganz anders als in der (späten) DDR: nicht fundamentalkritisch und letztlich systemstürzend, sondern überwiegend affirmativ und systemstabilisierend. Die Einstellungsforschung misst kontinuierlich ein bemerkenswert hohes und stabiles Institutionenvertrauen in der Bevölkerung. Ganz oben stand und steht (neben der Polizei) stets das Bundesverfassungsgericht – die höchste Instanz nicht nur eines Staates, sondern einer in der Tat alltäglich gewordenen »Rechtsgemeinschaft«, wie es von Weizsäcker 1989 ausgedrückt hatte.[42]

»Der Staat bin auch ich.« Staatsbürgervorstellungen in der Bundesrepublik

Doch was hieß es nun aus Sicht dieser Bürgerinnen und Bürger, Staatsbürger zu sein? Welches Staats- und Bürgerselbstverständnis lässt sich aus einer individuellen Perspektive rekonstruieren und gegebenenfalls auch generalisieren? Und wie verhält sich dieses zu den bis hierhin skizzierten politischen, rechtlichen und intellektuellen Rahmenbedingungen? Exemplarisch lässt sich das anhand von massenhaft überlieferten Privatbriefen aus der Bevölkerung nachvollziehen. Erste systematische Untersuchungen solcher Bestände legen – mit Blick auf die westdeutsche Nachkriegsgeschichte – nahe, dass die Briefkommunikation zwischen Bürgern und »ihrem Staat«

als Demokratisierungs*instanz* verstanden werden kann: Demokratie wurde im Medium Brief nicht nur »verhandelt«, sondern auch »erschrieben«.[43] Analog wäre für die DDR-Gesellschaft zu fragen, welche Rolle die dort wahrscheinlich sogar noch weiter verbreitete Praxis des staatsbezogenen Briefescheibens in der Aushandlung der Idee einer »sozialistischen Demokratie« spielte. Die bisher vorliegenden Studien zur Eingaben- und Beschwerdepraxis konzentrierten sich auf deren systemische Auswirkungen – letztlich bescheinigten sie ihr einen systemstabilisierenden Effekt – sowie auf alltags- und erfahrungsgeschichtliche Aspekte. Ihre politisch-kulturelle Bedeutung und insbesondere die darin verhandelten Politik- und Bürgerselbstverständnisse sind hingegen noch weitgehend unerforscht.[44] Wenn in der Bundesrepublik in solcher Bürgerpost die Demokratie ein Stück weit mitgeformt und gefestigt wurde, was wurde dann eigentlich in der DDR mit und in dieser Briefkommunikation »erschrieben«?

Meine Untersuchung stützt sich bezüglich der Bundesrepublik exemplarisch auf Briefe von Privatpersonen an die Bundespräsidenten Karl Carstens (1979–1984) und Richard von Weizsäcker (1984–1994), die im Bundesarchiv Koblenz verwahrt werden und thematisch meist strukturiert überliefert sind, also spezifischen Ereignissen und Sachbezügen zugeordnet wurden. Aus diesen Tausenden von Selbstzeugnissen ergibt sich ein lebendiges und facettenreiches Spiegelbild der sprichwörtlichen »bunten Republik Deutschland«: Von der Oberschülerin bis zum Pensionär, häufig deutlich mehr Männer als Frauen, die meisten von ihnen gut ausgebildet, fühlten sich dazu berufen, mit Namen und Adresse dem Staatsoberhaupt ihre Sorgen und Meinungen mitzuteilen und nicht selten auch konkrete Reform- und Handlungsvorschläge etwa zur Regierungs- oder Wahlkampfpraxis, zur Verbesserung der Briefwahlmöglichkeiten oder zu Fragen der Außen- und Sicherheitspolitik zu unterbreiten.[45] Gerade für die 1980er Jahre, in deren Verlauf Asylrechts- und Einwanderungsfragen immer kontroverser diskutiert wurden, finden sich in diesen Beständen zahlreiche rassistisch getönte Schreiben gegen die »Flut von Ausländern« und »Asylmissbrauch.« Zugleich sind aber auch Briefe von Menschen nichtdeutscher Herkunft überliefert, die in mühevollem Deutsch verfasst oder mithilfe von Freunden übersetzt wurden und von Integrations- und Partizipationshoffnungen ebenso zeugen wie von alltäglicher Diskriminierung und struktureller Ausgrenzung.[46]

Für die DDR-Seite haben wir es mit Dokumenten zu tun, die bis 1989 im Ministerium für Staatssicherheit verwahrt wurden und heute im BStU-Archiv einsehbar sind; die Bestände sind teilweise systematisch (nach Gegenstand), teilweise institutionell und geografisch gegliedert (nach Abteilungen beziehungsweise Bezirken und Kreisen). Von den hier ebenfalls tausendfach überlieferten Privatbriefen, Postkarten, Eingaben und anderen Schriftstücken aus der DDR-Bevölkerung zählt ein großer Teil im weitesten Sinne zur Dienstkorrespondenz von MfS-Angehörigen auf der zentralen, Bezirks- und Kreisebene, sie wurden also direkt und willentlich an das MfS versandt. Ein nicht unerheblicher Teil besteht aber aus (vermittelt oder unvermittelt) dorthin gelangter Bürgerpost.[47] Diese Briefe sind also nicht direkt an das MfS gesandt, sondern in den Poststellen diverser Regierungsstellen, Behörden und Leserbriefredaktionen aussortiert und zur Auswertung an die Staatssicherheit weitergeleitet worden. Sehr viele davon wurden anonym oder halb-anonym eingesandt (etwa von einem »Bauerarbeiterkollektiv« aus einer Cottbuser Fabrik[48]), und das MfS setzte viel daran, die Verfasserinnen und Verfasser dieser »Hetzschriften« zu identifizieren, um sie strafrechtlich verfolgen zu können.[49] Gerade diese unvermittelt dort gelandete Korrespondenz ermöglicht es nachzuvollziehen, wie die Einwohner des sogenannten Arbeiter- und Bauernstaates diesen Staat, dessen politisches System und ihre eigene Rolle darin sahen; sie erlaubt es zudem, einige weit verbreitete Annahmen über die vermeintlich stillgelegte und apathische DDR-Gesellschaft aus einer einzigartigen Perspektive auf den Prüfstand zu stellen.

In der Analyse dieser sehr ungleichen ost- und westdeutschen Quellenbestände gehe ich davon aus, dass es sich hierbei dennoch um prinzipiell vergleichbare Korrespondenzen zwischen Bürgern und »ihrem« jeweiligen Staat beziehungsweise dessen Repräsentanten und Institutionen handelt. Der Aussagewert dieser subjektiven Quellen in Bezug auf das Staats-, Politik- und Bürgerselbstverständnis erweist sich als hoch. Trotz – oder gerade wegen – ihrer sehr unterschiedlichen Entstehungs- und Überlieferungsbedingungen sind sie für eine Historisierung der politischen Kultur über die Zäsur von 1989 hinaus und jenseits politischer, intellektueller und juristischer Höhenzugdiskurse von essenzieller Bedeutung. Dabei ist es hilfreich, dass Staatsbürgerschaft in der jüngeren historischen Forschung nicht als fixes Rechtskonstrukt betrachtet wird, sondern als ein vielschichtiges, wandelbares Set von rechtlichen, politischen, ökonomischen und kulturellen Praktiken, durch welche Menschen als »souveräne Mitglieder einer Gesellschaft« definiert werden *und sich selbst* als solche definieren.[50] Eine dieser Praktiken ist das Schreiben von Bürgerbriefen und Eingaben an staatliche Stellen, wobei sich bestimmte Ereignisse besonders anbieten, um auf die hier gestellten Fragen eine Antwort zu finden: Wahlen und Wahlkämpfe, verfassungsgeschichtliche Jahrestage samt den dazugehörigen Reden oder Fernsehauftritten hoher Repräsentanten, Außen- und Sicherheitsfragen, Asylrecht und Migration sowie teils tagesaktuell, teils grundsätzlich verhandelte Fragen rund um die deutsche Teilung und die innerdeutschen Beziehungen.

Die Bürgerinnen und Bürger, die beispielsweise im Laufe des Wahlkampfes zur Bundestagswahl 1980 zum Stift griffen oder sich an eine Schreibmaschine setzten, um sich beim Bundespräsidenten für eine »friedliche und sachliche, frei von Emotionen geführte Wahlzeit«[51] einzusetzen, hatten allen Grund, beunruhigt, ja gar empört zu sein. Zwar war »Fairness« im Umgang schon in den beiden vorangegangenen Bundestagswahlkämpfen 1972 und 1976 zu einer zentralen

Forderung in der bundesdeutschen Politik avanciert, doch die Kanzlerkandidatur von Franz Josef Strauß (CSU) führte 1980 zu einer bis dato ungekannten Polarisierung und personenbezogenen Zuspitzung – Beschimpfungen, Verunglimpfungen, Demonstrationen und Störungen von Wahlkampfauftritten gehörten im Sommer und Frühherbst des Jahres zum Bonner Alltag.[52] Wie schon einmal im Jahr 1965 wurde auch 1980 zur Mäßigung des Wahlkampfes ein Abkommen zwischen den im Bundestag vertretenen Parteien geschlossen und eine (von einem Bischof geleitete) Schiedskommission eingerichtet. Bundespräsident Carstens wies in seinen Antwortschreiben auf Bürgerbriefe immer wieder darauf hin, dass diese Kommission von allen wahlkampfführenden Parteien angerufen werden könne und innerhalb einer Woche über Beschwerdefälle mit Mehrheit entscheiden solle. Außerdem stehe zu hoffen, »daß schon allein von der Existenz dieser Schiedskommission ein guter Einfluß auf den Wahlkampf ausgehen wird«, so ein von Carstens' Büroleiter im Namen des Staatsoberhauptes aufgesetztes Schreiben vom Mai 1980.[53] Doch hier interessieren weniger die damals regelmäßig für Empörung sorgenden Ausfälle von Politikern, die sich gegenseitig als »Rentenbetrüger«, »aufgescheuchte Hühner«, »Lügner« oder »pissende Bullen« titulierten (so nur eine der vielen Aufzählungen in den Bürgerschreiben)[54], als vielmehr das in diesen Briefen zum Ausdruck kommende subjektive Bild, das die Absenderinnen und Absender von sich selbst als »souveränen Mitgliedern der Gesellschaft«[55] hatten.

In der westdeutschen Korrespondenz werden im Wesentlichen drei Bürger(selbst)verständnisse deutlich: der Wahlbürger, der Steuerbürger und der dem Staate dienende Bürger. Der Grad der sich selbst zuerkannten Souveränität unterschied sich entsprechend, doch selbst ein Bürger, der sich eher als »dienend« betrachtete, äußerte sich hier als gleichberechtigtes Mitglied der Gesellschaft. Die erste Bedeutungsebene, also die des Wahlbürgers beziehungsweise der Wahlbürgerin, ist am nachdrücklichsten dokumentiert. Die Ernsthaftigkeit und Emphase, mit der grundsätzlich wahlberechtige Frauen und

Männer aus dem In- und Ausland an das Bundespräsidialamt – und gelegentlich auch an weitere für zuständig erachtete Stellen – zum Thema Wahlen und Wählen schrieben, verweist auf die zentrale, identitätsstiftende Rolle und die reale Mitbestimmungsmacht, die viele »Bundesbürger« (so eine der häufigsten Selbstbezeichnungen in den Briefen) mit dem Recht zur Wahl verbanden. Das lässt sich gerade aus Korrespondenzen erschließen, die nicht rein zustimmend oder bekenntnishaft, sondern kritisch, aus Protest oder Empörung verfasst wurden. Da waren etwa jene, die durch praktische Umstände an der Stimmabgabe gehindert wurden, zum Beispiel Urlauber und dauerhaft im Ausland lebende Deutsche oder Marinesoldaten, die ihre Briefwahlunterlagen nicht rechtzeitig erhalten hatten und daher ihre Stimme nicht abgeben konnten. So schrieb ein promovierter Ruheständler drei Wochen vor der Bundestagswahl im Oktober 1980 aus der spanischen Provinz Málaga, man sei in der »deutschen Urlauberkolonie in Torre del Mar« von »zur Zeit ca. 800 Personen« wegen der schleppenden Versendung der Unterlagen sehr beunruhigt. Man schreibe dem Bundespräsidenten in Sorge. Hoffentlich lasse sich »über den Bundeswahlleiter schnellstens auf eine mögliche Wahlversäumnis [sic] bei einer derartigen Verzögerung hinweisen«, sodass die verspäteten Stimmen doch noch berücksichtigt werden können.[56]

Ein Kapitän der Bundesmarine, der nach eigenen Angaben über neun Monate im Jahr auf See unterwegs war (und trotzdem für das ganze Jahr Steuern zahle), fragte sich – ebenfalls nicht nur im eigenen Namen – zwei Wochen nach der Wahl »Auf See« schreibend: »Warum wird uns das Wählen nicht vereinfacht?« Erneut sei »das eingetreten, was mein Berufsstand schon oft diskutiert hat, nämlich: Die meisten von uns konnten wieder nicht wählen«, da sie nicht rechtzeitig ihre Briefwahlunterlagen erhalten hätten. Auf seinem Schiff habe, »traurig aber wahr«, keins der 23 Besatzungsmitglieder mit deutscher Staatsbürgerschaft seine Stimme abgeben können. Dabei habe er eine »Pflicht zu wählen, zumindest möchte ich meiner

Pflicht zur Bundestagswahl nachkommen«. Dass dies nicht nur hehre Worte waren, zeigen die Anstrengungen, die dieser Herr bereits unternommen hatte: Während seines Urlaubs sei er beim zuständigen »›sogenannten‹ Wahlleiter« gewesen, doch sei es »wie so oft, selbst auf direkte Vorhaltungen hin, ein hoffnungsloses Unterfangen, überhaupt noch solche Schritte zu unternehmen«. Am Schluss unterbreitete der Kapitän noch einen »unbürokratischen« Vorschlag: Die nächste Wahl könne man doch über eine an Bord installierte Wahlurne und den schriftlichen Vermerk des korrekten Wahltermins in den Seefahrtsbüchern vollziehen lassen. Das Bundespräsidialamt erklärte ihm daraufhin, für ein solches Vorgehen müsse das Wahlgesetz geändert werden; man leite das Schreiben zuständigkeitshalber an den Bundesinnenminister weiter.[57]

Es gab ferner auch jene, die sich derart heftig über das verbale Gerangel im Wahlkampf ärgerten, dass sie die Löschung ihres Eintrags im Wählerverzeichnis beantragten oder ihre Wahlbenachrichtigung über den Bundespräsidenten zurückgaben. Er sei nicht bereit, schrieb ein Mann aus dem rheinland-pfälzischen Landkreis Ahrweiler, »mich durch Teilnahme am Bundeswahlakt mitverantwortlich dafür zu machen«, dass nach der Wahl ein Kanzler im Amt bleibe oder einer ins Amt komme, der zuvor dermaßen »ehrenrührig« seinen politischen Gegner beschimpft habe. Mit solchen Politikern habe er nichts gemein und wolle er nichts zu tun haben. Deshalb habe er beim Bundeswahlamt »die Löschung des mich betreffenden Eintrags in das Wählerverzeichnis der Stadt Bad Neuenahr-Ahrweiler beantragt«. Eine Durchschrift seines Briefes gehe im Übrigen an die Wahlkampfschiedstelle Bonn-Bad Godesberg.[58]

Bemerkenswert ist, dass es in der Regel keine rein abwehrende Kritik an den Zuständen war, sondern dass die meisten Leute, die sich in Sachen Wahlkampf und Wahlen beklagten, auch konstruktiv und lösungsorientiert an ihr Schreiben gingen. In diesem Falle schlug der Rheinländer dem Präsidenten vor, seine ganze »Amtsautorität und Bundespräsidentenwürde« einzusetzen und die »Polit-

Spitzenfunktionäre« unverzüglich aufzufordern, »noch vor der Wahl die betreffenden ehrenrührigen Behauptungen zu wiederrufen [sic] oder den Wahrheitsbeweis für die Richtigkeit dieser Behauptungen anzutreten und sich [...] in aller Form gegenseitig zu entschuldigen und zwar öffentlich in einer Fernsehausstrahlung vor [dem] ganzen deutschen Volk«. Politik und Bevölkerung seien hier eng miteinander verwoben und derlei Ausfälle weit mehr als eine Sache allein des Umgangs von Politikern untereinander; vielmehr sei dieser nicht mit der »Menschenwürde einzelner mündiger Bürger und schon gar nicht mit der Würde eines demokratischen Staates vereinbar«. Im selben Sinne bat eine ältere Dame aus Wuppertal, langjährige CDU-Wählerin, in einem Brief, den sie an Franz Josef Strauß und Helmut Kohl gerichtet hatte und dem »ersten Vertreter des Staates« zur Kenntnis übersandte, dieser möge doch nicht übersehen, dass er es »mit mündigen Bürgern bzw. Wählern« zu tun habe. »Maßlosigkeit und Zügellosigkeit vertragen sich schlecht mit christlichen Parolen.«[59] Die synonyme Verwendung der Begriffe »Bürger« und »Wähler« unterstreicht auch hier noch einmal exemplarisch, wie zentral das Wählen für das Selbstverständnis dieser Bürgerin war.

Auch in anderen Zusammenhängen finden sich derlei engagierte Zuschriften, die auf eine größtmögliche Sicherung und Wirkung des individuellen Wahlrechts abzielen. Beispielhaft sei der Vorschlag genannt, doch eine Drittstimme einzuführen, für den Fall, dass es die Partei, der man die Zweitstimme gegeben hat, nicht über die Fünfprozenthürde schafft. Oder die Forderung eines empörten »deutschen Bürgers«, der sein Wahlrecht als Pflicht verstand, sich aber für keinen der Kandidaten entscheiden wollte und daher einen weißen Stimmzettel abgeben würde. Dass seine als Enthaltung abgegebene Stimme jedoch nicht zählen würde, sondern als ungültig gelte, hielt er für einen »unerträglichen Zustand«. Er bitte daher den »ersten Mann im Staate«, dafür zu sorgen, dass »ungültige Stimmen und Stimmenthaltungen getrennt ausgezählt werden«, wie es etwa bei Bürgermeisterwahlen bereits geschehe (was jedoch nicht stimmt).

Das Bundespräsidialamt leitete den Brief laut Antwortschreiben an das Innenressort weiter, da für einen solchen Vorschlag eine Rechtsänderung nötig sei. Gelegentlich spielten aber in den vielen konkreten Reformvorschlägen auch gar nicht die gesamte Wählerschaft, sondern ganz persönliche und dennoch hochpolitische Motive die entscheidende Rolle. Ein bemerkenswertes Beispiel ist die Bitte eines 17-jährigen Jugendlichen an den Bundespräsidenten, sich dafür einzusetzen, dass der Termin für die anstehende Bundestagswahl in den Dezember geschoben werde, dann sei er nämlich endlich stimmberechtigt und könne gegen die Rechtsradikalen stimmen.[60]

Ein maßgeblich an das Wahlrecht und den Wahlakt gebundenes Bürgerselbstverständnis bedeutete, dass der Verzicht auf dieses Recht – im Einzelfalle oder, sollte sich nichts ändern, gar eben »für immer!«, wie ein Mann aus Kamen im Kontext des Bundestagswahlkampfes 1980 androhte – als ultimatives Mittel erachtet wurde, sich innerhalb des bestehenden politischen Systems und zugleich fundamentalkritisch zu positionieren. Dafür brauchte es auch nicht unbedingt einen aus dem Ruder laufenden Wahlkampf. So erklärte eine aufgebrachte Würzburger Familie nach einer für sie ungünstig ausgefallenen Gerichtsentscheidung den »demokratischen Rechtsstaat« für beendet und kündigte an, aus Gewissensgründen der nun anstehenden Wahl fernzubleiben.[61] In den hier untersuchten Korrespondenzen wurden derlei Gesten fast ausschließlich von Männern ins Spiel gebracht, letztlich wohl in dem Wissen, dass es sich dabei um rein symbolische Akte handelte. Gelegentlich positionierte sich der Schreiber auch im Namen der Gattin und gab in der Anlage »fotokopiert, zumindest symbolisch, meiner Frau und meinen Wahlausweis zurück«.[62] Wenn Frauen hier (allein, aber auch »als Bürger«) schrieben, traten sie meist in beschämter, mahnender und eher fragender Haltung auf. Man müsse sich fragen, ob so, wie Politiker miteinander umgingen, die »Freiheit einer Demokratie verstanden werden« solle oder ob man von erwachsenen Abgeordneten und Amtsträgern nicht auch ein erwachsenes »Benehmen« erwarten dürfe. Sie könne nur hoffen, schrieb eine Hamburgerin im September 1980, dass sie am Wahltag in der Lage sein werde, »aufgrund der Sachaussagen der einzelnen Parteien, für die Bundestagwahl meine Entscheidung treffen zu können«.[63] Auch wenn diese bemerkenswerten Geschlechterunterschiede noch viel zu wenig erforscht sind, spiegelt sich in diesen Briefen in der Gesamtschau die Entwicklung der westdeutschen Nachkriegsgesellschaft zu einer »Demokratie der Wähler« (Claudia Gatzka) treffend wider – einer Gesellschaft, deren Mitglieder das Wählen als »die basale und verantwortungsvollste Aufgabe, die sie in der Demokratie zu erfüllen hatten«, ansahen.[64]

Es gab aber noch zwei weitere Bedeutungsebenen, auf der Staatsbürgersein in diesen Bürgerbriefen verhandelt wurde, nämlich als steuerzahlendes beziehungsweise staatsdienendes Mitglied der Gesellschaft, auch wenn derlei Bezüge viel weniger verbreitet waren als solche zur Selbstsicht als »mündige« und »sachlich« interessierte Wählerinnen und Wähler. Überraschend ist zunächst, dass Hinweise auf den Zusammenhang von Bürgerrechten und Steuerpflicht jedenfalls in diesem Rahmen ganz selten im Klagemodus vorgetragen wurden. Eher wurde er in Form eines zweifach begründeten Anspruchs thematisiert: einerseits als Anspruch des Einzelnen auf die diversen Dienstleistungen des Staates und andererseits als Anspruch des Staates auf die dafür angemessene Ausstattung. Das zeigt beispielsweise die Anregung einer als Beamtin berufstätigen Schwäbin, die nach eigenem Bekunden aufgrund einer Gehbehinderung viel Zeit hatte, Politik im Fernsehen zu verfolgen. Angeregt durch eine ebendort übertragene Fragestunde »Bürger fragen Bundespräsident Karl Carstens«, fragte sie in einem Brief an den »sehr verehrten Bundespräsidenten« im Frühjahr 1980, warum Rentner eigentlich keine Steuern zahlten, dabei könnte man doch »von einer gewissen Grenze ab, 1200.–1500. DM, eine Steuer erheben«. Sie kenne im eigenen Wohnhaus viele Rentner, die nach eigener Aussage mehr als 2000 DM Rente erhielten. »Es spricht hier absolut kein Neid mit,« fügte sie hinzu, »sondern die Fürsorge, dem Staat zu etwas mehr Geld zu verhelfen [...].«[65] Dagegen trieb einen älteren Herrn aus Bad Soden, der noch persönliche Erinnerungen an das Jahr 1932 hatte (der aktuelle Wahlkampf erinnere ihn ungut daran), eher ein grundsätzliches Kritikbedürfnis dazu, sich als Steuerbürger zu Wort zu melden. Er habe gehört, dass 200 Millionen DM für den Wahlkampf zur Verfügung stünden – das seien doch Steuergelder! Zwei Fragen warf das für ihn auf: »[E]inmal ist dies nicht zu viel, und zweitens brauchen wir eigentlich einen Wahlkampf?«[66]

Das Zahlen von Steuern war aber auch und gerade für jene Personen ein Thema, die *keine* deutsche Staatsbürgerschaft und damit auch kein Wahlrecht in der Bundesrepublik hatten, die sich aber dennoch als »souveräne Mitglieder der Gesellschaft« zu Wort meldeten – nicht zuletzt, um überhaupt als solche wahrgenommen und anerkannt zu werden. In den Tausenden Bürgerbriefen, die der Bundespräsident im Kontext der Debatten um Zuwanderung und Asylrechtsfragen erhielt, finden sich immer wieder Schreiben vor allem von Arbeitsmigranten und (auch hier viel seltener) -migrantinnen, die ihren Beitrag für den Staat hervorhoben, und zwar vor allem über ihre Arbeit und ihre Steuerzahlungen. Nachdem es im Sommer 1982 verstärkt und teils tödliche Übergriffe auf Asylsuchende gegeben hatte, in Umfragen 60 Prozent der Bundesbürger wünschten, dass »die Gastarbeiter verschwinden sollten«, und die Regierungspolitik einer »stillen Integration« (Jan Plamper) systematisch entgegenarbeitete[67], schrieben etwa 50 in verschiedenen Städten lebende »Angehörige der seit vielen Jahren in Deutschland arbeitenden türkischen Volksgruppe« im Wortlaut fast identische, aber jeweils in eigener Handschrift verfasste Briefe, in denen sie die spürbare Zunahme an verbalen und physischen Anfeindungen bedauerten: »Ausländerfeindlichkeit bedroht unsere Existenz. [...] Auf der anderen Seite zahlen auch wir Steuern. Auch wir tragen zum deutschen Wohlstand bei. Ist ›Frieden‹ nicht auch unser Recht?« Der Bitte an den Präsidenten, ein »Gesetz gegen Ausländerfeindlichkeit dringend zu erlassen«, fügte jemand im Bundespräsidialamt die Marginalie »Verfassung GS [Gleichheitssatz]« bei, doch im offiziellen Antwortbrief ging man auf diesen Gesetzesvorschlag mit keinem Wort ein. Stattdessen bedankte sich der Präsident für den Beitrag »ausländischer Arbeitnehmer [...] zu unserem Wohlstand« (die »wir ja selbst ins Land geholt haben, als wir sie wirtschaftlich brauchten«) und äußerte sich zuversichtlich, dass es gelingen werde, »Ausländern das Zusammenleben mit den deutschen Bürgern in einem Geist des gegenseitigen Respekts zu sichern«.[68]

Es ist bemerkenswert, dass gerade in jenem Moment, in dem sich zugewanderte Menschen infolge der heftigen »negativen Emotionalisierung«[69] der Flüchtlingspolitik und Asylpraxis in der bundesdeutschen Öffentlichkeit besonders bedroht fühlten, sie in den Selbstzeugnissen, die im Zuge ihres Protests dagegen entstanden, als Bewohner dieses Staates, als Mitglieder dieser Gesellschaft sichtbar wurden – wenn auch freilich nur schemenhaft und ganz und gar nicht als souveräne, das heißt gleichberechtigte (Staats-)Bürger.[70]

Der Steuerbürger konnte aber auch in sehr gehässiger Weise auftreten, gerade wenn ältere, also vor allem nach wie vor nationalsozialistisch getönte Ordnungs-, Wert- und Volksvorstellungen zum Ausdruck kamen, die in krassem Widerspruch zu den normativen Prinzipien und gesellschaftlichen Wirklichkeiten der nicht mehr ganz so jungen Bundesrepublik standen. Ein Bielefelder Arbeiter, 1920 geboren, der mit 17 Jahren Soldat wurde und Ende 1945 (»Glück gehabt«) zurückgekehrt war, »im Bewußtsein nur Schüler und Soldat zu sein«, schrieb an Bundespräsident Carstens, nachdem dieser dafür plädiert hatte, auch mit Nichtwählern das politische Gespräch zu suchen. Man dürfe jene schon fragen, ob sie gegen freie Wahlen und den freiheitlichen Rechtsstaat seien. In quasi direkter Antwort auf diese vom Staatsoberhaupt aufgeworfene Frage erklärte der Schreiber, sein Glaube an den in Anführungszeichen gesetzten »Freiheitlichen Rechtsstaat« sei »sehr erschüttert«; was aus »dieser Demokratie geworden ist, hat mich, je weiter wir in unsere Zeit hineingehen, bitter enttäuscht«. Zur Begründung führte er an: »Als jemand, der ein Arbeitsleben lang täglich rechtschaffen antritt, aus Gründen der Selbstachtung, im Wissen darum, daß die Gesellschaft ein Verbundsystem ist und Arbeit Pflicht ist, fühle ich mich kategorisch diskriminiert, wenn ich täglich die Bilder besoffener Subjekte auf Bielefelds Boulevards sehe.« Zur Untermauerung füllte er sodann fünf eng und in teils faschistoider Sprache beschriebene Seiten (»Gesellschaftsgeschädigte«, »Pöbel«, »Untermenschen«, »Todesstrafe«) mit Klagen über die vermeintliche Dauerkriminalität und maßlose Unzüchtigkeit der lokalen Jugend. Am Ende erklärte er das bestehende System für mehr oder weniger bankrott: »Wenn unser ›Freiheitliches System‹ um so viel besser sein soll, wie das jenseits der Mauer, müssen wir endlich mal das Mittel finden, um uns gute demokratische Freiheiten zu bewahren« und das »Leben für den rechtschaffenen Bürger lebenswert« zu machen.[71]

Doch selbst mit dieser Fundamentalkritik wandte sich der Schreiber nicht grundsätzlich vom Staat insgesamt ab – übrigens im deutlichen Unterschied zur DDR-Bürgerpost, wie wir noch sehen werden. Für die allermeisten westdeutschen Frauen und Männer, die an den Bundespräsidenten schrieben, war dies eine grundsätzlich affirmative Geste; radikale Gegner des »Bonner Systems« brachten ihre Ansichten auf anderen Wegen und mit bis zu politischem Terror reichenden Mitteln zum Ausdruck. Nicht zuletzt offenbart sich hier die oben genannte dritte Bedeutungsebene des westdeutschen Bürgerselbstverständnisses, die zugleich die tiefsten historischen Wurzeln hatte: die des beflissenen, ja untertänigen »Staatsdieners«, der sich aus Pflichtgefühl um das »Staatswohl« sorgt. Derlei Selbstpositionierungen waren auffällig häufig mit dem Hinweis versehen, man schreibe gar nicht als Einzelbürger, sondern im Namen oder Interesse breiterer Bevölkerungsteile. Und es waren oft als »Staatskrisen« wahrgenommene Momente, in denen dieses dienend-fürsorgliche Selbstverständnis am deutlichsten artikuliert wurde.

Beispielsweise erhielt Bundespräsident Carstens nach der im Dezember 1982 von Helmut Kohl herbeigeführten verlorenen Vertrauensfrage und mit Blick auf die damit anstehenden vorgezogenen Neuwahlen eine Vielzahl von Zuschriften, die das gesamte politische System in Gefahr sahen.[72] Den Bundespräsidenten sahen die meisten Absender als einzig verbliebenen Mann im Staate an, der den damit verbundenen »Kuhhandel« und »Rechtsbruch« (der nach einem Urteil des Bundesverfassungsgerichts vom Februar 1983 keiner war) verhindern beziehungsweise rückgängig machen konnte. »Ich bitte Sie, diese Zeilen keinesfalls als einen Versuch zu verstehen, Ihre Entscheidung zu beeinflussen«, schrieb etwa ein »sehr ergebener« Hamburger Bürger im November 1982, der auch den Bundeskanzler über sein Schreiben an den Präsidenten informierte. »Ich halte es jedoch für richtig, Ihnen die ernsten Sorgen meiner Freunde und meinerseits mitzuteilen«, denn er tue dies aus Sorge um »unser Staatswesen«, um den »politischen Stil in unserem Land und der Achtung vor dem Geist und den Zielen des Grundgesetzes«.[73] Der überaus positive Bezug auf »unser« und »für uns alle verbindliche[s] Grundgesetz«, der an dieser Stelle nur konstatiert sei, ist ein oft wiederkehrendes Motiv in diesen Briefen – für Verfechter der These eines wirkmächtigen Verfassungspatriotismus wäre dies eine ergiebige Quelle.

In ähnlicher Haltung äußerten viele andere Zuschriften nach »vielen Gesprächen und Überlegungen« im Freundes- und Bekanntenkreis »große Sorge […] bezüglich der weiteren moralischen Entwicklung unseres Volkes«; es wurde betont, dass »gerade kritische und rechtsbewußte Staatsbürger« eine Auflösung des Bundestages kategorisch ablehnten, weil dadurch der »Allgemeinheit ein zerstörender Kampf mit allen schlechten Folgen« drohe.[74] Natürlich schrieben hier viele Juristen bis hin zu früheren CDU-Weggefährten des Bundespräsidenten. Es meldeten sich aber auch und vor allem staatsrechtliche Laien, wie etwa der »überparteilich und überkonfessionell« arbeitende Bayrische Hausfrauenbund. »Wir legen großen Wert darauf, die Hausfrauen staatsbürgerlich zu schulen und zu interessieren, denn ihre Stimme wiegt bei einer Wahl gleichwertig mit jeder anderen und die Frauen geben bei einer Wahl den Ausschlag«, schrieb im Dezember 1982 dessen Erste Vorsitzende. »Hausfrauen sind sehr ungehalten darüber, daß in Bonn ohne Auftrag des Wählers Politik und Ministersessel gewechselt werden.« Daher bitte man den Präsidenten, sich »mit aller Kraft« dafür einzusetzen, dass die von Kohl mit seiner Wahl zum Bundeskanzler über ein konstruktives Misstrauensvotum zugesagten Wahlen auch tatsächlich durchgeführt werden.[75]

Das in vielen dieser Zuschriften und auch in anderen thematischen Zusammenhängen artikulierte Selbstbild der Absenderinnen und Absender als »überaus besorgte Staatsdiener«[76] war gleichwohl prinzipiell stärker vom aktiven, verantwortungsbewussten Wahlbürger-Selbstbild geprägt als von einer servilen bis unterwürfigen Haltung. Letztere findet sich zwar durchaus in einigen Zuschriften, war aber stark generationell geformt, da – sofern das Alter ersichtlich ist – vor allem ältere Verfasser und Verfasserinnen ihre Ansichten eingebettet in ein untertänig und oft zugleich nationalistisch getöntes Wertegerüst aus »Ehre«, »Anstand«, »Vaterland« und »Volksgemeinschaft«[77] äußerten. Es beteiligten sich mitunter jedoch auch junge Menschen in diesem servilen Diskurs, beispielsweise angeregt von einem Politiklehrer, der zugleich Ortsvorsitzender der CDU war. Dessen 14-jährige Schülerin – »Mitbürgerin« – Evelyne fand es »erschreckend«, wie uninformiert viele in der Bevölkerung am Wahltag ihren Stimmzettel ausfüllten. Andere junge Leute – darunter immer wieder auch Mädchen – schrieben ähnlich ergeben aus christlich-religiösen Motiven oder aus Angst um den Weltfrieden im Schatten der Nachrüstungsdebatte.[78]

Bemerkenswert ist in der Gesamtschau, dass sich in diesen Briefen, selbst in den untertänigsten Äußerungen, eine Gesellschaft von gleichberechtigten »Mitbürgern« oder »Bundesbürgern«, wie es am häufigsten hieß, miteinander und über sich verständigte – und zwar im direkten Gespräch mit einem Staatsoberhaupt auf Augenhöhe, der meist stellvertretend für die politische Elite im Land angeschrieben wurde. Dahinter steckte offenbar einerseits eine ganz bestimmte und durchaus problematische Auffassung von einer quasi organischen Verbindung zwischen Volk und »Führer« und damit auch von »Volksehre«. So heißt es in einem der Briefe: »Wer den legitimen Kanzler des Deutschen Bundes [sic] oder den Bundespräsidenten beschimpft und beleidigt, entehrt zugleich das deutsche Volk.«[79] Andererseits trafen sich hier überwiegend Personen im Bewusstsein gleicher politischer Rechte und Pflichten, die gemeinsam und gleichberechtigt Verantwortung für eine »saubere Demokratie« und ein funktionierendes Gemeinwesen tragen wollten. Natürlich hatte der Bundespräsident (und mit ihm jeder Minister und jede Abgeordnete) eine herausgehobene Stellung inne – Macht auf Zeit –, er wurde als »unparteiischer« und »oberster Hüter unserer Verfassung« angeschrieben.[80] Und er wurde immer wieder aufgefordert, diese Macht doch »endlich« oder »endlich richtig« zum Wohle des Ganzen einzusetzen – natürlich im Rahmen des verfassungsmäßig Möglichen.[81] Dafür findet sich in den Briefen eine Vielzahl von Beispielen, etwa der Vorschlag, zum Schutz vor unfähigen Kanzlern eine »Ausführungsbestimmung zur Festigung der Demokratie« einzuführen, nach der der »Bundespräsident mit Zustimmung des Bundesverfassungsgerichts dem gewählten Bundeskanzler einen Vize-Kanzler als beratende[n] Kanzler beistellen« kann. Jemand anderes fordert vom Bundespräsidenten, kraft Amtes und Einsicht einen Bundeskanzler schlichtweg nicht zu ernennen (»kann doch keiner von Ihnen verlangen, einem solchen vorbelasteten Mann [Schmidt] erneut das Bundeskanzleramt zu übertragen«). Wieder ein anderer mahnt, den im Parlament allzu oft abwesenden Volksvertretern nachdrücklicher »ihre Aufgaben klar zu machen«. Oder der Bundespräsident wird aufgefordert, dafür zu sorgen, dass nur diejenige Partei den Kanzler stellen kann, die in einer Wahl die meisten Stimmen erhalten hat (»der reale Gewinner und nicht die Addition der Verlierer«).[82]

Die herausgehobene Stellung des Staatsoberhauptes wurde gleichwohl nicht primär aus einer in »oben« und »unten« geteilten Perspektive gesehen, was einen markanten Unterschied zur DDR-Bürgerpost darstellt. Vielmehr verständigten sich hier Personen grundsätzlich gleichen staatsbürgerlichen Ranges, verhandelten *ihren* Staat tatsächlich in gewisser Weise als »Einrichtung füreinander«, wie es von Weizsäcker 1989 zum 40. Geburtstag des Grundgesetzes mit Zuversicht formulieren sollte. Der Bundespräsident war ein *primus inter pares*, er und andere Regierungsverantwortliche wurden als »derzeit maßgeblichste Bürger unseres Volkes« angesprochen – als nicht weniger, aber auch nicht mehr. Umgekehrt schrieben diese Bürgerinnen und Bürger mit einem ausgeprägten Mitwirkungs- und Mitverantwortungsanspruch, der über den wichtigen Akt des Wählens weit hinausging. Die allermeisten äußerten sich als aktiv »an der politischen Kultur Beteiligte«, getragen von der Überzeugung: »Der Staat bin auch ich.«[83]

Eine Frage der Mündigkeit. Staatsbürgervorstellungen in der DDR

Nähert man sich der DDR-Bürgerpost mit denselben Fragen, sind nicht nur die Unterschiede frappierend, sondern auch die Ähnlichkeiten. Gerade die letzte Beobachtung, wonach diese tausendfach überlieferten Schreiben einen ausgeprägten bürgerschaftlichen Mitwirkungs- und Mitverantwortungsanspruch dokumentieren, lässt sich umstandslos auf die ostdeutschen Briefe übertragen. Wenngleich diese in Ton und Inhalt viel stärker konfrontativ und nicht selten geradezu feindselig formuliert sind, so ging es den ostdeutschen Absendern ebenfalls überwiegend darum, sinnvolle Reform- und Verbesserungsperspektiven aufzuzeigen, mochten sie ihre Vorschläge auch seltener so konkret und pragmatisch-*hands-on* vorbringen wie westdeutsche Bürgerinnen und Bürger. Nicht zuletzt zeugt die Tatsache, dass überhaupt in dieser Form Briefe geschrieben und verschickt wurden, auf beiden Seiten von einem (pro-)aktiven Bürgerselbstverständnis. Auch wenn man es hier mit jeweils sehr spezifischen Ausschnitten der beiden Gesellschaften zu tun hat, ermöglichen sie ungeachtet ihrer qualitativen und quantitativen Beschränktheit vielfältige und vielstimmige, mithin gesamtgesellschaftliche Einblicke.

Eine zweite Gemeinsamkeit besteht darin, dass auch die ostdeutschen Briefe stark um die Frage kreisten, was jeden Einzelnen zu einem »souveränen Mitglied« der Gesellschaft machte. Viel öfter als in der westdeutschen Post schrieb man in der DDR allerdings nicht aus einer souveränen Bürgerposition heraus, sondern es ging vielmehr darum, sich mit den zu Papier gebrachten Gedanken in solch eine Position überhaupt erst hineinzuschreiben. »Mündigkeit« (oder vereinzelt auch »Wahlmündigkeit«[84]) war der zentrale Begriff in diesem bürgerschaftlichen Souveränitätsdiskurs. Und selbst in den 1980er Jahren, als der innerdeutsche Reiseverkehr sowie Ausreisegesuche und -genehmigungen stark zunahmen, war der Diskurs oft gerahmt von Gefühlen der Unfreiheit, Ohnmacht und Ausweglosigkeit. »Wir fühlen uns *unmündig* im Kant'schen Sinne, wonach man nur *mündig* ist, wenn man mit Hilfe seines Verstandes ohne Leitung eines anderen Entscheidungen treffen kann«, schrieben etwa zwei Männer und eine Frau mit Klarnamen im Dezember 1987 an das DDR-Komitee für Menschenrechte in Ost-Berlin, das im Auftrag der SED unter anderem für die UN-Menschenrechtskonvention werben sollte. Man habe, so heißt es in dem Brief weiter, die Staatsbürgerschaft mit der Geburt erworben, wolle nun aber nicht länger »auf der Seite der Gedemütigten und Ohnmächtigen« leben, denn auch das »Recht auf freies Reisen und freie Wahl der Heimat« seien Menschenrechte.[85] Mündigkeit wurde in DDR-Briefen stets und ständig und weit über solche – wie die Stasi sie nannte – »menschenrechtsdemagogische Texte«[86] hinaus eingefordert und beansprucht. Das Gefühl, vom Staat beziehungsweise von der Staatsführung für »unmündig« gehalten und entsprechend behandelt zu werden, ist in diesen Briefen allgegenwärtig.

Doch neben den genannten Ähnlichkeiten gibt es bemerkenswerte Unterschiede. Zunächst drängen sich diese bezüglich des Bürger(selbst)verständnisses auf, das in der DDR ebenfalls drei, allerdings gänzlich andere Bedeutungsebenen aufwies: Bürgersein wurde hier mit Abstand am häufigsten unter Bezug auf den oder die »Menschen« verhandelt, dann auf der Funktionsträgerebene (Genosse, Lehrerin, Betriebskollektiv, Organisationsmitglied), und erst in dritter Instanz verstand und äußerte man sich als »Einwohner« oder »Bewohnerin der DDR«, beinahe so, als sei diese DDR eine notwendige, aber nur widerwillig getragene Hülle. In diesen drei Bedeutungsebenen spiegelte sich einerseits das von der SED propagierte Bürgerverständnis, das prinzipiell den Wert eines Menschen nach dessen Verhältnis zum Sozialismus bemaß. Andererseits zeigen die Briefe auch ein eigensinniges, individuell-bürgerschaftliches Selbstverständnis, in dem der Begriff des Bürgers nicht als Identifikations- sondern als Abgrenzungsbegriff – nicht im Sinne des Staates, sondern *gegen* ihn – in Anschlag gebracht wurde.

Der Partei galt ein Bürger als »Angehöriger einer politisch-staatlichen Einheit, insbesondere eines Staates«[87]. Da man auf den untrennbar mit der Geschichte der so verachteten bürgerlichen Gesellschaft verwobenen Begriff angewiesen war – denn längst nicht alle Bewohner der DDR konnten (und sollten) zu »Genossen« werden –, legte man Wert darauf, zu betonen, dass in dieser Definition an und für sich noch keine »klassenmäßige Aussage« stecke. Vielmehr sei die Klassenstruktur des Staatswesens, dem die Bürger angehören, entscheidend für deren gesellschaftliche Existenz und Relevanz. In Staaten mit »antagonistischen« Machtstrukturen, in denen es Ausbeuter und Ausgebeutete gebe, diene der Bürgerbegriff zur

»Verschleierung der Klassengegensätze«. Dort herrsche fundamentale Ungleichheit nicht nur in Bezug auf die rechtliche, sondern auch die soziale Stellung des Einzelnen. Im Kontrast dazu sichere der sozialistische Staat die »gleichberechtigte Stellung aller Bürger, indem er auch ihre soziale Gleichstellung verwirklicht«.[88] Die sozialistische Bürgeridee war also eng verwoben mit einer egalitären Gesellschafts- und einer »identitären«[89] Herrschaftsordnung: Der Sozialismus entspreche »den Interessen des *gesamten* Volkes«[90], so die Behauptung der SED, die diesen Konsens zwischen Herrschern und Beherrschten ständig von oben behauptete und von der Bevölkerung bestätigen ließ[91]. In dieser so dynamisch und zugleich als fest vorbestimmt gedachten Ordnungsvorstellung würden die Schichten und Klassen im Laufe der Zeit »zur sozialistischen Menschengemeinschaft« zusammenwachsen – und zwar nicht nur zum eigenen Wohle und auch nicht nur zum Wohle der Menschen in der DDR, sondern als »Beitrag für die gesamte Menschheit«, wie es schon Siebtklässlern im Staatsbürgerkundeunterricht vermittelt wurde.[92]

Dieser Anspruch, den man je nach Perspektive als Versprechen oder als Drohung empfinden konnte, war der Urgrund, auf dem die an ihren Staat und seine Repräsentanten schreibenden DDR-Bewohner ihr Bürgersein verhandelten. Er führte dazu, dass sich die Bürgerinnen und Bürger dieses Landes zuallererst auf der Ebene des Menschseins als solche verstanden und artikulierten. Da waren jene, die bereits innerlich Abschied von diesem Staat genommen hatten und zu Tausenden Ausreiseanträge stellten, um in die Bundesrepublik überzusiedeln, und deswegen in zermürbenden schriftlichen und persönlichen Auseinandersetzungen von staatlichen Stellen und Staatssicherheit gemaßregelt und schikaniert wurden. In den 1980er Jahren durften jährlich etwa 10 000 Personen auf diesem Wege die DDR verlassen. Viele andere konnten es nicht. Nach einer Genehmigungswelle im Jahr 1984 entstand bald ein »Überhang« von über 120 000 Anträgen, und Spezialstudien haben gezeigt, dass die Mehrheit der Antragsteller nicht der Opposition angehörte, sondern oft

Arbeiter und Arbeiterinnen mittleren Erwachsenenalters waren, die bislang ein eher angepasstes Leben geführt hatten.[93]

Häufig führte gerade die unbegründete Ablehnung oder Verschleppung solcher Ausreisegesuche zu Beschwerden, etwa an die eigenen Volkskammerabgeordneten. Sie könne nicht begreifen, warum man ihr nicht einmal die Gründe für die Ablehnung mitteile, schrieb eine Leipzigerin im Namen ihrer Familie 1983 an die Volkskammerabgeordnete ihres Wahlkreises. Die »Bedingungen für den Erwerb und den Verlust der Staatsbürgerschaft« seien doch per Gesetz bestimmt. Sie frage sich, wozu es solche Regelungen eigentlich gebe und wie sie sich zu den »verschiedenen Verfassungsartikeln« verhalten, »in denen der Mensch als Mittelpunkt aller Bemühungen der sozialistischen Gesellschaft und ihres Staates (Artikel 2) charakterisiert wird oder nach denen alle Macht die freie Entwicklung des Menschen sichert und seine Würde wahrt (Artikel 4)«.[94] Es sei inakzeptabel, wie »dieser sogenannte sozialistische Staat mit Menschen umgeht, die in ein anderes Land übersiedeln wollen«, schrieb eine Dresdnerin mit Name und Adresse im Februar 1988 an die Zeitung *Junge Welt*, die den Brief als »staatsgefährdend« an die Stasi übergab. Das Blatt hatte in einem Kommentar eine Demonstration als westgelenkt und staatsfeindlich diffamiert, auf der Ausreisewillige und Oppositionelle das Gedenken an die Bombardierung Dresdens 1945 mit Menschenrechtsforderungen verbunden hatten (»Frieden«, »Freiheit und Wahrung der menschlichen Würde«, »Vernichtet nicht die Menschenrechte wie einst Dresden«, stand auf ihren Transparenten)[95]. Wie einige von ihnen wurde auch die Absenderin des Briefes nach eigener Aussage dafür »verhaftet, verprügelt und vernommen«. Dabei habe sie nur für das »primitivste Menschenrecht« demonstriert, für ihre Familie und sich: den Wohnort frei wählen zu können.[96]

Diese humanistische Perspektive begegnet einem in vielen weiteren Briefen, häufig ganz ohne Bezug zum Menschenrechtsdiskurs. So argumentierte ein jung verheirateter Ausreisewilliger aus Berlin im April 1987 ebenfalls in einem Leserbrief an die *Junge Welt*: »Ich bin der Meinung, oberstes Grundprinzip aller Menschlichkeit sollte sein, daß jeder Mensch selbst entscheiden sollte über das WIE und folglich das WO seiner Existenz.« Seit der Ablehnung ihres Ausreiseantrags sei ihm und seiner Frau ein Leben nach eigener Vorstellung nicht mehr möglich, sie fühlten sich ihrer »persönlichen Würde und Freiheit beraubt«, nicht nur in ihrem Bürgersein, sondern in ihrem Menschsein negiert – »Wir sind nicht mehr Mensch«. Er hoffe, seine Zeilen würden die Redaktion »zum kritischen Nachdenken« anregen, denn nicht zuletzt sollte die Presse »Einfluß nehmen auf die ethischen, moralischen Zustände und besonders die Menschlichkeit, vor allem dann, wenn letztere zugunsten politischer Ziele auf der Strecke bleibt«.[97]

Da waren aber auch viele, die nicht daran dachten, dieses Land zu verlassen – sei es aus Verbundenheit, aus Not oder aus Trotz –, und die dem Staat und seinen Repräsentanten das ewige Sich-Berufen auf die »sozialistische Menschengemeinschaft« als ebenso ernst zu nehmendes wie uneingelöstes Versprechen vorhielten. »Mensch« und »DDR-Bürger« wird in diesen Zuschriften sehr oft synonym verwendet, etwa wenn eine Gruppe von Gewerkschaftern im schon unruhigen September 1989 in einem offenen Brief an den FDGB-Vorsitzenden (»Kollege«) Harry Tisch schreibt: »Es trifft nicht im entferntesten die Überzeugung und Empfindung der Mehrzahl unserer Kollegen, wenn die Medien nach peinlichem Schweigen nun den Versuch unternehmen, die Abkehr so vieler unserer Menschen ausschließlich als Machwerk des Klassengegenrs [sic] zu entlarven, bei dem diese DDR-Bürger nur Opfer oder Statisten sein sollen.«[98]

Auch Arbeiter formulierten ihre Kritik an der Menschengemeinschaftsrhetorik der SED nicht in der Sprache von Bürgerrechten und -freiheiten, sondern als Lebensfragen von Menschen (oder »Menschengruppen«[99]) an sich in der DDR. Ein »Arbeiter des Bezirkes«, der kurz vor den Kommunalwahlen im Frühjahr 1989 aus Meiningen schrieb und einleitend das »Arbeiterversprechen« gab, dies würden »die letzten nach alter stalinistischer Methode« abgehaltenen »Pseudowahlen«, verhandelte die Nöte seiner Mitbürger im Geist der

Mitmenschlichkeit: »Merkt ihr denn nicht, wie gleichgültig unsere Menschen werden? [...] Wir leben nicht um zu arbeiten, sondern wir arbeiten um zu leben. Die Menschen wollen frei sein. Soziale Sicherheit ist gut, aber nicht um jeden Preis. – Wir und jeder Mensch lebt nur einmal. Auch der einfache Bürger möchte einmal Wien od. andere Städte sehen, nicht nur die Regierungsdelegationen.«[100]

Visuell und semantisch noch zugespitzter findet sich die Verschmelzung von Bürger- und Menschenbegriff in einem Flugblatt, das aus Protest gegen den Jahrestag des Mauerbaus im Sommer 1989 verteilt und von der Stasi eingesammelt wurde. Die Verfasser stellten die SED (»Sie ermorden dich«) als Nachfolgeorganisation der NSDAP dar und prangerten die DDR (»Das Deutsche Reich«) als Mörderstaat »ohne

Abb. 1: Flugblatt »Wer spaltete Deutschland«, 1989.

Menschliche Freiheiten« an.[101] Die Großschreibung des Adjektivs »menschlich« ist hier sicher nicht zufällig. Sie verweist auf die fundamentale Bedeutungsebene eines sowohl staatlicherseits als auch innergesellschaftlich – wenngleich mitunter staatskritisch bis staatsfeindlich geeichten – *absolut vermenschlichten* Bürgerbegriffs in der DDR.

Mitunter entsprang das ans Menschsein gebundene Bürgerverständnis auch christlichen Überzeugungen und entzog sich somit demonstrativ dem offiziösen Diskurs. Eine Familie aus dem thüringischen Großbreitenbach zeigte sich im Juli 1989 bestürzt über die Zustimmung der Staatsführung zur Niederschlagung der friedlichen Protestbewegung auf dem *Platz des Himmlischen Friedens* in Peking. In ihrem mit Name und Anschrift versehenen Protestschreiben richtete sie sich direkt an Erich Honecker: »Wenn dies der Weg des freigewählten Sozialismus sein soll und dies auch bei uns im Land – dann ist ja jeder Bürger – und auch wir – gewarnt. [...] Dies können wir nicht ruhig hinnehmen als Menschen und als Christen [...]!« Auch erinnere sie die Sprache »betreffs der Menschen, die nach Demokratie und Umgestaltung streben, wie ›Abschaum der Gesellschaft‹, ›Assoziale Elemente‹ usw., an eine Zeit, die das deutsche Volk schon 50 Jahre hinter sich gelassen hat.«[102]

Auffällig häufig taucht diese synonyme Verwendung von »Mensch« und »Bürger« nicht zuletzt in Schreiben von Personen auf, die dem Staat sehr nahestanden, etwa MfS-Mitarbeitern, die »tagtäglich mit den Menschen unseres Volkes zu tun hatten« und im Herbst 1989 per »Eingabe« an die eigenen Vorgesetzten zu Reformen aufriefen. »Wir, als Ministerium für Staatssicherheit haben es doch garnicht notwendig, uns vor dem Volk zu verstecken. [...] Nehmen wir doch dem Gegner den Wind aus den Segeln, nehmen wir den gegen unser Organ eingestellten Menschen die Möglichkeit zum Hetzen (wenigstens zum Teil), indem wir uns mit an die Spitze des Wandlungsprozeßes stellen [...].«[103] Die hier nur aufblitzende, in der staatlichen Kommunikation aber allgegenwärtige, in Tausenden von Bürgerbriefen entblößte Phrasenhaftigkeit des absolut vermenschlichten

Bürgerbegriffs und die damit verbundene Aushöhlung beziehungsweise Verweigerung existenzieller Rechte und Freiheiten verweist auf die rohe Dringlichkeit und zugleich Vergeblichkeit, mit der in der DDR tagtäglich darüber verhandelt wurde, was es heißt, Bürger und Bürgerin dieses Landes zu sein.

Auf einer zweiten Bedeutungsebene definierte sich Bürgersein in der DDR über die Funktion, die jede und jeder Einzelne in Staat und Gesellschaft innehatte – oft waren dies sogar mehrere Funktionen. Dem Mitsprachepostulat der Verfassung und der Idee des Sozialismus als Interessenangelegenheit des »gesamten Volkes« entsprechend war der Organisationsgrad in der ostdeutschen Bevölkerung deutlich höher als in der Bundesrepublik. Dieser Unterschied zeigte sich nicht nur mit Blick auf die Mitgliedschaft in einer Partei – 1989 gab es in Westdeutschland etwa 1,9 Millionen Parteimitglieder, in der DDR, mit nur einem Fünftel der Bevölkerung, gab es 2,9 Millionen. Noch viel deutlicher zeigte er sich in der Zugehörigkeit zu einer der sogenannten Massenorganisationen, zu denen es in der Bundesrepublik (abgesehen von den dort tatsächlichen freien Gewerkschaften) kein Pendant gab: Der Freie Deutsche Gewerkschaftsbund (FDGB) hatte Ende der 1980er Jahre 9,5 Millionen Mitglieder, die Gesellschaft für Deutsch-Sowjetische Freundschaft (DSF) 6,4 Millionen; 76 Prozent der Jugend zwischen 14 und 25 Jahren war in der Freien Deutschen Jugend (FDJ) organisiert, und 97 Prozent der männlichen Jugend durchliefen eine organisierte paramilitärische Ausbildung (Gesellschaft für Sport und Technik, GST).[104]

So (unter)schrieb man an Staats- und Parteistellen gerichtete Denkschriften, Beschwerden und Proteste nicht nur »als Staatsbürger der DDR«, sondern zugleich auch »als Mitglied der FDGB, DSF, FDJ und der Volkssolidarität«[105] und begründete mit dem – in diesem Beispielzitat überdeutlichen – Einsatz für das bestehende Gemeinwesen sein Recht auf Einspruch. Schätzungsweise mindestens ein Drittel der Briefe stammt von »Genossen«, alt und jung, aktiv und gutmeinend, enttäuscht und frustriert, von erfahrenen

Parteifunktionären oder Vertretern der Betriebsgewerkschaftsleitung. Doch nahezu alle Absender – und damit deutlich mehr als die westdeutschen Schreiber – verknüpften ihre Interventionen mit einer Aussage über ihre berufliche Funktion innerhalb der Gesellschaft. Da sich das Streben nach höherer Produktivität wie ein »roter Faden«[106] durch die Geschichte des sogenannten Arbeiterstaates DDR zog, überrascht es nicht, dass individuelle und kollektive arbeitsbezogene Selbstbeschreibungen hier noch viel zahlreicher waren als jene nach Partei- und Organisationszugehörigkeit: Werktätige, Arbeiterin, Bauarbeiter, Betriebskollektiv, HO-Kollektiv (staatlicher Lebensmittelhandel), Brigade, Gewerkschaftsmitglieder, »Mutti von drei Kindern [...] arbeite voll im Büro«[107], Rentner (»die Wegbereiter der jetzigen günstigen Situation für gutverdienende Werktätige«[108]), Frauen der Aufbauzeit, Wissenschaftler an der Hochschule des MfS oder Angehöriger des Wachregiments »Feliks E. Dzierzynski«. Selbst die Klage über das Musikprogramm eines Radiosenders wurde als Existenzfrage eines Arbeiterbürgers artikuliert. »Die Musikfolge vom Dresden-Sender ist unmöglich zu verkraften, besonders in den Morgenstunden, sodaß man immer verärgert zur Arbeit geht«, steht auf einer namentlich gezeichneten Postkarte an Honecker vom Juni 1980.[109] Vielleicht argumentierte der frustrierte Hörer hier höchst strategisch, wohl wissend, dass im Land der »verstaatlichten Arbeiterbewegung«[110] das werktätige Funktionieren der Bürger oberste Priorität hatte.

Das DDR-spezifische Funktionsbürgerverständnis kam in den Briefen auf zweierlei Weise zum Ausdruck: im Modus der *Hingabe* und im Modus der *Enttäuschung*. Letztere überwog deutlich (und reichte bis zu Verzweiflung und Hass), was angesichts der prinzipiell kritischen Anlage von Bürgerbriefen – Bedrängnis motiviert viel stärker zum Schreiben als Behagen – nicht erstaunt. Dennoch ist die selbst in der DDR-Post überlieferte Zahl an konstruktiv angelegten Wortmeldungen beachtlich.[111] Hingabe bedeutete, dass man das Schreiben zunächst mit einem meist glaubhaft vorgetragenen

Bekenntnis zu Staat und System eröffnete, um dann zu Kritik oder Verbesserungsvorschlägen auszuholen, die stets der Wahrung und vor allem Besserung der sozialistischen Wirklichkeit dienen sollten. So schrieb eine 19 Jahre alte Berlinerin – als Angehörige der Jugend und der FDJ – am 7. Oktober 1984 anonym einen Brief an den FDJ-Zentralrat, nachdem sie am Vorabend an einem schlecht organisierten und mühsam zusammengehaltenen Fackelaufzug zum bevorstehenden »Tag der Republik« teilgenommen hatte. »Ganz objektiv« wolle sie berichten, man möge bitte ihre Kritik nicht als »Zeichen der negativen Einstellung« deuten, denn sie sehe »mit unserer Politik im Großen und ganzen optimistisch in die Zukunft«. Es sei aber sinnlos, Jugendliche mit der Teilnahme an solch einem Ritual zwangsauszuzeichnen. Warum all das nur mit »Druck und Zwang«? Erst dadurch entstehe »die ganze Passivität der Menschen«. Vielleicht wäre es sinnvoller, nur die »Jugendlichen bei so etwas teilnehmen zu lassen, die wirklich dahinter stehen«. Sicher hätte dann nur ein Drittel mitgemacht, aber »bei denen würde es wirklich von innen kommen«. Davon abgesehen glaube sie, »daß viele Jugendliche, auch wenn sie sich sonst sehr kritisch äußern, hinter unserer Politik sind, daß sie einfach merken wollen, daß sie etwas machen können, nicht, daß mit ihnen etwas gemacht werden kann«.[112]

Mit kritischer Hingabe war auch das 30-Punkte-Memorandum verfasst, das ein älterer Genosse Anfang 1981 in 25 Exemplaren »nur an führende Funktionäre in den Bezirken und im ZK« versandte, von denen das MfS immerhin 15 sicherstellen konnte.[113] Da er »kein politischer Selbstmörder« sei, sich Unannehmlichkeiten ersparen wolle und schon gar nicht vorhabe, infolge solcher zu »resignieren«, schreibe er unter Pseudonym, so der Verfasser. »Sorge um die Zukunft der Partei und der DDR« treibe ihn um. Weil »einiges bei uns verändert werden muss, möchte ich darüber schreiben was mir und vielen anderen nicht gefällt«. Er hoffe, sein Schreiben treffe auf leitende Funktionäre mit »Zivilcourage«, die »Wesentliches von Unwesentlichem zu unterscheiden« wüssten; man müsse endlich erkennen, »was die Mehrheit des Volkes wirklich bewegt« – eine immer wiederkehrende Formel in zahlreichen Briefen.[114] Es folgt eine lange Liste mit »einzelnen Problemen, die ich unter der Überschrift zusammenfassen möchte: Machen wir da nicht etwas falsch?« Mit dieser Liste stellt der Autor Honeckers Projekt des »Konsumsozialismus«[115] sodann als existenzielle Bedrohung des Staates dar. Er kritisiert Versorgungslücken, Preissteigerungen und Produktivitätsdefizite, den neuen Personenkult (»als ob mit Erich Honecker ein neuer Christus auferstanden wäre«), die »widerliche Küsserei« zwischen Staatsmännern, die bornierten Zeitungen, die »nationale Würdelosigkeit« des Erinnerns an den »bösen deutschen« Faschismus und die 100-Prozent-Wahlbeteiligungslügen. Natürlich wisse er, beschloss der Verfasser seine Tirade, dass nicht jeder so denke wie er, aber doch sicher »die Mehrheit der Kommunisten« in seinem Land. Wer es nicht glaube, könne ja anonyme Befragungen auf Lehrgängen und Delegiertenkonferenzen durchführen und die »Probe aufs Exempel« machen.[116]

Auch nach vier Jahrzehnten des Bestehens des SED-Staats war keines der hier angeprangerten Fundamentalprobleme bewältigt worden, stattdessen befand sich dieser Staat im Herbst 1989 zusehends im Zerfall. Dennoch sind selbst aus dieser Zeit Briefe überliefert, deren Verfasser aus einem spezifischen staatsbürgerlichen und parteilichen Funktionsverständnis heraus weiterhin ihren Teil zum Erhalt des Sozialismus und seiner ihn stützenden Institutionen beitragen wollten. »In tiefer Sorge über die gegenwärtige Lage des MfS« meldete sich am 2. November 1989 ein »langjähriger Mitarbeiter und Wissenschaftler« der Juristischen Hochschule des MfS in Potsdam-Eiche zu Wort. Es müsse bald gelingen, »aus der gegenwärtigen Defensivposition im Erneuerungsprozeß unserer sozialistischen Gesellschaft herauszukommen«, schrieb er an die Abteilung Sicherheit beim ZK der SED, sonst drohe ein weiterer »erhebliche[r] Vertrauensverlust bei den Werktätigen«. Er wolle dazu beitragen, dem »Gesicht« des MfS ein erneuerungswürdiges Antlitz zu verschaffen, dafür brauche es aber »klare Orientierungen der Leitung des Ministeriums«. Nach der »von der Partei eingeleiteten Wende in der Politik« müsse das MfS »dem Volke zugewandt sein« und dürfe »nicht länger im Dunkel bleiben«.[117] Ein Kollege, Major in der Kreisdienststelle Berlin-Prenzlauer Berg, intonierte seinen Reformwillen in jenen Wochen ganz ähnlich. Er glaube, schrieb er an seinen Vorgesetzten, »aus dem Herzen aller Mitarbeiter der Schutz- und Sicherheitsorgane zu sprechen«: Man wolle weiter »mit aller Kraft und mit [der] ganzen Persönlichkeit die uns durch unser Volk gestellte Aufgabe erfüllen. *Ja, auch wir sind das Volk!*«[118]

Auch im revolutionären Getümmel innerhalb der um ihren Staat bangenden Partei spiegelte sich dieses Staatsbürgerrollenverständnis wider. Empört über die »Handvoll alter, unverbesserlicher, schon längst fällig gewordener Rentner« im ZK rief eine Gruppe »reformorientierter SED-Mitglieder« wenige Wochen vor dem Mauerfall die Stasi-Mitarbeiter ihres Bezirks zum Sturz der Parteizentrale auf. Der Stalinismus sei lange vorbei, das Ideal zähle, nicht Loyalität. »Jedem Genossen von uns [ist] die Idee – der Sozialismus näher als die fragwürdige Treue zu Verrätern unsere Sache«, so die Kernbotschaft der Verfasser, die als »Gruppe Genossen der SED im Aufbruch« zeichnete: »Zeigt Mut und helft die Reaktionäre zu entmachten und die Erneuerung in Partei und Staatsapparat zu gewährleisten. […] Helft den Sozialismus in der DDR zu retten!«[119]

Es gab jedoch auch viele Männer und Frauen ohne Parteibuch, die diesen Reform- und Rettungswillen bis in den Umbruch hinein artikulierten, stets eng gebunden an das unmittelbare Lebens- und Berufsumfeld und damit an die je eigenen Handlungsmöglichkeiten Lehrerinnen und Lehrer etwa. Diesem sehr speziellen und dennoch stellvertretend für das funktionale Bürgerselbstverständnis stehenden Diskurs wird sich das dritte Kapitel noch eingehender widmen.

Ungleich manifester ist in den Bürgerbriefen aber der Modus der Enttäuschung, in dem man sich als Bürger und Bürgerin an den Staat wandte. Gerade in den 1980er Jahren nahm diese in allen gesellschaftlichen Bereichen sicht- und spürbar zu, und man äußerte seinen Unmut in der Regel nicht beziehungsweise nicht nur unter Bezug auf die Verfassung oder das Gemeinwesen, sondern als Arbeiterin, Angestellter, Juristin, Soldat, Rentnerin oder Christ. Das Vertrauen vieler Rentner in der DDR, vor allem der Arbeiter-Rentner, sei erschüttert, schrieb ein Mann aus Meißen im April 1986 an den Fernsehpropagandisten Eduard von Schnitzler; ihm vertraue er und halte viel auf dessen gute Beziehung zum Staatsratsvorsitzenden. Wenn der Herr Honecker seinen »Almosenspaß« von Rentenerhöhung nicht korrigiere und die Arbeiterrenten nicht bald denen von »Staats-›Beamten‹« angleiche, könne ihm, der immer geglaubt habe, sich »zu den Avantgardisten der Arbeit rechnen« zu dürfen, »der ganze Sozialismus (es wäre schön, wenn wir einen wirklichen Sozialismus hätten!) gestohlen bleiben«.[120] Ein anderes Beispiel ist ein Schreiben von zwei Berlinern an den Generalstaatsanwalt, eine von ihnen ausgebildete, aber wegen der mangelnden »Rechtsmoral« in der DDR nicht als solche tätige Juristin. Es war nicht ihre erste »Eingabe«, sie war vielmehr als letztes Schreiben gedacht, bevor man die erhoffte Ausreisegenehmigung erhalten würde. Einen »dramatischen Wandel in unserer Haltung« habe es seit dem Frühjahr 1988 gegeben, schrieben die beiden im Mai 1989, kurz nach den skandalträchtigen Kommunalwahlen, bei denen die systematisch betriebene Wahlfälschung in der DDR erstmals öffentlich thematisiert wurde. »Ein Wandel, der seinen Ausdruck findet in seelisch begründeter Erkrankung, in Brechreiz, Übelkeit und Herzmuskelstörungen während des Umgangs mit Behörden und anderen ›staatlich Befugten‹[,] in Haß und Widerwillen gegen den Staat und die geltende Rechtsordnung.« Man sei »immer loyal und tolerant der Staatsmacht gegenüber« gewesen, habe »die bürgerlichen Pflichten immer höher als unsere Rechte bewertet«. Als junge Leute hatten sie sich »voller Enthusiasmus am Aufbau der DDR beteiligt«, doch heute empfänden sie nur noch »Abscheu, Widerwillen und oftmals sogar Haß gegen diesen Staat«. Das Einzige, was sie noch interessiere, sei, hier rauszukommen – und, das war der Sinn dieser letzten Eingabe, wie es der Generalstaatsanwalt persönlich, menschlich fertigbringe,

»im Wissen um die gesellschaftlichen Verhältnisse« diesen Beruf »an einer entscheidenden Schaltstelle der Macht« auszuüben.[121] Eine Antwort ist nicht überliefert.

Auf einer dritten Bedeutungsebene begegnet einem der Bürgerbegriff in diesen Dokumenten schließlich – und am stärksten formelhaft – als »Staatsbürger der DDR«, »DDR-Bürgerin« oder, ganz ohne bürgerschaftliche Aufladung, als »Einwohner« oder »Bewohnerin« dieses Staates. Diese Semantik reflektiert die oft nicht emphatische, sondern schicksalhaft erzwungene Verortung als Zugehörige zu einem Land mit einem bestimmten Territorium und für eine bestimmte Zeit. Für nicht wenige war das DDR-Staatsbürgersein gar nur ein »Lebensabschnitt«, ausschließlich gerichtet auf »Lebenserhaltung, Faktensammlung und Vorbereitung auf das zukünftige Leben außerhalb der DDR«[122], wie es die eben zitierten beiden Berliner in ihrer letzten Eingabe formulierten. Ein Staat, in dem man nur etwas werden kann, wenn man ohne Widerspruch »das sagt und tut, was der humane soz. Staat vorschreibt«, sei für ihn keine Heimat, schrieb ein junger Mann im August 1989 in einem Leserbrief an die *Junge Welt*, nachdem dort über vermeintlich reuige und gar rückkehrwillige BRD-»Ausreiser« berichtet worden war.[123] Einige Monate zuvor hatte in derselben Zeitung zum Thema »Vom Wert unserer Werte« der Satz gestanden: »Ein Egoist, wer sich aus dem Sozialismus stiehlt«, was eine junge Plauenerin, die die Genehmigung ihres Ausreiseantrags herbeisehnte, dazu bewegte, zum Stift zu greifen. Sie sehe sich keineswegs als »krassen Egoist«, wenn sie sich »aus der Fürsorge der DDR herausbegebe«, selbst in einem goldenen Käfig würde sie sich nicht wohlfühlen. »Ich konnte mir meinen Geburtsort leider nicht aussuchen und fühle mich daher auch nicht als Egoist, wenn ich mich unter anderem mit der Entwicklung in diesem Land nicht einverstanden erklären kann und daher meinen Wohnsitz in die Bundesrepublik Deutschland verlegen möchte.«[124] Hier sah man sich also nur als Bewohner »in diesem Staat DDR«; die Staatsbürgerschaft und das Staatsbürgersein waren notwendige, widerwillig akzeptierte Begleiterscheinungen einer zutiefst unfreien und damit kaum auf Dauer vorstellbaren Existenz.

Diese Semantik des Unerträglichen prägt indes nicht nur die schriftlichen Zeugnisse von Ausreisewilligen und Oppositionellen. Sie findet sich auch bei jenen, für die ein zweites Leben nach und außerhalb der DDR nicht infrage kam. »Wir sind Bürger Eurer Republik«, schreiben Anfang 1989 zwei, die als Söhne von Marx und Engels unterzeichnen, in einem an das ZK versandten »Neuen Sozialistischen Manifest«.[125] Es ist der Staat der anderen, in dem man lebt, leben muss – und dennoch wird ostentativ geduzt, weil sich die Distanzierung auf ebendiesen Staat und nicht den Sozialismus an sich bezieht.

Eine besondere Gelegenheit oder auch Herausforderung, die eigene Existenz mit der Staatlichkeit der DDR in Beziehung zu setzen, stellten Zäsuren in der Nachkriegsgeschichte und deren offizielle Vereinnahmungen dar. Anlässlich der »Feierlichkeiten« zum Jahrestag des Mauerbaus im Sommer 1986 – »Kampfappell« zur Erinnerung an die »Errichtung des antifaschistischen Schutzwalls«, Aufmarsch von »Kampfgruppen der Arbeiterklasse«, Rede Honeckers; Berliner wurden per Zeitung aufgefordert: »Bildet Spalier!«[126] – und in Reaktion auf einige Lockerungen in den Regeln für Besuchsreisen richtete eine 44-jährige Frau per Eingabe einen »Antrag auf Reisefreiheit« an die Regierung. Das alles reiche nicht aus, der Jahrestag der Grenzschließung sei kein Anlass zum Feiern, sondern für Trauer und Wut, zudem ein fundamental undemokratischer Akt. Zu keinem Zeitpunkt sei sie in den vergangenen 25 Jahren gefragt worden, ob sie mit dieser »unpassierbaren Grenze« einverstanden sei. Dabei möchte sie ihre Freunde im Westen nur »als das besuchen[,] was ich bin, nämlich als Staatsbürger der DDR. Meine Erwartung an meine Regierung ist es, daß sie mir nicht wie bisher meine Mündigkeit abspricht, sondern es mir überläßt[,] wo ich meinen Urlaub und meine freie Zeit verbringe.«[127]

In einem letzten Beispiel wird das Staatsbürgersein gerade deshalb als Hülle deutlich, weil es exemplarisch für die Selbstwahrnehmung dieser Dagebliebenen steht. Auf einem Zettel, den ein Ehepaar auf dem Weg zur Arbeit Anfang Oktober 1989 in der Berliner S-Bahn fand und pflichtschuldig der Inspektionsleitung ihres Kombinats übergab (die diese »klassengegnerischen Parolen« ihrerseits an die Stasi weiterleitete), hatte jemand mit Schreibmaschine geschrieben: »Nach 40 Jahren Wahlmanipulation, Machtmissbrauch, Misswirtschaft und Entmündigung der Staatsbürger, ist es allerhöchste Zeit, sich in die öffentlichen Angelegenheiten einzumischen und laut zu Wort zu melden, der Staatsbürger zu sein *oder zu werden*, ohne den der Staat für den Bürger nicht funktioniert.«[128]

Wie lässt sich nun die Betrachtung dessen, was es in Ost und West bis 1989 hieß, Staatsbürger zu sein, in der Gesamtschau resümieren? Was bedeuteten Staat, Bürger und Sein im geteilten Deutschland? Was lässt sich anhand der überlieferten Bürgerbriefe darüber sagen, wie Männer, Frauen und Heranwachsende ihre Rolle, ihre Rechte und Pflichten und ihre individuellen Mitwirkungsmöglichkeiten innerhalb ihrer jeweiligen Gesellschaften verstanden?

Während in der DDR »der Staat« von vielen Bürgerinnen und Bürgern als soziales (Gemein-)*Wesen* verstanden und verhandelt wurde, als Verkörperung eines utopisch-autoritär angelegten Sozialismusversprechens, nahmen westdeutsche Briefeschreiber diesen eher als politisch-rechtliche *Ordnung* wahr.[129] (Damit in dieser Ordnung alles seine Ordnung hatte, kam es schon mal vor, dass man vom Bundespräsidenten wissen wollte, zu welcher Uhrzeit sie genau entstanden sei; die Antwort des ordnungsgemäß eingeschalteten Bundesjustizministeriums lautete: Die Bundesrepublik wurde um 0.00 Uhr am 24. Mai 1949 geboren.[130]) Entsprechend unterschiedlich ausgeprägt waren auch die Bürgerselbstverständnisse und Selbstwirksamkeitserwartungen *als* Bürgerin und Bürger. Im Westen öffnen die Briefsammlungen den Blick auf eine Gesellschaft aus in der Tat »souveränen Mitgliedern«. Als Wahlbürger nahm man sich, das politische System und die eigene Rolle darin sehr ernst, ja, man griff mitunter auch aus Verärgerung zum Stift und verlangte Mitsprache. Als »indignierte Demokraten«[131] traten jedoch selbst die Empörten (zumindest in diesem Rahmen) nie rein destruktiv, sondern grundsätzlich reform- und verständigungsorientiert auf. Was sie mit den »Wutbürgern« seit der Jahrtausendwende verbindet – oder auch nicht –, ist eine lohnenswerte, gar nicht leicht zu beantwortende Frage für die weitere politische Kulturgeschichtsforschung.

Im Osten hingegen begegnet uns in vergleichbaren Bürgerbriefsammlungen eine Gesellschaft, deren Mitglieder in einem tagtäglichen Ringen um existenzielle Fragen gefangen waren. Sichtbar wird ein Ringen darum, was es bedeutet, mündig (das heißt auch hier eigentlich: souverän) zu sein, Anspruch und Wirklichkeit zu versöhnen, »menschlich« und gerecht zu handeln sowie letztlich zugleich für und gegen den eigenen Staat zu sprechen. Die Staatsbürgerschaft war hier eine mehr oder weniger erträgliche Hülle, eine schicksalsgegebene Notwendigkeit, die die allermeisten Menschen nach der Entmachtung der SED so schnell wie möglich loswerden wollten. Erstaunlich vergleichbar ist jedoch – entgegen der weit verbreiteten Annahme, die DDR sei in ihrem letzten Jahrzehnt ein stillgelegtes Land gewesen –, wie »bewegt« beide Gesellschaften in den 1980er Jahren waren, lange vor den revolutionären Ereignissen von 1989.[132] Hier wie dort gab es sehr viele Menschen, die sich ganz im Sinne des antiken Philosophen Aristoteles als »gute Bürger« nicht nur regieren lassen wollten, sondern auch den Anspruch erhoben, mitregieren zu können.

2 Zweierlei Demokratie: Land der zwei Republiken

Die Bundesrepublik Deutschland ist ein demokratischer und sozialer Bundesstaat.

ART. 20, GRUNDGESETZ VOM 23. MAI 1949

Deutschland ist eine unteilbare demokratische Republik; sie baut sich auf den deutschen Ländern auf.

ART. 1, DDR-VERFASSUNG VOM 7. OKTOBER 1949

Das doppelte Deutschland hatte auch eine doppelte Demokratiegeschichte. Auch wenn mit Blick auf die am 7. Oktober 1949 gegründete Deutsche Demokratische Republik von einer Demokratiegeschichte im engeren Sinne nicht die Rede sein kann, sollte sie als Demokratie*anspruchs*geschichte ernst genommen und geschrieben werden. Die im selben Jahr gegründete Bundesrepublik wird von der Demokratiegeschichtsschreibung inzwischen detailreich und zunehmend auch transnational vergleichend betrachtet. Längst wird sie dabei nicht mehr nur als reine Erfolgserzählung verhandelt, sondern als langwieriges und jüngst wieder prekäres »Projekt« problematisiert.[1] Im Gegensatz dazu bleibt die DDR-Historiografie dem diktaturgeschichtlichen Paradigma verpflichtet, obwohl sich damit die Mobilisierungs- und Integrationskräfte des SED-Systems – wie kommunistischer Systeme im Allgemeinen – nicht hinreichend erklären lassen.[2] Vielmehr ist davon auszugehen, dass die Formel der »sozialistischen Demokratie« nicht nur in der Propaganda der Partei eine zentrale Rolle spielte, sondern weit über die politische Sprache hinaus den gesellschaftlichen Alltag auf sehr eigenwillige Weise prägte. Mit ihr war der Anspruch verbunden, die historisch folgerichtige, wirklich demokratische – »volksdemokratische« – Alternative zu allem Westlichen und allem Bisherigen ins Werk zu setzen. Freilich diente sie in Wirklichkeit lediglich der Verschleierung des autoritären Herrschaftsverständnisses der SED. Doch gerade angesichts der Kluft zwischen Versuch und Scheitern, Anspruch und Wirklichkeit soll im Folgenden genauer nach der Präsenz des »Demokratischen« in beiden nach 1945 gegründeten deutschen Republiken gefragt werden.

Dafür ist es sinnvoll, sich zunächst die Geschichtlichkeit und damit Wandelbarkeit der Demokratie als Idee und Praxis zu vergegenwärtigen. Demokratie ist kein Ding oder Zustand an sich, sondern eine über Jahrtausende hinweg auf vielfältige Weise definierte und realisierte politische Ordnung menschlicher Gesellschaften. Ursprünglich entstand der Begriff der Demokratie in der Antike zur Beschreibung einer spezifischen Form der städtischen Selbstregierung. In der Neuzeit erlebte er eine bis in die Gegenwart reichende Blüte als ebenso wirkmächtiger wie ambivalenter »Handlungs- und Erfüllungsbegriff«. Bald umschrieb man mit »Demokratie« oder »demokratischer Herrschaft« nicht mehr nur eine Regierungspraxis in relativ überschaubaren oder randständigen Gesellschaften, sondern bezog den Begriff zunehmend auf ganze Staatswesen samt ihrer politisch-sozialen Kräfteverhältnisse. Bis weit in die moderne Zeit hinein war er dabei eher auf das Werden als auf das Sein solcher Staatswesen bezogen. Demokratie war und bleibt eine Idee in Bewegung, wie die inzwischen weitverzweigte politische Ideengeschichtsschreibung gezeigt hat. Als Traum vom »Zustand allgemeiner Freiheit und Gleichheit«, als »gefühlsträchtige Vokabel« entfaltete sie spätestens seit der Französischen Revolution – für die einen als »Endpunkt der Geschichte«, für die anderen als »Forderung der Vernunft« – enorme Anziehungskräfte.[3] Und als direkte, absolute oder radikale Demokratie verband sich mit ihr ideengeschichtlich bis in die Antike zurückreichend der Schrecken der »stets drohenden Pöbelherrschaft«. Das Szenario eines von einem Führer »gemißbrauchten«, rückhaltlos entfesselten »Volkswillens« fand dann im 20. Jahrhundert mit dem Terror totalitär realisierter »Volksherrschaften« auf grausame und vielfältige Weise seine Verwirklichung.[4]

Aus Ruinen. Demokratie als Anspruch und Fiktion

Die bundesrepublikanische Demokratie entwickelte sich nach 1945 – weder zwangsläufig noch geradlinig – in Anknüpfung an bürgerlich-liberale (und verzögert auch sozialdemokratische) Staats- und Gesellschaftsvorstellungen, die bis in den Vormärz zurückreichten; ganz wesentlich trug dazu aber auch die alliierte Besatzungsherrschaft mit ihren wegweisenden rechtlichen und normativen Weichenstellungen bei. Demokratie etablierte sich im Westen Deutschlands als »Gegenbegriff« gegen Faschismus und jegliche totalitäre Diktaturen, erhielt mit der erstmaligen Verankerung im Grundgesetz endlich einen verfassungsrechtlichen Rang und bürgerte sich auch als alltäglicher Vokabel allmählich im gesellschaftlichen Leben ein.[5] Die KPD/SED hingegen stellte sich nach 1945 im Osten Deutschlands zwar in die Tradition der deutschen Arbeiterbewegung, verschüttete jedoch zugleich mit der von den Sowjets übernommenen antidemokratischen Praxis des »demokratischen Zentralismus« die genuin demokratischen Traditionslinien, auf die Kommunisten ebenso wie Sozialdemokraten zurückblicken konnten. Der gewaltige Beitrag, den Generationen von Sozialisten und Sozialistinnen vor dem großen Schisma 1917 zur Demokratisierung der Welt geleistet haben – zum »Schweißen« der Demokratie als Staatsform, wie es Geoff Eley in einer wegweisenden Studie formuliert hat[6] –, ist heute unstrittig. Doch wie ideengeschichtliche Forschungen gezeigt haben, ging es der kommunistischen Gründergeneration der DDR, ganz im Einklang mit dem spezifischen (»proletarischen«) Demokratieverständnis nicht nur von Lenin und Stalin, sondern auch von Marx und Engels, vor allem um die maximale politische Ausbeutung des Verlockungspotenzials der so »gefühlsträchtigen Vokabel« Demokratie – und ganz und gar nicht um die Schaffung eines »Zustands von allgemeiner Freiheit und Gleichheit«.[7]

Demokratie war in der politischen Imagination und Sprache der DDR ein allgegenwärtiger Begriff, anfänglich sogar stärker, als das in der frühen Bundesrepublik der Fall war. Je simulativer und strategischer hier der Bezug auf das demokratische Ideal war, desto emphatischer und phrasenhafter wurde er formuliert. Im Kontrast dazu wurde die in der deutschen Verfassungsgeschichte neuartige Festschreibung der Staatsform als »demokratischer und sozialer Bundesstaat« im Artikel 20 Absatz 1 des Grundgesetzes in den verfassungsgebenden Beratungen nicht einmal explizit erörtert. Weder wird im Grundgesetz im engeren Sinne definiert, was unter »demokratisch« zu verstehen ist, noch gab es im Parlamentarischen Rat dazu eine Aussprache; das »Demokratieprinzip« – eine republikanische Staatsform, basierend auf Freiheit und Gleichheit – war dort unumstritten.[8] Hier und da schien aber durchaus Sensibilität für die Vielschichtigkeit des Demokratiebegriffs auf – gelegentlich in den Beratungen, etwa wenn der FDP-Abgeordnete und spätere Bundespräsident Theodor Heuss – erfolglos – für »Volkstag« statt »Bundestag« plädierte, weil damit klarer zum Ausdruck kommen würde, dass es sich bei dem neu zu schaffenden Parlament um eine »Volksvertretung« handele und so auch die einer freien Repräsentation beraubten Ostdeutschen mitbedacht würden. Häufiger jedoch prägte sie öffentliche Stellungnahmen des Rates und einzelner Mitglieder. Anlass dazu gaben vor allem die wiederholten Forderungen des in der Sowjetischen Besatzungszone (SBZ) gebildeten »Deutschen Volksrates« sowie Anträge der zwei KPD-Abgeordneten, die »die Heimat zerreißende« Arbeit am Grundgesetz einzustellen und stattdessen eine gesamtdeutsche Verfassung für eine »einheitliche demokratische deutsche Republik« anzustreben.[9] Diese Vorstöße wurden als Propaganda eines »regellos zusammengesetzten« Volkskongresses und einer fremdinteressengeleiteten SBZ-Führung zurückgewiesen oder zumindest ignoriert, da man »Gleichwertigkeit in der demokratischen Legitimation« nicht anerkennen könne, so die Begründung eines Beraters Adenauers beziehungsweise des Ältestenrates des Parlamentarischen Rates.[10]

Letztlich setzte sich mit den im Grundgesetz geschaffenen Strukturen und Verfahrensregeln – repräsentativ, föderativ und individualrechtlich angelegt – eine Kombination aus angloamerikanischen und deutschen Demokratietraditionen durch. Bei der Genehmigung des Gesetzestextes am 12. Mai 1949 lobte der britische Militärgouverneur Brian Robertson das Werk, das heute auch von der rechtsgeschichtlichen Forschung als »selbständiges Werk der Deutschen [...], wenn auch nicht ganz frei von Fremdeinflüssen«[11] angesehen wird, in dem er genau diese Kombination hervorhob: Das Grundgesetz vereinige »deutsche demokratische Tradition in glücklicher Weise mit den Begriffen einer repräsentativen Regierung und einer Rechtsordnung, welche die Welt nunmehr als für das Leben eines freien Volkes unerläßlich betrachtet«.[12]

So verhalten also der Demokratiediskurs rund um die Entstehung des Grundgesetzes war – übrigens durchaus vergleichbar mit der pathosarmen Rekonstruktion der Demokratie in ganz Westeuropa nach 1945[13] –, so aufdringlich war er in der sowjetisch besetzten Zone. Und dies auch nicht erst seit dem Frühjahr 1948, als die Zweistaatenbildung in ihre entscheidenden Monate ging, sondern schon seit dem unmittelbaren Kriegsende. Die mit der Roten Armee nach Ostdeutschland zurückkehrenden deutschen Kommunisten in der »Gruppe Ulbricht«, die in enger Kooperation mit der Sowjetischen Militäradministration in Deutschland (SMAD) ab dem Frühsommer 1945 in der SBZ die politischen, wirtschaftlichen und sozialen Weichen stellten, sahen sich als in zweifacher Hinsicht historisch legitimierte Erfüllungssieger: Ihrer politischen Weltanschauung folgend, bildeten Sozialismus und Kommunismus einerseits die, wie der marxistische Theoretiker Karl Kautsky zu sagen pflegte, mit »nathurnotwendiger« Zwangsläufigkeit nächstfolgenden Stufen in der Entwicklung der vergesellschafteten Menschheit. Andererseits erhielt diese Weltsicht mit dem vor allem der Sowjetunion zugeschriebenen Sieg über den im Schoße des Kapitalismus gediehenen Faschismus und der übermächtigen Präsenz sowjetkommunistischer

Truppen im »Völkerfrühling« 1945 ausgerechnet auf deutschem Boden, der Heimat von Karl Marx, ihre *faktische* Zwangsläufigkeit. Hier, genau an diesem Ort und genau zu diesem Zeitpunkt, war der »hegelianische Moment« (Jeffrey Herf) gekommen, in einer »antifaschistisch-demokratischen Umwälzung« der gesellschaftlichen Verhältnisse den Sozialismus in Deutschland zu verwirklichen – »Nach Hitler kommen wir!«, glaubte man schon im Moskauer Exil.[14] Wie Walter Ulbricht kurz nach Kriegsende in einer Broschüre schrieb, mit der er »das schaffende Volk über das Wesen des deutschen Faschismus« aufklären wollte: Nach dem katastrophalen Scheitern der nationalsozialistischen »Legende vom ›deutschen Sozialismus‹«, nachdem sich im »Hitlerfaschismus als [...] Ausgeburt alles Reaktionären« nochmals das »alte Unglück der deutschen Nation« gezeigt habe, nämlich »daß die reaktionären Kräfte immer wieder ihre Machtpositionen in Staat und Wirtschaft halten konnten«, sollte nun endlich die »wahre Demokratie« geschaffen werden.[15]

Doch was meinten Ulbricht und seine Genossen hier mit »wahrer Demokratie«? Und wie kommunizierten sie diese Demokratievorstellung in der unmittelbaren Nachkriegszeit, in der sie (und nicht nur sie) die Teilung Deutschlands – anders als den Weg in den Sozialismus – ja noch keineswegs als zwangsläufig erachteten? »Wahre« Demokratie war für Ulbricht im Grunde gleichbedeutend mit Sozialismus, also der fundamentalen Umstrukturierung von Wirtschaft und Gesellschaft, der Aufhebung der bestehenden Eigentumsverhältnisse und damit langfristig aller »Klassengegensätze«, ja aller Klassen überhaupt. Die Leiden und Schäden, die »alles Reaktionäre« und »alles Faschistische« in zwei vermeintlich kapitalgetriebenen Eroberungskriegen über Deutschland und die Welt gebracht hatten, verliehen dieser Forderung aus Sicht der Kommunisten – und im Übrigen auch vieler Sozialdemokraten in Ost *und* West – einen besonderen, scheinbar unausweichlichen Nachdruck. Diese Faschismusdeutung, die viel zu simpel war und viel zu wenig erklärte, erlaubte es, den Sieg über den Nationalsozialismus als Meilenstein auf dem Weg zur (»wirklich« nationalen, »wirklich« sozialen) Revolution zu vereinnahmen.[16] »Die Lebensfragen unseres Volkes können nur auf deutschem Boden gelöst werden«, schrieb Ulbricht 1946, ein Beleg dafür, dass er erkennbar nicht nur mit der Zukunft des von den Sowjets besetzten Teils Deutschlands befasst war, sondern mit dem Schicksal des ganzen Landes, der ganzen Nation. »Die glückliche Zukunft unseres Volkes«, so Ulbricht weiter, »hat ihre Grundlage in einer wahren Demokratie. Wenn die Macht der Konzern- und Bankherren und der Großagrarier gebrochen ist, wenn die gesunden Kräfte unseres Volkes sich in friedlicher Arbeit entfalten können, erst dann kann es besser werden. [...] Möge unser Volk, das bisher seine Kraft für die schlechteste Sache der Welt eingesetzt hat, seine Kräfte anspannen für den Wiederaufbau, für den demokratischen Fortschritt.«[17]

Unter diesen Vorzeichen machte man sich nun einerseits an die politische, wirtschaftliche und kulturelle Säuberung (»Reinigung«) jener Teile der deutschen Gesellschaft, auf die man gemeinsam mit den sowjetischen Besatzern Zugriff hatte. Das Ganze war dabei keineswegs nur das Projekt einer leidgeprüften, gewaltgeprägten und angesichts der Hitler-Zuwendung der Deutschen bis zum bitteren Ende zutiefst misstrauischen Elite von »kämpferischen Demokraten«, so die Selbstbezeichnung im Moskauer Exil.[18] Vielmehr waren diese Bemühungen auch getragen von einem für Alternativen offenen Aufbau- und Läuterungswillen zahlreicher Zeitgenossen *ohne* Parteibuch, die die »moralische Flamme«[19] des Sozialismus infolge des großen, unglaublich kostspieligen Sowjetsieges zumindest vorübergehend erwärmte.[20] Andererseits zielte man mit der Demokratiefortschrittserzählung von Anfang an auf die Entwicklung in den Westzonen ab, suchte diese zu beeinflussen und im Sinne einer gesamtdeutschen Nachkriegsordnung mitzugestalten. Schon im August 1946 erarbeitete die aus der Zwangsvereinigung von KPD und SPD hervorgegangene SED einen ersten Entwurf einer »Verfassung für die demokratische Republik Deutschland«, die dann im September 1946 im *Neuen Deutschland* veröffentlicht wurde; im November desselben Jahres legte sie einen zweiten, dann unter dem Namen »Verfassung für eine deutsche demokratische Republik« vor.

Bezeichnenderweise war wie in den Westzonen auch hier der Anstoß zu diesen Entwurfsarbeiten von der Besatzungsmacht ausgegangen. Allerdings spielten dabei deutschlandpolitische Strategieüberlegungen eine hervorgehobene Rolle. Anders als die Westalliierten, die für eine föderale Ordnung Nachkriegsdeutschlands eintraten, drängte Moskau auf die Schaffung einer Zentralregierung. Zudem sollte die SED als erste Partei mit einem gesamtdeutschen Verfassungskonzept in die ersten (und letzten) freien Kommunalwahlen im September 1946 in der SBZ gehen. Die Landesverfassungsentwürfe, die seit dem Sommer desselben Jahres in Württemberg-Baden, Bayern und Hessen ausgearbeitet wurden, denunzierte man als »separatistische und föderalistische Abspaltungsbestrebungen«. Die Priorität von SED und SMAD lag ganz auf der Wiederherstellung der Einheit Deutschlands und auf der Ausarbeitung einer »demokratischen Einheitsverfassung« mit Zentralregierung, Einkammersystem und dezentralisierter Verwaltung der Länder.[21] Obwohl man hoffte, damit auch sozialdemokratische und liberale Parteianhänger zu erreichen, und so, wie Ulbricht es ganz offen formulierte, »den Kampf um Demokratie im Süden und Westen Deutschlands beeinflussen zu können«[22], offenbarten die verfassungspolitischen Bemühungen von SED und SMAD ein spezifisches und aus westalliierter beziehungsweise nichtkommunistischer Sicht zutiefst problematisches Demokratieverständnis: So sollte »Gewalteneinheit« statt Gewaltenteilung herrschen. Weiter war von absoluter Volkssouveränität über ein zentrales Parlament, Volksbegehren und Volksentscheiden die Rede sowie von einer Boden-, Industrie- und Schulreform im Geiste von »Frieden« und »Fortschritt«.[23]

Man muss also gar nicht Ulbrichts legendären Satz bemühen – »Es muß demokratisch aussehen, aber wir müssen alles in der Hand haben«[24] –, mit dem er ja vor allem sein persönliches Herrschaftsverständnis ausdrückte. Vielmehr zeigen schon die seit der frühen Nachkriegszeit öffentlich von der SED vertretenen Demokratievorstellungen, dass eine Deutung als »reine Propaganda« hier zu kurz greift. Denn diese Vorstellungen waren von vielschichtigen historischen Erfahrungen, Zeiten und Räumen geprägt: Sozialismus, Marxismus, Sozialdemokratie, Sowjetkommunismus, Faschismus und Antifaschismus, Widerstand und Führerkult, Weltkrieg, Massenmord und Massensterben. Sie waren zudem eng verwoben mit den demokratiepolitischen Großkontroversen jener Zeit, die zwischen Vergangenheit und Zukunft changierten, zwischen heißem und Kaltem Krieg, rechts und links, politischen Hoffnungen und gesellschaftlichen Erwartungen. Und sie waren nicht zuletzt Ausdruck einer globalen Suche nach neuem Gleichgewicht innerhalb von und zwischen extrem gewaltsamen Gesellschaften. Im kommunistischen Demokratiedenken nach Lenin, Stalin *und* Hitler versprach für Ulbricht allein die – nur zentralistisch überhaupt organisierbare – »Volksherrschaft im Innern« die nötige Grundlage für »friedliche und freundschaftliche Beziehungen zum großen Sowjetvolk und zu den anderen Völkern«.[25]

Quelle dieser antifaschistisch-sozialistisch-kommunistisch geformten Idee von einer Volksherrschaft und einem Volksstaat[26] war jedoch gerade *nicht* die »Liebe zu Demokratie und Freiheit«, wie es der Kommunismus-Historiker François Furet formuliert hat, sondern die Überzeugung, der Logik der Geschichte zu folgen.[27] So schuf die SED, eingehüllt in eine diskursive Demokratiebekenntnistradition, die sie über 40 Jahre lang kultivieren sollte, eine auf Repression und Versprechen, bürokratischem Zentralismus und autoritärem Sozialpopulismus fußende Einparteiendiktatur. Sie konnte sich dabei anfangs auf ein Momentum stützen, das erst in der doppeldemokratiegeschichtlichen Perspektive erkennbar wird, nämlich in der Kontrastierung mit der pathosarmen bundesrepublikanischen Gründungsgeschichte. (Überdeutlich war diese Pathosverweigerung in einer Bemerkung Adenauers auf der vorletzten Sitzung des

Parlamentarischen Rates: Man verabschiede hier das Grundgesetz und nicht »die Zehn Gebote«[28]). Denn zwar galt in beiden Deutschlands: Bonn beziehungsweise Ost-Berlin sollte nicht Weimar sein. Doch im Westen ging es »nur« um den *Erhalt* und eine punktuelle Nachjustierung demokratischer Traditionen und Einrichtungen, die an die demokratiepolitischen Chiffren »1848« und »1919« geknüpft waren. Im Osten hingegen, in der Selbstsicht der Akteure, standen die *Schaffung* einer Demokratie, eine »wirklich demokratische Umwälzung« und »kommende Demokratisierung« überhaupt erst bevor. Die Prämissen der Weimarer Verfassung erachtete man dafür als »gänzlich ungeeignet«, so der aus der Westemigration heimkehrende, durchaus eigensinnige, später von der SED wegen seines Einsatzes für die Wiedergutmachung von NS-Unrecht verfolgte Kommunist Paul Merker. Nicht nur das Dritte Reich, sondern auch die Weimarer Republik müssten »als abgeschlossenes Kapitel der deutschen Geschichte bewertet werden«.[29] Der Aufbau einer »wahren Demokratie« konnte in dieser Lesart nur mit einem radikalen Systemwechsel erfolgen, und die Ausgangspunkte für ein solchen Neuanfang waren nicht Freiheit und Gleichheit, sondern Enteignung und Elitensturz.

SED, SMAD und die Moskauer Führung waren jedoch mit ihrer verfassungspolitischen Deutschlandstrategie alles andere als erfolgreich. Die Realitäten des sowjetisch geführten Wiederaufbaus in Ostdeutschland – von anfangs alltäglichen Vergewaltigungen über Enteignungen, die Demontage ganzer Fabriken und Verschleppung von Ingenieuren in die Sowjetunion bis hin zur Verfolgung, Inhaftierung und Tötung von politischen Gegnern – prägten nicht nur den dortigen Nachkriegsalltag auf gänzlich andere Weise als die Besatzungspolitik der Westalliierten. Sie verstärkten auch das Misstrauen und den aus der NS-Zeit noch üppig vorhandenen Antikommunismus und Antibolschewismus in den Westzonen. Im wachsenden Antagonismus zwischen den westlichen Staaten und der Sowjetunion sowie den von ihr kontrollierten Ländern Ost- und Südosteuropas forcierten so die Westalliierten ab Ende 1947 die Konstitution eines föderal verfassten westdeutschen Teilstaates. Sie stießen 1948 den Entwurf eines ausdrücklich provisorischen Verfassungstextes (»Grundgesetz«) durch einen Parlamentarischen Rat an und zwangen so die SED in die staats- und verfassungspolitische Defensive. Nachdem SMAD und KPD/SED 1945/46 mit autoritärem Siegeseifer harte Fakten geschaffen hatten, konnte man in der SBZ zunehmend nur noch reagieren und die Kritik an der »spalterischen« Deutschlandpolitik der anderen Seite in dem Maße verschärfen, in dem man die eigenen »demokratisch-fortschrittlichen« Anstrengungen in Richtung einer »demokratischen Republik Deutschland« überhöhte.

Was blieb, war die geteilte Berufung auf die Demokratie – im Westen bundes- und sozialstaatlich präzisiert und trotz provisorischer Anlage auf Dauer gültig, im Osten gesamtdeutsch postuliert und nur von kurzem verfassungsrechtlichen Bestand. In den Jahren 1968 und 1974 reformierte die SED jeweils die Verfassung ihres Staates und offenbarte dabei ungewollt die »demokratische Fiktion« (Iring Fetscher), mit der sie sich seit 1945 angeschickt hatte, im geläuterten Deutschland den Sozialismus zu errichten: »Demokratie« erschien im Artikel 1 der neuen Fassungen nur noch, weil sich die Deutsche Demokratische Republik darin selbst beim Namen nannte.[30] Sie sei, hieß es weiter, die »politische Organisation der Werktätigen in Stadt und Land unter Führung der Arbeiterklasse und ihrer marxistisch-leninistischen Partei«; von einer »demokratischen Republik« jenseits der Selbstbezeichnung war an dieser Stelle keine Rede mehr.

Frappierend ist, wie eigenwillig selbst noch der Verfassungsentwurf des aus der 1989er-Revolution hervorgegangenen Zentralen Runden Tisches im Frühjahr 1990 die Erfahrungen jener frühen SBZ/DDR-Zeit – einschließlich ihrer »demokratischen Fiktion« – spiegeln sollte. Einerseits meinte man, damit deutlich »über tradierte Vorbilder, wie die Verfassung der DDR und der BRD«, hinauszugehen, so der Bürgerrechtler Gerd Poppe 1990 in einer Grundsatzrede zur Verfassungsdiskussion. Andererseits knüpfte der Entwurf direkt an die eben beschriebenen volksdemokratischen und volksgesetzgeberischen Vorstellungen der Nachkriegszeit an. Sein wichtigstes Anliegen war es, so nochmals Poppe, »dem Volk das Recht zu garantieren, *unmittelbar* an der Gesetzgebung mitzuwirken und die Verwaltung mitzugestalten«.[31]

Lernerfahrung. Demokratie als westdeutscher Möglichkeitsraum

Entlang der verfassungspolitischen Zäsuren in der doppelten deutschen Demokratiegeschichte – 1949, 1968/1974 und 1989/90 – gewann die Demokratie im Laufe der Nachkriegszeit als politische Aufgabe, gesellschaftlich verhandelte Praxis und gar als »Lebensform« (Till van Rahden) in sehr unterschiedlicher Weise an Bedeutung. Vermittelt einerseits durch staatliche politische Bildung und Propaganda und andererseits durch ebenso tagtägliche wie besondere Aneignungsformen wie Vereinstätigkeit, Parteiarbeit, Bürgerinitiativen, Demonstrationen und das Wählen, entfalteten die normativen Setzungen der ersten Nachkriegsjahre eine enorme gesellschaftliche Wirkung – und wurden im Zuge dieser Vermittlungs- und Aneignungsprozesse wiederum selbst geformt, weiterentwickelt und vor allem im Osten zunehmend auch herausgefordert.

Die jüngere Forschung hat zu Recht darauf hingewiesen, dass sich Demokratie nicht »im Gang zur Wahlurne, in Parteiarbeit, in Parlamentsdebatten oder im Mit- und Gegeneinander der drei Gewalten« erschöpft. Sie ist vielmehr als »fragile Ordnung« auf die »sorgfältige Pflege« im alltäglichen Miteinander angewiesen und wird in den verschiedensten gesellschaftlichen Bereichen – etwa der Schule, der Familie, vor Gericht oder gar im Schwimmbad – immer wieder neu ausgehandelt.[32] Dieser alltags- und praxisgeschichtliche Blick auf Demokratie als öffentlich und zwischenmenschlich verhandelte normative Ordnung soll im Folgenden um eine weitere Perspektive bereichert werden. Sie lenkt den Fokus auf das alltägliche Verständnis von Demokratie im kommunikativen Raum zwischen Bürgern und Bürgerinnen einerseits und »ihrem« Staat andererseits. Die ost-westlichen Bürgerbriefe, die wiederum die Hauptquellengrundlage für die Analyse bilden, werden hier im Sinne einer erweiterten Kulturgeschichte des Politischen als Texte gelesen, die aus »alltagspolitischen Auseinandersetzungen um das richtige Regieren und Regiertwerden in konkreten Gemeinwesen hervorgegangen sind«.[33] Auch wenn keiner der Briefe in der reinen Absicht verfasst worden ist, Demokratie zu definieren, wird in ihnen das Demokratievokabular in je eigener Weise verwendet – oft beiläufig, aber mitunter auch reflektiert.[34] Es geht also um den im weitesten Sinne alltagsprachlichen Gebrauch und Bedeutungsgehalt des Wortes, über die eine Annäherung an die Demokratieverständnisse in der west- und ostdeutschen Gesellschaft möglich ist. Wie noch zu sehen sein wird, reichen deren spezifische gesellschaftlich-kulturelle Ausprägungen bis weit in die politische Kultur der Berliner Republik hinein.

In vergleichender Sicht spiegeln sich in den west- und ostdeutschen Bürgerbriefsammlungen aus den späten 1970er sowie den 1980er Jahren sehr spezifische und deutlich divergierende Demokratieverständnisse: Im Westen wird Demokratie als staatliche Ordnung und alltägliche Praxis verhandelt, im Osten als staatliches Postulat und alltägliche Utopie. Blickt man zunächst auf die späte Bonner Republik, so ist es ratsam, von den intensiven, ja bisweilen obsessiven Demokratiediskursen der heutigen Zeit etwas Abstand zu nehmen. Dass »das *Demokratische*, als substantielle Dimension«, als das »zentrale Wesensmerkmal der Politischen Bildung« gilt, ist eine recht junge Setzung.[35] Lange thematisierte sich die bundesrepublikanische Gesellschaft gar nicht in besonders nachdrücklicher

Weise als Demokratie, und auch in der Politikwissenschaft wurde und wird die Republik überwiegend als Kanzler-, Koalitions- oder Parteiendemokratie verhandelt.[36] Das lässt sich exemplarisch an der Geschichte der sogenannten Politischen Bildung zeigen. Deren Institutionalisierung an Schulen, Universitäten und in der Erwachsenenbildung begann zwar Ende der 1940er Jahre, durchaus ambivalent anknüpfend an die alliierten Umerziehungsbemühungen. Doch vergingen Jahrzehnte, bevor sich der Fokus von der Mobilisierung der »sittlichen Kräfte des Volkes« durch »mitbürgerliche Erziehung« und die Etablierung der »Gemeinschaftskunde« als Schulfach in den 1950er und 1960er Jahren[37] über die Aufladung der Bildungsdiskurse mit den Demokratisierungsforderungen der 68er-Bewegung hin zur Verständigung über die »bestehende repräsentative und pluralistische Demokratie« verschob. Halbwegs konsensual und »sachlich« einigte man sich Ende der 1970er Jahre quer durch alle politischen Lager darauf, dass politische Bildung zur »kritikfähige[n] Identifikation mit den Werten und Normen der Verfassung auf der Basis rationalen Urteilens« beitragen solle.[38]

Zuvor war mit Willy Brandt erstmals ein emphatischer Demokratiebegriff ins Kanzleramt eingezogen. Wo Adenauer Pragmatismus und Nüchternheit auszustrahlen suchte, warb der Sozialdemokrat und ehemalige Widerstandskämpfer in seiner ersten Regierungserklärung 1969 voller Leidenschaft und Dialogbereitschaft für eine innere Nachgründung der Republik. Er umriss mit einem Bekenntnis zur »strikten Beachtung der Formen parlamentarischer Demokratie« das Ideal einer demokratischen Ordnung, die »außerordentliche Geduld im Zuhören und außerordentliche Anstrengung, sich gegenseitig zu verstehen«, erfordere. Politiker seien gewählt, nicht auserwählt, sie bräuchten aus der Bevölkerung »keine Bewunderer«, sondern »Menschen, die kritisch mitdenken«. Auf die zwei Jahrzehnte seit der Verabschiedung des Grundgesetzes zurückblickend warb der Kanzler auf bis dato ungehörte Weise – und folglich unter Protestrufen aus den Reihen der CDU/CSU-Fraktion – für die

Demokratie als unabgeschlossenes Projekt: »Wir stehen nicht am Ende unserer Demokratie, wir fangen erst richtig an.«[39]

Mit diesen Sätzen, seinem vor Pathos, Vision und »politischer Substanz«[40] strotzenden Programm, ja seinem ganzen Auftreten bündelte Brandt einen gesellschaftlichen Aufbruch, der mit Studierendenprotesten 1967 begonnen hatte und über mehr als ein »rotes Jahrzehnt« lang die westdeutsche Gesellschaft fundamental beeinflussen, das heißt nachhaltig liberalisieren und pluralisieren sollte. Die nun gewissermaßen regierungsamtlich verordnete Demokratisierung der Gesellschaft in allen Bereichen veränderte langfristig »Gesicht und Mentalität der Republik«, wie Norbert Frei es treffend formuliert hat.[41] Sie spiegelte sich in ehrenamtlicher Tätigkeit, neuen sozialen Bewegungen, kritischem (NS-)Geschichtsengagement, Partei- und Gewerkschaftsarbeit und nicht zuletzt auch in Meinungsumfragen wider, die sich zunehmend für das demokratische Große und Ganze interessierten. Laut Allensbach stieg das Vertrauen in die »demokratische Staatsform« von 66 Prozent im Jahre 1975 auf 80 Prozent im Jahre 1982; die Überzeugung, die Demokratie sei die »beste Staatsform«, schwankte auf hohem Niveau zwischen 74 Prozent (1967) und 81 Prozent (1990) – mit einem Tiefststand von 66 Prozent im »Deutschen Herbst« 1977.[42] Der bereits erwähnte, parallel deutlich zunehmende Vertrauensverlust in Bezug auf die Parteien beziehungsweise die repräsentative Parteiendemokratie steht dazu nicht notwendig im Widerspruch. Er könnte vielmehr sogar als Beleg einer fundierten Demokratisierung gedeutet werden, das heißt eines gesellschaftlichen Prozesses, in dem die Demokratie auf der Grundlage als unverhandelbar angesehener Grundwerte neu ausgehandelt wurde.[43]

Die im Bundespräsidialamt überlieferte Bürgerpost der späten 1970er und der 1980er Jahre, die hier anhand einer thematischen Beispielauswahl ausgewertet wurde, erlaubt es, diese Demokratisierungs- und Demokratieaushandlungsgeschichte in mehr als nur ihren gesellschaftlichen Umrissen zu betrachten. Ganz konkret manifestierte sich im alltagspolitischen Austausch zwischen Bevölkerung und Staatsoberhaupt zu gewöhnlichen wie außergewöhnlichen Fragen die relativ hohe Akzeptanz der Demokratie als staatliche Ordnung und ihre herausragende Relevanz als alltägliche Praxis. In Briefen, die sich etwa um reguläre (1979) und vorgezogene Bundestagswahlen (1983) drehten, um Vermummungsverbot (1987/88) und Volkszählung (1987), um »Ausländerfeindlichkeit« (1975–1985) und Asyl- und Ausländerrechtsfragen (1989/90) oder um runde Grundgesetz-Jahrestage (1979 und 1989), war der Bezug zur freiheitlich-demokratischen Ordnung fast durchgehend affirmativ, selbst dort, wo Kritik daran der Schreibanlass war. Hier wurde kein Ideal debattiert, sondern ein etablierter und weithin akzeptierter Ordnungsrahmen. Nur selten mutet dieser Diskurs formelhaft an, etwa wenn eine Schulklasse und ihr Geschichtslehrer aus dem niedersächsischen Bad Salzdetfurth zum 30. Jahrestag der Verabschiedung des Grundgesetzes dem Präsidenten »als höchstem Repräsentanten unseres Volkes recht herzlich« gratulieren und dieser »in der freien Welt einmaligen Verfassung« eine lange Gültigkeit wünschen. Im Unterricht hätten die Siebtklässler auch gelernt, dass das Grundgesetz stets »gegen feindliche Kräfte unserer Demokratie verteidigt werden muß«.[44]

Differenziert brachte sich hingegen zum Beispiel die »Stiftung für staatsbürgerliche Verantwortung/Die Mitarbeit« zum 30. Jahrestag »unserer Demokratie« ein. Diese müsse darauf bauen können, »daß eine ausreichende Zahl von Bürgern bereit und fähig ist, Mitverantwortung zu übernehmen«. Da dies nicht voraussetzungslos passiere und man zudem wisse, dass »die Einstellungen der Bürger zum Gemeinwesen weniger durch Belehrung (Information und Wissen) geprägt ist [sic] als durch persönliche Erfahrungen (Erlebnis- und Handlungslernen)«, wolle man nicht nur »appellativ«, sondern praktisch dazu beitragen, dass »möglichst viele Bürger dadurch zu ›gelernten‹ Demokraten werden, daß sie eigene konstruktive Erfahrungen mit demokratischem Vorgehen machen«. Dies sei entscheidend für die »Belastungsfähigkeit unserer Demokratie«, argumentierte die Stiftung in einem Anfang 1979 ans Bundespräsidialamt versandten »Positionspapier«, mit dem sie um öffentliche Mittel warb. Sie bestand seit 1963 und hatte sich bislang aus privaten Spenden finanziert. Der damalige Bundespräsident Walter Scheel war Gründungsmitglied der Stiftung, was dem Bemühen rund um den 30. Grundgesetz-Jahrestag eine wohlwollende Prüfung garantierte.[45]

Auch in brieflichen Auseinandersetzungen rund um Wahlen und insbesondere die vorgezogenen Neuwahlen, die nach dem von Helmut Kohl gewonnenen konstruktiven Misstrauensvotum für März 1983 anberaumt wurden, verhandelten die Schreiber die Demokratie als gültige, relativ stabile, ja »beste« Ordnung aller Ordnungen.[46] So gab es immer wieder Forderungen, den 23. Mai als »Verfassungstag« zum öffentlichen, endlich »aufmunternden positiven Gedenktag für unser Volk« oder zumindest zum Tag des »Nachdenkens«[47] für die gesamte Verwaltung zu erklären. Anstelle eines Tags der Routinearbeit könne man doch »sämtliche Staatsdiener, angefangen beim Staatsminister bis runter zum kleinen Amtsboten, über das Grundgesetz nachdenken« lassen, schlug ein Soester Rechtanwalt im Mai 1978 vor. Durchsetzen konnte sich die Idee eines formalen Verfassungsfeiertages nicht. Selbst Helmut Schmidt, der sich kurz zuvor für einen solchen »selbstbewußten Festtag« ausgesprochen hatte, erreichte in der Sache nichts. Nicht zuletzt auch deshalb, weil damit der 17. Juni, an dem 1953 in der DDR ein Aufstand ausgebrochen war und der seit 1954 in der Bundesrepublik ein Feiertag war, zur Disposition gestellt worden wäre (»im Grunde ein Tag der Niederlage für den Freiheitswillen«, so Schmidt).[48] Dafür gab es bis 1990 keine politische Mehrheit – aus deutschland- und nationspolitischen Gründen, an denen 1968 entsprechende Pläne der ersten Großen Koalition scheiterten, und auch aus Rücksicht auf die, wie es von Weizsäcker auf einen ähnlichen Bürgervorschlag hin 1987 formulieren ließ, »Gefühle der Deutschen in der DDR, [...] die nach dem Kriege nicht die Chance eines Neuanfangs in Freiheit erhalten haben«.[49]

Ein weiterer wiederkehrender und nie realisierter Vorschlag zur Ehrung der erreichten Ordnung bezog sich auf den Doppelcharakter des 23. Mai als republikanischen und persönlichen Geburtstag: Immer wieder erreichten den Bundespräsidenten Vorschläge, Menschen, die am 23. Mai (1949) geboren seien, zum Jahrestag »unserer geliebten Bundesrepublik« nach Bonn einzuladen oder zumindest aus dem Präsidialamt mit einem »besonderen Gruß« zu erfreuen.[50] Sie mache sich schon lange Gedanken, welche Rolle das Grundgesetz in ihrem Leben spiele, schrieb eine Frau aus Frankfurt/Main kurz vor ihrem 40. Geburtstag, dem 23. Mai 1989. Es wäre doch eine Bereicherung dieses Jubiläums, wenn der Bundespräsident »in einen Dialog treten würde mit den an diesem Tag Geborenen, vielleicht im Rahmen einer Feiergedenkstunde«.[51] Da dieser, wie man der Frau mitteilte, dafür nicht zuständig war und zudem am 23. Mai die Bundesversammlung zusammentreten würde, um von Weizsäcker für eine zweite Amtszeit zu wählen, wurde ihr Brief an die Bundestagsverwaltung weitergeleitet, welche für die für den 24. Mai geplanten Grundgesetzfeierlichkeiten verantwortlich zeichnete.

Zugleich trieb viele bundesdeutsche Absender die Frage um, ob »alle an der politischen Kultur Beteiligten«[52] – vom Wahlbürger über die Abgeordneten und Medien bis zum Staatsoberhaupt – angesichts der Herausforderungen der Zeit (Machtkämpfe, Wahlkämpfe, Politikerintrigen; Wirtschaftskrise, Traditionsverlust, »Ausländerproblem«; Aufrüstung, Nachrüstung, Atomkriegsgefahr usw.) hinreichend wachsam und verfassungsloyal agierten. Die Sicherung und Verteidigung der Ordnung beziehungsweise die Wahrung des »Geistes des Grundgesetzes«[53], war ein Kernthema in diesen Bürgerkorrespondenzen. Es spiegelte gleichsam ein Grundmotiv der bundesrepublikanischen Geschichte wider, das Eckart Conze als die »Suche nach Sicherheit« herausgearbeitet hat und das ihm zufolge als »soziokulturelle[r] Orientierungshorizont« eine politische Kulturtradition hervorbrachte, die stets auf die »Stabilisierung des Status quo« ausgerichtet war.[54]

Nur ganz selten wurde diese Ordnung im Medium Bürgerbrief radikal infrage gestellt; systemischer Widerstand fand in der Bundesrepublik bekanntlich andere Wege und Mittel. Oft war brieflich geäußerte Fundamentalkritik mit Forderungen nach »volksnaher« Politik und direktdemokratischen Verfahren verbunden. Es sei schade, dass man kaum je die Möglichkeit habe, mit den »alleröbersten Volksvertretern mal ein arg offenes Wort zu sprechen ... Ist auch die wahre Demokratie bei uns, gell?«, schrieb ein angesichts der Sozial- und Rentenpolitik der Regierung »arg nachdenklicher, aber auch enttäuschter« Nürnberger im Sommer 1980.[55] Andere warben dafür, das »fraglos vorhandene Defizit an direktdemokratischen Elementen in unserer Verfassungswirklichkeit« zu beheben, und spiegelten damit einen Parteien- und gesellschaftlichen Diskurs, der in den 1980er Jahren, nicht zuletzt mit dem Einzug der Grünen in den Bundestag, breiter und vielfältiger wurde, aber insgesamt bis heute nur eine begrenzte politische, also parlamentarisch-gesetzgeberische Durchschlagskraft hatte.[56] Im Kontext der vereinigungsbedingten Grundgesetzdiskussionen nach 1990 werden direktdemokratische Forderungen weiter unten in Kapitel 3 und 4 noch eine wichtige Rolle spielen.

Noch seltener kam es vor, dass die DDR als bessere Ordnung angeführt wurde, auf menschenverachtende Weise etwa im Kontext der Diskussionen um »Ausländerfeindlichkeit« Anfang der 1980er Jahre. »Dieses Land ist nicht mehr verteidigungswürdig«, schrieb ein Mannheimer mit Name und Adresse auf eine Postkarte an Karl Carstens. »Es ist wahrscheinlich angenehmer[,] in der DDR zu wohnen, als bei uns im eigenen Land unter Asiaten und Afrikanern. Hochachtungsvoll E. B.«[57] Recht singulär ist ein Drohbrief aus demselben thematischen Zusammenhang, in dem eine »preußische Patriotin« aus dem oberbayrischen Weilheim – ebenfalls mit Namen und Adresse – auf völkische Selbstjustiz setzte, für den Fall, dass die Politik sich weiter bei »den Ausländern« anbiedere, statt die wirtschaftliche und soziale Lage in den Griff zu bekommen. Schon einmal sei durch »Not und Arbeitslosigkeit ein Verführer zur Macht« gekommen, schrieb sie im Januar 1981; diesmal werde es einen »Ruck nach links« geben, Russland sei so nah. Und was auch immer sie damit meinte – die Andeutung kollektiver Gewalt im letzten Satz (»Ich wünsche mir vom neuen Jahr, daß die Geduld der Bürger schnell zu Ende geht und man zur Selbsthilfe schreitet«) wirft ein Schlaglicht auf die seinerzeit verstärkt feindselige, mitunter offen rassistische und auch faktisch immer gewalttätigere Stimmung im Land.[58] Die dunklen Seiten der bundesrepublikanischen Demokratie werden in diesem Bürgerdiskurs also auch immer wieder deutlich sichtbar.

Trotz oder ungeachtet dieser Seiten vermittelten die relative Stabilität und Funktionalität der demokratischen Ordnung einer großen Mehrheit der Bevölkerung das Gefühl, in einem Gemeinwesen zu leben, dessen politisches System als ideeller Rahmen unstrittig war und selbst für skeptische Gemüter irgendwann identifizierungstauglich werden konnte. Die Rolle des Bundespräsidenten sollte dabei nicht unterschätzt werden. So mancher Auftritt, etwa Weizsäckers Rede zum 40. Jahrestag des Inkrafttretens des Grundgesetzes, ermöglichte es sogar 27-jährigen Töchtern, die ihr »›Vaterland‹ […] nie besonders liebten«, weil in ihm einst »eine überwältigende Anzahl von Menschen zu Mördern geworden waren«, sich endlich mit der BRD zu identifizieren.[59] Zugleich, und noch viel entscheidender als die Wirkung einzelner Persönlichkeiten, wurde aber die materielle Praxis innerhalb dieses ideellen Rahmens als für das tagtägliche Miteinander absolut bedeutsam und hinreichend gestaltbar wahrgenommen. Das lässt sich für das letzte Jahrzehnt der Bonner Republik wiederum exemplarisch an den Briefen zeigen, die im Folgenden betrachtet werden: Briefe für und gegen ein Vermummungsverbot auf Demonstrationen, für und gegen die Volkszählung, die 1987 in außergewöhnlich hohem Maße zur Beunruhigung und Mobilisierung der westdeutschen Gesellschaft führte, und überwiegend kritischen Briefen zur Reform des Ausländergesetzes, die 1989/90 zum wiederholten Male, mit großer Hast und obendrein parallel zum rasanten Geschehen rund um den Mauerfall durchgeführt wurde.

Eindrücklich sind da zunächst die vielen Wortmeldungen zur Frage, ob Menschen in einer Demokratie (ihr) Gesicht zeigen sollten, wenn sie sich politisch artikulieren. Auf sie wird gleich noch einzugehen sein. Was die gesamte Post an den Bundespräsidenten so bemerkenswert macht, ist, dass hier Themen nicht aus dem Nichts heraus oder aus reiner Empörung oder purer persönlicher Betroffenheit zur Sprache gebracht wurden. Vielmehr waren es meist differenzierte, nachdenkliche Schreiben, die auf differenzierte, nachdenkliche, manchmal auch zugespitzte Äußerungen des Staatsoberhauptes reagierten, gleichsam wie im Zwiegespräch, das nie rein privater Natur war, aber auch nicht in aller Öffentlichkeit stattfand. In jenen Jahren, in denen die bundesdeutsche Innenpolitik immer stärker von gesellschaftlich breit getragenen Protestbewegungen geprägt war, wurde Demokratie als alltägliche Praxis mit ebenso großer Ernsthaftigkeit wie Selbstverständlichkeit verhandelt. Mehr als jeder und jede Zweite interessierte sich Mitte der 1980er Jahre für Politik, und nur 8 Prozent interessierten sich gar nicht dafür (1952 waren es noch 27 Prozent vs. 32 Prozent); immerhin fast 80 Prozent gaben sogar an, sich häufig oder gelegentlich über Politik zu unterhalten.[60] Protest, etwa über Bürgerinitiativen oder Demonstrationen, wurde in der Gesellschaft inzwischen weithin als »legitime Erscheinungsform demokratisch-repräsentativer Systeme und als rationales Mittel kollektiver Interessenvertretung« wahrgenommen.[61] Satte 70 Prozent der Bevölkerung meinten, dass »Bürgerinitiativen in einer Demokratie notwendig« seien, um die anstehenden Probleme zu lösen. Und die Protestforschung hat bis zu 200 Anliegen erfasst, für die sich Bürger und Bürgerinnen seinerzeit in der Bundesrepublik politisch engagierten, zudem gaben fast 20 Prozent der Bevölkerung Ende der 1980er Jahre an, im Laufe ihres Lebens an einer Protestaktion teilgenommen zu haben – übrigens deutlich mehr als in Frankreich, den Niederlanden oder der Schweiz; mehr als die Hälfte der Teilnahmen bezog sich in der Bundesrepublik auf Protest gegen Nuklearwaffen.[62]

All das führte dazu, dass so unterschiedliche Protestchiffren wie »Wackersdorf«, »Gorleben« oder »Startbahn West« nicht nur medial und politisch als Brennpunkte gesellschaftlicher Politisierung und Mobilisierung omnipräsent waren. In den Briefen zum Vermummungsverbot etwa waren dies regelmäßig wiederkehrende Referenzpunkte für ein Nachdenken über das Verhältnis von Staat und Gesellschaft, über die Relevanz persönlicher Erfahrungen mit als repressiv wahrgenommener Staatlichkeit, mithin über den Zustand der Demokratie insgesamt. Anlass für eine dieser brieflichen Auseinandersetzungen war ein Fernsehinterview des Bundespräsidenten vom Dezember 1987. Darin verteidigte von Weizsäcker, nachdem zwei Polizisten von vermummten Tätern an der Frankfurter Startbahn West erschossen worden waren, das seit 1985 für »gewalttätige Menschenmengen« geltende Verbot mit den Worten: »Das Entscheidende ist für mein Gefühl nicht, welche Absicht einer hat, der sich vermummt. Wichtiger, finde ich, ist die Wirkung, die der, welcher sich vermummt, gegenüber seinen Mitmenschen erzielt. […] Ich finde, daß […] wir uns mit offenem Visier zu begegnen haben. Nicht damit bessere Fahndungsphotos gemacht werden können, aber um den Umgang unter uns Menschen zu humanisieren.«[63]

Dafür erntete der Bundespräsident in den Bürgerbriefen einige Zustimmung, vermischt mit der Ermutigung, doch weiter zu versuchen, diese »verirrten jungen Menschen […] für unsere demokratische Gesellschaftsordnung, welche das erstemal für unser Volk so frei ist, zurückzugewinnen«.[64] Auch in der Breite der Bevölkerung war die Zustimmung zu einem Vermummungsverbot von 65 Prozent (1981) auf 73 Prozent (1987) gestiegen.[65] Aber ihn erreichte auch Widerspruch, der keineswegs von linksradikal »Verirrten« kam, sich ebenfalls auf die Demokratie berief und dazu einen nach wie vor hohen Demokratisierungsbedarf konstatierte. Natürlich sollte man »in einem freih. demok. Rechtsstaat sein Gesicht zeigen können, [...] aber der Staat nutzt zuerst diese bösen Mittel«, hieß es in einem dieser Protestbriefe. Er lasse Widerstand im Volk von vermummten Polizisten »niederknüppeln« wie in einer Diktatur, so ein Anhänger der Ära Adenauer, in der es noch Politiker gegeben habe, die die Demokratie auch wollten.[66] Frei äußern könne sich nur jemand, der »*keine* undemokratische Repression für das Vertreten seiner Meinung durch einen dann als ›allmächtig‹ empfundenen Staat zu befürchten hat«, schrieb ein Karlsruher Bürger. Es gebe einen Zusammenhang zwischen Berufsverboten, Verfassungsschutzüberwachung und »der Angst, sein Gesicht zu zeigen«. Zudem mache es die Ausstattung der Polizei für ihn »als Demonstranten nahezu unmöglich, im Polizisten einen erkennbaren (identifizierbaren) und damit auch für seine Handlungen verantwortbaren Menschen zu erkennen«. Die Polizei selbst sollte zur »allgemeinen Entmummung« und beiderseitigen Verständigung beitragen, indem jeder Polizist am Helm seinen Namen trage.[67] Dieser auch in weiteren Briefen gemachte Vorschlag wurde nie umgesetzt, weil Polizeibeamte in der Ausübung ihrer hoheitlichen Tätigkeit auf ein gewisses Maß an Anonymität angewiesen seien, wie es in einer diesbezüglichen Stellungnahme des Bundesinnenministeriums hieß.[68]

Nicht wenige sorgten sich also über die Folgen dieses schwelenden Konflikts und der immer wieder heftig zutage tretenden Spannungen zwischen staatlichen Autoritäten und »normalen« Bürgern. Auf der Strecke bleibe die Demokratie, ihr werde hier »unermeßlicher Schaden« zugefügt, schrieb ein anderer Mann. Er sandte dem Bundespräsidenten, seiner Ansicht nach einem »der ganz wenigen Politiker, die das uneingeschränkte Vertrauen der Bevölkerung genießen«, einen Dokumentarfilm über die Erfahrung staatlicher Gewalt unter Demonstranten; darin bestätige sich auf fatale Weise von Weizsäckers »Wort von ›der Verwandlung dessen, der dem Maskierten gegenübersteht‹«. Es bleibe noch viel zu tun, bevor der vom Bundespräsidenten in jenem Interview postulierte »freie Verfassungsstaat, der dem Schwachen wirklich Schutz bietet«, tatsächlich Realität werde.[69]

Ein weiteres der 200 Anliegen, für das sich die Bundesdeutschen in den 1980er Jahren politisch engagierten, war die für 1987 anberaumte Volkszählung. Auch in diesem Kontext wurde Demokratie als alltägliche Praxis verhandelt. Schließlich ging es dabei um »viel mehr als Statistik«, nämlich »um das Verhältnis zwischen Bürger und Staat, um Macht und um gegenseitiges Vertrauen«, wie eine geplagte Würzburgerin schrieb, die den Erfassungsbogen »trotz aller Zweifel und eigentlich gegen mein Gewissen« ausgefüllt hatte, nun aber doch nicht anders konnte, als ihre Bedenken und gebliebenen Fragen auf diesem Wege zu äußern.[70] Ebenso sehr ging es in dieser Diskussion um die Frage, aus welchen Gründen und mit welchen Konsequenzen man sich geltenden Gesetzen und Anordnungen des Staates entziehen darf. Es war dieser Aspekt, der den meisten Briefen ihre Dringlichkeit gab. Denn das Vorhaben Volkszählung brachte die Gemüter der Republik ins Wallen, und die in diesem Zusammenhang auch an das Bundespräsidialamt verschickten Briefe machen nur einen kleinen Teil und nur eine Form der darauf bezogenen gesellschaftlichen Mobilisierung aus. Auch hier wurde die Republik als demokratisches Projekt verhandelt, als Aushandlungssache zwischen Gesellschaft und Staat, als Angelegenheit, die jede und jeden betraf. Unter anderem getrieben von einem tief sitzenden Misstrauen auf der politischen Linken gegen staatliche Autoritäten (in konservativer Hand) wie gegen die erweiterten technischen Möglichkeiten der Personenerfassung und -überwachung, führten die breite öffentliche Diskussion und ein Bundesverfassungsgerichtsurteil, das erstmals vom »Recht auf informelle Selbstbestimmung« sprach, dazu, dass die eigentliche Durchführung der Zählung letztlich nur noch auf wenig Kritik stieß, wenn auch allseits ein bitterer Nachgeschmack blieb. Die Akzeptanz des Vorhabens stieg von 45 Prozent (1985) auf 66 Prozent (1987), und immerhin 60 Prozent stimmten 1987 der Aussage zu, wer zum

Boykott aufrufe, missachte geltendes Recht (29 Prozent lehnten sie ab).[71]

Anhand von Fragen also, die sich alltäglich und grundsätzlich, persönlich und gesamtgesellschaftlich stellten, wurde die Demokratie hier als kontinuierliche Aufgabe verhandelt. Als letztes Beispiel dafür seien jene Bürgerbriefe herangezogen, die anlässlich der Reform des Ausländergesetzes 1989/90 von zahlreichen Frauen, Männern und Kindern, mit oder ohne deutsche Staatsbürgerschaft, an den Bundespräsidenten gesandt wurden. Teilbestände mit Bezug zu »Ausländerfragen« gehören generell zu den umfangreichsten Briefsammlungen in den Akten des Bundespräsidialamts.[72] Der im zweiten Anlauf von der Regierung Kohl vorgelegte Novellenentwurf der Regelung aus dem Jahr 1965 war ein äußerst ambivalentes Stück Zeitgeschichte: Migrantinnen und Migranten wurden einerseits erstmals klar definierte Wege eröffnet, um dauerhaft in Deutschland bleiben und Angehörige aus ihren Herkunftsländern nachkommen lassen zu können; die Einbürgerung konnte bis Ende 1995 nach 15 Jahren »gewöhnlichem Aufenthalt«, jedoch nur unter Aufgabe der bisherigen Staatsbürgerschaft beantragt werden. Andererseits manifestierte sich in einer Vielzahl von sozial-, arbeits- und melderechtlichen Vorschriften die regierungsamtliche, den meisten »Ausländern« gegenüber misstrauisch bis feindselig eingefärbte Wirklichkeitsverweigerung, wonach das Land weder Einwanderungsgeschichte noch -gegenwart hatte.[73]

Der Gesetzesentwurf wurde Anfang 1990 innerhalb weniger Wochen durch Ausschüsse und Parlament gebracht, und der eigentliche Kulminationsmoment, der damit nach einem Jahrzehnt westdeutscher »Ausländerdiskussion« erreicht war, verblasste vor dem Hintergrund der welthistorisch bewegenden Ereignisse, die sich zeitgleich in der DDR abspielten. All das spiegelte sich in den Briefen wider, die in jener Zeit im Bundespräsidialamt eintrafen. Sie kamen von sehr vielen deutschen Staatsbürgern, privat oder in Vereinen organisiert, die insistierten, dass auch »Ausländer/innen das demokratische

Recht auf Arbeit und politische Beteiligung« hätten und dass der Ausschluss einer so großen Minderheit die »Gefährdung unserer aller demokratischen Rechte« bedeute. Zudem sei der »multikulturelle Charakter der deutschen Gesellschaft [...] eine elementare Garantie für ein demokratisches Gemeinwesen und gegen die Wiedergeburt eines engstirnigen deutschen Nationalismus«. Oberstes Ziel »unserer Demokratie muß die Gleichberechtigung aller Bürger *bleiben*«.[74]

Diese grundsätzlichen Überlegungen zum Zustand der bundesrepublikanischen Demokratie wurden auch von den revolutionären Ereignissen in der DDR begleitet und geprägt. Es sei paradox, schrieb der Allgemeine Studentenausschuss (AstA) der Katholischen Fachhochschule Nordrhein-Westfalen in Köln und wiederholte damit ein damals oft gehörtes Argument: »[W]ährend im Osten die Mauern fallen[,] bauen wir im Westen neue Mauern auf.« Das alte Ausländergesetz verwehre den knapp fünf Millionen in Deutschland lebenden Menschen ohne Staatsbürgerschaft bereits viele demokratische Grundrechte, doch das neue Gesetz verschlimmere diesen Zustand noch. Andere holten noch weiter aus: »In einer Zeit, in der die Völker in Europa zusammenwachsen sollen, wird ein sie trennendes Gesetz geschaffen.« Der Bundespräsident möge im »Namen der Menschlichkeit und Demokratie« dieses Gesetz daher nicht unterzeichnen.[75]

Es schrieben aber auch einige zugewanderte Menschen beziehungsweise deren Kinder. Sie beklagten, dass das Gesetz, von dem die Bundesregierung behauptete, es diene dem »Interesse der Erwartenssicherheit der Ausländer« und der Rechtssicherheit des Landes[76], in Wirklichkeit individuelle Zukunftsperspektiven zerstöre und stattdessen Verunsicherung und Ausgrenzung verstärke. Ein aus der Türkei nach Deutschland gekommener Mann schrieb aus Lemgo (den Brief ließ das BPA übersetzen), man habe einst Menschen aus »aller Herren Länder« als Arbeitskräfte gerufen, nun aber seien sie zu einer »unerwünschten Minderheit« geworden, und die

»wachsende Ausländerfeindlichkeit« verschärfe dies alles noch weiter. »Man sei eben zur dritten Klasse degradiert«, so die Paraphrase des Übersetzers.[77]

Eine Gruppe von Kindern türkeistämmiger Familien in Herne verfasste während eines Kinderfestes im April 1990 Briefe mit persönlichen Geschichten und Perspektiven. Die 13- bis 15-jährigen Jungen und Mädchen, die meisten von ihnen in Deutschland geboren, berichteten, ihre Eltern lebten seit 20 Jahren hier, man könne sie »nicht einfach hier rausschmeißen«, auch in der Türkei wären sie niemals richtig zu Hause. Ihre Zukunft sei versunken, schrieb ein Mädchen, das vermutlich als Geflüchtete erst seit kurzer Zeit in Deutschland »endlich frei leben und denken« konnte. Ihren Brief schloss sie mit einer Zeichnung von sich selbst, einen Riesenrucksack schleppend, auf dem »Ausländergesetz« steht.[78]

Sicher ruft ein Gesetzesentwurf stets eher die Kritiker auf den Plan als die Befürworter. Und mit der Deutschen Einheit verbreitete sich ein alltäglicher und zunehmend gewalttätiger Rassismus im ganzen Land, der sowohl in quantitativer als auch qualitativer Hinsicht bis dato ungekannte Ausmaße annahm. Dennoch – oder gerade deswegen – ist es bemerkenswert, dass sich Ende der 1980er Jahre rund um die Reform des Ausländergesetzes nicht nur deutlich mehr nichtdeutsche Einwohnerinnen und Einwohner zu Wort meldeten, sondern (jedenfalls an dieser Stelle) auch deutlich weniger Hassbriefe ansammelten, als das noch zu Beginn des Jahrzehnts im Kontext der Debatten um die »Flut von Ausländern« und »Asylmissbrauch« der Fall gewesen war.

Zusammenfassend lässt sich festhalten, dass in den westdeutschen Bürgerbriefen Grundsatz- zu Alltagsfragen und Alltags- zu Grundsatzfragen wurden. Die individuellen Erfahrungs- und Anschauungsperspektiven divergierten mitunter enorm, und dennoch zog sich die Demokratie auf zweifache Weise recht konsistent durch diese vielstimmigen Schreiben: als staatliche Ordnung und alltägliche Praxis. Sie wurde anhand konkreter Anliegen und Problemlagen als »Herrschafts- *und* Lebensform« verhandelt – keineswegs konfliktfrei, sondern stets begleitet von Widersprüchen und voller Ambivalenzen. In diesen Korrespondenzen zeigt sich, worauf die Demokratiegeschichtsschreibung erst in jüngster Zeit eingehender blickt, nämlich wie eine sich als demokratisch verstehende Gesellschaft um die Voraussetzungen eines Zusammenlebens ringt, in dem »alle Bürgerinnen und Bürger die Chance haben, sich als frei und gleich *zu erfahren*«.[79]

Imagination des Politischen. Demokratiediskurse in der DDR

In dem Maße, in dem in der Bundesrepublik um die Demokratie als reale Ordnung gerungen wurde, war sie in der DDR als *postulierte* Ordnung Gegenstand grundsätzlicher wie alltäglicher Auseinandersetzungen. Anders als der gewundene Weg von einer pragmatischen zu einer emphatischen Verhandlung von Demokratie im Westen verlief die Entwicklung im Osten genau andersherum: Das ursprüngliche Pathos der »antifaschistisch-demokratischen Umwälzung« verkam im Laufe der Jahre zur reinen Pose und mündete im Mai 1989 im frührevolutionären Pragmatismus der Kommunalwahlbeobachter, die über das simple Auszählen der Stimmen an den Fundamenten der simulierten Deutschen Demokratischen Republik rüttelten.

Man hielt diese 40-jährige Positur nur durch, weil sie auf der Überzeugung fußte, dass auch die Demokratie in gesetzmäßiger Form stufenweise durch die Geschichte voranschreite und erst im sowjetsozialistischen Zeitalter zur Vollendung gelangen würde. Auch hier war die schulische und allgemeinpolitische Bildung im Sinne von Orwells »positiver Propaganda« das Medium, in dem das staatliche Demokratiekonzept verhandelt wurde. Allerdings war dieses in der DDR ungleich stabiler, ja geradezu statisch angelegt und implementiert. In ideologischen Leittexten wie dem schon zitierten *Kleinen Politischen Wörterbuch* für den täglichen Gebrauch wurde Demokratie als »Form der Machtausübung« definiert, die »formell allen Bürgern gleiche Rechte zuerkennt«. Inhalt und Funktion jeder Demokratie würden jedoch durch den »Klassencharakter des Staates und in letzter Instanz durch die Produktionsverhältnisse der jeweiligen Gesellschaft bestimmt«. In einem »Klassenstaat« könne es nur Klassendemokratie geben, da politische Freiheitsrechte immer vom materiellen Status eines Menschen abhingen – je reicher, desto freier seien die Bürger in der »bürgerlichen Demokratie«, einer »Demokratie für die herrschende Klasse«.[80] Mit Lenin habe sich daher die Unterscheidung in bürgerliche und sozialistische Demokratie durchgesetzt, wobei Letztere umstandslos als Synonym für die »Diktatur des Proletariats« verwendet wurde. Dieses merkwürdige Konstrukt einer Diktaturdemokratie erklärte jenes politische Wörterbuch – wiederum Lenin zitierend – für »*auf neue Art* demokratisch (für die Proletarier und überhaupt die Besitzlosen)«.[81] Vollends zugespitzt findet sich die These von der stufenweisen Evolution zur »wahren« Demokratie im Eintrag »sozialistische Demokratie«: Sie sei die »politische Machtausübung der von der Arbeiterklasse und ihrer marxistisch-leninistischen Partei geführten werktätigen Massen des Volkes, die mit der Errichtung der Diktatur des Proletariats die formale bürgerliche Demokratie überwindet und ablöst«.[82]

Dieses Mantra von der »Diktatur des Proletariats als höchster Form der Demokratie«[83] wurde insbesondere in der schulischen Bildung systematisch verbreitet. Bereits 1946 schufen SED-Pädagogen das Fach »Gegenwartskunde« (ein Thema unter anderem: »Die großen Demokratien und großen Demokraten«), aus dem 1964 der Staatsbürgerkundeunterricht hervorging, nahezu zeitgleich zur Gemeinschaftskunde in der Bundesrepublik. Er wurde als »Schlüsselfach« in den Klassenstufen 7 bis 10 in Oberschulen, erweiterten

Oberschulen (Gymnasien) und Berufsschulen gelehrt. Die Staatsbürgerkunde, so der fachdidaktische Anspruch, sollte ein »relativ geschlossenes, recht konkretes und durch theoretisches Wissen fundiertes Bild vom realen Sozialismus in der DDR, von ihrem sozialistischen Vaterland [...], vom sozialistischen Staat und der sozialistischen Demokratie« vermitteln.[84] Dass das in der Praxis nicht nur für Schülerinnen und Schüler, sondern mitunter auch für selbstständig denkende Lehrerinnen und Lehrer eine erhebliche Zumutung sein konnte, wird beispielsweise in Interviews deutlich, die in den 1990er Jahren durchgeführt wurden. So erinnerte sich eine ehemalige Lehrerin 1994: »[M]ir fiel das irgendwie unheimlich schwer, den Schülern das klar zu machen, wie diese Demokratie in der DDR vonstattenging. [...] [I]ch wußte das zwar laut Lehrbuch, aber es gab halt Widersprüche zur Wirklichkeit, und das fiel mir schon schwer.«[85] Auch wenn hier die Erfahrungen und Folgen der 1989er-Revolution die Erinnerung eingefärbt haben mögen, erscheint das aus diesen Sätzen sprechende Unbehagen am Demokratie-Postulat in der DDR – und an der eigenen Rolle in dessen Aufrechterhaltung – so glaubwürdig wie nachvollziehbar.

Von Anfang an verband die SED die über Parteiversammlungen, Staatsmedien sowie schulische und außerschulische Bildung vermittelte Erzählung von der sozialistischen Demokratie als »historischer Errungenschaft«[86] mit der Frage der Menschenrechte beziehungsweise dem breiteren Menschenrechtsdiskurs, der seit dem Zweiten Weltkrieg globale Reichweite entfaltet hatte. Sie wirkte so aktiv an der »Schaffung einer Menschenrechtspolitik in Europa« mit – freilich mit einer ganz spezifischen Auffassung von »sozialistischen Menschenrechten«[87]. Wie zentral dieser verwobene Demokratie- und Menschenrechtsbezug im weltanschaulichen Denken der SED-Eliten – und damit auch im politisch-gesellschaftlichen Diskurs – war, zeigt die kanonische Darstellung des einflussreichsten Menschenrechtstheoretikers in der DDR, Hermann Klenner. Der Jurist schrieb 1965 in einem Rückblick auf »20 Jahre Menschenrechtspraxis« in der DDR: »Bei uns haben diejenigen, die in der Nacht des Faschismus für die Menschenrechte kämpften, die Macht in den Händen. Aus Angeklagten wurden Richter. Die Verfolgten von gestern sind bei uns die Regierenden von heute. Sie in erster Linie haben den deutschen Rechtsstaat aufgebaut, in dem die Menschenrechte Grundpfeiler der Demokratie sind. [...] Um ein Wort von Heinrich Heine abzuwandeln: man wird von Grundrechtskatalogen ebensowenig frei wie man von Kochbüchern satt wird.«[88]

Nicht nur die Verwendung des Demokratiebegriffes, sondern auch des Rechtsstaatsbegriffes in diesem Text (wie generell in der DDR) ist problematisch. In seiner sozialistischen Fassung unterstrich und verschleierte er zugleich, dass es im SED-Staat keine Möglichkeit gab, individuelle Rechte auf dem Rechtsweg einzuklagen. Seit der Verwaltungsreform 1952 gab es keine unabhängige Verwaltungsgerichtsbarkeit; Bürgerinnen und Bürger konnten und sollten ihre Anliegen stattdessen per Eingaben »einklagen«. Dem Rechtshistoriker Michael Stolleis zufolge schrieb die DDR-Führung damit eine unheilvolle Tradition fort: Nachdem der »Rechtsschutz gegen staatliche Maßnahmen durch Verwaltungsgerichte« bereits im NS-Staat »marginalisiert« worden war, wurde er in der DDR gänzlich beseitigt.[89] Im antifaschistisch-sozialistischen Deutschland werde »Gerechtigkeit gegenüber jedermann« geübt, so das Mantra der SED. In Wahrheit war jedoch nicht der Schutz individueller Rechte oberstes Prinzip, sondern »die Unterordnung des Einzelnen unter den Staat«[90].

Derselbe Staat, dann unter der Führung von Erich Honecker, unterzeichnete 1975 die KSZE-Schlussakte und versprach weltöffentlich, »die Menschenrechte und Grundfreiheiten, einschließlich der Gedanken-, Gewissens-, Religions- oder Überzeugungsfreiheit für alle ohne Unterschied der Rasse, des Geschlechts, der Sprache oder der Religion« zu achten. Beides, sowohl der innerostdeutsche »kommunistische Rechtediskurs«, in dem Sozialismus, Demokratie und Menschenrechte eng miteinander verwoben waren, als auch die formale Anerkennung internationaler Rechtsstandards im Zuge des Strebens nach Souveränität, brachten der SED jedoch das Gegenteil von dem ein, was sie erreichen wollte: Sie ebneten den Weg für die effektive oppositionelle Mobilisierung dieser universalen Normen, die in der realsozialistischen Wirklichkeit tagtäglich auf eklatante Weise missachtet wurden.[91]

Die höchst ambivalente Präsenz der Idee der Demokratie – simulativ und subversiv zugleich – durchzog die in der DDR verfasste Bürgerpost auf eindrückliche Weise. Sie spiegelt sowohl das Postulat der »errungenen« Demokratie als auch die Wirklichkeit, die damit routiniert in Bezug gesetzt, abgeglichen und bilanziert wurde – überwiegend kritisch, aber nur selten in Fundamentalopposition zur Idee der »sozialistischen Demokratie« als solcher. In besonderer Zuspitzung geschah das im Frühjahr 1989 im Kontext der Kommunalwahlen. Die örtlichen Wahlbeobachtungsinitiativen und schriftlichen Proteste gegen verfälschte Auszählungsergebnisse aus der Mitte der Gesellschaft verdeutlichen am Ende dieses Kapitels, welche Energien die Idee der Demokratie freisetzen kann, wenn sie aus der utopischen in die alltägliche Praxis geholt wird.

Das Postulat der Demokratie wurde in der überlieferten Bürgerpost jeglicher Art – ob im Leserbrief an eine Zeitung, als Eingabe, Protestschreiben oder Flugblatt – sowohl anlassbezogen, etwa rund um Wahlen oder bedeutende Reden, als auch ohne konkreten Grund adressiert. Meist geschah das im Modus der Herausforderung. »Wozu überhaupt Wahlen?«, schrieb jemand, der sich F.D.F. (»Für den Frieden«) nannte, im März 1986 aus Halle/Saale an Erich Honecker. Anlass war hier die Berichterstattung über den 27. Parteitag der KPdSU, auf dem Michael Gorbatschow, seit 1985 neuer Generalsekretär der sowjetischen Mutterpartei, in ungewohnten Worten für eine »weitere [sic] Demokratisierung der Gesellschaft« geworben und seine Reformagenda für eine »Revitalisierung des ›Sozialismus‹« umrissen hatte.[92] Für den oder die Verfasserin des Briefes aus Halle war das Anlass genug, einmal aufzuzählen, was in der DDR so alles »nicht in Ordnung« war. Ganz oben auf der Liste der »Dinge, die den Bürgern nicht gefallen«, stand die Frage nach der Sinnhaftigkeit von Wahlen. »Eine gesunde Opposition gibt es nicht, obwohl sie zum Wesen jeder Demokratie gehört.« Daraus folgt die Forderung, die hier exemplarisch für den Diskurs Mitte der 1980er Jahre steht, der noch nicht vom Motiv des Erringens der Demokratie »von unten« dominiert ist, sondern von der Erwartung ihrer Gewährung »von oben«: »Geben Sie uns Freizügigkeit, freie Meinungsäußerung, freie und geheime Wahlen, damit aus der Diktatur der Partei eine echte Demokratie mit Regierung und echter Opposition werde!«[93]

Doch auch schon bevor aus der Sowjetunion der Wind der Reformen in die DDR hineinwehte, reagierten Bürgerinnen und Bürger kritisch auf die formelhaften Demokratiebekenntnisse der Regierung. Man muss sich vergegenwärtigen, wie selbstverständlich die Rede von der – sozialistischen – Demokratie in der DDR war. Eine einfache Begriffssuche im digitalen Archiv des *Neuen Deutschlands* ergibt, dass das Wort »Demokratie« im Durchschnitt 870-mal pro Jahr in dieser Zeitung stand, bei sechs Ausgaben pro Woche also zweimal in jeder Ausgabe. Auffällige Häufungen des Begriffs gab es rund um Zäsuren im innen- und außenpolitischen Zeitgeschehen. Ein Höhepunkt war 1947 mit 1128 Nennungen, ein weiterer 1956 mit 1181, ein dritter um 1968 mit gar 1715 Bezügen zu »Demokratie«, und ein letzter ist – wenig überraschend – für das Jahr 1989 zu verzeichnen, mit 1211 Nennungen.[94] Eine eingehendere Untersuchung dieser Konjunkturen des offiziösen Demokratiediskurses in der DDR sowie der Bedeutungsvielfalt, in der der Begriff gebraucht wurde, wäre sicher lohnenswert; hier kann nur angedeutet werden, wie präsent und alltäglich er war und dass sein Gebrauch ganz offensichtlich an krisenhafte beziehungsweise in der SED als bedrohlich wahrgenommene Ereignisse gebunden war: Blockbildung (1947), Ungarn-Aufstand und Entstalinisierung in der UdSSR (1956), 68er-Bewegung und ein Kanzler, der »mehr Demokratie« zu wagen versprach, in der Bundesrepublik (1968/69) sowie die oppositionelle Mobilisierung der Mitte der DDR-Gesellschaft (1989).

Diese Omnipräsenz spiegelt sich in Bürgerbriefen wider, ob ähnlich oder anders konjunkturell, muss an dieser Stelle offenbleiben. Auffällig ist, dass diese Spiegelungen oft vergleichend angelegt waren, dass also die ostdeutsche »sozialistische Demokratie« mit der westdeutschen »bürgerlichen Demokratie« in Beziehung gesetzt wurde. Das Ergebnis war eine jahrzehntelange innergesellschaftliche Verhandlung der Frage, wo scheinbar und wo wirklich Demokratie herrschte. Man habe im Osten »viel mehr für Ihre Demokratie übrig[,] als Sie vielleicht vermuten«, schrieb etwa ein Schichtarbeiter 1966 im Namen seiner Kollegen und Bekannten an den Bayerischen Rundfunk, um sich über eine Programmänderung zu beschweren (sonst bleibe nur, sich die Informationen des DDR-Fernsehfunks »als die wahren ein[zu]verleiben«). Er hoffe, dass sein Brief Wirkung zeigen werde – es war bereits der zweite, und wie vermutlich auch der erste, wurde er in der örtlichen Poststelle aussortiert und an die Stasi übergeben: »[I]ch vermute immer[,] bei Ihnen wird Demokratie großgeschrieben, aber warum kann dann uns nicht geholfen werden?«[95] Auch dies ist im Übrigen ein Beispiel für eine eher passive demokratische Erwartungshaltung.

Auch eine Brigade aus den Buna-Werken bezog sich in einer Beschwerde an den DDR-Fernsehfunk über das »primitive« und »bevormundende« Programm vergleichend auf die »wahre« westliche beziehungsweise »deutsche« Demokratie, und zwar auch im Sinne eines Leistungsprinzips, das durch Wahl und Abwahl dafür sorge, dass sich die Fähigen durchsetzten. Nur gut, dass man nicht aufs Ostfernsehen angewiesen sei, wo andauernd »Partisanen-, Kriegs- und Russenfilme« liefen. Damit »könnt ihr die tausendprozentigen Genossen unterhalten und qualifizieren und überzeugen. Die klatschen Beifall über jeden Dreck, genau wie in der Volkskammer! Wo sind denn die hervorragenden Fachkräfte der Unterhaltung? Doch nur im Westen. Dort wo die wahre Demokratie gepflegt wird.

Deshalb entspricht das Westfernsehen tausendmal mehr unserer Mentalität als Deutsche«.[96]

Die westlich-liberale Demokratie als Auswahl- und Kontrollprinzip hielt auch ein junger Mann aus Oelsnitz im Vogtland hoch, der im Sommer 1987 voller Hass auf »den Russen« und die »sogenannten Kommunisten« an den Staatsratsvorsitzenden schrieb: »Lieber Honny! Du bist ja leider auch nur eine Ableseattrappe, ein sogenannter Quisling, genau wie Kohl im Westen, nur mit dem einen Unterschied, dass die drüben wie Menschen leben können in Bezug auf die Demokratie«. Er hoffe auf baldige »freie Wahlen, damit die Faulenzer der SED auch mal wissen dürfen[,] was Arbeit ist«.[97] Die dezidiert antikommunistisch aufgeladene Ablehnung der staatlichen Propaganda *und* Performance nahm mitunter militante Züge an. Sie findet sich zugespitzt in offen systemfeindlichen Positionierungen, die als »Hetzpropaganda« überliefert sind. In einem selten deutlichen Beispiel (Abb. 2) wird die bundesrepublikanische Demokratie über ihre weltanschauliche Feindstellung definiert und zugleich idealisiert. Auf einem Zettel, den man im Herbst 1978 im hinteren Gastraum der Bahnhofsgaststätte Bischofswerda fand, wurde die »Deutsche Bundeswehr« unter dem Symbol der Reichswehr als Garant für »Frieden, Freiheit u. antikommunistische Demokratie!!« verehrt.[98]

Mitte der 1980er Jahre verschob sich der äußere Referenzrahmen in Bürgerbriefen dann merklich. Mit dem Amtsantritt von Michael Gorbatschow 1985 und dessen Programm von Glasnost und Perestroika eröffnete sich in der Sowjetunion eine Reformperspektive, mit der kaum jemand gerechnet hatte. In der DDR-Bevölkerung stieß diese Entwicklung auf sehr viel erwartungsvolles Interesse, in der SED-Führung auf ebenso viel Unbehagen und alsbald auf offene Ablehnung. Während man in Moskau (in immer noch sehr überschaubarem Maße) auf mehr Transparenz, Partizipation und »Wahrheit« setzte, verschärfte Ost-Berlin die Unterdrückung jeder Form von Dissens. In einer Mischung aus Borniertheit, Selbstgewissheit,

Abb. 2: Ein in einer Gaststätte aufgefundener Zettel wirbt für die »Deutsche Bundeswehr. Für Frieden, Freiheit u. antikommunistische Demokratie«, 1978.

Angst vor »Überraschungen« (Mielke) und Wirklichkeitsverweigerung ließ die SED friedliche Räume und Aktivitäten wie die Umweltbibliothek (November 1987) oder die Luxemburg-Liebknecht-Gedenkveranstaltung (Januar 1988) mit Schlagstöcken, Verhaftungen und Bußgeldern verfolgen. Neu war, dass es inzwischen eine organisierte Opposition gab, die vielfältige Kontakte zu Westmedien aufgebaut hatte, weshalb Proteste und Repressionen dank westdeutscher Presse-, Fernseh- und Rundfunkberichterstattung, die fast im gesamten Land zu empfangen war, zunehmend sichtbar wurden. Äußerlich davon unbeeindruckt, verbot die SED zudem Zeitschriften wie den sowjetischen *Sputnik* (November 1988) und bekämpfte die Verbreitung von reformorientierten Texten und Materialien, einschließlich des Buches *Perestroika. Die zweite russische Revolution* (1987) von Gorbatschow sowie KPdSU-Tagungsunterlagen.[99]

Dieser von außen in die DDR hineindringende Demokratisierungsdiskurs neuer Art – nicht nur, aber vor allem aus der Sowjetunion – wurde in der Bevölkerung sehr aufmerksam und mit großer semantischer Sensibilität verfolgt. Nicht zuletzt führten systemische Reformen in der Sowjetunion im März/April 1989 dort zu erstmals relativ freien Wahlen – und großen Gewinnen für das Reformlager. Es war klar, dass Gorbatschows Werben für eine neu imaginierte »sozialistische Demokratie« etwas signifikant anderes war als »unsere sozialistische Demokratie« in den Reden Honeckers.[100] Der sowjetische Generalsekretär warb in einer Sprache, die man anders verstand. Etwa wenn er in seiner Abschlussrede zum 27. KPdSU-Parteitag im Januar 1987 sagte – seinerzeit wörtlich nachzulesen im *Neuen Deutschland*: »Wir sprechen von der Umgestaltung und den mit ihr verbundenen Prozessen einer tiefgreifenden Demokratisierung der Gesellschaft. [...] Nur durch Demokratie und dank der Demokratie ist die Umgestaltung selbst möglich. [...] Wir brauchen die Demokratie, wie die Luft zum Atmen.«[101] Freilich stellte Gorbatschow damals nicht die führende Rolle seiner Partei infrage. Auch blieb er der Lenin'schen Idee der sozialistischen »Volksdemokratie« verbunden und wählte nicht zuletzt zwei übergeordnete Programmbegriffe, »Transparenz« (Glasnost) und »Umbau« (Perestroika), die bewusst Distanz hielten zu den Zielbegriffen des westlich-liberalen Demokratiediskurses, allen voran »Gerechtigkeit« und »Freiheit«. »Vereinbarkeit mit der gegebenen Grundordnung blieb das oberste Gebot«, so das Fazit der historischen Forschung zu Gorbatschows Reformagenda; es ging um »kontrollierten Wandel nach Maßgabe einer veränderungswilligen Obrigkeit, nicht um einen vollständigen Neuanfang«.[102]

Das minderte jedoch keineswegs den elektrisierenden Effekt, den dieser Reformkurs samt seiner neuartigen Semantik in der DDR und weit darüber hinaus schon bald entfaltete. Gorbatschows bereits erwähnte Schlussrede wurde am 30. Januar 1987 im *Neuen Deutschland* abgedruckt und in den Tagen und Wochen danach nicht weiter explizit thematisiert. Stattdessen konnten Leserinnen und Leser am 14. Februar über neun Zeitungsseiten lang ein Referat

Honeckers vor SED-Kreisleitern nachlesen, in dem dieser stoisch an der althergebrachten Errungenschaftserzählung festhielt. Trotz der extremen Kälte des Winters sei das Land mit »erfüllten Plänen« in den Monat Februar gegangen, behauptete er: »Die demokratische Organisation unserer Gesellschaft hat sich ein weiteres Mal bewährt. Unsere sozialistische Demokratie stellte erneut unter Beweis, daß sie der bürgerlichen Demokratie, dem bürgerlichen Liberalismus weit überlegen ist.« Bürgernah sei die SED-Politik und getragen von dem Grundgedanken »Einer für alle, alle für einen«.[103] Im Verlauf der Rede ging Honecker übrigens auch auf sein Verständnis von »sozialistischer Demokratie« ein. In der DDR (»bei uns«) bedeute sie »auch die Mitarbeit in einer Vielzahl von gesellschaftlichen Funktionen, in Kommissionen und Ausschüssen der Volksvertretungen, in Elternbeiräten« bis hin zu »Küchenkommissionen«. Rund 11,6 Millionen Menschen seien in Parteien und Massenorganisationen Mitglied (unter Abzug von Doppelmitgliedschaft), darin liege der »Hebel für weiteren gesellschaftlichen Fortschritt«.[104] Demokratie war für ihn wie für die SED insgesamt eine Frage von nominaler Teilnahme, nicht von substanzieller Teilhabe.[105]

Diese Sicht rief allerdings Widerspruch hervor. Leserbriefe gingen beim *Neuen Deutschland* ein, wurden aber nicht veröffentlicht, sondern der Stasi übergeben, in deren Archiv sie heute nachzulesen sind. So heißt es in einem anonym von »befreundeten Genossen« verfassten Leserbrief: »Jetzt brüsten wir uns gegenüber der UdSSR [...] mit ökonomischen und sozialpolitischen Erfolgen! Jetzt verkünden wir gegenüber der Sowjetunion, daß es nur bei uns die ›wahre‹ sozialistische Demokratie gibt!« Dies sei »unwürdig, engstirnig und sogar nationalistisch«. Vom Ideal einer sozialistischen Demokratie im Sinne von »Volksherrschaft« (»[v]ergesellschaftetes Eigentum und Selbstverwaltung der Massen«), das jeder bürgerlichen Demokratie und jedem »bürokratischen Zentralismus« letztlich »turmhoch« überlegen sei, »sind wir in der DDR noch weit entfernt, aber wir tun so, als hätten wir das schon«.[106]

Auch auf Bemerkungen Gorbatschows zum Thema Meinungs- und Pressefreiheit wurde in den Leserbriefen prompt Bezug genommen. Eine Gruppe politisch bewegter Christen schrieb im Januar 1987 an den Chefredakteur des *Neuen Deutschland*, man habe noch sehr viel zu lernen, alle miteinander, »in Sachen Europapolitik, Innenpolitik, Demokratisierung und Umgestaltung oder wie immer man es nennen will«. Damit das geschehen könne, wäre es notwendig, dass die Zeitungen die »Meinung des Volkes« publizierten, nicht wie bisher die Meinung von »ein paar Herren und Damen der ›DDR-Führung‹«. Um ihren Standpunkt zu unterstreichen, fügten sie ein Zitat Gorbatschows an, das wenige Tage zuvor im *Neuen Deutschland* gestanden hatte: »Keiner hat das Recht auf Wahrheit gepachtet. Die Presse muß die Meinung des Volkes zum Ausdruck bringen. Anders zu denken und zu handeln wäre undemokratisch.«[107]

Bemerkenswert ist, wie in diesen Briefen das Demokratiepostulat der Partei- und Staatsführung zwar immer wieder heftig angegriffen, das Ideal beziehungsweise der Staat selbst aber oft (noch) emphatisch hochgehalten wurde – nicht nur, aber besonders engagiert von Parteimitgliedern. Warum Gorbatschows Buch in der DDR nicht in großer Auflage zu kriegen sei, echauffierte sich ein »alter Genosse und Kämpfer« in einem Brief an das Politbüro, um dann selbst die Antwort zu geben: Weil »da Wahrheiten drin stehen, die auch für unsere Staatsführung zutreffen!!!!!« Im Eifer des argumentativen Gefechts flossen hier Geschichte, Gegenwart und Zukunft auf für dialektisch geschulte SED-Kreise durchaus typische Weise zusammen: »Mit Offenheit und Streitgesprächen kommen wir zur Stärkung unserer DDR!!! Dies hat schon Lenin gesagt!!!«[108]

Neben den Reformwetter-Nachrichten aus Moskau bewegten vor allem das anschwellende Protestgeschehen und das immer martialischere Auftreten der Sicherheitskräfte Menschen dazu, der Staatsführung ihre demokratische Pose gleichsam vor die Füße zu werfen – zumal dieses Geschehen über die Berichterstattung in den

Westmedien immer deutlicher und differenzierter zutage trat. So argumentierte ein trotz allem linientreuer Genosse im Februar 1988 nach der eskalierten Demonstration anlässlich des Gedenkens an die Bombardierung Dresdens, mit einer solchen »Handlungsweise« – dem gewaltsamen Einschreiten seitens der Sicherheitskräfte – werde es kaum gelingen, die Bürger von »Demokratie, Meinungsfreiheit und Menschenrechten in der DDR zu überzeugen«. Auch in dieser Bemerkung kam wiederum eine Haltung zum Ausdruck, in der Demokratie eher empfangen als errungen oder gestaltet wird.[109] Eine Berlinerin, die seit 1986 auf den Entscheid über ihren Ausreiseantrag wartete, schrieb nach der ebenfalls von massiven Übergriffen betroffenen Januar-Demonstration auf dem Friedhof Berlin-Friedrichsfelde, nach außen sprächen »die führenden Repräsentanten dieses Staates von Frieden und Demokratie«, aber im eigenen Land würden »Menschen verhaftet, als sie ein Plakat mit einem Luxemburg-Zitat (auf einer Luxemburg-Gedenkveranstaltung!)« hochhielten. Sie sehe damit ihre »Auffassungen von Demokratie, Freiheit, Freizügigkeit und Menschenwürde unterdrückt«.[110]

In diesen kritischen Reaktionen auf die immer gleichen Szenarien des diskursiven wie demonstrativen Aufeinanderprallens von demokratischem Postulat und undemokratischer Praxis verhandelten Bürgerinnen und Bürger der DDR aus ganz unterschiedlichen Motiven und Kontexten heraus Demokratie als alltägliche Utopie – und damit auf einer Ebene, die in der Partei als höchst bedrohlich empfunden wurde, vor allem dann, wenn die Schreibenden selbst Genossen waren. »Die Demokratie ist keine Geste der Staatsmacht gegenüber der Gesellschaft, sondern ein großes und wachsendes Bedürfnis des Sozialismus«, schrieb etwa ein langjähriges SED-Mitglied aus Sorge um die Zukunft der Partei 1981 in einem 30-Problempunkte-Memorandum an zwei Dutzend »führende Funktionäre«.[111] Äußere man alternative Demokratievorstellungen, also »differenzierte Ansichten über Demokratie und Sozialismus«, werde man »als Klassenfeind diffamiert«, beschwerte sich ein Rathenower Ehepaar beim FDJ-Zentralrat und hielt diesem die eigenen Statuten vor, in denen doch von Moral, hohem politischen Niveau, Ehrlichkeit, Selbstkritikfähigkeit usw. die Rede sei. Der Sohn der Familie sei unter fadenscheinigen Gründen von einer Klassenfahrt ausgeschlossen worden, und das Paar vermutete die wahren Gründe im »politisch unzuverlässigen« Verhalten des Vaters. Dieser Vorgang sei reine Schikane, das Ergebnis von Korruption und Machtmissbrauch zum Nachteil »unbequemer Bürger« und letztlich »illegal und verfassungswidrig, weil die hier praktizierte Sippenhaftung die Grundsätze der sozialistischen Demokratie verletzt«.[112] Und natürlich führten auch die vermehrten Überwachungen und Verhaftungen im Zusammenhang mit zunehmend oppositionell ausgerichteten Gedenkveranstaltungen (etwa anlässlich des Todestags von Liebknecht und Luxemburg oder des Jahrestags der Bombardierung Dresdens) zu einer Vielzahl von Protesten und Klageschreiben. Deren Kernvorwurf lautete, dass das staatliche Vorgehen letztlich vor allem zeige, wie »eng sozialistische Demokratie« in der »politischen Realität in diesem Lande« sei.[113]

Dieser Diskurs der »fehlenden Demokratie«, so die Formulierung in einem offenen Brief aus jener Zeit, spitzte sich rund um die Kommunalwahlen von 1989 auf dramatische Weise zu. Im Verlauf dieser Wahlen verwandelte sich die von der SED stets ausgerufene scheindemokratische »Wahlbewegung« in eine genuin demokratische Wahlbewegung.[114] Nach der jahrzehntelangen Inszenierung von Wahlen als reinen Bekenntnisritualen hatten die jüngsten Entwicklungen vor allem in der Sowjetunion, Polen und Ungarn gezeigt, dass es begründete Hoffnung auf Pluralismus, Parlamentarismus und damit einen potenziell sinnvollen Wahlakt auch im Sozialismus gab. Anders als zu den vorherigen Kommunalwahlen im Mai 1984, die trotz vereinzelter Aktionen und Boykottaufrufe ihren üblichen »einmütigen« Verlauf genommen hatten[115], braute sich zum Mai 1989 ein enormes Protestpotenzial zusammen, das deutlich über die organisierte Opposition in den Kirchen oder der Friedens- und

Umweltbewegung hinausging. Voraussetzung dafür war die erstmalige Entstehung einer wahlbezogenen deutsch-deutschen Öffentlichkeit.[116]

Am Abend des 24. April 1989 konnten Zuschauer der ARD-Sendung *Kontraste* – in West wie Ost – in einem Beitrag verfolgen, wie sich in der DDR der Widerstand gegen eine erneute Wahl-Farce formierte. Die Sendung berichtete darüber, wie DDR-Oppositionelle »auf dem Weg zu neuen Ufern«, so Moderator Jürgen Engert, aus der Enge zwischen der »Starre des Regimes« und einer »breiten Passivität in der Bevölkerung« auszubrechen suchten – nicht zuletzt dadurch, dass sie genau diese Form der Öffentlichkeit suchten.[117] »Wir wollen in einer Gesellschaft leben, [...] die den Bürgern Mitwirkung auf allen Ebenen des gesellschaftlichen Lebens ermöglicht«, so Werner Fischer, ein Mitglied der *Initiative Frieden und Menschenrechte* (IFM), gleich zu Beginn des Beitrags (markiert als »Amateuraufnahme«). Wahlen seien »ein wesentlicher Ausdruck des Demokratieverständnisses einer Gesellschaft«. Nachdem aber die Partei jegliche oppositionellen Forderungen nach einer Reform des Wahlverfahrens abgelehnt beziehungsweise lediglich kosmetische Änderungen vorgenommen habe, stelle sich nun die Frage, wie man sich zu den Kommunalwahlen verhalten solle. Eine zweite IFM-Vertreterin, die bald darauf berühmte Bärbel Bohley, wägt in einer weiteren »Amateuraufnahme« vorsichtig die Handlungsmöglichkeiten ab: Sie könne sich vorstellen, dass es »eine neue Art wäre, sich irgendwie in den notwendigen Demokratisierungsprozess einzubringen, in dem jeder die Wahlkabine benutzt [...]. Das liegt ein bisschen am Mut der Leute, und man könnte das von unten probieren [...].« Der Beitrag stellt dann die absurde bisherige Wahlpraxis dar, in der Kandidaten durch das reine Zettelfalten und -einwerfen »gewählt« werden und eine Stimme nur dann als Nein-Stimme gilt, wenn alle Kandidatennamen einzeln durchgestrichen waren. Der Ost-Berliner Pfarrer Hans-Peter Schneider erläutert sodann den Ablauf einer auch in der DDR auf realer »Mitwirkung« beruhenden

Wahl, ermutigt dazu, trotz und mit der Angst die Möglichkeit der Wahlkabine und der Nein-Stimme zu nutzen – »und dann sollte auch bei der Auszählung nachgesehen werden«. Eine solche Wahlbeobachtung und -kontrolle wollten Bürgerrechtler diesmal versuchen, hieß es flankierend aus dem Off. Am Ende kam noch einmal Werner Fischer zu Wort: Die bisherige Wahlpraxis verschleiere nur die »tatsächlichen Verhältnisse«; sie diene dazu, »ein Einverständnis innerhalb der Bevölkerung mit der Politik der DDR-Regierung vorzutäuschen, das immer weniger gegeben« sei. Die »Offenlegung tatsächlich vorhandener Meinungs- und Mehrheitsverhältnisse« über freie Wahlen sei jedoch eine »notwendige Voraussetzung für den breiten innergesellschaftlichen Dialog, den wir anstreben«, und da diese Voraussetzung in der DDR nicht gegeben sei, werde man an den Kommunalwahlen am 7. Mai 1989 nicht teilnehmen.

Sicher war dieser geschickt über Bande – das Westfernsehen – gespielte Widerstand gegen eine weitere simulierte Wahl nicht der einzige, aber doch wohl ein wichtiger Grund für die breite Resonanz, die die Kritik an der an jenem Wahlsonntag im Mai 1989 vollführten Aufführung der »sozialistischen Demokratie« in der Bevölkerung fand. In einzelnen Wahllokalen kam es zu Diskussionen und offenen Konfrontationen zwischen Wahlhelfern einerseits und Bürgerrechtlern sowie oft spontan hinzugekommenen Wahlbeobachtern aus der Bevölkerung andererseits. Man zählte Stimmen nach und verglich sie mit den offiziellen Ergebnissen – und stieß auf teils eklatante Abweichungen. Am 24. Mai 1989, gut zwei Wochen nach den Wahlen, berichtete das ZDF Magazin *Kennzeichen D* über »Wahlbetrug in der DDR« und zeigte am Beispiel Berlin-Weißensees, dass teilweise doppelt so viele Nein-Stimmen abgegeben worden waren wie von staatlichen Stellen vermeldet.[118] Das *Neue Deutschland* bestand hingegen darauf, dass die Bevölkerung mit »98,85 Prozent« erneut ein »eindrucksvolles Bekenntnis zu unserer Politik des Friedens und des Sozialismus« abgegeben habe. Und der Vorsitzende der »Wahlkommission der Republik«, Egon Krenz, hatte noch am Wahlabend via Fernsehansprache allen gedankt, »die durch ihren persönlichen Einsatz zum erfolgreichen Verlauf der Kommunalwahlen beigetragen haben«.[119]

Doch diese Reden verfingen immer weniger, und der Unmut über Vorbereitung, Verlauf und Nachbereitung der Kommunalwahlen wurde im Laufe des Frühjahrs so groß, dass der 7. Mai 1989 in der Geschichtsschreibung heute als »Schlüsselereignis« auf dem Weg zu einer breiteren gesellschaftlichen Demokratisierung und damit zum Ende des SED-Staates gilt.[120] Die führende Partei und ihre Staatssicherheit stuften diesen örtlich in Wahllokalen und brieflich über Eingaben und Strafanzeigen manifesten Unmut freilich sogleich als reaktionär und staatsgefährdend ein. Im Wahlzeitraum seien von »inneren Feinden« unter dem »Deckmantel der sozialistischen Demokratie« zahlreiche Versuche unternommen worden, »ungerechtfertigte Forderungen auf dem Eingabenweg anzubringen und die Staatsorgane unter dem Hinweis der Wahlverweigerung zu erpressen«, hieß es in streng vertraulichen MfS-Analysen.[121] Bemerkenswert an diesen Analysen war nicht nur, dass die mit Wahlverfahrenskritik konfrontierten Stellen angewiesen wurden, es »auf jeden Fall [...] zu vermeiden, daß zur Sache selbst oder zu den angeblichen Fakten argumentiert wird«,[122] oder dass die Zahl der Eingaben bis Anfang Mai 1989 im Vergleich zur Wahl von 1984 um über 40 Prozent auf 227 560 gestiegen war. Noch gewichtiger ist die Tatsache, dass darunter nach einer internen MfS-Statistik etwa 40 000 Schreiben mit direktem Bezug zu den Kommunalwahlen waren, über deren Inhalt sich die ansonsten sehr ausführliche Analyse geflissentlich ausschwieg.[123]

Schaut man in die vielen in den Akten diesbezüglich überlieferten Bürgerbriefe, spricht aus diesen eine Mischung aus bekannter Frustration und neuartigem Veränderungswillen. Überall in der DDR seien Wahlen »etwas sehr Unbeliebtes, ganz egal wo sie stattfinden«, schrieb eine Person aus Dresden an die Zentrale Wahlkommission; man könne auch für diese Wahlen nur wieder »schwarz sehen«, denn wer würde angesichts der Lage am 7. Mai mit »*Hurra*« stimmen?[124] Die schon einmal erwähnten »Söhne von Marx und Engels« forderten in ihrem »Neuen Sozialistischen Manifest« eine endlich »demokratische Wahl der Volksvertretung, die nicht anders als geheim sein muß«. Die nun anstehenden »neuerlichen ›Wahlen‹« seien »ein theatralischer Rummel, da die Kandidaten aller Parteien und Organisationen von Euch durchleuchtet und für sicher befunden wurden, sicher für Eure Diktatur!«[125] Nach ihrer Vorstellung kann jedoch eine »sozialistische Gesellschaft« nur als Demokratie existieren. Diese definierten die mit dem marxistisch-leninistischen Ideengebäude offenkundig gut vertrauten Autoren wie folgt: »Des Volkes Wille ist oberstes Gesetz; das ist die Diktatur des Proletariats. [...] Die Bürger dürfen sich in Parteien organisieren und individuellen Vorstellungen und Gruppierungen Rechnung tragen, das Parteiprogramm wird von einem Verfassungsgericht genehmigt. Eine Parteienblockbildung, bei der die Verantwortung für die politische Betätigung anonym ist, wird verboten. Alle Wahlen sind geheim, um den Bürger nicht in seiner Entscheidung zu behindern. Die Dialektik führt notwendiger Weise [sic] zum Pluralismus. [...] Habt Ihr Mut, dieses Manifest zu veröffentlichen? Dann seid Ihr auf dem Weg zur Demokratie!«[126] Hier mischten sich Elemente »sozialistischer« Vorstellungen von Demokratie (Diktaturdemokratie, Dialektik) mit »bürgerlichen« Vorstellungen (Gewaltenteilung, Parteienpluralismus), und das auf eine Weise, die noch einmal darauf hindeutet, dass hier die bundesrepublikanische Ordnung als Alternativentwurf, wenn auch nicht als Vor- oder gar Idealbild, ernst genommen, beobachtet und mitgedacht wurde.

Mit dem Wahltag, an dem in mehreren Städten der DDR unabhängige Gruppen mit laut MfS-Bewertung »langfristig vorbereiteten und teilweise realisierten Störaktionen« und folglich organisierter und effektiver als je zuvor für eine wirksame Wahlkontrolle eintraten, nahmen sowohl die prinzipielle Entrüstung als auch die pragmatische Entschlossenheit zu, diese Umstände nicht länger zu tolerieren.[127] Mehrere Zehntausend Bürgerinnen und Bürger bestanden nun nachweislich darauf, »gewaltfrei ihr Recht auf Mitbestimmung« einzufordern und auf die »Gestaltung der Gesetzesgrundlagen für demokratische Wahlen Einfluß [zu] nehmen«, wie es in einem Brief von »Entrüsteten und Betroffenen« an Staatssicherheitsminister Erich Mielke hieß, dessen Mitarbeiter Protestierende auch in den Wochen nach den Wahlen noch schikanierten und verfolgten.[128] Beides, Entrüstung und Entschlossenheit, wurde auf unterschiedliche Weise geäußert – vom einfachen Protestbrief über eine Eingabe etwa an die Wahlkommission bis hin zur Strafanzeige wegen Wahlfälschung beim Generalstaatsanwalt. Jemand, der in Berlin an der Auszählung im Wahllokal teilgenommen hatte, schrieb wenige Tage später an den Staatsrat: »Besteht die Pressefreiheit in der DDR darin, daß Zahlen und Ereignisse nach Bedarf verdreht bzw. sogar falsch in den Medien dargestellt werden??? Ich denke dies ist nicht ›Alles zum Wohle des Volkes‹. Wichtige Grundsätze des sozialistischen Staates sollten Demokratie und Ehrlichkeit dem Volk gegenüber sein. Um den Verdacht einer Fälschung der Wahl von Ihrer Seite ausschließen zu können, würde ich Sie bitten, mir die Wahlergebnisse der einzelnen Lokale in meinem Stadtbezirk mitzuteilen.«[129]

Noch energischer beschwerte sich ein Leipziger mit einer Eingabe an Krenz und dessen Wahlkommission über die Vorgänge in seinem Wahllokal. Für ihn als »Zuschauer« sei es unmöglich gewesen, »den Überblick über eine korrekte Stimmzettelbewertung zu behalten«. Ebenso wenig habe er verfolgen können, was auf der Wahlniederschrift eingetragen wurde, sodass »eine vertrauensvolle und sachkundige Kontrolle der Auszählung durch den Bürger unmöglich« gewesen sei. Auf seinen Versuch, dazu eine Frage zu stellen, habe man »nur mit scharfen Worten reagiert, ich solle sofort gehen und hätte im Wahllokal nichts mehr zu suchen«. All dies mache die »Korrektheit der Wahl zweifelhaft«. Dieser Schreiber schloss seine Eingabe mit der Bitte, die »dargelegten Probleme zu überprüfen und dazu Stellung zu nehmen«.[130] In einer anderen Beschwerde über die Vertuschung der tatsächlichen Wahlbeteiligung bestand der Verfasser darauf, dass es in einer Demokratie keine Rechtsvorschrift geben könne und dürfe, die »die Zahl der Wahlberechtigten in den Wahlbezirken/Wahlkreisen zur Geheimsache erklärt und sie so der Öffentlichkeit, den Wählern selbst vorenthält«.[131]

Schließlich gingen bis zum 22. Juni 1989 beim Generalstaatsanwalt und »nachgeordneten Stellen« 84 Strafanzeigen wegen Wahlfälschung (gemäß § 211 StGB) ein; davon waren 47 in Berlin und 24 in Potsdam gestellt worden. In einer Information der Hauptabteilung IX (Untersuchungsorgan) hieß es, man habe 48 Anzeigen erfolgreich als »unbegründet abgewiesen«. Bei 22 Beschwerdeführenden handle es sich aber um besonders hartnäckige »operativ bekannte Personen«, die sich mit der Nichtverfolgung ihrer Anzeigen nicht zufriedengeben wollten.[132] Der Kern dieser Oppositionellen organisierte sich in den Wochen nach der Wahl zunehmend professionell, suchte und fand über westdeutsche Presse-, Radio- und Fernsehkanäle eine deutlich wahrnehmbare deutsch-deutsche Öffentlichkeit für seine Positionen. Am 7. Juni, einen Monat nach den Wahlen, versammelten sie sich schließlich zu neuen Protesten, die in Verhaftungen und Drangsalierungen mündeten. Diese für eine andere – sozialistische – Demokratie stehende Wahlbewegung wies weit über die oppositionellen, »operativ bekannten« Kreise hinaus. In den Kommunalwahlen, die über das Nichtwählen, den Gang in die Wahlkabine oder die Überwachung von Auszählungen die Möglichkeiten einer in der Praxis eingeforderten alltäglichen Demokratie-Idee greifbar gemacht hatten, manifestierte sich in der Tat ein »gewachsenes politisches Bewußtsein in der Bevölkerung«, wie es in einer von 18 oppositionellen Gruppen formulierten »Öffentlichen Stellungnahme zu den Kommunalwahlen« vom 12. Mai 1989 hieß.[133] Mit den am 7. Juni begonnenen Wahldemonstrationen stifteten die daran beteiligten Bürgerinnen und Bürger tatsächlich eine der folgenreichsten, direkt in den Herbst ’89 führenden Protesttraditionen der DDR-Geschichte.[134]

So verweist der vielleicht etwas provokativ anmutende Titel dieses Kapitels »Zweierlei Demokratie« auf eine bislang zu wenig beachtete Tatsache: Deutschland war von 1949 bis 1989, jedenfalls dem Anspruch nach, ein Land der zwei Republiken. Beide Teilstaaten hatten eine auf je eigene Weise streitbare Demokratiegeschichte, und diese zwei Traditionen trafen nach dem Fall der Mauer und im Zuge der Deutschen Einheit folgenreich aufeinander.

3 Tausend Aufbrüche: Frühling im Herbst

Seit Wochen verfolgen wir »Linken« mit großem Interesse und sehr großer Spannung die Entwicklungen in der DDR [...]. Irgendwie ist es ein komisches Gefühl: Man steht irgendwie tatenlos und hilflos da und schaut mit teils bangem, teils hoffnungsvollem Blick über die Mauer und möchte euch da drüben, die ihr nicht davonlauft, sondern tapfer standzuhalten versucht und so beharrlich auf friedlichem Wege auf Veränderungen drängt, irgendwie die Hand reichen und euch zurufen: »Nicht aufgeben, weitermachen, Ihr seid im Recht!!!« Und ich bin auch überzeugt davon, daß der goldene Westen durchaus nicht in jeder Hinsicht der »bessere« der beiden deutschen Staaten ist [...].[1]

BRIEF EINER WESTDEUTSCHEN FRAU AN BÄRBEL BOHLEY, 30. OKTOBER 1989

An das Volk in den Dörfern! [...] Die alte SED-Parteiführung hat in ihrer Verderbtheit einen halben Staatszusammenbruch hingelegt. Fürsten oder Funktionäre, alles die gleichen Absahner! Das Volk hat die Partei in die Schranken gewiesen. Die Volksherrschaft muß aber langfristig gesichert werden. [...] Was nächten [gestern] – ohne die Schuld des Volkes – schief gelaufen ist, schieben wir weg und machen dort weiter, wo wir andernächten [vorgestern] aufgehört haben, bevor unser dörfliches Gefüge mutwillig zerschlagen wurde: Wir halten die altdeutschen dörflichen Gemeindeversammlungen wieder ab. Das Volk siebt seine Hauptmächer selbst heraus. Dem Volk dürfen keine Machtbewerber von anderen zur Wahl vorgesetzt werden. Die Gemeinwesen werden volksgrundherrschlich geordnet.
Es darf keine neue, geschlossene Machtschicht entstehen [...].

FLUGBLATT »AUFRUF ZUR GRUNDWAHL«, RAUM NAUMBURG/SAALE, 25. DEZEMBER 1989[2]

Auch Historikerinnen und Historiker erzählen sich gern Geschichten. Eine der populärsten unter deutschen Zeithistorikern handelt vom fabelhaften Aufstieg der DDR-Forschung seit den 1990er Jahren, einem Boom an Spezial-, Einzel- und Überblicksdarstellungen, der in kaum mehr als drei Jahrzehnten dazu geführt habe, dass die DDR heute bis in jeden Winkel ausgeleuchtet sei und getrost als ein aus-, wenn nicht gar überforschtes Kapitel deutscher Geschichte gelten dürfe. Natürlich hat Christoph Kleßmann, einer der Nestoren der integrierten deutsch-deutschen Nachkriegsgeschichte, recht, als er kürzlich konstatierte, dass die »DDR-Geschichte »mittlerweile als das besterforschte Terrain der deutschen Zeitgeschichte nach 1945 gelten« könne.[3] Dennoch gerät bei einer solchen Bilanz leicht aus dem Blick, dass es sehr wohl noch eine ganze Reihe von gewichtigen historischen Fragen gibt, die bis heute, wenn überhaupt, nur andeutungsweise gestellt worden sind.

Eine dieser Fragen betrifft die nach dem Sinn und Wesen der Demokratie, die im sogenannten demokratischen Aufbruch des Herbstes 1989 so ungemein vielstimmig und nachdrücklich verhandelt worden ist – vor allem im Osten Deutschlands, aber nicht nur dort. Diese Frage ist keineswegs nur für die DDR-Historiografie von Belang, sondern auch und gerade für die Geschichte der Bundesrepublik in der *long durée* von großer Bedeutung. In der einschlägigen, in der Tat reichhaltigen Literatur wurde bislang erstaunlich wenig nach den Hoffnungen, Erwartungen und Vorstellungen jener Zeit gefragt. Meist konzentrieren sich hier relevante Einzelstudien auf die Ideenwelt der DDR-Bürgerbewegung und der ostdeutschen Intellektuellenkreise.[4] Selbst in zeithistorischen Arbeiten mit Großkapiteln zur »Demokratischen Kultur und nationalen Wende 1989/90« (Gerd Dietrich), zum »Untergang einer Diktatur« (Ilko-Sascha Kowalczuk), zum »Weg in den Zusammenbruch« (Stefan Wolle) oder in die »unverhoffte deutsche Einheit« (Petra Weber) überrascht das Desinteresse an der Frage, welche demokratischen Vorstellungen die damals handelnden Menschen in der Breite der Gesellschaft eigentlich hegten und pflegten oder auch ablehnten und verwarfen.[5] Erst in jüngster Zeit wird eingehender über derlei populäre Hoffnungen und Erwartungen nachgedacht, nicht zuletzt auch in von der Bundesregierung großzügig finanzierten Verbundprojekten zur Erfahrungsgeschichte der Transformationszeit um 1989. Doch gerade weil gesellschaftliche Politik- und Zukunftsvorstellungen in jenen so ereignisreichen Monaten vielfältig und dynamisch waren, reicht es weder aus, sich auf das wenige »harte Datenmaterial« – insbesondere Wahlergebnisse und Umfragen – zu beschränken, noch ist es angemessen, das Ganze wiederum nur als rein ostdeutsche Erfahrungs- und Ideengeschichte zu betrachten.[6]

Das führt zurück zu den beiden Zitaten, die am Beginn dieses Kapitels stehen: Eine westdeutsche Frau, nach eigener Auskunft Jahrgang 1955, geschiedene Mutter von zwei Kindern, arbeitslose Lehrerin und Mitglied der SPD, schreibt Ende Oktober 1989 »über die Mauer hinweg« einen Brief voller »komischer Gefühle« – Unsicherheit, Interesse, Wohlwollen. Ihren Brief richtet sie an die in Fernsehberichten ebenso mutig wie zerbrechlich anmutende Bärbel Bohley, eine nicht zuletzt dank der im Westfernsehen verfolgbaren Proteste gegen die Kommunalwahlen vom Mai 1989 schon damals herausragende Persönlichkeit der DDR-Bürgerbewegung *Neues Forum*. Acht Wochen und eine Ewigkeit später tippt jemand für die *Bewegung »Wissen für das Volk«*, wahrscheinlich im Raum Naumburg an der Saale, eine Einladung zum Neudenken der Demokratie auf dem Lande in eine Schreibmaschine. Autor ist vermutlich ein 47-jähriger Mann, der in altdeutsch-fränkischer Mundart, die auch in Teilen Südostdeutschlands gesprochen wird, das Gestern gegen das Vorgestern eintauschen möchte, um das Heute und Morgen zu gestalten: Per »volksgrundherrschlicher« Demokratie solle sich das Landvolk zukünftig selbst seine »Hauptmächer« aussieben, eine neuerlich verderbte »Machtschicht« à la SED dürfe es nie wieder geben!

Zwischen diesen beiden Zeitzeugnissen liegen Welten – geografisch, politisch, kulturell, weltanschaulich und nicht zuletzt weltzeitlich, entstammen sie doch einer Zeit vor und nach dem 9. November 1989, dem Tag des Mauerfalls, einer Zeit vor und nach der Entgrenzung der DDR-Gesellschaft auf allen Ebenen. Gleichwohl stehen die beiden Dokumente eng miteinander in Beziehung. Die eine schaut von außen auf eine Bewegung, welche verspricht, den »Traum von einer gerechteren Gesellschaft« (Wolf Biermann) endlich Wirklichkeit werden zu lassen – und das nicht nur in der DDR; der andere tritt von innen hinaus in eine Welt der scheinbar unbegrenzten Selbstbestimmungsmöglichkeiten, die er für ebenso gestaltungsoffen wie traditionsbedürftig hält. Beide stehen hier eingangs nur beispielhaft für Abertausende von individuellen und gemeinschaftlichen Aufbrüchen, die es im Herbst 1989 gegeben hat, vor allem östlich, aber teils auch westlich der Mauer.

Aus dem Arsenal an Ideen, Konzepten, Projekten und Initiativen, die daraus hervorgegangen und dabei nur in Teilen überliefert sind, lässt sich eine historisch einzigartige Demokratiegeschichte von unten erzählen. Diese Perspektive soll die bislang verfügbaren Revolutionserzählungen keineswegs ersetzen, sie aber um eine wichtige Dimension bereichern: die des innerdeutschen Gesprächs darüber, was eine Demokratie als »Herrschafts- und Lebensform« ausmacht.[7] Dabei handelte es sich um keine auch nur annähernd kohärente Konversation, keinen geordneten Dialog im engeren Sinne, sondern um einen an vielen Orten und Standpunkten teils florierenden, teils verstockten gesellschaftlichen Austausch darüber, was war, was ist und was sein soll. Im Folgenden geht es also um mehr als die nun endlich auch in der zeithistorischen Forschung thematisierte »Geschichte verloren gegangener Ideen und nicht erfüllter Zukunftsentwürfe, deren Scheitern nicht in einem Ost-West-Narrativ aufgeht«.[8] Es geht nicht um Erfüllung oder Scheitern, sondern um Demokratie als Idee und Engagement mit offenem Ausgang.

»Wir alle«. Öffentlichkeit und Gesellschaft in Ostdeutschland vor dem Mauerfall

Zunächst gilt es die kommunikativen Bedingungen für diese Ideen und dieses Engagement zu betrachten und dafür die Öffentlichkeitsstruktur und -kultur vor dem Fall der Mauer zu rekonstruieren. Oft und emphatisch ist im Hinblick auf diese Zeit vom »Wiedererwachen« oder der »Wiederherstellung« der Zivilgesellschaft die Rede. Meist bleibt dabei jedoch unklar, wie man sich die zuvor 39 Jahre lang vermeintlich schlafende oder gestorbene Zivilgesellschaft eigentlich vorstellen sollte.[9] Schon im Umbruch von 1989 avancierte der Begriff »Zivilgesellschaft« weit über Deutschland hinaus zum politischen »Zielbegriff« (Reinhart Koselleck) einer gesamten Ära. Er inspirierte nicht nur Dissidenten und politische Eliten in Ost und West, sondern »entzückte« in dem Maße, in dem die osteuropäischen Gesellschaften in ihre postkommunistisch-demokratischen Zukünfte aufbrachen, zunehmend auch die Sozial- und Geschichtswissenschaften.[10]

Doch gerade weil eine »starke« Zivilgesellschaft seither im alltäglichen öffentlichen Diskurs fast ebenso gern beschworen wird wie eine »gute« politische Kultur, hilft der Begriff analytisch nur weiter, wenn man Zivilgesellschaft nicht als faktischen Zustand begreift, sondern als Prozess, als eine dynamische soziale Praxis. Sie ist nicht das Ergebnis oder ein Beleg von Demokratisierung, sondern ist selbst Demokratisierungs*instanz*. Zivilgesellschaftliches – oder genauer gesagt: verzivilgesellschaftendes – Engagement zeichnet sich durch fünf Prämissen aus, die die stetig zunehmende Politisierung der ostdeutschen Gesellschaft tatsächlich immer deutlicher prägten: Verständigung in der Öffentlichkeit, individuelle und gesellschaftliche Selbstbestimmung, Akzeptanz von Differenz, Gewaltfreiheit und Gemeinwohlorientierung.[11] Mit Jeffrey C. Alexander könnte man Zivilgesellschaft demnach auch als »solidarische Sphäre« bezeichnen, die von diversen »universalisierenden Gemeinschaften« geschaffen und aufrechterhalten wird; sie existiert niemals an sich, sondern ist höchst dynamisch, mal mehr, mal weniger ausgeprägt.[12] Das Bemühen um eine andere, »demokratischere« Ausgestaltung der »solidarischen Sphäre« in einer Gesellschaft – unter Oppositionellen ebenso wie zunehmend auch in der breiteren Bevölkerung – kann am ehesten als Zeichen einer erwachenden oder *anders* wachen Zivilgesellschaft in der späten DDR gelesen werden.

Wie sah nun diese Neuverhandlung in der tagtäglichen vorherbstlichen Praxis aus? Zunächst kommt damit das erste und oberste Ideal, die Grundbedingung jeder demokratischen Emanzipation, in den Blick: die Herstellung einer authentischen, das heißt pluralen Öffentlichkeit. Dabei ist die Besonderheit der Situation in der DDR durch drei Faktoren gegeben, von denen zwei hinreichend bekannt sind: Es gab erstens seit Mitte der 1980er Jahre durch oppositionelle Gruppen geschaffene Teil- beziehungsweise Gegenöffentlichkeiten, etwa im Umkreis von Samisdat-Publikationen wie *Grenzfall* und *Umweltblätter* in Ost-Berlin oder *Glasnost* in Leipzig/Naumburg; zweitens gab es eine von Westmedien geschaffene Ersatzöffentlichkeit, die – wie am Beispiel der umstrittenen Kommunalwahlen gesehen – enorme gesellschaftliche Wirkungsmacht entfalten konnte.[13] Diese beiden Dimensionen von Öffentlichkeit in der späten DDR – neben der inszenierten oder gelenkten Öffentlichkeit der SED-Massenmedien – sind heute recht gut erforscht. Eine dritte, gewissermaßen darin eingebettete Dimension aber hat bislang wenig Aufmerksamkeit erhalten: die Formierung einer breiteren innerostdeutschen Öffentlichkeit, die ich im Folgenden als panfamiliär beschreiben möchte.

Mit Blick auf die Breite der Gesellschaft überwiegt noch immer das Bild einer schweigenden Mehrheit, von der aber angesichts der Archiv- und sonstigen kulturellen Hinterlassenschaften dieser Gesellschaft eigentlich niemals die Rede sein konnte, schon gar nicht in der zweiten Hälfte der 1980er Jahre.[14] Auch das Regime selbst beobachtete bei den Bürgerinnen und Bürgern nicht nur einen enormen Vertrauensverlust und allerorten Enttäuschung angesichts ausbleibender gesellschaftlicher Veränderungen. Es registrierte zudem, wie Jens Gieseke herausgearbeitet hat, »mit feiner Sensorik eine fortschreitende Eskalation, emotionale Aufladung und Politisierung in der ostdeutschen Bevölkerung«.[15] Infolge dieser zwischen Enttäuschung, Frustration und Aufbruch changierenden Stimmung, der sich Zehntausende durch Flucht oder Ausreise ganz entzogen, entstand im Sommer und Frühherbst 1989 eine sehr spezifische »solidarische Sphäre«, eine zunächst in der Opposition und zunehmend gesamtgesellschaftlich anhebende »Wir alle«-Kommunikation, die nach grundsätzlichen, aber überwiegend nicht grundstürzenden Veränderungen strebte – nach Demokratisierung durch Reformen, *nicht* nach Revolution. (Freilich war auch dieses imaginierte »Wir« – wie jede Gruppenvorstellung – nicht frei von Ausschlüssen und blinden Flecken, mit zuweilen gravierenden Folgen etwa für Migrantinnen oder Juden während und nach der sogenannten Friedlichen Revolution.[16])

Die Stellungnahmen, Thesenpapiere und Zukunftsentwürfe der DDR-Bürgerbewegung zeigen, dass man dort quer durch alle Gruppen hinweg »das Volk« als politische Großfamilie verstand. Paradigmatisch dafür steht der erste Satz des Gründungsaufrufs des *Neuen Forums*, der Anfang September 1989 rasend schnell Unterstützung und Vervielfältigung fand. Er verhandelte das Verhältnis zwischen

Bürgern und Herrschern als unglückliche Beziehungsgeschichte: »In unserem Lande ist die Kommunikation zwischen Staat und Gesellschaft offensichtlich gestört.«[17] Die mehr oder weniger zeitgleich veröffentlichten Aufrufe und Positionierungen aus den anderen oppositionellen Gruppen waren oft an ausnahmslos »alle Menschen in der DDR« gerichtet. Es müsse »Menschen aus allen Berufen, Lebenskreisen, Parteien und Gruppen« möglich sein, »sich an der Diskussion und Bearbeitung lebenswichtiger Gesellschaftsprobleme in diesem Land zu beteiligen«, so nochmals das *Neue Forum*. »Alle Menschen«, erklärte dessen Mitbegründer Jens Reich in einem Interview, seien angesichts der Lage zu »verantwortungsvollem, solidarischem Denken und Handeln« aufgerufen. Das »ganze Volk« müsse den Schleier aus »Angst und Resignation« ablegen, damit es zu einer »Befreiung von uns selbst« kommen könne. Der *Demokratische Aufbruch* wiederum meinte, die Mitwirkung »aller Bürger« sei wichtig, um eine »gesamtgesellschaftliche Diskussion über die Grundwerte und Ziele eines wirklich demokratischen Sozialismus« führen zu können. Und die Gründer von *Demokratie Jetzt* (DJ) versuchten zu ermutigen: »Schreiben Sie uns Ihre Meinung und Ihre Kritik [...]. Lassen Sie uns zusammengehen und gemeinsam die Hoffnung wieder aufrichten in unserem Land.«[18]

Um diesen Forderungen Nachdruck zu verleihen, wandte man sich mitunter auch direkt an einzelne Gruppen innerhalb dieser politischen Großfamilie. Das *Neue Forum* etwa sprach die zwei Millionen SED-Mitglieder an: »Ihr bildet die größte und wichtigste politische Körperschaft in unserem Land. Zu Euch gehört ein enormes Potential von Fachwissen und Leitungserfahrung, das für die Erneuerung unserer Gesellschaft dringend gebraucht wird.« *Demokratie Jetzt* wandte sich mit der Feststellung an »Freunde, Mitbürgerinnen, Mitbürger und Mitbetroffene«, es gehe ein »großer Verlust an Zustimmung zu dem, was in der DDR geschichtlich gewachsen ist, [...] durch unser Land«. Man baue nun auf ein »Bündnis aller reformfreudigen Kräfte, auch von Christen und kritischen Marxisten«.

Und der *Demokratische Aufbruch* adressierte gar alle Kinder, die diese »aufregenden Zeiten« sicher intensiv verfolgten, den Platz neben sich in der Schule leer vorfanden und die Demonstrationen sahen, welche nun – auch wegen dieser leeren Plätze und »gar nicht wie am 1. Mai« – auf den Straßen stattfanden. »Und immer wieder rufen die Menschen nach ›Demokratie‹. Was ist Demokratie? Man kann das ganz einfach erklären: Wir alle, Kinder und Erwachsene, haben das Recht zu sagen, was wir denken. (Zu lange haben wir das versäumt).« Dieser bemerkenswerte offene Brief endete mit der ebenso bemerkenswerten Bitte: »Verzeiht uns, den Erwachsenen, daß wir so lange gewartet und geschwiegen haben. Jetzt wollen wir vieles verändern. Dazu gehört Mut. Diesen Mut braucht Ihr auch in Eurer Klasse, Eurer Kindergruppe.«[19]

Auch über individuelle Mitwirkungsformen in dieser sich neu denkenden politischen Großfamilie machte man sich gründlich Gedanken. Die Menschen müssten sich zukünftig in »Bürgerkomitees« zusammenfinden, damit eine »viel stärkere basisorientierte Demokratie« entstehen könne, hieß es bei *Demokratie Jetzt*. In den dazu formulierten »Thesen zur demokratischen Umgestaltung« gab es im Übrigen nicht nur eine Fülle von nach innen gerichteten Ideen und Forderungen, sondern auch den Aufruf an die »Deutschen in der Bundesrepublik [...], auf eine Umgestaltung *ihrer* Gesellschaft hinzuwirken, die eine neue Einheit des deutschen Volkes in der Hausgemeinschaft der europäischen Völker ermöglichen könnte«; beide Gesellschaften müssten sich gewissermaßen »aufeinander zu reformieren«. Der *Demokratische Aufbruch* forderte für den Fall, dass sich perspektivisch politische Parteien gründen dürften, dass es »allen Bürgern« offenstehen sollte, in »zu bildenden Facharbeitskreisen mitzuarbeiten, die die Grundsätze der Partei anerkennen, ohne Mitglied dieser zu werden«. Die *Initiativgruppe zur Gründung einer sozialdemokratischen Partei* wünschte sich wiederum Bürger, die »willens und in der Lage sind, in einem demokratischen Gemeinwesen politische Macht zu kontrollieren und auch auszuüben, und die in der Sphäre der Gesellschaft ihr Leben selbstverantwortlich gestalten«. Und schließlich riefen die genannten sowie einige weitere Oppositionsgruppen in einer gemeinsamen Erklärung am 4. Oktober 1989 »*alle* Bürgerinnen und Bürger der DDR auf, an der demokratischen Erneuerung mitzuwirken«. Um das Land politisch zu verändern, bedürfe es der »Beteiligung und der Kritik *aller*«.[20]

In all diesen Verlautbarungen erscheint die Dichotomie zwischen (familiärer) Privatheit und (politischer) Öffentlichkeit, die Hannah Arendt einst luzide herausgearbeitet hat, auf merkwürdige Weise relativiert oder gar aufgeboben.[21] Das war nicht nur eine Folge der »von oben« totalitär angelegten und weitgehend erfolgreichen ideologischen Durchdringung sämtlicher persönlicher und gesellschaftlicher Lebensbereiche. Es war auch eine Antwort »von unten« auf diesen allumfassenden staatlichen Durchdringungsversuch, die Reaktion einer Gesellschaft, in der es sehr schwierig war, die Trennung des Privaten vom Politischen aufrechtzuerhalten. Die politische Ordnung formte und begrenzte die persönliche Ordnung tagtäglich auf existenzielle Weise.

Daran zu erinnern ist hier wichtig, weil auch dieser Aspekt das innerostdeutsche, so breit gefächert wie familiär anmutende Gespräch in jenen Monaten fundamental prägte. Es ging ein Aufschrei durchs Land – nicht zum ersten Mal, aber lauter als je zuvor –, als Anfang Oktober 1989 ein Kommentar im *Neuen Deutschland* die vielen inzwischen geflüchteten DDR-Bürger für irrelevant erklärte und als »Asoziale« und verantwortungslose Eltern diffamierte – auch dies nicht zum ersten Mal, aber wohl roher als je zuvor.[22] »Diese Leute«, stand da auf Seite zwei der meistgelesenen Tageszeitung des Landes, seien von West-Politikern und -Medien mit einer »stabsmäßig vorbereiteten Heim-ins-Reich-Psychose« angestachelt worden und hätten mit ihrem Weggehen die »moralischen Werte mit Füßen getreten und sich selbst aus unserer Gesellschaft ausgegrenzt. Man sollte ihnen deshalb keine Träne nachweinen.«[23] Im Laufe des Jahres 1989 verließen zwischen 343 000 und 388 000 Menschen die

DDR, die Einwohnerschaft einer Großstadt; nur 1953 hatte die Zahl vermutlich noch höher gelegen, während es 1988 »nur« etwa 40 000 gewesen waren. Es war Christa Wolf, die prominenteste, vor und nach 1989 so geachtete wie umstrittene ostdeutsche Schriftstellerin, welche die gesellschaftliche Bestürzung artikulierte, die diese Zeilen ausgelöst hatten. Wenige Tage nach dem Erscheinen des Kommentars im *Neuen Deutschland* sagte sie in einem Deutschlandfunk-Interview: »Es darf nicht so etwas sein, was viele Menschen wahnsinnig getroffen hat, wie: Wir weinen denen, die weggehen, keine Träne nach. Es ist ganz schrecklich, wenn so etwas gesagt wird, wenn vierzigtausend junge Leute weggehen.«[24]

Die auch in dieser Auseinandersetzung manifeste, spezifisch innerostdeutsch formierte Öffentlichkeit konnte nur für einen kurzen historischen Moment lang im Spätsommer und Frühherbst 1989 bestehen. Die entscheidenden Wochen lagen um den 9. Oktober, dem Tag, an dem in Leipzig etwa 70 000 Menschen friedlich demonstrierten und in vielen anderen Städten ebenfalls größere Demonstrationen stattfanden.[25] Mit diesem Tag gewann die gesamte Gesellschaft immer deutlichere und vielgestaltige Konturen. »Jede Idee und Handlung, die sich öffentlich zeigte, hatte es von nun an stets auch mit öffentlichen Gegenentwürfen zu tun«, hat Ilko-Sascha Kowalczuk diese entscheidende Phase charakterisiert.[26] Die darin verhandelten Vorstellungen von Gesellschaft und Öffentlichkeit waren einerseits, in ihrer »familiären« Tönung, mit dem SED-Gerede von einer Volkseinheitsbewegung eng verwandt. Zugleich waren sie aber als genuin antiautoritäre, pluralistische Befreiungsbewegung auch Lichtjahre davon entfernt. In jenen Tagen einer noch durch die Mauer (wenn auch keineswegs hermetisch) umschlossenen, aber sich schon neu formierenden panfamiliären Öffentlichkeit entstanden ganz bestimmte Vorstellungen von »öffentlichem Raum« und vom Staat, der zur »öffentlichen Angelegenheit (*res publica*) mündiger Bürgerinnen und Bürger« werden müsse.[27] Der sie prägende »Wir alle«-Idealismus samt dem darin aufgehobenen emphatischen und nicht unproblematischen Volksbegriff basierte auf der Annahme eines gemeinsamen und gemeinschaftlich überschaubaren Erfahrungsraumes.[28] Nicht zuletzt war er wohl auch ein Beleg für die große gesellschaftliche Reichweite des zentralen SED-Ideologems »unsere Menschengemeinschaft«.

All das gilt nicht nur für Verlautbarungen der DDR-Opposition, die sich ja oft schon seit Jahren, wenn nicht Jahrzehnten an diesem Staat und seiner Idee intellektuell und emotional »wund rieb«.[29] Man findet dieselben Prämissen und Hoffnungen, denselben panfamiliären (Selbst-)Bezug auf die *ganze* Gesellschaft auch in unzähligen Protestschreiben, Eingaben, Flugschriften und Leserbriefen von nicht in irgendeiner Weise organisierten Leuten, die im Laufe der 1980er Jahre immer dezidierter genau diese Art Öffentlichkeit suchten und herzustellen wagten. Da sind zunächst jene, die schon länger grundsätzliche Kritik äußerten, dafür Verfolgung fürchten mussten und sich deshalb zwar anonym, aber stets aus einem »Wir« oder »Uns« heraus an ein »Wir« und »Uns« wandten. »[B]ei uns darf man leider nicht einmal Kritik üben, wenn sie auch berechtigt ist, ohne sich zu schaden«, schrieb ein Plauener 1983 an den Staatsrat. Leider könne man den eigenen Namen nicht nennen, hielten »Maxi, Fritzi, Trixi« aus »Irgendwo, den heutigen Tag« der Regierung vor, um dann fortzufahren: »[I]n unserem feinen Staat darf ja kein Mensch seine freie Meinung äußern […]. Wie lange muß unser bedauernswertes Volk noch hinter Mauern und Stacheldraht […] leben? […] Unsere Leute sollen nur immer mehr arbeiten, aber zu kaufen ist nichts mehr da. […] Man hat uns alles genommen.« Andere, die sich empörten, betonten oft, dass »alle Menschen der DDR« den vorgetragenen Missstand »verabscheuten«, oder versicherten dem Empfänger, dass hinter diesem einen Brief »hunderttausende Menschen aus Dresden und Umgebung stehen«. Und auch im Protest gegen das *Sputnik*-Verbot, um ein letztes Beispiel zu nennen, wurde das gesamte Land verhandelt: »unsere« Meinungsfreiheit als einzelne DDR-Bürgerinnen und Bürger ebenso wie »unsere Glaubwürdigkeit« als

Staat, der Ansichten durch Verbote zu verheimlichen suche, »die dem größten Teil unserer Bürger tagtäglich ohnehin durch die BRD-Medien zugänglich sind«.[30]

Es ist vor diesem Hintergrund also alles andere als überraschend, dass die »Wir alle«-Perspektive auch und gerade in den stürmischen Sommer- und Herbstwochen eine wesentliche Rolle in der innerostdeutschen Selbstverständigung spielte. Die Beispiele aus kritisch bis feindlich eingestellten, aber mutmaßlich nicht oder noch nicht oppositionell organisierten Bevölkerungskreisen ließen sich zahlreich fortsetzen.[31] Sie finden sich freilich noch weitaus prononcierter in systemstützenden Kreisen, etwa unter Lehrerinnen und Lehrern. Einen diesbezüglich höchst instruktiven Einblick in den herbstlichen »Reform«-Diskurs und die generelle Gedanken- und Erfahrungswelt von DDR-Lehrern verdanken wir einer weiteren öffentlichen Stellungnahme Christa Wolfs. Die Schriftstellerin hatte in der *Wochenpost*-Ausgabe vom 27. Oktober 1989 unter dem Titel »Das haben wir nicht gelernt« einen Artikel veröffentlicht, der die DDR-Volksbildung in einzigartiger Zuspitzung für die »Deformationen bei Zielen und Methoden der Erziehung junger Menschen an unseren Schulen« kritisierte. Bildung und Erziehung hätten zur Unmündigkeit insbesondere der jungen Generationen geführt, die, statt zu lernen, »ihr kritisches Bewußtsein im Streit mit anderen Auffassungen zu schärfen«, innerlich verunsichert und »ausgehöhlt« in einem Zustand der »Dauerschizophrenie« lebten. All das in einem Staat, der sich in »bewußter Alternative« zum anderen Deutschland »die Bezeichnung ›demokratische Republik‹ gegeben hat und sich ›sozialistisch‹ nennt«.[32]

Daraufhin erhielt die Zeitschrift bis Mitte Dezember 1989 Hunderte Zuschriften von Menschen in Lehrberufen, aktiven und pensionierten, darunter Direktoren und Kinderkrippenerzieherinnen, Genossen und solche mit Berufsverbot. Sehr viele von ihnen sprachen in ihren Positionierungen von einer »Misere« (Wolf), die »uns alle« oder »unsere gesamte Jugend« betreffe. Sie begrüßten den

»großen Dialog«, der im Lande jetzt endlich geführt werde, einem Land, in dem Entscheidungen allzu lang »am großen Tisch« getroffen worden seien – als säße die politische Großfamilie namens DDR in einer Wohnstube beisammen. Besonders häufig nahmen die Schreibenden auf den Begriff der »Dauerschizophrenie« Bezug, mit dem Wolf einen permanenten Widerspruch zwischen persönlicher Wahrnehmung und gesellschaftlichen Umständen und damit letztlich eine unausweichliche, existenzielle Unmündigkeit umschrieben hatte. Oft geschah dies emphatisch zustimmend (»aus dem Herz gesprochen«; »mir kamen die Tränen, und seitdem bin ich so aufgewühlt und so sprachlos, denn ich habe mich hier wiedererkannt«), oft aber auch kritisch und gar erbost (»habe nicht nur eine schlaflose Nacht hinter mir, sondern befinde mich im Zustand tiefster Erregung und Empörung«; »selten hat mich ein Artikel so empört«).[33]

Die Dringlichkeit, mit der auch hier eine gemeinsame, aber zugleich die Gesellschaft zutiefst spaltende Sache – »unsere Republik« – verhandelt wurde, ist sicher nicht nur eine Folge des Zeitpunkts: Während diese Briefe verfasst wurden, traten Honecker, andere SED-Spitzenfunktionäre und die Regierung Willi Stoph zurück, wurden mit der *Sozialdemokratischen Partei in der DDR* (SDP) erstmals eine neue Partei gegründet und das *Neue Forum* als Vereinigung zugelassen, die Mauer geöffnet, der Runde Tisch gegründet und mit Kohls »10-Punkte-Plan« die Forderung nach der Einheit immer konkreter. Kurzum: Die Lage im Land, im Alltag, änderte sich beständig. Diese Dringlichkeit war aber sicher auch eine Folge der hervorgehobenen Rolle, die Lehrer und Lehrerinnen als »Beauftragte des Arbeiter- und Bauernstaates« (Honecker) bis dato gespielt hatten. Der Anteil von SED-Mitgliedern unter ihnen war hoch und variierte nach Fächern; unter Staatsbürgerkundelehrern lag er 1986 bei über 90 Prozent. Lehrer waren für die »politische Erziehung der Jugend«[34] zuständig. Sie sollten laut Schulordnung für einen »wissenschaftlichen, parteilichen und lebensverbundenen Unterricht« sorgen und genossen dafür im Allgemeinen hohe gesellschaftliche Anerkennung (ein Lehrer »schafft ja am Menschen«, so einst Anna Seghers).[35] Folglich war für sie der »große Dialog mit allen« in jenen Herbstwochen geradezu lebensnotwendig, und gerade deswegen bestand man darauf – wiederum so, als verständigte man sich hier im Familien- oder Freundeskreis. »Dialog darf nicht verletzen oder beleidigen – ganz besonders jetzt nicht«, erklärte beispielsweise eine von Schlaflosigkeit und Empörung geplagte 63-jährige Lehrerin aus Tangermünde.[36]

Bezüge zur »Demokratie« waren in den vielstimmigen Auseinandersetzungen darüber, was war, was ist und was sein sollte, so allgegenwärtig wie diffus. Lange Zeit war »Demokratisierung« das entscheidende Schlagwort – der Weg war das Ziel gewesen. Im Mittelpunkt aller Überlegungen stand die Frage, welche Veränderungen nötig waren, um die wirklich nachhaltige »Demokratisierung von Staat und Gesellschaft« zu erreichen, die nun allenthalben gefordert wurde. Es ging bis weit in das Jahr 1990 hinein um (sozialistische) Demokratie als alltägliche Praxis und erstaunlich wenig um Demokratie als politische Ordnung. Manche, insbesondere im linksozialistischen Reformlager, sprachen sich dafür aus, die Frage der »Form der sozialistischen Demokratie (Parlamentarismus, Räte oder Kommune) als politisch umstritten« vorerst auszuklammern, und plädierten für eine Verständigung auf einen Minimalkonsens: Sozialistische Demokratie sei der »Ausdruck der Volkssouveränität durch die Volksmacht, das heißt der Selbstbestimmung und Selbstverwaltung des werktätigen Volkes«.[37]

Die einzige Oppositionsbewegung, die sich damals dezidiert für eine bestimmte Form der Demokratie als klare »politische Alternative« aussprach, war die *Initiativgruppe zur Gründung einer sozialdemokratischen Partei* in der DDR. Schon im Juli 1989, in ihrer ersten Stellungnahme, gab die Gruppe um Markus Meckel, Angelika Barbe, Martin Gutzeit und Stephan Hilsberg unumwunden eine »parlamentarische Demokratie« als das Ziel ihrer Anstrengungen an. Das MfS fasste die Motive dafür in einem Bericht über das Treffen der *Initiativgruppe* am 7. Oktober, auf dem dann tatsächlich die SDP gegründet wurde, missmutig-präzise zusammen: »Pfarrer *Meckel* hielt eine ›programmatische‹ Rede und versuchte die Notwendigkeit der Bildung einer sozialdemokratischen Partei in der DDR u. a. damit zu begründen, dass der Begriff ›Sozialismus‹ für die Massen wertlos geworden sei und die SED keine Reformfähigkeit zeige [...].«[38] Nicht nur mit ihrer Forderung nach einer parlamentarischen Demokratie hob sich die Gruppe seinerzeit von anderen Bewegungen ab. Sie war auch die erste, die mit dem mutigen Ansinnen, eine Partei zu gründen, den Einparteienstaat offen infrage stellte.

Das soll keineswegs heißen, dass sich andere Gruppen nicht für die Demokratie als politische Ordnung interessierten. Für eine Mehrheit der in jenen Wochen politisch aktiven Frauen und Männer scheint jedoch der maßgebliche Gegenbegriff zur »Diktatur« die »Freiheit« gewesen zu sein, nicht »Demokratie«. Es ging ihnen also in erster Linie um ein *Aufbrechen* der bestehenden Ordnung, während für ein systematisches Nachdenken über die Gestalt einer zukünftigen Ordnung naturgemäß zunächst wenig Raum blieb. Eingehendere begriffs- und ideengeschichtliche Untersuchungen wären hier nötig, gerade auch hinsichtlich der Relevanz diverser Vorstellungen von einem »Dritten Weg« unter den Dissidenten in Mittel- und Osteuropa. Zugleich gab es auch in der DDR-Opposition eine gewisse Tradition, sich vom »westlichen«, »bürgerlichen« Parlamentarismus abzugrenzen. Als Bärbel Bohley 1987 gegen die »Parlamentaristen« in den eigenen Reihen argumentierte (»Ein Parlament, das Beschlüsse faßt, lehnen wir ab«[39]), geschah dies primär nicht aus schlichtem Antiparlamentarismus; vielmehr spiegelte sich darin sowohl ein fester antibürgerlicher »Dritter Weg«-Glauben als auch eine tiefsitzende Skepsis gegenüber Scheinparlamenten wie der Volkskammer samt ihrer simulativen Debatten- und Wahlkultur wider.

Wenn im Umbruch 1989/90 die Form der zukünftigen Demokratie überhaupt thematisiert wurde, dann war es die »Basisdemokratie«.

Auf sie konzentrierte sich mit Abstand die meiste konzeptionelle Energie jener Zeit – Kowalczuk zufolge war sie eines der »großen Worte des Jahres 1989«[40]. Westdeutsche Zeitgenossen wussten recht gut, was »bei ihnen« Demokratie bedeutet: »die Regierung mit Mehrheit wählen und abwählen« zu können, wie eine Ludwigshafenerin die erlernte Wahlbürgerdemokratie in einem Brief an das *Neue Forum* auf den Punkt brachte.[41] Zeitgleich verhandelte die DDR-Gesellschaft in jenen Monaten in großer Vielfalt, Kreativität und Unübersichtlichkeit *ihre* zukünftige Demokratie – nicht zum ersten Mal und auch nicht voraussetzungslos, sondern voll beladen mit dem über 40-jährigen klassenkämpferisch-volksdemokratischen Phrasenballast der SED.

Deutsch-deutscher Frühling. Die Demokratieideen der »friedlichen Revolution«

Ein kleiner Teil an solchen Ideen und Initiativen, eine winzige Zahl der damals unternommenen *tausend Aufbrüche*, wird in den zu Beginn dieses Buches erwähnten Pappkartons im Leipziger Archiv der Bürgerbewegung aufbewahrt. Liest man diese Materialien aus der Zeit zwischen Herbst '89 und etwa Ende 1990 in Ergänzung zu den programmatischen Texten der DDR-Bürgerbewegung, zeugen sie von einer demokratischen Vorstellungswelt ganz eigener Prägung und Virulenz. Am auffälligsten ist dabei, dass Demokratie hier fast ausschließlich als Frage der Bürgerbeteiligung gedacht und verhandelt wurde: teils als konstruktive *Ergänzung* des parlamentarischen Mehrparteiensystems, teils als dessen beherzte *Herausforderung* und teils auch als radikale *Alternative* zum – je nach ideologischem Standpunkt – »verkrusteten« westlich-liberalen oder »bankrotten« staatssozialistischen Modell.[42] Fast immer enthielten diese Konzepte

Überlegungen zur (Neu-)Ordnung der Wirtschaft und zur Frage der sozialen Gerechtigkeit beziehungsweise Gleichheit in der zukünftigen Gesellschaft. Und schließlich finden sich hier überraschend viele Bezüge in die Bundesrepublik, wo sich seit Mitte der 1980er Jahre, vor allem im Umfeld der Grünen, eine wachsende Bewegung für die direktdemokratische Erweiterung der Bonner Republik starkmachte. Mit dem Umbruch »drüben« wandelte sich die DDR in den Augen vieler Westdeutscher buchstäblich über Nacht vom eingemauerten »Imaginarium« zum demokratischen Laboratorium.[43] Der so rege daherkommende Frühling im Herbst war also keineswegs nur eine ostdeutsche Erfahrung, sondern ein erstaunlich grenzenloses, vielstimmiges innerdeutsches Geschehen. Die Tatsache, dass Hamburger Studierende im April 1990 ihren an den Bundespräsidenten gerichteten Protest gegen das neue Ausländergesetz mit »Einspruch, euer Ehren, jetzt reden wir. Wir sind das Volk!« unterzeichneten, unterstreicht diese vielfältigen und weitläufigen Wechselbezüge nur auf besonders zugespitzte Weise.[44]

Die Vielfalt und Unübersichtlichkeit dieses Diskurses lässt sich bewältigen, wenn man ihn zeitlich strukturiert betrachtet, das heißt entlang der demokratiegeschichtlich relevanten Zäsuren. Dabei lassen sich vier Phasen unterscheiden. Die *erste* Phase reichte von den Kommunalwahlprotesten des Frühjahrs bis zur ersten Sitzung des Zentralen Runden Tisches am 7. Dezember 1989. Diese Zusammenkunft war das Signal dafür, dass sich die drängendsten Forderungen der Opposition durchgesetzt hatten und nun ihre ganze Wirkmacht entfalteten: Die Vorherrschaft der SED begann zu bröckeln, neue Parteien und politische Vereinigungen konnten sich konstituieren, und mit dem Runden Tisch, der im Geheimen angebahnten »Konter-Institution« (Uwe Thaysen), erfuhr die Bürgerbewegung eine vorparlamentarische Institutionalisierung, die anders als das Scheinparlament Volkskammer diese Bezeichnung auch verdiente – gerade weil man sich seiner Funktion als Kontrollgremium des Übergangs ohne hinreichende demokratische Legitimation voll bewusst war.[45]

Eine *zweite* Phase reichte vom Dezember 1989 über einen intensiven, zunehmend von bundesdeutschen Parteien mitgeprägten Wahlkampf bis zu den Volkskammerwahlen am 18. März 1990, aus denen ein erstmals frei gewähltes DDR-Parlament hervorging. Mit dem klaren Sieg der *Allianz für Deutschland* (CDU-Ost, DSU und *Demokratischer Aufbruch* errangen zusammen 48 Prozent), die für einen zügigen Beitritt der DDR nach Art. 23 GG ohne Verfassungsdiskussion eintrat, veränderte sich der tagespolitische Rahmen für einen ergebnisoffenen Demokratiediskurs fundamental. Viele der damals aktiv dafür eintretenden Akteure würden wohl sagen: Er verengte sich dramatisch.

Die mit den Volkskammerwahlen beginnende *dritte* Phase reichte bis zur Deutschen Einheit am 3. Oktober 1990. Sie war erneut von kommunalen Wahlen und vom sich abzeichnenden Wahlkampf für den ersten gesamtdeutschen Bundestag geprägt, weshalb der verengte demokratiepolitische Diskursrahmen doch noch recht beweglich blieb. Die Kommunalwahlen, die am 6. Mai fast auf den Tag genau ein Jahr nach den umstrittenen Kommunalwahlen von 1989 stattfanden, waren von enormer Bedeutung. Nicht nur, weil auch diese Wahlen unter hoher Wahlbeteiligung (75 Prozent) stattfanden und das Ergebnis der Volkskammerwahl vom 18. März (bei über 93 Prozent Wahlbeteiligung) im Wesentlichen bestätigten, sondern auch, weil fast 25 Prozent der Stimmberechtigten für kleinere Parteien sowie lokale Bürgerbündnisse stimmten. Die Schwingungen der demokratischen Revolution waren also auf lokaler Ebene noch immer zu spüren waren.

Eine *vierte* Phase reichte schließlich vom Oktober 1990 bis zum Abschluss der Arbeit der Gemeinsamen Verfassungskommission von Bundestag und Bundesrat (GVK) im November 1993. Diese Ende 1991 ins Leben gerufene Kommission befasste sich mit vereinigungsbedingten Grundgesetzreformen und erhielt während ihrer Tätigkeit über 800 000 Bürgerzuschriften. Nicht zuletzt wurden in diesem Zusammenhang auch jene basis- und direktdemokratischen

Ideen beraten, die 1989/90 so vielstimmig verhandelt worden waren. Am Ende fanden die daraus erarbeiteten Vorschläge zur Aufnahme plebiszitärer Elemente in das Grundgesetz aber weder in der Kommission noch im Parlament eine politische Mehrheit.[46]

Dass es in den programmatischen Texten und Verlautbarungen der DDR-Opposition im Herbst 1989 von Anfang an um Demokratie als eine Frage der Bürgerbeteiligung ging, ist wenig überraschend. Die teils selbst gewählten, teils ihr von außen zugeschriebenen Namen Bürger- oder Bürgerrechtsbewegung waren hier im besten Sinne Programm. Diese uns heute so geläufigen, aber mit dem Aufkommen einer Reihe von rechtsgerichteten »bürgerbewegten« Formationen (etwa *PRO NRW*, *Pegida*, AfD) auch mitunter bedrohlichen Begriffe waren damals noch recht jung. Sie bezeichneten seit den 1970er Jahren »plebiszitäre Erscheinungen in westlichen Systemen«[47] und erhielten um 1989 in der DDR ihre bis heute gültige Prägung. Natürlich insistierte das von der SED als staatsgefährdend diffamierte *Neue Forum* von Anfang an darauf, dass »Basisbewegungen« und »Bürgerinitiativen« gesellschaftliches Leben nicht bedrohten, sondern entfalteten. Der *Demokratische Aufbruch* beklagte das Fehlen »politischer Strukturen für die öffentliche Willensbildung der Bürger« und forderte das »Recht auf Meinungs-, Presse- und Versammlungsfreiheit einschließlich des Rechtes auf ungehinderte politische Willensbildung in Parteien und Vereinen (außer wenn damit faschistisches, chauvinistisches oder militaristisches Gedankengut propagiert wird)«. *Demokratie Jetzt* wollte eine neue »solidarische Gesellschaft«, in der »die verantwortliche und schöpferische Arbeit der Bürgerinnen und Bürger einen lebendigen Pluralismus unseres Gemeinwesens schafft«. Sehr konkret benannte der SDP-Gründerkreis in seinem ersten Aufruf die Bedingungen für ein »demokratisches Gemeinwesen«. Nötig seien »Organisationsformen, in denen die Interessen und der politische Wille der in ihr [der Gemeinschaft] Verbundenen sich entfalten und zur Geltung« gebracht werden können. Dafür gebe es verschiedene Möglichkeiten, und die Reihenfolge war hier sicher nicht zufällig: »Vereine, Bürgerinitiativen, demokratische Bewegungen, Parteien, Gewerkschaften etc«. Die linkssozialistische *Böhlener Plattform* wollte schließlich eine sozialistische Demokratie, in der es eine »starke basisdemokratische Verankerung staatlicher Gewalt mittels Volksabstimmungen sowie politischer Rechte für Betriebsräte und Wohnbezirksräte« gibt. Es sollte ferner ein »Recht auf Gesetzesinitiativen und geregelte Vetorechte für politische Massenorganisationen (Gewerkschaften usw.)« geben. Bürgerinitiativen müssten gefördert und ihre »breite Einbeziehung in die staatlichen Entscheidungsprozesse« garantiert werden. Die meisten anderen Gruppen forderten im Großen und Ganzen eine klassische Gewaltenteilung »westlicher« Art. Die *Böhlener* sprachen von einer »funktionellen Gewaltenteilung auf der Grundlage der Volkssouveränität«, worunter sie die »Selbstbestimmung und Selbstverwaltung des werktätigen Volkes« verstanden.[48]

Konkreter und vielfältiger wurden diese Ideen in dem Maße, in dem sich der herbstliche Demokratiediskurs in einer zweiten Phase bis zur Volkskammerwahl im März 1990 gesellschaftlich ausbreitete. Der immer rasantere Verfall der politischen und wirtschaftlichen Ordnung in der DDR – in den ersten Beratungen am Runden Tisch war von einer »Zeit des Nichtregiertwerdens« und des »Taumelns von Demonstration zu Demonstration und von Forderung zu Forderung«[49] die Rede – führte dazu, dass man dort Ende Januar 1990 die ursprünglich für den 6. Mai vorgesehene Volkskammerwahl auf den 18. März vorverlegte. Der sich damit auf wenige Wochen zuspitzende, in der deutschen Demokratiegeschichte einzigartige Wahlkampf fand auf »wahlpolitisch jungfräuliche[m] DDR-Gelände« statt, wie Willy Brandt damals mit Blick auf die Rolle der westlichen Parteien und der Bundesregierung ebenso kritisch wie feinsinnig anmerkte.[50] Die staats- und parteipolitischen Auseinandersetzungen changierten auf geradezu abenteuerliche Weise zwischen der alten, im Sturz noch immer kämpferischen Propagandamacht des SED-

Staates (»Aus der Verantwortung für das Vergangene in die Haftbarkeit für die Gegenwart«, versprach die PDS), der neuen, professionell-eingeübten Parteien-, Medien- und Ressourcenvielfalt der CDU/CSU-regierten Bonner Republik (»Nie wieder Sozialismus. Freiheit und Wohlstand«) und den vielstimmigen Bürgerbewegungsbündnissen (»Menschenrechte und Menschlichkeit in allen Bereichen der Gesellschaft«), die mitten in dieser Gemengelage versuchten, ihre eigene programmatische Stimme zu finden und dieser eine angemessene Öffentlichkeit zu verschaffen.[51]

So wurde binnen kürzester Zeit über die Zukunft eines Gemeinwesens verhandelt, dessen Gegenwart mit dem Jahreswechsel 1989/90 immer stärker unter Druck geriet: von innen durch die sich verschärfende wirtschaftliche und politische Unsicherheit, die anhaltende Abwanderung und nicht zuletzt zahlreiche Parteien und Gruppierungen, die die DDR mehr oder weniger schnell ganz abschaffen wollten; und von außen durch die enormen Anziehungskräfte des westlichen Nachbarn, Kräfte, die teils historisch vertraut waren, teils ganz neu entstanden, nun, da sich die allabendliche »Emigration« per Fernseher (Konrad Weiß) nach Westen gewissermaßen umgekehrt hatte und die bundesdeutsche Realität tagtäglich, auf allen Ebenen – politisch, medial, kulturell, zwischenmenschlich – in den Osten zog und oftmals dort einzog, um zu bleiben.[52]

Wie wurde unter diesen Umständen in der Bevölkerung über das große Ziel des »demokratischen Aufbruchs« – die Demokratie – nachgedacht? Ein Grundmotiv war der Rekurs auf »volksdemokratische«, plebiszitäre und bürgerschaftliche Elemente, dem aber im Einzelnen äußerst disparate Politik-, Demokratie- und Gesellschaftsvorstellungen zugrunde lagen. Für manche, etwa eine Gruppe von neun Personen aus Leipzig, Karl-Marx-Stadt und Berlin, die sich im November 1989 zur *Freien Initiative '89 Volksentscheid* zusammenschlossen, lag der Schlüssel nicht im radikalen Bruch oder in der schlichten Übernahme des politischen Systems der Bonner Republik. Sie setzten vielmehr auf eine doppelte Besinnungsanstrengung, nämlich auf die verfassungsmäßige Verankerung der volksdemokratischen Gründungsimpulse der DDR einerseits und der basisdemokratischen Straßenimpulse der Herbstrevolution andererseits. Mit Blick auf die ersten freien Wahlen seit über vier Jahrzehnten galt für sie zu retten, was zu retten war. »Der Aufbruch '89 ist ein Volksentscheid. Wir haben uns zur Mündigkeit entschieden, wir sind fähig, über unsere Zukunft mit Verantwortung zu entscheiden«, hieß es im Anschreiben zu einer Unterschriftensammlung, mit der die *Freie Initiative '89 Volksentscheid* um Unterstützung für einen Antrag auf die Wiederaufnahme von Volksbegehren und Volksentscheiden durch Bürgerinitiativen in die Verfassung der DDR warb.

Für diesen Antrag wollte man bis zum 18. Februar Unterschriften sammeln und dann darüber »unter Einbeziehung der Massenmedien eine Volksaussprache beginnen«, so der Plan der Gruppe, die damit nicht nur semantisch im Demokratiemodus der SED verharrte. »Initiative von unten« habe den Aufbruch möglich gemacht, daher müsse diese zukünftig auch durch die Verfassung geschützt werden.[53] Darüber hinaus seien Volksentscheide eine uralte Forderung der Arbeiterbewegung und hätten in der Verfassung der DDR von 1949 bis 1968 das »Fundament dieses Staates« gebildet. In der Tat hatte Art. 81 der ersten Verfassung Volksentscheide vorgesehen, doch mit der Reform 1968 wurde die Volkskammer zum »einzige[n] verfassungs- und gesetzgebende[n] Organ« (Art. 48, 2).[54] Jetzt fordere man dieses Recht also zurück, denn: »Erst wenn aufgrund von Bürgerinitiativen Volksentscheide möglich sind, sehen wir den notwendigen demokratischen Ausgleich in unserer Gesellschaft hergestellt. Erst wenn der Einzelne, unabhängig von Parteien und Organisationen, in die Gestaltung der Gesellschaft eingreifen kann, ist direkte Demokratie verwirklicht.«[55]

Auf andere Weise weit zurück und »eingreifend« gedacht war die am Anfang dieses Kapitels zitierte Idee der grundherrschaftlichen »Siebener«-Selbstverwaltung. Sie wurde Ende 1989 im ländlichen Raum nahe Naumburg erdacht und fußte auf der Grundüberzeugung:

»Obrigkeiten kommen und gehen, doch du, deutsches Volk, bleibst, deswegen dienen wir dem Volke, nicht den Obrigkeiten. Die Weisheit ruht im Schoße des Volkes.« Diese Überzeugung wurde zum Ausgangspunkt für eine Konzeption, in der die politische Kultur der Zukunft völkisch-patriarchalisch strukturiert sein würde. Je sieben Bürger sollten einen Sprecher (»Siebener«) bestimmen, von denen sieben jeweils ihren Sprecher (»49er«) in einen Rat wählen würden und so weiter – falls das zahlenmäßig einmal nicht aufgehe, werde man (wohl wie beim Kartenspiel) »den Rest« einem der »Haufen zuschlagen«. Auch hier wurde Politik als eine Art Familienangelegenheit verhandelt. So wie jeder Mensch zwei Eltern habe, weil es jederzeit passieren könne, dass ein Elternteil »spinnt und zur Führung unfähig ist«, brauche auch jedes Gemeinwesen »zwei oder mehrere Teilschaften« – eine »Führung« und eine »Ersatzführung«. Mit solch einem Verfahren habe »das Volk diese Aussiebungen voll in der Hand«, und nur »herausgesiebte 49er-Machtbewerber« dürften für ein öffentliches Amt kandidieren. Mit den Wahlen könne alsbald begonnen werden, Einzelheiten wären in »Erörterrunden« noch zu klären, und ob das Ganze auch in der Stadt funktioniert, müsse sich erst noch zeigen. Im Übrigen solle jeder »Siebener« den Wahlzettel zum Nachweis der sieben Personen, die ihn gewählt hätten, selbst vorbereiten, denn auf den Ämtern dauere es einfach zu lang: »Selbst ist der Mann!«[56] Der Autor dieses »Grundwahl«-Vorschlags und seine Mitstreiter waren vermutlich recht eng in die Strukturen des SED-Staates eingebunden gewesen, denn sie baten am Ende darum, »gnädig zu jenen kleinen, schuldlosen SED-Parteimitgliedern [zu sein], die das Parteibuch nur besaßen, um eine Arbeitsstelle zu bekommen oder zu behalten«.[57]

Auch unter den selbst ernannten »Gestrigen«, die sich Anfang 1990 in Rathsleben bei Stendal zur *Bürgerinitiative Deutsche Friedensbewegung* zusammenschlossen, waren wahrscheinlich einige SED-Genossen, denn man sprach sich als »konziliante Geste« gegen jede »politische Strafverfolgung« aus. Die Gruppe richtete ihre

Überlegungen »an die Personen am runden Tisch in Berlin«, und auch sie trieb eine Sehnsucht nach »Deutschtum« um, wenngleich eingebettet in einen »europäischen Politikfrieden«. Man möchte, dass »alles, was Unfrieden stiftet, und stiften kann, in Zukunft nicht mehr existent sein soll!« Daher brauche es eine »Friedensbewegung, die als unparteiische Massenbewegung [...] alle friedliebenden Menschen in ganz Deutschland« vereinigt.[58] Um diese zu schaffen, müssten beide Deutschlands ihren »anerzogenen internen Internationalismus« abbauen – der Osten seinen »sozialistischen Leninismus«, der Westen »den Amerikanismus mit der vielgepriesenen, demokratischen Freiheit«. Stattdessen sollten »das Deutschtum mehr in den Vordergrund« gestellt und eine »vollkommen neue einheitliche Struktur geschaffen werden mit neuen Voraussetzungen und Begriffen!« Der Vorschlag hier lautete, mutmaßlich die Nomenklatur der katholischen Kirche aufgreifend, in der der Vorsteher eines Klosters auch Prior heißt: ein »Priorstaat«, der das parlamentarische System »dem Namen nach ablöst«, sowie ein »Priorrat [sic] anstelle des alten Kabinetts mit einem Gremium, das Ost- und Westpolitiker vereint«. Sodann würden »alle vorhandenen Parteien, Organisationen, Gruppen etc. aufgelöst, und ihre Vorstände in das neuaufgestellte Konzept des Priorstaatsvertrages mit einbezogen«. Den Wahltermin im Mai 1990 solle man nicht mit der Volkskammer vergeuden, sondern gleich zur Wahl einer in diesem Sinne »einheitlichen, deutschen, provisorischen Regierung« nutzen.[59]

Ganz links außen hoffte man ebenfalls nicht auf irgendeine der bekannten Demokratieformen, sondern, wie die Leipziger »nicht-reformistische« *Radikale Linke* (»Militant – bürgerInnenfern – illegal« – »RAFft euch auf!«) auf einen »neuen revolutionären Prozess« gegen die mit dem Umbruch begonnene »weltweite Offensive des Kapitals«. Diese Gruppe bezog sich unter anderem auf die *Böhlener Plattform*, arbeitete »nach dem Prinzip der Basisdemokratie« und strebte nach der »Einheit von Theorie und konkreter politischer Aktion«. Als »neue Linke« fühlte sie sich mit dem »Projekt ›Radikale

Linke‹ in der Bundesrepublik verbunden« und verstand sich als »Mob der Straße, der, egal ob im Häuserkampf, in der Solidaritätsarbeit, in den Gewerkschaften, im bewaffneten Kampf versucht, von unten her neue Strukturen zu entwickeln«.[60] Schließlich setzte eine West-Berliner *Gruppe IV. Internationale*, die über die linksradikalen Debatten in der DDR bestens informiert war, gar auf eine »revolutionäre Wiedervereinigung Deutschlands in der Perspektive der vereinigten sozialistischen Staaten Europas«. Vielleicht brächte solch eine Einheit als »Fanal für das internationale Proletariat« endlich die Befreiung der Welt von allem: »stalinistischer Bürokratie«, »sozialdemokratischer Konterrevolution im Dienst des Imperialismus« und »Kapitalistenklasse«.[61]

Diese Beispiele voll Volkstümelei und Weltrevolutionsromantik mögen ungewöhnlich, wunderlich, abenteuerlich anmuten – sie illustrieren gleichwohl die große Vielfalt und das weite Spektrum an damaligen Politik- und Gesellschaftsvorstellungen. Dazwischen gab es breiten Raum für moderatere Stimmen und Entwürfe. Sehr viele von diesen konzentrierten sich zunächst auf die Sicherung der errungenen Freiheiten, vor allem des Wahlrechts. Ihnen ging es um ein demokratisches Engagement mit offenem Ausgang, Hauptsache frei gewählt. Eben noch habe »Wahlkampf in der DDR« in etwa so absurd geklungen wie »im Himmel ist Jahrmarkt« oder das »sinnlose Wortungestüm ›Volksrepublik‹«, notierte die Greifswalder *Initiativgruppe hohe Wahlbeteiligung am 18. März und 6. Juni* in einem Flugblatt. Doch mit den ersten freien Wahlen könnten nun endlich alle Mitsprache gewinnen. Frei wählen, mahnten sie weiter, heiße aber nicht nur, frei auswählen zu können und die Wahl anderer zu respektieren, sondern es vor allem auch persönlich zu tun: »Sie müssen Ihre Wahl treffen. Niemand nimmt sie Ihnen ab. Wer nicht wählt, ist unfrei geblieben.«[62]

All diese Zeugnisse werfen gerade in ihrer Disparität ein Schlaglicht auf die bemerkenswerte politische Vorstellungskraft, die sich nach langen Jahren der ideologischen Enge und demokratischen

Simulation vielstimmig in kleinen und größeren Kreisen, in den unterschiedlichsten Ecken und Räumen der aufgewühlten Republik entfaltete. Sie war geprägt von einem betont alltagsnahen, oft außer- und manchmal auch antiparlamentarischen Politikverständnis, das nicht nur unter den besonders experimentierfreudigen Demokratie-Neudenkern verbreitet war. Ein zur Volkskammerwahl angefertigter Flyer argumentierte mit genau solch einem Politikverständnis gegen eine von »Konzernbonzen« beherrschte »Birnenrepublik«.

Abb. 3: Flugblatt »konzernbonzen statt parteibonzen?« aus dem Frühjahr 1990.

»Hallo olle Helmut!«, stand dort auf dem Rücken vermutlich des Bundesadlers mit heruntergelassener Hose (der auch ein Aasgeier sein könnte). »Wir können doch nicht warten, bis ein Wahlsieger feststeht, der uns dann sagt, was für uns am besten ist. 40 Jahre wurde so mit uns umgegangen. Fangen wir an, unsere Probleme selbst zu bestimmen & selbst zu lösen.« Neue Ideen aber könnten nur in »neuen Formen des Zusammenlebens einen konkreten Inhalt erreichen«. Menschen lebten nicht »in den Parteien, den Parlamenten oder dem Staatsapparat«, sondern in Betrieben und Wohngebieten. »Bilden wir in den Stadtbezirken, in den Wohngebieten, in den Betrieben freie unabhängige Räte. Schützen wir die neuen Rechte!«[63] Demokratie wird in diesem Appell ausschließlich als Lebensform verhandelt, als Utopie eines autonomen Alltags. Die Verfahren und Institutionen, auf die liberale Ordnungen von der Staatsführung bis in jede Nachbarschaft hinein angewiesen sind, wurden hier geradezu apodiktisch gegen individuelle Lebenswelten in Stellung gebracht.

Am nachdrücklichsten erhoben demokratiepolitisch interessierte Zeitgenossen damals die Forderung nach Möglichkeiten der »Volksgesetzgebung« – Volksinitiative, Volksbegehren und Volksentscheid. Sie wurde nicht nur von rein ostdeutschen Gruppen wie der schon erwähnten *Freien Initiative '89 Volksentscheid* vertreten und versiegte auch nicht mit der Volkskammerwahl und dem Beitritt der DDR nach Art. 23. Vielmehr flossen gerade in diesem Ideenfeld diverse ost- und westdeutsche Demokratisierungsforderungen zusammen, und die daraus entstandenen Bündnisse und Programmatiken reichten weit über das Frühjahr 1990 hinaus und in das wiedervereinigte Deutschland hinein.

So enthielt eine im März 1990 von Weimar und Leipzig aus koordinierte *Initiative Volkswille*, die per Volkskammereingabe die Wiederaufnahme der Volksgesetzgebung in die Verfassung über einen Volksentscheid am 7. Oktober 1990 – dem 41. Jahrestag der Gründung der DDR – erreichen wollte, auch deutliche Spuren der westdeutschen Demokratiediskussion.[64] Die Initiatoren verwiesen auf ein »Weimarer Memorandum«, das 1987 »im Vorblick« auf 40 Jahre DDR als Idee entstanden und im Februar 1989 von »engagierten Demokraten« aus Ost und West erarbeitet worden war. Aus diesem Kreis war bereits im Sommer 1989 eine Eingabe an die Volkskammer zur »Zukunft der Demokratie« in der DDR formuliert worden, um solch einen Volksentscheid für den 7. Oktober *1989* zu erwirken. Ermutigt und beflügelt von Gorbatschows Reformwillen, wollte man mit einer »demokratischen Revolution« in der DDR im Jahr 1989 vollenden, was 1789 in Europa begonnen worden war.[65] Doch dann fiel die Mauer, und diese Überlegungen konnten und mussten nun in einen viel weiteren Erwartungs- und Erwägungshorizont eingefügt werden.

Wo die *Freie Initiative '89 Volksentscheid* ihre Forderungen im November 1989 noch ausschließlich mit den »Lehren« der DDR-Erfahrung begründet hatte, bezog sich die *Initiative Volkswille* wenige Wochen später auf ost- *und* westdeutsche Argumente zu Demokratiedefiziten, um ihr Ideal einer wirklich demokratischen Deutschen Demokratischen Republik zu begründen. Und sie nutzte für ihre Schriften das 1982 von Joseph Beuys geschaffene Kunstwerk »Friedenshase«, das zum Emblem (»Hase mit Sonne«) der westdeutschen Direktdemokratiebewegung avanciert war.[66] Maßgeblich dazu beigetragen hatte eine Tagung im Kulturzentrum Achberg in Baden-Württemberg um den Jahreswechsel 1989/90, auf der die überparteiliche *Demokratie-Initiative 90* gegründet worden war – aus Sicht eines Gründungsmitglieds die »erste deutsch-deutsche Bürgerbewegung«[67]. Die Teilnehmenden kamen aus der Bundesrepublik, Österreich, Ungarn, der DDR und der Schweiz. Die »DDR-Sektion« der Initiative fand im Leipziger *Haus der Demokratie* ihren Sitz und verteilte von dort aus die zunehmend professionell gestalteten Materialien.[68]

Der Aufbruch sei eine historische Chance, argumentierten die Befürworter der *Initiative Volkswille* im März 1990. Er verpflichte dazu, sich nicht mit »Halbheiten zufrieden zu geben, sondern das Notwendige zu tun«. Entscheidend sei, dass der Volkswille angemessen artikuliert und berücksichtigt werde: »Keine Gruppe oder Strömung oder Partei – auch keine Demonstration, und sei sie noch so groß – darf sich anmaßen, das ›Volk‹ zu sein oder den Willen des Volkes zu verkörpern.« Und auch die Demokratie nach »›westlichem

Muster‹, die sich mit Parteienpluralismus begnügt, ist keine Demokratie«. Freie Wahlen ohne direktdemokratische Abstimmungsmöglichkeiten führten maximal zur »freien Wahl der Vormundschaft«, nicht aber zur eigentlich notwendigen »Abschaffung des vormundschaftlichen Staates im Prinzip«. Der Wille des Volkes könne »demokratisch konkret von Fall zu Fall nur ermittelt werden, wenn alle erwachsenen Bürgerinnen und Bürger die Möglichkeit haben, ihre Stimme in die Waagschale zu legen«. Von wirklicher Demokratie könne also erst die Rede sein, wenn die Volksgesetzgebung das »demokratische Fundament allen künftigen Verfassungsrechts« darstellt und damit »*[j]ede Erscheinungsform des Parteienstaats* den jederzeit aktivierbaren souveränen Entscheidungen des Volkes untergeordnet« ist.[69]

Die Vorschläge für die einzelnen Verfassungsartikel waren nahezu wortgleich zu denen der *Freien Initiative '89 Volksentscheid*. Es zirkulierten also vergleichbare Ideen und Diskurse in ganz verschiedenen, teils vernetzten, teils unabhängig voneinander agierenden Kreisen. Wichtige Unterschiede gab es im Detail. So sollten etwa im Vorschlag der *Freien Initiative '89* nur 10 000 Menschen einen Gesetzesentwurf einbringen dürfen; der spätere Vorschlag der *Initiative Volkswille* sah 20 000 vor – aus welchen Gründen, ob aus Skepsis gegenüber zu mächtigen Minderheiten oder in Antizipation einer vergrößerten Wahlbevölkerung, lässt sich aus den Dokumenten nicht rekonstruieren.

In anderen Initiativen kamen westdeutsche, auf die Parteien- und parlamentarische Demokratie gemünzte Kritikpunkte noch deutlicher zur Sprache. Im Zentrum stand dabei die Frage, inwiefern die politische Ordnung und Praxis in der Bundesrepublik als Vorbild für die ihren zukünftigen Weg suchende DDR taugte. Ende November 1989 wandte sich beispielsweise die in Bonn ansässige Grünennahe *Initiative Demokratie Entwickeln e. V.* (IDEE) in einem offenen Brief an die »Lieben Bürgerinnen und Bürger der DDR«. Unterzeichnet hatten ihn zwei Ost- und zwei Westdeutsche: die

1988 aus der DDR zwangsausgebürgerten Oppositionellen Freya Klier und Stephan Krawczyk sowie der Autor Thomas Mayer und der Lehrer Daniel Schily, die sich seit einiger Zeit in Bonn für »mehr Demokratie« engagierten. Man begrüße die Forderung nach freien Wahlen, schrieben sie in die DDR. Viele seien sich ja sicher, dass man im Osten einfach »die parlamentarische Parteiendemokratie der BRD kopieren« sollte. Doch die Autoren des Briefes hegten »die Hoffnung, dass in der DDR *freie Volksentscheide* gleichberechtigt neben freien Wahlen in die Verfassung aufgenommen werden«.[70] Dies sei auch wichtig für die Bundesrepublik, denn »die Leute hier brauchen ein ermutigendes Vorbild«. Die Bonner Demokratie habe bislang nur ein Bein – Wahlen. Damit »hüpft sie mühselig der Zeit hinterher«. In den großen Fragen der Zeit, die die Bevölkerung ganz besonders umtrieben – Ozonloch, Waldsterben, Atommüll oder die »Ausbeutung der sog. ›dritten Welt‹« –, versage die Politik ganz und gar. Dabei gebe es *»außerhalb der Parlamente und Parteien Kreativität im Volke, die sehr wichtig für die Gesellschaft«* sei. Als »natürliche Gegenbewegung zu den Parteien« bräuchten Bürgerinitiativen also auch im Westen das Instrument des Volksentscheids, um ihre Anliegen durchsetzen zu können. Hoffentlich komme die DDR »weiter mit der Demokratie«, endete der Brief. »Seid ihr ja auch schon, denn die Demonstrationen der letzten Zeit waren richtige Volksentscheide. Sollte man jetzt wieder die Selbstbestimmung darauf beschränken[,] nur zu wählen?«[71]

Ebenfalls aus dem Umfeld der Grünen schlug der Zeitschriftenredakteur Wigbert Tocha aus Frankfurt am Main im Februar 1990 in einem Schreiben an »Freundinnen und Freunde in Leipzig« vor, einen *Arbeitskreis Demokratie* zu gründen, um gemeinsam nach einem Weg von der »Zuschauerdemokratie zur direkten Demokratie« zu suchen.[72] Die Grünen waren Anfang der 1980er Jahre ihrem Parteiprogramm zufolge als »Alternative zu den herkömmlichen Parteien« angetreten. Die Partei verstand sich als parlamentarischer Arm einer breiten »demokratischen Bürgerbewegung«, die die drängenden Umwelt-, Friedens- und Gerechtigkeitsfragen angegangen war, die die »in Bonn etablierten Parteien« so sträflich vernachlässigt hätten. Sie setzte sich nachdrücklich für die »verstärkte Verwirklichung dezentraler, direkter Demokratie« und Volksabstimmungen auf allen Ebenen ein, unter anderem mit zwei gemeinsam mit Initiativen wie *Omnibus für Demokratie* (»für alle, durch alle, mit allen«) verfassten Petitionen an den Bundestag zur Einführung der Gesetzgebung durch Volksentscheid in den Jahren 1984 und 1987.[73] Über solche Aktivitäten wurde vereinzelt in den Samisdat-Publikationen der DDR-Opposition berichtet. Auch hier zeigt sich also, dass das innerdeutsche Demokratiegespräch im Herbst 1989 nicht bei null begann.[74]

So zitierte Wigbert Tocha in seinem Brief nach Leipzig aus einem seit Jahren in der Bundesrepublik geführten kritischen Demokratiediskurs und verband diesen auf naheliegende Weise mit den Idealen der DDR-Demokratisierungsbewegung. Auch im Westen würden das Engagement und die Kompetenz von Bürgern aus »der politischen Willensbildung und den Entscheidungsprozessen ausgegrenzt«, lautete das Axiom dieser Bezugnahme. Dies sei keineswegs einfach dem »bösen Willen«, moralischen Versagen oder gar »Verrat der Grünen an der Basisdemokratie« anzulasten. Vielmehr sei diese Ausgrenzung ein »systemischer Prozess, dem sich auch die Grünen nicht entziehen können«. Und auch Tocha stellte einige mehr als nur rhetorische Fragen, zum Beispiel: »Welches Parlament hat das ›Gesetz des Marktes‹ verabschiedet?« – »Warum gibt es keinen Runden Tisch in Bonn?« – »Schweden – ein Modell für die DDR?« Mit seiner Einladung hoffe er, viele Interessentinnen und Interessenten in Leipzig zu erreichen, und er wünsche sich einen persönlichen Austausch in regelmäßigen Abständen, um zu eruieren, ob und wie die Diskussionsergebnisse solcher Treffen in die »kommunale und überregionale Politik einließen können«.[75]

Nun war diese Politik seinerzeit höchst dynamisch und gerade mit Blick auf die DDR von der lokalen bis in die nationale Ebene hinauf gestaltungsoffener als jemals zuvor. Und auch auf dieser weiteren, (bundes-)politischen Ebene wurde dank der am Runden Tisch vertretenen »neuen Kräfte« aus der Bürgerbewegung über die demokratischen Verfahren der Zukunft nachgedacht. Der hier wichtigste Raum zur Verhandlung von Bürgerbeteiligungs- und Volksgesetzgebungsideen war die Arbeitsgruppe »Neue Verfassung«, in der Bürgerrechtler wie Gerd Poppe (IFM) und Wolfgang Ullmann (DJ), die exzellent in die Gesellschaft hinein vernetzt waren, eine maßgebliche Rolle spielten. Die Arbeitsgruppe war in der ersten Sitzung des Runden Tisches gebildet worden und sollte bis zu freien Wahlen Eckpunkte für eine neue DDR-Verfassung ausarbeiten, über die dann per Volksentscheid – gedacht war an den 17. Juni 1990 – abgestimmt werden würde. Aus der Sicht der Arbeitsgruppe ging es darum, eine dem Grundgesetz »gleichrangige und damit gleichberechtigte Ordnung« und zugleich die Grundlage für eine Verhandlung der Zukunft beider deutscher Staaten auf Augenhöhe zu schaffen.[76]

Auch wenn der Entwurf wegen der vorgezogenen Volkskammerwahlen zu spät kam und vom neu gewählten Parlament am 26. April mit knapper Mehrheit abgelehnt wurde, ist er ein beredtes Zeugnis des im Umbruch artikulierten spezifisch ostdeutschen Demokratieverständnisses. Viele der in der Gesellschaft diskutierten Ideen fanden hier auf die ein oder andere Weise Niederschlag – freilich ohne dass es einen formal geregelten Diskussionsprozess gegeben hätte. Die anvisierte Verfassung sollte drei zentrale Anliegen festschreiben: weitreichende Rechtsansprüche auf Sozialleistungen, Basisdemokratie und die Souveränität einer – neuen – DDR. Dieser Staat sollte ein »rechtsstaatlich verfaßter demokratischer und sozialer Bundesstaat« sein und die Volkskammer »oberstes Organ der Staatswillensbildung«. Angestrebt wurde eine um basisdemokratische Elemente erweiterte parlamentarische Demokratie. So konkret diese

Elemente formuliert waren, so vage blieb allerdings die Gewalten*verteilung*, die ein solches Staatswesen in der Praxis kennzeichnen würde. Gerade auch diese Vagheit in Bezug auf Institutionen und Verfahrensstrukturen – und damit letztlich die Frage der politischen Machtverteilung in einer zukünftigen Ordnung – war ein Kennzeichen der spezifisch ostdeutschen Demokratie- und Revolutionsgeschichte.

»Die Opposition ist ein notwendiger Bestandteil der parlamentarischen Demokratie. Sie steht der Regierungsmehrheit als Alternative gegenüber und hat das Recht auf Chancengleichheit«, verfügte der zweite Absatz des der Volkskammer gewidmeten Artikels 51. Die basisdemokratische Ausgestaltung der neuen Ordnung adressierte der Abschnitt »Gesellschaftliche Gruppen und Verbände«. Dort rangierten die »Vereinigungen, die sich öffentlichen Aufgaben widmen und dabei auf die öffentliche Meinungsbildung einwirken (Bürgerbewegungen)« ganz oben, noch *vor* Parteien und Gewerkschaften. Sie sollten »als Träger freier gesellschaftlicher Gestaltung, Kritik und Kontrolle den besonderen Schutz der Verfassung« genießen (Art. 35, Abs. 1) und, sofern sie zu Wahlen antraten, in Sachen Wahlkampfkostenerstattung den Parteien gleichgestellt sein (Art. 37, Abs. 3). Ferner sah der Entwurf die Erweiterung der gesetzgeberischen Möglichkeiten über plebiszitäre Verfahren vor. Nach Art. 98 konnten »ausgearbeitete und mit Gründen versehene« Gesetzesvorlagen für einen Volksentscheid über ein Volksbegehren beim Regierungschef (Ministerpräsidenten) eingebracht werden. Das Quorum lag mit 750 000 Unterstützern oder 6 Prozent der damals Stimmberechtigten in diesem Entwurf höher als in nahezu allen später in parlamentarischen und außerparlamentarischen Zusammenhängen verhandelten Vorschlägen für Volksbegehren auf Bundesebene. Den Trägern eines Volksbegehrens war in den »öffentlich-rechtlichen Massenmedien Gelegenheit zur unentgeltlichen Werbung für ihr Anliegen zu geben«. Die Hürde für einen einmal erwirkten Volksentscheid (Art. 98, Abs. 5) war hingegen relativ niedrig: Die einfache

Mehrheit sollte ausreichen, um ein Gesetz oder gar eine Verfassungsänderung zu beschließen.[77]

Zu diesem basisdemokratischen Komplex gehörten im weiteren Sinne auch das Informationsrecht von Bürgerbewegungen (Art. 35, Abs. 2) und des einzelnen Bürgers (Art. 8, Abs. 2), das die »Eingabe«-Praxis der DDR fortschreibende »Recht, sich einzeln und in Gemeinschaft mit anderen mit Anregung, Kritik und Beschwerde an jede staatliche Stelle zu wenden«, samt »Anspruch auf Gehör und begründeten Bescheid in angemessener Frist« (Art. 21, Abs. 5), und nicht zuletzt der besondere Schutz der Privatsphäre (Art. 8, Abs. 1). So wie das Grundgesetz als Antwort auf die Erfahrungen der Weimarer Republik und des Nationalsozialismus formuliert worden ist, enthielt dieser Entwurf einer neuen DDR-Verfassung – der ansonsten sowohl Bestimmungen der Weimarer Verfassung (vor allem zur Sozialstaatlichkeit) als auch des Grundgesetzes (Staatsorganisation) übernahm – Antworten auf die Erfahrungen mit SED-Herrschaft und Staatssicherheit. Auf den Sinn und gar die gesellschaftliche Notwendigkeit einer solchen zweiten, verfassungsrechtlich verankerten »Umkehr« wird seit 1990 immer wieder verwiesen, ohne dass es dafür je eine politische Mehrheit gegeben hat.[78]

Dennoch verpufften diese Ideen nicht mit dem Ende des Runden Tisches und der Entscheidung für die Einheit nach Art. 23. Sie flossen in den Folgejahren sowohl in ein genuin ostwestlich verfasstes *bürgerschaftliches* Verfassungsengagement ein, insbesondere im *Kuratorium für einen demokratischen verfassten Bund deutscher Länder*, das sich am 16. Juni 1990 im Berliner Reichstag gründete, als auch – teils mit personellen Überschneidungen – in *parlamentarische* Verfassungsverhandlungen im Rahmen der weiter oben bereits erwähnten Gemeinsamen Verfassungskommission von Bundesrat und Bundestag (GVK). Die im Verlauf dieser Verfassungsdebatten verhandelten Argumente entstammten einer spezifischen ost- *und* westdeutschen Diskussionstradition, die weit vor den Frühling im Herbst zurückreichte und mit dem Umschalten auf eine schnelle

Beitrittsperspektive nach der Volkskammerwahl eine neue Formung erhielt.

So gaben manche der Frage des Volksentscheids besonderes Gewicht, um die große Ernüchterung zu bewältigen, die mit dem schwachen Abschneiden der Bürgerbewegung in den Volkskammerwahlen vom 18. März (etwa 5 Prozent) eingezogen war. »In unserem Land ist die Kommunikation zwischen Staat und Gesellschaft offensichtlich gestört«, zitierten vier empörte junge Leipzigerinnen und Leipziger am Beginn ihres Flugblatts »Aufbruch 90« den ersten Satz des Gründungsaufrufs des *Neuen Forums* vom September 1989.[79] Diese gewagte Analogie deutet auf das hohe Maß an Enttäuschung hin, das kaum ein halbes Jahr nach dem großen Aufbruch entstanden war. Eine der Unterzeichnerinnen war die 22-jährige Katrin Hattenhauer, eine Veteranin der Leipziger Oppositionsbewegung, die 1988 aus politischen Gründen ihr Theologiestudium hatte abbrechen müssen. Sie hatte im Juni 1989 ein für die Leipziger Protestgeschichte maßgebliches »autonomes« Straßenmusikfestival mitorganisiert und war im August gegen ein Leben in »Leibeigenschaft« sogar in einen Hungerstreik getreten (»Fasten mit vorher nicht festgelegten Variationen – ausdauernd«).[80] Kein Jahr später beklagte sie mit ihren Mitstreitern, dass man bei der Volkskammerwahl im März 1990 »letztmalig nach unserer Meinung gefragt« worden sei, »danach nicht mehr«. Die »Formen der politischen Mitbestimmung« hätten versagt, jetzt werde die »erkämpfte parlamentarische Demokratie vergewaltigt«, und die Regierung ignoriere die »Interessen von Minderheiten, regionale Forderungen und Proteste« ebenso wie ihre eigenen Wahlkampfversprechen. Die »Forderungen aus dem Herbst« seien in großen Teilen nicht erfüllt, vor allem werde »das Volk« nach wie vor nicht in politische Entscheidungsprozesse einbezogen, weder Volksbegehren noch -entscheide seien durchgeführt worden, »weil sie von vornherein nicht vorgesehen sind«. So sei man mit einer Lage konfrontiert, die entmutigen könnte, doch »[w]ir dürfen nicht vergessen, daß *Wir das Volk sind*!

Die Zeit ist längst reif aufzustehen, uns zu beteiligen, aufzubrechen und auch gegen den Willen politisch Herrschender aufzutreten. Wieder ist es so weit: wir müssen protestieren, Regierende und Parlamentarier zwingen, wirklich den Volkswillen zu vertreten. Demokratie braucht die Kraft von uns allen.«[81] So dezidiert diese Deutung der Ereignisse war, so diffus blieben hier die eigentlichen Ziele der damit verbundenen Unterschriftenaktion.

Auch andere Initiativen sahen die Volksentscheidfrage als die wesentliche an – und zwar sowohl in Bezug auf die Ablösung des Grundgesetzes durch eine plebiszitär verabschiedete Verfassung als auch in Bezug auf die strukturelle Verankerung plebiszitärer Elemente in solch einer zukünftigen Verfassung. Das forderten etwa die Anhänger der diversen Gruppen von *Demokratie-Initiative 90*, deren Aktivitäten im Juni 1990 mit zur Gründung des bereits erwähnten *Kuratoriums für einen demokratisch verfassten Bund deutscher Länder* führten. Eine ganze Reihe prominenter Intellektueller, Künstlerinnen und Publizisten aus Ost und West unterstützten damals die im *Kuratorium* gebündelten Forderungen nach einer per Volksabstimmung herbeigeführten neuen Verfassung, darunter Wolfgang Templin, Lea Rosh, Rudolf Bahro, Bärbel Bohley, Günter Grass, Marianne Birthler, Fritz Pleitgen, Petra Kelly oder auch Heribert Prantl. Dem *Kuratorium* gelang es dennoch nicht, in die Breite der Gesellschaft hinein für seine Ideen zu mobilisieren, trotz der Prominenz der Mitglieder und eines beachtlichen Medienechos.[82] Gemessen an der Stimmungslage in der Gesamtbevölkerung vertrat diese einzigartige ost-westdeutsche Initiative mit Blick auf die westdeutsche Teilgesellschaft eine Minderheitenposition, mit Blick auf die ostdeutsche jedoch eine Mehrheitsposition: Im Mai 1990 votierten bei einer Umfrage 58 Prozent der Westdeutschen gegen eine »Änderung des Grundgesetzes in wichtigen Punkten«, nur 28 Prozent waren dafür – die Ostdeutschen wurden seinerzeit dazu noch nicht befragt. Im Oktober 1990 befürworteten dann aber 65 Prozent von ihnen die Einsetzung einer verfassungsgebenden Versammlung, die eine gemeinsame Verfassung ausarbeiten sollte, selbst wenn dadurch die Vereinigung verzögert würde; nur 28 Prozent waren dafür, das Grundgesetz zu übernehmen. Zu diesem Zeitpunkt war das freilich nur noch eine hypothetische Frage, denn die Einheit wurde am 3. Oktober 1990 vollzogen. Auch im Jahr darauf blieb die Einstellungslage gespalten: Im Juni 1991 war eine leicht höhere Minderheit von 31 Prozent im Westen für die Erarbeitung eines neuen Grundgesetzes und dessen Verabschiedung per Volksabstimmung, im Osten wollten das 51 Prozent.[83]

Ganz ähnlich wie das *Kuratorium* schrieb sich auch eine Berliner Initiative zur Gründung einer *Deutschen Jugendpartei* im April 1990 die »Einbeziehung der Menschen beider deutscher Staaten und deren Mitspracherecht (Volksentscheid)« ins Programm. Die Demokratie müsse sich fortan »auch in der BRD frei entfalten können (neue Formen der Basisdemokratie und Opposition)«, forderten die Autoren dieses Entwurfs. Er entfaltete dann die Vision einer friedlichen, entmilitarisierten »Föderativen Republik Deutschland«, die die »Grundrechte der jungen Generation (Recht auf Arbeit, Bildung, Mitbestimmung und Erholung)« wahrte und in der es weder Diskriminierung noch Rechts- und Linksradikalismus und auch keine »Schädigung der sozialen Rechte der Menschen« geben würde.[84]

Wieder andere dachten unabhängig von aktuellen Verfassungsdiskussionen und über die für Dezember anberaumten Bundestagswahlen hinaus über die (kommunale) Verstetigung ihres Demokratieengagements nach. Mit dem »Anschluß der DDR an die Bundesrepublik und der Übernahme des westdeutschen gesellschaftlichen Systems« hatten sich die »die Voraussetzungen und Randbedingungen [sic] politischer Aktivität wesentlich verändert«, so die Lagebeschreibung der *Bürgerliste Leipzig*. Es galt nun, die basisdemokratischen Impulse der Revolution am Leben zu halten. Mit ihren im Herbst 1990 entworfenen Gedanken zu einer eigenen »Programmplattform« wollte die Leipziger Gruppe dazu beitragen, vor Ort »ein Korrektiv und eine Alternative sowohl zum bestehenden parlamentarischen System als auch zu den etablierten Parteien aufzubauen«. Die »parlamentarische Stellvertreterbürokratie« könne nicht das »Endziel demokratischer Entwicklung sein«. Vielmehr bedürfe es der »ständigen Kontrolle, Ergänzung und Veränderung durch Bürgerbewegungen und Basisinitiativen auf allen parlamentarischen und außerparlamentarischen Ebenen«.[85]

Genau genommen ist dieser Entwurf ein frühes Beispiel für die seither immer wieder von den unterschiedlichsten Akteuren versuchte analogisierende Verknüpfung von »'89« als Chiffre für den Sturz des SED-Regimes mit den vermeintlichen politischen Gegebenheiten und Notwendigkeiten der Gegenwart.[86] Die DDR-Bürgerbewegung sei als »basisdemokratischer Gegenentwurf zu den herrschenden gesellschaftlichen Verhältnissen« entstanden, hieß es da weiter. Sie habe mit »neuen Formen der Öffentlichkeit und der unmittelbaren Einbeziehung von Bürgerinteressen, mit Politikangeboten quer zu den tradierten parlamentarischen Spielregeln wesentlich zu den Veränderungen des vergangenen Jahres, zum Aufbrechen verkrusteter gesellschaftlicher Strukturen, zum Sturz einer etablierten, bürgerfernen Politbürokratie beigetragen«. Diese Einsicht und Errungenschaft gelte es zu hegen und zu pflegen – das »Endziel« Demokratie im Einsatz für ein dauerhaftes »Korrektiv« zu parlamentarischer Politik fest im Blick.[87]

Weltanschaulich lag auch diese Plattform nah bei den Grünen, einer Partei, die ausweislich ihres bereits zitierten ersten Bundesprogramms lange dafür eintrat, »der Entscheidung der Basis prinzipiell Vorrang« einzuräumen«. 1989/90 öffnete sich für die Grünen ein weites Fenster zur Verbreitung ihres Konzepts einer »basisdemokratischen Politik«, für die »verstärkte Verwirklichung dezentraler, direkter Demokratie«.[88] Das »*Wir sind das Volk*« der untergegangenen DDR ließ sich aus dieser Perspektive nahtlos in den politischen Diskurs der erweiterten Bundesrepublik hinüberführen. Diesen Umstand illustriert eine Karikatur, die im grünen Parteiprogramm zur Bundestagswahl 1990 abgedruckt war, auf eingängige Weise.

Abb. 4: Aus dem Programm der Partei
Die Grünen zur Bundestagswahl 1990, S. 28.

Selbst wenn die dem Bundeskanzler in den Mund gelegte Frage: »Geht das jetzt auch bei uns los?« die Wirkmächtigkeit dieser Ideen deutlich überschätzte, zeigt auch diese innerdeutsche Übertragung die bemerkenswerte Konvergenz ost- und westdeutscher Demokratiekritikdiskurse.[89]

Die Protagonisten all dieser politisch-programmatischen Vorstöße warben mit einer ausgeprägten Zuversicht und Selbstgewissheit für die Erweiterung, Korrektur oder gar Überwindung der parlamentarischen Demokratie, in der Bürgerinnen und Bürger vermeintlich nur als Statistinnen oder Zuschauer gewünscht waren. Doch in den beiden unscheinbaren, im Leipziger Archiv der Bürgerbewegung aufbewahrten Pappkartons finden sich auch einige leisere Zeugnisse – Vorschläge, die den Weg hin zu »mehr Demokratie« vorsichtiger wägten, ihn eher kulturell als politisch dachten. Zum Abschluss sei beispielhaft ein Artikel des Hallenser Arztes und Psychotherapeuten Johannes Piskorz angeführt, der im Sommer 1990 in der christlich-kritischen Zeitschrift *Publik-Forum* erschien. Deren Chefredakteur war damals jener Wigbert Tocha, der im Februar 1990 von Frankfurt am Main aus nach Leipzig geschrieben hatte, um einen deutsch-deutschen *Arbeitskreis Demokratie* zu gründen. Piskorz forderte in seinem Text unter dem Titel »Plädoyer wider die deutsch-deutsche Unfähigkeit zu trauern« die Deutschen in Ost und West auf, den Fall der Mauer und das Ende der SED-Diktatur zum Anlass zu nehmen, das je eigene Selbstbild infrage zu stellen.[90] Er verstand Demokratisierung als einen deutsch-deutschen Selbsterkenntnisprozess und die Demokratie als einen Ort des Lernens und Reflektierens.

Im Osten des Landes gebe es nach den Erfahrungen einer massenhaft getragenen Diktatur keinen Grund zur Selbstgerechtigkeit. »Kein DDR-Bürger wird von sich sagen können, daß er im tagtäglichen Balanceakt zwischen Verweigerung und Anpassungsstrategie friedlich geblieben sei«. Doch ebenso wenig könne man sich im Westen auf dem Selbstbild der fleißigen Industrienation ausruhen. Die aktuelle Zäsur müsse auch dort »endlich Anlass sein, sich die Augen zu reiben und über [die] eigene Haltung nachzudenken«. Was bedeute der »Stolz auf wirtschaftliche[n] Reichtum – neben einem immer mehr verkümmernden Demokratiebewusstsein«? Zugleich beobachtete der Autor das »vorerst milde und sicher bald spöttische Lächeln auf westlichen Gesichtern über die demokratischen Gehversuche dieser schlichten Naturkinder aus der DDR, die man vorerst als schmückende Staffage noch gern sieht«. Und schließlich sei fraglich, was man eigentlich aus der Geschichte gelernt habe, wenn der große deutsche Einheitsdrang die Einwohner der europäischen Nachbarländer so unvermittelt wieder »zu Menschen geringerer Wichtigkeit geraten« lasse.

Dabei sei der Umbruch von 1989 ein Grund, in beiden Teilen Deutschlands endlich »die Fähigkeit zu trauern« zu lernen und daraus Konsequenzen zu ziehen. In außenpolitischer Hinsicht hieße das beispielsweise, »zugunsten einer gleichberechtigten Einigung Mitteleuropas auf die (national-)staatliche Einheit der Deutschen – zumindest bis auf weiteres – zu verzichten«. Nach innen gerichtet plädierte Piskorz dafür, in der DDR »eine Art ›Volktrauertag‹« einzuführen. Mit ihm könnte »das Bewusstsein wachgehalten werden [...], dass die Gratwanderung zwischen Verweigerung und Anpassung zu unserer DDR-Geschichte gehört und dass es gilt die Gegenwart daraufhin zu überprüfen«.[91] Der Hallenser Arzt sprach damit auf visionäre Weise einen Zusammenhang an, den man wenig später als »Aufarbeitung der SED-Diktatur« bezeichnen würde. Trotz – oder gerade wegen – der langjährigen Ausrichtung dieser »Aufarbeitung« auf die Täter und Opfer und zu wenig auf die *gesellschaftlichen* Grundlagen dieser Diktatur (samt ihrer wirkmächtigen Demokratiebekenntnistradition) sind die Geschichte und Folgen dieser ewigen »Gratwanderung« sowie deren Relevanz für Ost *und* West mehr als 30 Jahre nach dem Ende der DDR noch immer nicht hinreichend aufgearbeitet.[92]

Aufbruch der Alternativen. Von der Konsensdiktatur zur Konsensdemokratie?

Wenn man nun die beiden Archivkartons im Geiste wieder schließt, was bleibt dann in der Gesamtschau von den tausend Aufbrüchen, Entwürfen und Ideen des Umbruchs? Und wie lassen sie sich im Spiegel anderer, nicht anekdotisch, sondern systematisch überlieferter Daten aus jener Zeit deuten – neben Wahlergebnissen etwa auch den Erkenntnissen der damaligen Meinungs- und Einstellungsforschung?

Alle mittelfristigen Versuche, direktdemokratische und plebiszitäre Elemente als »Impulse aus der Deutschen Einheit« ins Grundgesetz aufzunehmen, scheiterten 1994 am Ende der Arbeit der aus dem Einigungsvertrag hervorgegangenen Gemeinsamen Verfassungskommission von Bundesrat und Bundestag (GVK) an den politischen Mehrheitsverhältnissen im Bundestag; auf Länderebene sind sie hingegen inzwischen weit verbreitet.[93] Die »Ergänzung, Bereicherung, Differenzierung, Öffnung [und] Sensibilisierung« des parlamentarischen Systems »für die konkreten Bürgerinteressen«, für die sich neben anderen der ostdeutsche Kulturwissenschaftler Wolfgang Thierse einsetzte, der dem *Neuen Forum* angehört hatte und als SPD-Bundestagsabgeordneter Mitglied der GVK war, konnte sich auf Bundesebene nicht durchsetzen. Thierse hatte in einer Sitzung der Kommission im Mai 1992 ebenso eindringlich wie vergeblich darauf hingewiesen, dass die »positive Erfahrung« des demokratischen Aufbruchs vom Herbst 1989 »auf eine überraschende Weise mit einem Schwächezustand der Parteiendemokratie in der alten Bundesrepublik« korrespondiert habe. Diesen Moment hätte man konstruktiv, schöpferisch nutzen können – mit Vorschlägen zur Bereicherung und keineswegs »Delegitimierung des parlamentarischen Systems«, wie die zahlreichen Kritiker meinten.

Von den über 800 000 Bürgerbriefen, die zwischen 1992 und 1994 im GVK-Sekretariat eingingen und die zu über 90 Prozent aus Westdeutschland kamen, ist nur ein Bruchteil überliefert. Wortmeldungen, die die Aufnahme plebiszitärer Elemente in das Grundgesetz forderten, machten den mit Abstand größten Teil der Zuschriften aus: rund ein Drittel. Auf diese Zuschriften und die Bedeutung dieser parlamentarisch weitgehend folgenlosen, zivilgesellschaftlich aber dennoch bedeutsamen deutsch-deutschen Reformdiskussion mitten in der »Vereinigungskrise« (Jürgen Kocka) wird im nächsten Kapitel noch einmal zurückzukommen sein.[94] An dieser Stelle genüge der Hinweis, dass sich 1993/94 die Stimmung im Land deutlich eingetrübt hatte – sie changierte zwischen »westdeutschem ›Zurück zur Normalität‹ und ostdeutschem beginnenden ›Vereinigungskater‹«, wie es Christopher Banditt treffend formuliert hat.[95] Abgesehen von SPD und Bündnis 90/Die Grünen gab es schlicht zu wenige Parlamentarierinnen und Parlamentarier, die diesen Moment der demokratiepolitischen Selbstverständigung damals als Chance einer deutsch-deutschen Demokratisierung der Demokratie begreifen wollten.[96]

Die von Thierse beschworene »positive Erfahrung« des Umbruchs markierte, demokratietheoretisch und -geschichtlich betrachtet, freilich ein recht spezifisches Konglomerat an Politikvorstellungen und Demokratieentwürfen. Nicht nur infolge der faktischen straßendemokratischen Kraft, mit der im Herbst 1989 Hunderttausende Menschen ein politisches Regime in die Knie zwangen, sondern auch geprägt durch die spezifische ostdeutsche Demokratieanspruchsgeschichte *vor* 1989, kreisten die meisten programmatischen Entwürfe jener Zeit um basis- und direktdemokratische Ideale, die als kritische Ergänzung, perspektivische Alternative oder gar radikaler Gegenentwurf zum parlamentarischen System der Bundesrepublik (und zum Einparteiensystem des SED-Staates) verhandelt wurden. Ebenso dominant war die Vorstellung einer – zumindest vorübergehend – *alle* Mitglieder der Gesellschaft betreffenden Gesprächs- und Reformbedürftigkeit, die im Übergang von einer diktatorisch gelenkten über eine innerostdeutsch-panfamiliär geformte bis hin zu einer gesamtdeutsch-entgrenzten Öffentlichkeit jeden einzelnen der *tausend Aufbrüche* durchdrang.

Mit der unter Beteiligung von mehr als 90 Prozent der Ostdeutschen über ein frei gewähltes Parlament herbeigeführten Mehrheitsentscheidung für den Beitritt zur »alten« Bundesrepublik in den Märzwahlen war dann der Weg in die Repräsentativdemokratie alsbald vorgezeichnet. Deren Stärke und Qualität würden darüber entscheiden, ob die basis- und direktdemokratischen Impulse des Umbruchs als Enttäuschung oder Bereicherung versiegen würden oder ob sie möglicherweise doch auf anderen Wegen – konstruktiv oder destruktiv – in die politische Kultur der Berliner Republik einfließen könnten.

Bevor uns diese weiteren Entwicklungen im nächsten Kapitel intensiver beschäftigen werden, ist zunächst zu resümieren, was die spezifischen Demokratievorstellungen und -impulse des Umbruchs in ihrer ganzen Bandbreite und Ambivalenz kennzeichnete. Angel- und Fluchtpunkt aller 1989/90 verhandelten Ideen von Basisdemokratie war ein imaginiertes, mit Wesen und Wille ausgestattetes »Unten«, wahlweise als »das Volk« oder »der Bürger« gefasst. In Abgrenzung sowohl zur SED-Einparteienherrschaft als auch zur als »Zuschauer«- und »Stellvertreterdemokratie« kritisierten parlamentarischen Demokratie wurde »das Volk« dabei nicht als das vermeintliche Objekt politischer Entscheidungen gedacht, sondern dessen Mitglieder als »Subjekte des politischen Handelns«[97] ins Zentrum der anvisierten politischen Ordnung gestellt. Diese Ordnung würde so »den Volkswillen« verkörpern und damit *unmittelbar* verwirklichen. »Der Einzelne soll durch die Gemeinschaft getragen werden«, lautete ein allseits geteiltes Grundprinzip.[98] Es fußte auf einem imaginierten Kollektivinteresse (»Wir alle«), das einerseits als eindeutig und einheitlich identifizierbar galt und in dem andererseits individuelle Rechte und Bedürfnisse *unvermittelte* Gültigkeit erfahren würden. »Jede Erscheinungsform des Parteienstaats«, also jede wie auch immer parlamentarisch verfasste Ordnung samt ihrer repräsentativ organisierten Beratungs- und Entscheidungsprozesse, wäre in solch einer vermeintlich idealdemokratischen Ordnung den »jederzeit aktivierbaren souveränen Entscheidungen des Volkes untergeordnet«, wie es die *Initiative Volkswille* formuliert hatte.[99]

Dafür finden sich in den für die Analyse herangezogenen Dokumenten zahlreiche Hinweise. Auffällig oft ist also von einer gesellschaftlichen Zukunft die Rede, in der Bürgerinnen und Bürger »direkt« und »unvermittelt« in politische Entscheidungsprozesse eingebunden wären. »Erst wenn der Einzelne, unabhängig von Parteien und Organisationen, in die Gestaltung der Gesellschaft *eingreifen* kann, ist direkte Demokratie verwirklicht«, konstatierte die *Freie Initiative '89 Volksentscheid*; nur plebiszitäre Beteiligungsformen würden den » notwendigen demokratischen Ausgleich in unserer Gesellschaft« herstellen können.[100] Man müsse »Regierende und Parlamentarier *zwingen, wirklich* den Volkswillen zu vertreten.

Demokratie braucht die Kraft von *uns allen*«, meinten die Verfasserinnen und Verfasser des Aufrufs *Aufbruch 90*.[101] Oder schließlich noch einmal die *Demokratie-Initiative 90*: Wer wolle, dass eine Unterschriftensammlung mehr darstellt als einen »moralische[n] Akt«, um den sich niemand zu kümmern braucht, wer wolle, dass »die Parteienpolitik auch zwischen den Wahlen beeinflußbar bleibt, wer über die wesentlichen Fragen unserer Entwicklung selbst entscheiden« wolle, der müsse die Volksgesetzgebung befürworten.[102]

Aus diesen spezifischen Repräsentations- und Partizipationsforderungen sprach eine tiefe Sehnsucht nach »Konsens«, nach gesellschaftlichem Ausgleich und sozialem Frieden. So begründete besagte *Demokratie-Initiative 90* die Forderung nach verfassungsmäßig verankerten Volksgesetzgebungsmöglichkeiten mit dem Argument, dass nur sie zwischen Regierenden und Regierten einen »ständigen Konsens mit getroffenen Entscheidungen [...] garantieren« könnten.[103] Die Anhänger der Idee eines Volksstaates, der per »Siebener«-Wahl nach altdeutsch-dörflichem Muster geschaffen werden sollte, wünschten sich eine Gesellschaft, in der »alles, was Unfrieden stiftet, und stiften kann, in Zukunft nicht mehr existent sein soll«.[104] Auch die programmatischen Texte der Opposition durchzog generell das Ideal eines gesellschaftlichen Konsenses, auf den es jetzt ankomme und den es (wieder) herzustellen gelte.[105] Und nicht zuletzt der Runde Tisch wurde von seinen Protagonisten weit über sein Bestehen hinaus für seine »ideologieunabhängige« Konsens- und zugleich Entscheidungsfähigkeit als innovativer Politikentwurf gefeiert. Die dort praktizierte »Zirkularperspektive«, so Wolfgang Ullmann, habe – in bewusster Abgrenzung zur »linearen« Rechts-links-Logik der Parteiendemokratie – in geradezu idealtypischer Weise mit dem »auf ihm lastenden Zwang zum Konsens« korrespondiert.[106]

Wie lassen sich nun diese Vorstellungen in den weiteren zeithistorischen Kontext einordnen? Um ihre damalige gesellschaftliche Reichweite beurteilen zu können, ist die zeitgenössische Einstellungsforschung höchst instruktiv. Freilich muss man den Blick dafür gewissermaßen umkehren, denn die Meinungsforscher stellten seinerzeit keine offenen Fragen nach dem Demokratieverständnis ihrer Zeitgenossen, sondern gaben jeweils einen bestimmten Antwortrahmen vor. Dennoch sind die Ergebnisse dieser Umfragen relevant und helfen bei der Einordnung der in den Quellen überlieferten Demokratievorstellungen des Umbruchs – nicht zuletzt, weil ab Ende 1989 auch ostdeutsche Bürgerinnen und Bürger befragt werden konnten. Als 1990 in einer Umfrage eine Liste mit den wichtigsten Demokratie-Merkmalen von »Presse- und Meinungsfreiheit« bis »Eine Armee, die auch für die Ordnung im Innern eines Landes sorgt« abgefragt wurde, lagen die Deutschen in Ost und West in den meisten Punkten nicht weit auseinander. Über 80 Prozent betrachteten jeweils Presse- und Meinungsfreiheit, ein Mehrparteiensystem sowie regelmäßige freie und geheime Wahlen als essenziell. Die markantesten Unterschiede gab es in zwei Punkten: bei der Befürwortung von Volksabstimmungen (Ost 75 Prozent, West 52 Prozent) und einer auch im Inneren für »Ordnung sorgenden« Armee (Ost 38 Prozent, West 23 Prozent).[107] Auf die Frage nach der Zustimmung zur Demokratie war das Bild ähnlich: Im April 1991 hielten sie im Westen 86 Prozent und im Osten 70 Prozent prinzipiell für die »beste Staatsform«; noch größer war die Differenz in Bezug auf die »Demokratie, die wir in der Bundesrepublik haben«: 80 Prozent der Westdeutschen schätzten diese als die beste ein, aber nur 31 Prozent der Ostdeutschen.

So viel diese Erhebung über das Bild der damals real erfahrenen Ordnung aussagt, so wenig sagt sie darüber, *wie* sich die Befragten jene Demokratie genau vorstellten, die sie jeweils für die prinzipiell beste hielten. Dazu lässt sich zuletzt eine Umfrage vom September 1991 heranziehen, mit der unter dem Titel »Demokratieverständnis« eine Reihe von Haltungen zur demokratischen Gesellschaft erfasst wurden. Die Befragten konnten in einem Spektrum von volle Ablehnung bis volle Zustimmung antworten. Die drei Aussagen, bei denen sich ost- und westdeutsche Haltungen am stärksten unterschieden, spiegeln einige der zentralen Prämissen, unter denen Demokratie im Umbruch in der ostdeutschen Gesellschaft verhandelt worden war. In den »Neuen Ländern« stimmte man den folgenden Aussagen deutlich stärker zu: »Die Interessen des ganzen Volkes sollten immer über den Sonderinteressen des Einzelnen stehen«, »Aufgabe der politischen Opposition ist es nicht, die Regierung zu kritisieren, sondern sie zu unterstützen« und »In jeder demokratischen Gesellschaft gibt es bestimmte Konflikte, die mit Gewalt ausgetragen werden müssen«.[108]

Sowohl aus den überlieferten Selbstzeugnissen der demokratischen Revolution als auch in diesen zeitgleich durchgeführten Umfragen spricht ein ebenso nachdrückliches wie widersprüchliches Bedürfnis nach Autonomie und Harmonie, Eigen- und Gemeinsinn, individueller Wirkmacht und kollektiver Kontrolle. Demokratie wurde in der ostdeutschen Gesellschaft im Umbruch 1989/90 – jener besondere historische Moment des Aufeinanderprallens von Geschichte, Gegenwart und Zukunft – sehr intensiv als Lebenswelterfahrung und -problem und nur sehr selten als politisch-rechtliche Ordnungs- und Verfahrensfrage verhandelt. Und letztlich ist es nach Jahrzehnten des Ringens um die »sozialistische Demokratie« auch nicht überraschend, dass sich eine Gesellschaft nach dem »Konkurs der Konsensdiktatur« (Martin Sabrow) ihre Zukunft fast nur als zutiefst ambivalente Konsensdemokratie vorstellen konnte.[109]

4 Geteilte Demokratie: Ankunft in der Berliner Republik

Mit der Vereinigung liegt eine Bewährungsprobe vor uns, die von uns allen in Ost und West neues, offenes Denken und Handeln erfordert. [...] Für diese Aufgabe ist es erforderlich, daß die Regierenden den ganz unterschiedlichen Realitäten in den beiden Teilen Deutschlands täglich konkret und praktisch begegnen. Erst recht gilt dies aber für die geistigen Prozesse. Dazu gehört die empfindsame Verarbeitung der Geschichte, zumal der letzten vierzig Jahre, mit ihren gänzlich unterschiedlichen Erfahrungen in Ost und West. Wie wir uns in dieser Aufgabe bewähren, wird wesentlich zur Antwort darauf beitragen, wie gut uns die Vereinigung gelingt und wer wir zusammen sein werden. [...] In Berlin haben wir, wie nirgends sonst, erfahren, was die Teilung bedeutet. In Berlin erkennen wir, wie nirgends sonst, was die Vereinigung von uns erfordert. Hier ist der Platz für die politisch verantwortliche Führung Deutschlands.[1]

RICHARD VON WEIZSÄCKER, REDE ZUR VERLEIHUNG DER EHRENBÜRGERSCHAFT BERLINS, 29. JUNI 1990

Der 5. Januar 2005 ist ein windig-kalter Mittwoch. An diesem Morgen hat sich der sozialdemokratische Bundeswirtschaftsminister Wolfgang Clement für einen Besuch im Arbeitsamt Wismar angekündigt. Er möchte sich im Beisein von Journalisten und Fernsehkameras vor Ort vom reibungslosen Inkrafttreten der sogenannten Hartz-IV-Reform überzeugen. Nachdem sich der Minister bei den örtlichen Mitarbeiterinnen dafür bedankt hat, dass letztlich alles doch sehr gut geklappt habe, trifft er auf dem Weg nach draußen im Gang auf einen Mann mittleren Alters. Spontan spricht er ihn an: »Was haben Sie denn gelernt?« Kaum hörbar antwortet der Mann: »Gelernter Schlosser.« – »Und da kriegen Sie keinen Job?« – »Alles versucht.« – »Handwerk auch nicht?« – »Bei uns gibt's doch fast kein Handwerk mehr.« – »Ach was!«[2]

Auf diese Mischung aus Erstaunen und Machtwort folgt ein kurzer Moment der Irritation, dann wendet sich der Minister noch einmal den anwesenden Journalisten zu. Die Kameras schwenken auf ihn, vom arbeitssuchenden Schlosser ist nur noch ein Ärmel am Bildrand zu sehen. Es brauche »natürlich mehr wirtschaftliches Wachstum, vor allem hier in Ostdeutschland«, sagt Clement, und schon ist der Moment der Irritation verflogen. Zudem bedürfe es einer »besseren Vermittlung« in den Arbeitsmarkt, einer »neuen Kultur« der Dienstleistungsbereitschaft gegenüber Arbeitslosen als »Kunden« in den lokalen »Agenturen für Arbeit«, wie die Arbeitsämter jetzt hießen – genau darauf ziele ja die jüngste Arbeitsmarktreform der Regierung ab. »Wie sehen Sie das denn, was der Minister jetzt gesagt hat, haben Sie da Hoffnung?«, wird der Schlosser wieder ins Bild geholt. »Glaub nicht«, antwortet der Mann und berichtet in kurzen Sätzen von den vielen Jahren, die er mit Gemeindearbeit, mit Kultur und Sport verbracht habe. Wischt sich wiederholt über das linke Auge, schluckt: Aber ohne Arbeit gehöre man zum »alten Eisen«. Nackt fühle er sich.

Diese Szene steht exemplarisch für die beredte Sprachlosigkeit, mit der die gigantischen politischen, wirtschaftlichen und sozialen Veränderungen seit dem Umbruch von 1989/90 in der Berliner Republik verhandelt werden. Sicher haben diese Veränderungen und ihre längerfristigen Folgen – wie etwa die Hartz-IV-Reformen – das gesamte Land und nicht nur die ostdeutsche Gesellschaft erfasst, Letztere aber doch in besonderer Weise. So trafen an jenem Mittwochmorgen auf dem Gang des Wismarer Arbeitsamtes zwei Welten aufeinander, wie sie unterschiedlicher nicht sein konnten: Staat und Bürger, Minister und Wähler (vielleicht), Politik und Gesellschaft, Hauptstadt und Provinz, West und Ost, Macht und Ohnmacht. Richard von Weizsäcker hatte 1990, wie im Eingangszitat dieses Kapitels zitiert, zum Auftakt der Hauptstadtdebatte in seinem Plädoyer für Berlin gemahnt, dass Politiker künftig den »ganz unterschiedlichen Realitäten in den beiden Teilen Deutschlands täglich konkret und praktisch begegnen« müssten.[3] Auch wenn der hier unterstellte direkte Zusammenhang zwischen lokaler Anschauung und guter Politik fragwürdig ist, fällt die Bilanz dieses tagtäglichen Begegnungszwangs in und mit Berlin und damit Ostdeutschland in der Rückschau recht gemischt aus. Wie noch zu zeigen sein wird, war und ist die Bundespolitik mit der ostdeutschen Lage zu wenig vertraut; und die spezifisch ostdeutschen Herausforderungen infolge der Deutschen Einheit sind bis heute nur teilweise gemeistert.

Belegt ist die geschilderte Szene zwischen einem Minister und einem Arbeitssuchendem heute nur noch deshalb, weil sie in den

Dokumentarfilm *Neue Wut* (2005) von Martin Keßler eingeflossen und so Teil der zeithistorischen Überlieferung geworden ist. Die staatliche Überlieferung aus jener Zeit bleibt bis zum Jahr 2035 unzugänglich. Man muss dieses Aufeinandertreffen nicht überstilisieren, um darin ein Sinnbild für die rauen Zeiten zu sehen, die bald nach dem Sieg der Freiheit und dem Fest der Einheit angebrochen waren.

Die Szene wirft ein Schlaglicht auf das damals »seit vielen Jahren wuchernde gesellschaftliche Übel der Arbeitslosigkeit«. So hatte es Peter Hartz, der 2002 von Kanzler Gerhard Schröder berufene VW-Betriebsrat, im Vorwort zum Abschlussbericht seiner Kommission formuliert. Dieses Übel gedachten er und seine überwiegend aus der Privatwirtschaft kommenden Mitstreiter »jenseits der festgefahrenen Diskussionsfronten mit innovativen und konsensfähigen Vorschlägen wirksam und nachhaltig«[4] anzugehen. Das zweite Kabinett Schröder (2002–2005) hatte »Erneuerung – Nachhaltigkeit – Gerechtigkeit« auf die Titelseite ihres Koalitionsvertrages geschrieben. Deutschland sei »ein Land mit dem Mut zur Veränderung«, und nach einer ersten erfolgreichen Legislaturperiode unter Rot-Grün brauche es nun »neuen Schwung beim Kampf gegen die Arbeitslosigkeit«. Mit der Bündelung der Ressorts Wirtschaft und Arbeit (in der Verantwortung Clements) sowie der schnellstmöglichen Umsetzung der Vorschläge der Hartz-Kommission würde die »größte Arbeitsmarktreform in der Geschichte der Bundesrepublik« auf den Weg gebracht.[5] Heute, 20 Jahre später, gilt diese Reform als zugleich geglückt und gescheitert: Viele der Neuerungen haben in der Tat dazu beigetragen, die Arbeitslosigkeit zu senken und den Arbeitsmarkt zu »modernisieren«, »krisenfester« zu machen. Doch zugleich haben der Ton, die Ansprache, das *Framing* von Menschen ohne Arbeit als faule oder zumindest bequeme Nutznießer des Sozialsystems, die im Grund selbst für ihr Schicksal verantwortlich seien, nicht nur die SPD in ihren Grundfesten erschüttert, sondern das Raue zum Markenkern deutscher Gesellschaftsdebatten werden lassen.[6]

Auch und gerade weil es im Folgenden um Politik im weitesten Sinne geht, um Spuren der vor und um 1989 gewachsenen Vorstellungen von Demokratie und des damit einhergehenden Bürgerselbstverständnisses im vereinigten Deutschland, um Fragen von Partizipation und Repräsentation in einer ostwestlich integrierten Perspektive, sind die wirtschaftlichen und sozialen Verwerfungen der ersten Jahre und Jahrzehnte nach der Deutschen Einheit der entscheidende Kontext, vor dem diese politische Kulturgeschichte *nach* dem Umbruch zu schreiben ist.[7] Die zeithistorische Forschung wendet sich diesen Verwerfungen auf der empirischen Ebene gerade erst intensiver zu, bleibt aber auf die Öffnung der staatlichen Archive oder Sondereditionen angewiesen. Zugleich kann sie auf eine Vielzahl von thesen- und beobachtungsstarken sozialwissenschaftlichen Analysen aufbauen, die vor allem die Struktur- und Kulturbrüche, die »Frakturen« (Steffen Mau) und Verletzungen in der ostdeutschen Gesellschaft thematisieren.[8] Erst allmählich gelangt auch die westdeutsche und europäisch-globale – mit Philipp Ther gesprochen – »ko-transformatorische« Seite dieser Nachwendegeschichte in den Blick.[9]

Vor diesem Hintergrund zeigt das, was sich an jenem Januartag im Jahre 2005 zwischen einem Minister und einem Schlosser im Arbeitsamt Wismar abspielte, in höchst verdichteter Form die Zäsuren, Blessuren und Konturen der deutsch-deutschen Vereinigungsgeschichte. Neben der Frage der wirtschaftlichen Lage in spezifischen Regionen des Landes – und wie vertraut der Minister damit eigentlich war – drängen sich Fragen nicht nur der soziokulturellen, sondern auch der politischen Teilhabe auf. Welche spezifischen Erfahrungen mit der parlamentarischen Demokratie und welche Erwartungen an sie bewegten die erweiterte Republik? Wie veränderte das nahezu unverändert übernommene politische und wirtschaftliche System der alten Bundesrepublik die ostdeutsche Gesellschaft? Und wie prägten wiederum ostdeutsche Politik-, Bürger- und Demokratievorstellungen sowie insbesondere die

Impulse aus der 1989er-Revolution die Jahrzehnte seit der Deutschen Einheit?

Mit dem Schritt in die Nachwendezeit verändert sich unsere Quellengrundlage merklich. Für die Beantwortung der genannten Fragen stehen Bürgerkorrespondenzen aus staatlichen Überlieferungszusammenhängen in weit geringerem Maße zur Verfügung als für die 1980er Jahre. Insofern müssen verstärkt andere Quellen dafür herangezogen werden, etwa die Presse-, Fernseh- und Rundfunkberichterstattung oder Dokumentarfilme wie den eingangs zitierten Film *Neue Wut*, und für die Zeit nach 2000 lässt sich zunehmend auch auf die Überlieferung aus den sozialen Medien zurückgreifen. Relevant bleiben darüber hinaus politik- und sozialwissenschaftliche Arbeiten sowie die Einstellungs- und Wahlforschung, die wie beispielsweise die von Wilhelm Heitmeyer geleitete Langzeiterhebung *Deutsche Zustände* (2002–2011) immer differenzierter und problemorientierter geworden ist.

Die Tatsache, dass für die Zeit nach 1990 wesentlich weniger überlieferte Bürgerbriefe vorliegen, hat vor allem zwei Gründe: Zum einen existieren sie nach dem Untergang der DDR und ihrer staatlichen Einrichtungen einschließlich der Staatssicherheit in dieser Form für Ostdeutschland schlichtweg nicht mehr, und zum anderen sind derzeit für die bundes- oder gesamtdeutsche Überlieferung vergleichbare Bestände des Bundespräsidialamtes aus rechtlichen Gründen nur bis Anfang der 1990er Jahre verfügbar. Erst seit relativ kurzer Zeit zugänglich ist jedoch der Bestand an Bürgerbriefen zu einer Kontroverse, die wie keine zweite die frühen Nachwendejahre bewegte: die Hauptstadtdebatte 1990/91. In ihr artikulierten sich ost- und westdeutsche Staats- und Gesellschaftsvorstellungen nicht nur auf der Parteien- und Regierungsebene oder im politischen Feuilleton, sondern wiederum auch zu Tausenden in Wortmeldungen aus der Breite der Gesellschaft. In den Bürgerbriefen an Bundespräsident Richard von Weizsäcker zur Bonn-Berlin-Frage, die 15 Aktenbände füllen, finden sich – gewissermaßen als Nebenprodukt dieser ersten gesamtdeutschen Großkontroverse – auch Spuren des jeweils spezifischen, historisch gewachsenen Demokratie-, Politik- und Staatsverständnisses.[10] Und auch in diesem Kontext spielten der Bürgerbegriff, Staats- und Republikvorstellungen sowie die Selbstsicht von Bürgerinnen und Bürgern eine wichtige Rolle. Denn eine der Zuspitzungen der Hauptstadtfrage bestand darin, dass auf allen Seiten der Kontroverse davon ausgegangen wurde, mit der Entscheidung für oder gegen Berlin werde auf einer weit mehr als nur symbolischen Ebene ein historisches Votum über den künftigen Status der Ostdeutschen im vereinigten Deutschland gefällt.

Ein zweiter bereits heute in Teilen zugänglicher Bestand an Bürgerpost für die Zeit nach 1990 ist im Bereich der parlamentarischen Ausschussarbeit überliefert. Von besonderer Bedeutung ist hier die bereits erwähnte Gemeinsame Verfassungskommission von Bundestag und Bundesrat. Sie erhielt zwischen 1992 und 1994 über 800 000 Bürgerbriefe, von denen allerdings nur ein – dennoch aussagekräftiger – Bruchteil überliefert ist. Die Verhandlungen über eine Ergänzung des Grundgesetzes etwa im Bereich Staatsziele, Grundrechte und Bürgerbeteiligung, die hier unter beachtlicher parlamentarischer, medialer und bürgerschaftlicher Anteilnahme geführt wurden, stellten mitten im bald allgegenwärtigen Vereinigungskrisendiskurs einen einzigartigen Moment deutsch-deutscher »Verzivilgesellschaftung« dar.[11]

Im Verlauf dieses und des folgenden Kapitels wird sich der Fokus somit allmählich auf die weitere parteien-, wahl- und politikgeschichtliche Ebene verschieben. Das ist freilich keineswegs nur der Quellenlage geschuldet, sondern findet seine Rechtfertigung auch in der Sache selbst. Denn grundlegend betrachtet lässt sich die Frage nach den Konvergenzen und Divergenzen ost- und westdeutscher Demokratievorstellungen an zwei Entwicklungen erörtern, in denen das ostdeutsche Moment – im Sinne einer aus der DDR herüberreichenden, spezifischen politischen Kulturtradition – überdeutlich in die Berliner Republik hineinwirkte: an dem maßgeblich von ostdeutschen Wahlerfolgen getriebenen Aufstieg der AfD und an der Kanzlerschaft Angela Merkels, der ostdeutschen Pfarrerstochter, um die es im nächsten Kapitel gehen wird. Dass diese beiden Entwicklungen zweifellos und zugleich auf schwer fassbare Weise miteinander in Beziehung stehen, ist der Ausgangspunkt der hier folgenden Überlegungen.

Suche nach Überschaubarkeit. Das letzte Jahr eines geteilten Landes

Dem Frühling im Herbst folgten kühle, mitunter stürmische Zeiten. Mit den Volkskammerwahlen im März 1990 und der anhaltenden Unsicherheit der Lage, im Großen wie im Kleinen, gerieten die meisten der *tausend Aufbrüche* bald in Vergessenheit. Die demokratische Aufbruchsstimmung des Revolutionsherbstes wich in Ost *und* West einem Zwangsläufigkeitsgefühl, das die Bundesregierung angesichts der wirtschaftlichen Situation und der anhaltenden Abwanderungsbewegung – zeitweise verließen bis zu 2500 Menschen pro Tag die DDR – zwar mit wohlklingenden Perspektivversprechen einzufangen suchte: So versprach die CDU im Wahlkampf ein ostdeutsches »Wirtschaftswunder« in Freiheit und Sicherheit.[12] Zugleich forcierte sie dieses Gefühl aber auch mit ihrem forschen Eintreten für eine schnelle Einheit nach *Bonner* Prämissen. Nicht zuletzt glaubte Bundeskanzler Helmut Kohl vor allem mit Blick auf die politische Lage in der Sowjetunion, dass dafür nur ein begrenzter Möglichkeitsraum zur Verfügung stand. Im Mai 1990 verglich er sein Handeln mit dem eines Bauern, der »vorsorglich, weil möglicherweise ein Gewitter droht, die Heuernte einbringen möchte«. Ein Historiker hat dieses Wechselspiel aus faktischem und forciertem Handlungsdruck treffend als das Ergebnis eines »kontrolliert provozierenden« Vorgehens umschrieben.[13]

Gerade demokratiegeschichtlich betrachtet waren diese letzten Monate der DDR und des geteilten Deutschlands also von einer großen Spannung und Ambivalenz gekennzeichnet. Da waren einerseits die diversen Bürgerinitiativen, die sich mehr oder weniger frustriert an der Tatsache abarbeiteten, dass mit dem Sieg der *Allianz für Deutschland* der Weg – gar »Königsweg« (Helmut Kohl) – ins neue Deutschland unvermeidlich nur über »etablierte« parlamentarische Verfahren führen würde und damit die Aussichten für einen »basisdemokratischen Gegenentwurf«, wie ihn sich etwa die *Bürgerliste Leipzig* vorgestellt hatte, denkbar schlecht standen.[14] Ostwestlich geteilte Hoffnungen auf eine »Weiterentwicklung« oder »Korrektur« der bundesdeutschen demokratischen Ordnung im Zuge der Einheit bündelten sich beispielsweise im bereits erwähnten *Kuratorium für einen demokratisch verfassten Bund deutscher Länder.* Es wurde Mitte Juni 1990 gegründet, wenige Wochen nachdem die neu gewählte Volkskammer es mit knapper Mehrheit abgelehnt hatte, den am Runden Tisch in konsensverpflichteter »Zirkularperspektive« erarbeiteten DDR-Verfassungsentwurf zu erörtern. Und nicht zuletzt engagierten sich viele Politikerinnen und Politiker in den beiden Oppositionsparteien SPD und Grüne (für die das Ende der DDR zunächst keineswegs zwangsläufig auch das Ende der Zweistaatlichkeit bedeutete) dafür, diesen historischen Moment als Chance für grundlegende Reformen der bundesdeutschen Demokratie zu sehen und entsprechend zu gestalten. Sie fanden damit im Jahr der Deutschen Einheit in der Wählerschaft freilich nur begrenzten Anklang.[15]

Andererseits begannen im Frühjahr 1990 auf weltpolitischer Ebene die Zwei-plus-Vier-Verhandlungen und auf innenpolitischer Ebene die Vorbereitungen für eine Wirtschafts-, Währungs- und Sozialunion sowie die Arbeiten an einem Vertragswerk für den Beitritt nach Artikel 23 des Grundgesetzes. Im Zuge dieser in politischer, rechtlicher, sachlicher und organisatorischer Hinsicht höchst anspruchsvollen Vorbereitungen wurde immer wieder darauf hingewiesen, dass eine Einigung auf Augenhöhe erreicht werden müsse. Intern erörterte man, allerdings eher theoretisch als praktisch, auf welche Weise das »freiheitliche Ideengut der friedlichen DDR-Revolution« in das vereinigte Deutschland eingehen könnte, wie es Bundesinnenminister Wolfgang Schäuble in einer internen Ausarbeitung zur Beitrittsfrage Ende Februar 1990 formulierte.[16] Für den Fall einer Vereinigung nach Artikel 23 müsse man der DDR das Recht einräumen, ihren Entschluss »in Vorverhandlungen von Änderungen des Grundgesetzes abhängig« zu machen, die »über bloße Anpassungsänderungen hinausgehen«, notierte Schäuble weiter. Die Bundesrepublik müsse sich »solchen Wünschen fair und offen stellen und – im Interesse der Wiedervereinigung – um einen für beide Seiten annehmbaren Konsens bemüht sein«. Am Ende seiner Ausarbeitung hielt der Minister auch fest, dass die Entscheidung über den Sitz von Parlament und Regierung, also die Hauptstadtfrage, »grundsätzlich dem Bundestag/der verfassungsgebenden Nationalversammlung durch Gesetzgebungsakt« zustehe.[17]

Mit Blick auf die Verfassung eines vereinten Deutschlands hatte sich auch der Bundeskanzler – zunächst und wohl nur halb durchdacht – flexibel gezeigt. Am 2. Februar hatten ihm Mitarbeiter zwei Strategiepapiere für den anstehenden Volkskammer-Wahlkampf vorgelegt, mit denen ein »*heilsame[r] Entscheidungsdruck*« erzeugt werden sollte. Es gelte, ein »deutliches Signal gegenüber den potentiell ausreisebereiten Menschen in der DDR« auszusenden, »daß sich die Verhältnisse in ihrer Heimat *in überschaubarer Zeit* zum Besseren wenden« würden. Dafür solle Kohl eine zeitnahe Wirtschafts- und Währungsunion in Aussicht stellen, gefolgt von der Bildung eines Gesamtdeutschen Rates, dem die »Ausarbeitung einer freiheitlichen Verfassung« als Voraussetzung für die »Wiederherstellung der staatlichen Einheit Deutschlands« obliegen würde.[18] In einem ZDF-Interview erklärte der Kanzler wenige Tage später:

»Wir werden eine neue Verfassung zu schaffen haben.« Was sich auf beiden Seiten bewährt habe, sollte »von uns übernommen werden«, denn es gebe auch »Entwicklungen in der DDR in diesen 40 Jahren, die es sich sehr lohnt anzusehen«.[19]

Kurz vor den Wahlen rief dann Rudolf Augstein in einem *Spiegel*-Kommentar diese bemerkenswerten Sätze kritisch in Erinnerung, denn Kohl hatte sich mittlerweile klar für das Gegenteil – einen Beitritt nach Artikel 23 *ohne* neue Verfassung – ausgesprochen. Augstein prangerte dieses übrigens auch vom Bundespräsidenten als »unseriös« gerügte Vorgehen als neuerlichen Beleg für die politische Unfähigkeit und intellektuelle Beschränktheit des »sprachlosen Schwätzers« aus der Pfalz an.[20] Doch selbst diese harsche Kritik änderte nichts daran, dass in der Volkskammerwahl eine relative Mehrheit der Ostdeutschen ihre Stimme just der vom vermeintlich unfähigen Kanzler unterstützten *Allianz für Deutschland* geben würde.

Die zeithistorische Forschung lässt keinen Zweifel daran, dass sich in den Wochen vor dem 18. März 1990 in der Bundesregierung innerhalb kürzester Zeit eine klare Favorisierung des »Königswegs« nach Artikel 23 durchsetzte. Zugleich begann man alle davon abweichenden Ideen und Forderungen aus SPD, Grünen, Gewerkschaften, Demokratieinitiativen oder den Resten der DDR-Bürgerbewegungen als Infragestellung der bewährten Ordnung wahrzunehmen und zu beschreiben – als Blueprints für eine »andere Republik« (Kohl), die zur »Ablösung der Bundesrepublik und ihres Grundgesetzes als bloß vorläufige Ordnungen« (Schäuble) führen würden.[21] Damit war der argumentative Rahmen abgesteckt, in dem in den kommenden Jahren die Frage von mehr Bürgerbeteiligung über direktdemokratische Verfahren diskutiert werden würde – nicht zuletzt im Kontext der einigungsbedingt 1992/93 tagenden Gemeinsamen Verfassungskommission von Bundestag und Bundesrat, auf die gleich noch einzugehen sein wird. Die Befürworter sahen darin einen Weg zur Stärkung der Demokratie, ihre Gegner einen zu ihrer Schwächung.

Aufseiten der letzten DDR-Regierung wiederum ging es in den unruhigen Sommermonaten 1990 weniger darum, eine demokratiepolitische Wegmarke zu definieren, als die sozialpolitisch-normativen Leitplanken einer vertraglichen Vereinigung festzulegen. Ihr oberstes Ziel war es, die »Einheit Deutschlands nach Verhandlungen mit der BRD [...] zügig und verantwortungsvoll für die gesamte DDR gleichzeitig« zu verwirklichen, wie es im Koalitionsvertrag der aus der *Allianz für Deutschland*, SPD und Liberalen gebildeten Regierung unter Führung von Lothar de Maizière hieß.[22] »Verantwortungsvoll« bedeutete in diesem Zusammenhang, dass man die Voraussetzungen dafür schaffen wollte, Wohlstand und soziale Gerechtigkeit für die ostdeutsche Bevölkerung zu erhalten und für die Zukunft zu garantieren. Nicht nur in der wankenden DDR, sondern auch im Westen gab es damals Befürchtungen, der Osten könnte zum »Armenhaus der BRD« werden.[23] Es war also nur folgerichtig, dass die dortige Regierung forderte, »soziale Sicherungsrechte« müssten »als nicht einklagbare Individualrechte« – gemeint sind damit Rechte in Form von Staatszielbestimmungen, etwa Arbeit, Wohnen und Bildung – entweder in eine neue Verfassung oder ein geändertes Grundgesetz aufgenommen werden.[24]

Die Einführung von parlamentarischer Demokratie, Rechtsstaatlichkeit und sozialer Marktwirtschaft sollte also auf das Engste mit der Zugänglichkeit zu Arbeit, Wohnung und Bildung verbunden sein – Lebensbereiche, die aus ostdeutscher Perspektive sämtlich den Rang eines Grundrechts verdienten. Wenn sich auch bei Weitem nicht alle dieser Vorstellungen realisierten, so konnte die DDR Seite in sozialpolitischer Hinsicht, etwa in Bezug auf das Arbeitsrecht und auf Sozialversicherungsfragen, durchaus einige ihrer Interessen im Staats- und Einigungsvertrag durchsetzen. Nach Einschätzung Gerhard A. Ritters spielte sie gerade hier im »inneren Einigungsprozess« eine »vielfach unterschätzte Rolle«.[25]

Maß und Mitte jenseits von Bonn. Selbstfindung einer Republik

Wenige Tage bevor die Wirtschafts-, Währungs- und Sozialunion in Kraft treten und damit ein großer Schritt Richtung Einheit und Ende der Zweistaatlichkeit (sowie aller alternativen Gedankenspiele wie etwa bezüglich einer Konföderation) getan werden würde, hielt Bundespräsident Richard von Weizsäcker in der Ost-Berliner Nikolaikirche eine bemerkenswerte Rede. Ihm wurde an diesem Tag für »seine Politik für Berlin und Deutschland« die Ehrenbürgerwürde der Stadt verliehen.[26] Mit seiner bald als »Berliner Rede« in die Annalen der Vereinigungsgeschichte eingegangenen Ansprache vom 29. Juni 1990 erfasste und bündelte Weizsäcker in einem einzigen Sprechakt das gesamte Tableau an politischen Herausforderungen, kulturellen Verständigungsbedürfnissen und praktischen Dringlichkeiten der damaligen Zeit.[27] Er nutzte diese Rede, um sich – noch *bevor* die Frage auf der Tagesordnung des Bundestages stand – für Berlin als Hauptstadt und Regierungssitz eines vereinten Deutschlands auszusprechen.

Liest man die Rede heute, in einer Zeit, in der der Bundespräsident unermüdlich für eine würdige Erinnerung an die bis ins 19. Jahrhundert zurückreichende deutsche Demokratiegeschichte wirbt, fällt zunächst auf, wie stark der damalige Amtsinhaber den historischen Bogen, den er für seine Argumentation aufzog, auf die Zeit *nach* 1945 konzentrierte. Wie keine zweite Stadt stehe Berlin für die Entbehrungen und zugleich für die Überwindungskräfte der deutschen Teilung, begründete Weizsäcker seine Positionierung. Auch wenn sich das »überschaubare und humane« Bonn als Hauptstadt bewährt und sich die Demokratie »am Rhein stabil entwickelt« habe – was man auch an der Spree wisse –, sprächen gewichtige Gründe für Berlin. Zwar habe er als Bundespräsident die Hauptstadtfrage nicht zu entscheiden; dies sei vielmehr die Aufgabe »des deutschen Volkes, vertreten durch seine Parlamentarier«. Doch gehöre es zu seinem Amt als Staatsoberhaupt, in dieser Frage auf ein »klares Verständnis der Probleme und auf eine Entscheidung hinzuwirken«[28].

Dieses Verständnis könne nur erlangen, wer erkenne beziehungsweise anerkenne, wie gewaltig die anstehenden politischen und gesellschaftlichen Aufgaben im Übergang in ein geeintes Deutschland seien, argumentierte Weizsäcker. Zunächst stünde die »Wirtschafts-, Sozial- und Umweltunion [sic]« im Vordergrund. Nun müsse sich zeigen, »wie tragfähig unser Föderalismus gesamtstaatlich ist, das heißt, wie gut es gelingen wird, ein dauerndes, materielles Gefälle zwischen verschiedenen Regionen zu vermeiden«. Dafür müssten jedoch »die Regierenden den ganz unterschiedlichen Realitäten in den beiden Teilen Deutschlands täglich konkret und praktisch begegnen«, und genau dies sei nur in Berlin möglich. »Nur in Berlin kommen wir wirklich aus beiden Teilen und sind doch eins«, nur hier sah Weizsäcker die »große Chance für ein gesundes, allmähliches Zusammenwachsen«. Nicht zuletzt verwies er auch auf die Rolle der Stadt in der Geschichte der DDR und die Bedeutung der Hauptstadtfrage für das künftige Selbstverständnis und Lebensgefühl der Ostdeutschen. Bei Berlin handele es sich »um etwas vom wertvollsten, was auch die DDR in die Vereinigung einzubringen« habe. Der Bundespräsident schloss seine Rede mit dem Verdikt: »In Berlin erkennen wir, wie nirgends sonst, was die Vereinigung von uns erfordert. Hier ist der Platz für die politisch verantwortliche Fuhrung Deutschlands.«[29]

Mit diesem »Vorpreschen«, wie es Weizsäcker rückblickend in seinen Memoiren selbst formulierte, ging er als Staatsoberhaupt bewusst »bis an die Grenze der Kompetenz« seines Amtes.[30] Sein Agieren in der Hauptstadtfrage illustrierte geradezu idealtypisch die zwei Seiten dieses Präsidenten. So dezidiert wie nach ihm nur Horst Köhler errang er seine »Bürgerpopularität in Abgrenzung zur politischen Klasse« und verengte sich damit zugleich seine »politischen

Gestaltungsräume«, so die Analyse des Politikwissenschaftlers Karl-Rudolf Korte.[31] Entsprechend heftig und kontrovers waren die Reaktionen auf diesen Vorstoß. In Politik und Medien rieb man sich monatelang an der Frage, ob der Bundespräsident damit den Rahmen seiner verfassungsmäßigen Zuständigkeiten überschritten und sich unbotmäßig in die Tagespolitik eingemischt habe, und sammelte alte und neue Argumente pro und contra Bonn, Berlin und überhaupt zur Debatte.[32]

Die DDR-Regierung, die wenige Tage nach dieser Rede zur ersten Verhandlungsrunde über den Einigungsvertrag mit der Bundesregierung zusammenkam, konnte Weizsäckers Argumente hingegen nur begrüßen. Für sie stand die Hauptstadtfrage ganz oben auf der Liste der zu verhandelnden Themen. Lothar de Maizière bestand von Anfang an darauf, dass sie im Einigungsvertrag geregelt sein müsse. Eine Entscheidung für Berlin, das seit einem Bundestagsbeschluss vom November 1949 als die künftige Hauptstadt eines in Freiheit vereinten Deutschlands galt, würde die Integration der neuen Länder und die »Einigung Europas mit Osteuropa« befördern sowie die »Hoffnungen und Sehnsüchte der Menschen« aufnehmen, argumentierten der Regierungschef und seine Mitstreiter. »Nirgends anders konnte die Teilung und könnte Einigung besser dokumentiert werden als in Berlin.«[33]

Mit ihrem Insistieren hatte die DDR-Seite Erfolg. Die öffentliche Meinung war damals geteilt, aber leicht für Berlin eingenommen: Eine Umfrage vom März 1990 hatte ergeben, dass 54 Prozent der Bevölkerung in Ost und West für Berlin waren, 19 Prozent sprachen sich für Bonn aus; bis Jahresende stieg die Unterstützung für Berlin im Osten auf 65 Prozent, während sie im Westen auf 31 Prozent sank. Vor dem Hintergrund dieser zwiespältigen Stimmungslage einigte man sich im Laufe des Sommers auf Regierungsebene nach »sehr schwierigen internen Gesprächen mit den Bundesländern«[34] für den Einigungsvertrag auf die Formel: »Hauptstadt Deutschlands ist Berlin. Die Frage des Sitzes von Parlament und Regierung wird nach der Herstellung der Einheit Deutschlands entschieden« (Art. 2, Abs. 1).

Doch Monate nach der am 3. Oktober 1990 vollzogenen Einheit hatten aus Sicht Weizsäckers weder Regierung noch Parlament die Hauptstadtfrage in angemessener Weise und Dringlichkeit adressiert. Daher meldete er sich in der Sache erneut proaktiv zu Wort. Ende Februar 1991 sandte er an die Partei- und Fraktionsvorsitzenden der im Bundestag vertretenen Parteien einen öffentlichen Brief (»Memorandum zur Hauptstadtfrage«), in dem er forderte, die Frage noch vor der Sommerpause zu entscheiden. Dieser zweite Vorstoß diente vor allem dazu, die Bundesregierung und insbesondere den Kanzler unter Druck zu setzen. Die Hauptstadtfrage sei keine »ethische Grundsatzfrage«, die dem Gewissen jedes Einzelnen überlassen bleiben könne. Vielmehr hänge sie »zentral mit der Politik zusammen, die Deutschland langfristig machen muß und wird. Darüber Auskunft zu geben ist Aufgabe der politischen Führung«, mahnte das Staatsoberhaupt in einer Deutlichkeit, die für manche wiederum an Übergriffigkeit grenzte.[35] Helmut Kohl, der sich in der Frage die Zurückhaltung eines einfachen Bundestagsabgeordneten auferlegt hatte, tat die präsidialen Wortmeldungen als das Gerede von »Herren aus der Oberschicht« ab, die anders als er viel Zeit hätten.[36]

In der öffentlichen Debatte um die zukünftige Hauptstadt, so eine gängige Einschätzung in der zeithistorischen Literatur, mischten sich »nationale Symbolik und historische Befindlichkeiten […] mit provinzieller Eitelkeit und finanziellen Interessen«[37]. Mangels eingehender Forschung muss vorerst offenbleiben, ob diese Charakterisierung angesichts der Ernsthaftigkeit und Leidenschaft, mit der die Kontroverse geführt wurde, nicht zu kurz greift. In jedem Fall ging das briefliche Gespräch, das sich zu diesem Thema ab dem Sommer 1990 zwischen Bürgerinnen und Bürgern und dem Bundespräsidenten entfaltete, weit darüber hinaus. In der reichhaltigen in den Akten des Bundespräsidialamtes überlieferten Korrespondenz kommt ein bürgerschaftliches Engagement zum Ausdruck, das sowohl von historischen als auch zwischenmenschlichen Sorgen getragen war. Oft wurden diese nicht zuletzt deshalb als besonders dringlich formuliert, weil die Hauptstadtdiskussion für viele der Schreiberinnen und Schreiber verfassungsrechtliche und demokratiepolitische Grundsatzfragen aufwarf. Und fast immer verhandelte man hier zugleich die »richtigen« Lehren aus der deutschen Geschichte – wobei sich die einen dabei auf die Lehren der jüngsten Demokratiegeschichte konzentrierten und die anderen auf die der jüngsten Diktaturgeschichte.

Es überrascht kaum, dass Zuschriften aus Westdeutschland – oft schrieb man nun von dort recht stolz als »Bundesbürger« und »Bundesbürgerin« – eher die Demokratiegeschichte ins Zentrum ihrer Ausführungen stellten, und zwar die der *Bonner* Prägung. In Briefen aus der DDR beziehungsweise Ostdeutschland wurde die Hauptstadtfrage hingegen sehr oft unter Verweis auf das dunkle Erbe der SED-Diktatur erörtert. Und dennoch erschöpft sich die argumentative Struktur dieser Korrespondenz nicht in einer schlichten Ost-West-Logik. So gab es vielfältige Kritik vor allem mit Blick auf die öffentliche Meinungsbildung und den Entscheidungsfindungsprozess, oft verbunden mit Forderungen nach einer nicht nur rein parlamentarischen Verfahrensweise. Wohl gerade weil eine der wichtigsten Grundsatzentscheidungen in der deutschen Geschichte des 20. Jahrhunderts – das Ende der staatlichen Teilung – über repräsentativdemokratische Verfahren herbeigeführt worden war, kam der Ruf nach einem Volksentscheid über die Frage der zukünftigen Hauptstadt aus allen Ecken des Landes.[38]

Doch wer schrieb in dieser Frage eigentlich an den Bundespräsidenten? Über 90 Prozent der Briefe im hier untersuchten Bestand sind westdeutscher Herkunft; viele davon kamen wiederum wenig überraschend aus Bonn und Umgebung. Auch in diesem Konvolut stammte also nicht einmal jeder zehnte Brief aus dem Osten. Das ist deshalb bemerkenswert, weil die in der DDR weit verbreitete Praxis der »Eingaben« über das bundesdeutsche Petitionsrecht zunächst auch im vereinten Deutschland äußerst populär blieb. Laut einer Statistik des Deutschen Bundestages kamen in der 12. Wahlperiode (1990–1994) etwa 32 Prozent der Eingaben an den Petitionsausschuss aus den neuen Bundesländern, womit die Ostdeutschen in der Gruppe der Petenten überdurchschnittlich vertreten waren. Sie machten, sobald sich ihnen die Möglichkeit dazu bot, doppelt so häufig vom Petitionsrecht Gebrauch wie ihre Mitbürgerinnen und Mitbürger in den alten Bundesländern.[39] Ganz besonders hoch lagen diese ostdeutschen Eingabezahlen Ende 1990: Im vierten Quartal machten sie fast die Hälfte der 5548 Eingaben aus, die im Petitionsausschuss eingingen. Thematisch befassten sich die meisten davon (aus Ost und West) mit Fragen der Sozialversicherung und Kinderbeihilfen (18,8 Prozent), des Staats- und Verfassungsrechts (11,1 Prozent) sowie der Inneren Verwaltung, des Ausländerrechts und Umweltschutzes (9,1 Prozent).[40]

Offenkundig stand also die Hauptstadtfrage für eine Mehrheit der Zeitgenossen keineswegs ganz oben auf der Liste ihrer Alltagssorgen – erst recht nicht bei Menschen, deren Leben in einem bis dahin ungekannten Maße von Unsicherheit und Zukunftssorgen geprägt war. Dennoch dürfte die auffällige Unterrepräsentanz ostdeutscher Wortmeldungen in der Bundespräsidentenpost auch jene demokratische Erschöpfung widerspiegeln, die sich wenige Monate nach dem Herbst voller Aufbrüche zunehmend ausbreitete.

Da Protest grundsätzlich einen stärkeren Antrieb für das Verfassen eines Bürgerbriefes darstellt als Zustimmung, verwundert es kaum, dass sich ein beachtlicher Teil der Zuschriften zur Hauptstadtfrage mit der Amtsführung und dem Amtsverständnis des Bundespräsidenten befasste. Dafür gab es zwei konkrete Anlässe – die »Berliner Rede« Ende Juni 1990 und das »Memorandum« vom Februar 1991 –, wenn auch die darauf bezogene Post noch Monate später und sogar noch nach dem Hauptstadtbeschluss des Bundestages vom 20./21. Juni 1991 im Bundespräsidialamt einging. Die Absender waren zwar recht häufig westdeutsche Rechtsanwälte, verfassungsrechtliche Bedenken – oder anders formuliert: argumentative und affektive Bezugnahmen auf das Grundgesetz – wurden aber auch von vielen juristischen Laien geäußert. Als Bundespräsident habe Weizsäcker mit seinen Vorstößen und der klaren Präferenz für Berlin »in wenig honoriger Weise« seine »Neutralitätspflicht im Amt verletzt«, schrieb beispielsweise ein aufgebrachter Mann im Frühjahr 1991 aus Königswinter. »Ich möchte Sie wissen lassen, dass [sic] Sie mein Präsident nicht mehr sind – und das gilt für viele Freunde und Nachbarn.« Obwohl ihn weder beruflich noch persönlich irgendetwas mit Bonn verbinde, sei er gegen einen Umzug, denn nur Bonn stehe »nun einmal für die friedliche Einbindung eines demokratischen Deutschlands in die Allianz unserer bewährten Freunde«.[41]

Ein nach eigenem Bekunden »einfacher« Bürger aus dem niederbayerischen Ortenburg reagierte Mitte März 1991 unmittelbar auf das in der Presse abgedruckte »Memorandum«, im dem Weizsäcker nicht nur erneut nachdrücklich für Berlin plädiert hatte. Er war darin auch Überlegungen entgegengetreten, man könne das Staatsoberhaupt zur »Dekoration« und als »optische Täuschung« in eine »sogenannte Hauptstadt« Berlin umziehen lassen (die Teilung von Hauptstadt und Regierungssitz wurde in der Debatte immer wieder als Kompromiss verhandelt).[42] Er habe viele Gedanken und Einwände, schrieb besagter Ortenburger, der auch CDU-Mitglied war, aber am schwersten wiege für ihn, dass der Bundespräsident im »Vorfeld einer parlamentarischen Debatte präjudiziere«, denn sein »unmittelbares Votum im Vorfeld parlamentarischer Entscheidungen« stelle eine »unzulässige Einmischung in diesem Entscheidungsprozess« dar. Weizsäcker habe damit weder seinem Amt noch seiner Partei einen guten Dienst geleistet und dadurch ihn und »viele seiner Landsleute schwer enttäuscht«[43].

Als potenziell unmittelbar Betroffene protestierte auch eine Bonnerin gegen die »Präjudizierung« der Hauptstadtfrage durch das »(immer gewichtige) Wort des Bundespräsidenten«. Das habe sie »und mit mir, wie ich weiß, viele Andere [sic] in Bonn betroffen gemacht«. Sie wäre dankbar dafür, wenn sich das Staatsoberhaupt gleichermaßen auch für die Interessen der »tausenden von Bundesbediensteten mit Familien« einsetzen würde, »die größtenteils bereits einmal oder gar mehrere Male Mobilität zugunsten des Dienstherren bzw. Arbeitgebers bewiesen haben, sich aber nunmehr in Bonn den Lebensmittelpunkt geschaffen haben«.[44]

Es gab eine Vielzahl weiterer Zuschriften aus der gesamten Bundesrepublik, die mit den »wiederholten, massiven Eingriffen für Berlin« ganz und gar nicht einverstanden waren und meinten, den Bundespräsidenten daran erinnern zu müssen, dass er nach dem Grundgesetz zur »Neutralität verpflichtet« sei, »gerade auch in politischen Dingen«. Einem Präsidenten würde es »sicherlich gut anstehen, Streit zu schlichten und nicht noch anzuheizen«, schrieb etwa ein Apotheker.[45] Gerade aufgrund der Tragweite der Entscheidung hätte er »eine objektive und ausgleichende Haltung erwartet«, schrieb ein Mann aus dem nordrhein-westfälischen Rheinbach.[46] Vereinzelte ostdeutsche Stimmen in dieser Kritik an Weizsäckers Amtsführung plädierten dafür, eine Frage von dieser Grundsätzlichkeit und Tragweite nicht den Repräsentanten des Volkes zu überlassen, sondern von diesem selbst entscheiden zu lassen. »Der Bürger kann nichts dafür, wenn das Grundgesetz für diesen Fall eine Volksabstimmung nicht vorsieht«, schrieb etwa ein Leipziger kurz vor der entscheidenden Bundestagssitzung im Juni 1991. Bei einer »so eminent wichtigen Frage« wie der nach der Hauptstadt »Gesamtdeutschlands« müsse »jeder wahlberechtigte deutsche Bürger (beiderlei Geschlechts)« das Recht bekommen, seine Stimme abzugeben. Darauf solle der Bundespräsident drängen und doch bitte versuchen, seinen Einfluss »im vollen Umfang geltend zu machen«.[47]

Wieder andere warfen Weizsäcker vor, sein Einsatz pro Berlin sei »nicht verfassungskonform« und »glatter Amtsmißbrauch«. Zudem stelle seine Haltung einen »Affront« für Millionen von Deutschen dar, für die »Bonn das deutsche Washington« geworden sei und die nicht von einer »deutschen Hauptstadt Berlin« und einem »zurück ins Reich« träumten.[48] Da er nunmehr zum wiederholten Male in die aktuelle Politik eingegriffen habe, solle er endlich zurücktreten, forderte ein Volkswirt aus Remagen: »Sie haben kein Recht, die gewählten Vertreter des Bundestages und des Bundesrates durch ein ›Memorandum‹ zu bevormunden und wie ›dumme Jungs‹ zu behandeln. Wir leben in einem demokratischen Rechtsstaat.« Zusätzlich empfehle er dem Präsidenten, sich nach seinem Rücktritt »hinreichend mit der Fehlentwicklung in Deutschland [...] insbesondere der von 1933-1945« zu befassen, mit der ja seine Familie auch »verknüpft« gewesen sei.[49] Wenn dieser persönliche Angriff auch eine Ausnahme darstellte, so war die ablehnende Deutung der bundespräsidialen Parteinahme für eine rasche Entscheidung der Hauptstadtfrage zugunsten Berlins als rechtsstaatlich problematische Grenzüberschreitung in diesen Schreiben weit verbreitet. Eine süffisante Randnotiz aus der Feder Weizsäckers am Schreiben eines empörten Oberstaatsanwaltes, der nach eigenem Bekunden zum ersten Mal Protestbriefe an den Inhaber eines öffentlichen Amtes versandte – »hoffentlich auch die letzten!« –, zeigt, dass man diese demokratie- und verfassungspolitische Protestwelle im Bundespräsidialamt zwar ernst nahm, ihr aber doch relativ gelassen, wenn nicht gar mit einer gewissen Überheblichkeit gegenüberstand.[50]

Da es sich insbesondere nach Weizsäckers »Memorandum zur Hauptstadt« um eine Flut von Briefen handelte, entwarf das zuständige Referat im März 1991 drei »Musterbriefe«, die jeweils als Vorlage zur Beantwortung der Bürgerpost herangezogen wurden. Auch diese wurden als Memoranden bezeichnet: Memorandum 1 ging an Absender, die Bonn favorisierten, sich aber »sachlich-interessiert mit der Argumentation des Bundespräsidenten auseinandersetzten«. Der kurze Antwortentwurf dafür sah einen Dank für die Mitteilung der abweichenden Auffassung vor und zur »Unterrichtung« Weizsäckers »Memorandum zur Hauptstadt« als Anlage. Das zweite Memorandum war für Schreiben gedacht, die Zustimmung äußerten. Auch diese gingen zahlreich in der Villa Hammerschmidt ein; phasenweise machten sie mehr als die Hälfte der Briefe aus. Der Bundespräsident habe, so hier die Antwort, die Argumente »mit großer Aufmerksamkeit zur Kenntnis genommen« und freue sich insbesondere über die Unterstützung seines Appells, »bei der Entscheidung über den Sitz von Regierung und Parlament die langfristigen Perspektiven der sich verändernden politischen Landkarte Europas zu sehen«.[51]

Der dritte und längste Musterbrief (Memorandum 3) war für Stellungnahmen entworfen, die »sich vorrangig gegen die ›Wortmeldung‹ des Bundespräsidenten« aussprachen – also für Briefe, die grundsätzliche Bedenken äußerten und die in der Tat einen beachtlichen Teil der Zuschriften ausmachten. Entsprechend argumentierte das Amt hier am ausführlichsten und führte die staatspolitische Verantwortung des Bundespräsidenten an. Dieser respektiere andere Standpunkte, halte die Hauptstadtfrage »jedoch für unseren Staat und die weitere Entwicklung der Bundesrepublik insgesamt für so wichtig«, dass er sich verpflichtet sehe, »durch die Darlegung seiner eigenen Überlegungen seinen Beitrag zum Meinungsbildungsprozess zu leisten«. Es gehe ihm keineswegs darum, das Parlament in seiner Zuständigkeit zu begrenzen, sondern dessen Beratungen »durch die Nennung seiner Argumente zu fördern«. Tatsächlich halte er es für eine »Erleichterung der Willensbildung, wenn die Legislative bei ihren Beratungen den Standpunkt der anderen betroffenen Verfassungsorgane kennt«.[52]

Bemerkenswerterweise enthielt dieses Spektrum an präsidialen Antworten keinerlei Überlegungen, welche auf die Vielzahl an *historischen* Argumenten reagierten, die Bürgerinnen und Bürger in ihren Briefen vorbrachten. Diejenigen, die sich gegen Berlin aussprachen, argumentierten einerseits mit den historisch gewachsenen Stärken Bonns als Hauptstadt einer gelungenen Demokratie und andererseits mit den historischen Belastungen eines von Berlin aus regierten Landes. Bonn sei die »Visitenkarte eines föderativen Staates«, »Sinnbild demokratischen Neubeginns«, der »Ort, an dem unser Grundgesetz erarbeitet und verabschiedet wurde« und – gerade für die Jungen – der »politische Mittelpunkt des modernen Deutschlands, welches in der Welt das Vertrauen wiedergefunden hat«. Es verkörpere eine »gute, demokratische und parlamentarische Tradition« und sei mit einem »voll funktionsfähigen und effizienten Parlaments- und Regierungsapparat« in jeder Hinsicht für die Zukunft gerüstet, so einige der vielen Voten pro Bonn.[53]

Eine Freiburger Ärztin konnte zwar nachvollziehen, dass man diese Debatte nun führte, nachdem man »40 Jahre lang in der Bundesrepublik von der zu wünschenden Hauptstadt Berlin gesprochen und Berlin als solche auch unterstützt« habe. Dennoch stehe ihrem Gefühl nach der »Name Berlins weit mehr für Ausprägungen deutscher Geistesart und Geschichte, mit denen wir uns nicht mehr identifizieren wollen, als für eine Art des Staates und der Demokratie, die wir bejahen können«. Bonn hingegen stehe in all seiner »Provinzialität und Bescheidenheit für die Zeit des friedlichen Aufbaus einer wirklichen Demokratie im Einklang mit unseren Nachbarn«.[54] Für einen Bonner Hochschullehrer symbolisierte Berlin das »Scheitern demokratisch-republikanischen Geistes«. Die Stadt werfe den »Schatten der schlechten Vergangenheit« und sei schlicht das »falsche Symbol für eine deutsche Einheit, deren Geist von Freiheit, Gewaltenteilung, Toleranz und republikanischer Gesinnung geprägt sein soll«. Eher kämen Frankfurt, Weimar oder eben Bonn infrage. Und schließlich habe auch die »demokratische Revolution in der DDR nicht in Berlin, sondern in Leipzig ihr Zentrum und ihren Ausgangspunkt« gehabt.[55]

Die Frage der Identität – in nationaler wie persönlicher Sicht – wurde in diesen Schreiben intensiv mitverhandelt, ja oft war gerade sie es, die zum erstmaligen Schreiben an das Staatsoberhaupt motivierte. Als Geschichtslehrerin und »als Mensch mit ausländischen Freunden« habe sie nur Bedenken gegenüber Berlin, schrieb eine Frau aus dem oberschwäbischen Amtzell. Mit Bonn sei hingegen »zum ersten Mal in unserer Geschichte eine positive Erfahrung, nämlich die mit unserer Bundesrepublik, verbunden«. Warum sollte man sich von dieser föderalen Erfolgsgeschichte abwenden? Was sollte sie nach der so dezidierten Positionierung des Bundespräsidenten von nun an ihren Schülern erzählen? Dass die antizentralistischen Grundlagen der gesamten bisherigen Ordnung ein Irrtum gewesen seien?![56]

Ähnlich argumentierten jene, die sich als Angehörige der jüngeren oder »Nachkriegsgeneration« mit der Bundesrepublik identifizierten. Die gesamte Debatte sei überhaupt eine Generationenfrage, meinte eine in Dresden geborene Bonnerin, die zum ersten Mal an einen Bundespräsidenten schrieb, um ihren »Unmut zu äußern«. Es sei doch auffallend, wie viele »Berlinbefürworter aus der Generation stammen, die die Nazizeit noch bewußt miterlebt und die Teilung Berlins als ›Strafe‹ angesehen« hätten. Ähnlich verwies ein Tierpfleger aus Reinheim auf die »jüngeren Bundesbürger«, die viele »ausländische Freunde« hätten und denen Berlin und die DDR »nicht mehr als zum Beispiel Italien oder Österreich« bedeuteten, weshalb sie an Bonn als Hauptstadt festhalten wollten.[57] Die Jüngeren – die »Kinder der Bundesrepublik«, so ein Mittvierziger aus Frankfurt am Main – seien weniger angewiesen auf »symbolische Begriffe« und hätten die »Entwicklung der Demokratie viel unbefangener und trotzdem bewußt erlebt«. Sie fürchteten, wie jene nach Bonn übergesiedelte Dresdenerin, dass mit einer Entscheidung für Berlin als »massiv zentraler Ort« das »Gesicht unserer Bundesrepublik, einer Gemeinschaft von gleichberechtigten Ländern, verändert wird«.[58]

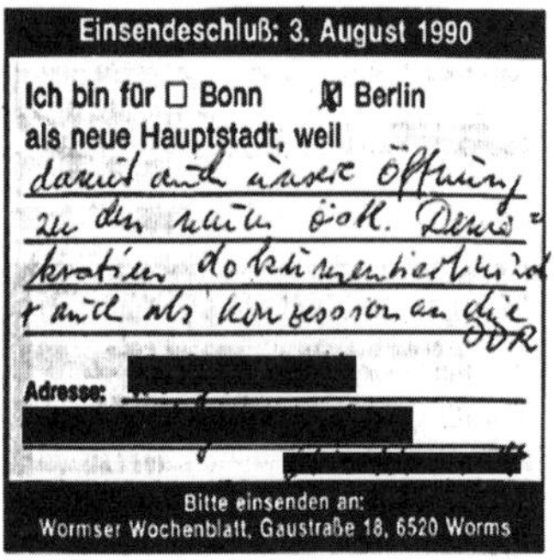
Einsendeschluß: 3. August 1990

Ich bin für ☐ Bonn ☒ Berlin
als neue Hauptstadt, weil
darum auch unsere Öffnung zu den neuen östl. Demokratien dokumentiert wird + auch als Konzession an die DDR

Adresse: [redacted]

Bitte einsenden an:
Wormser Wochenblatt, Gaustraße 18, 6520 Worms

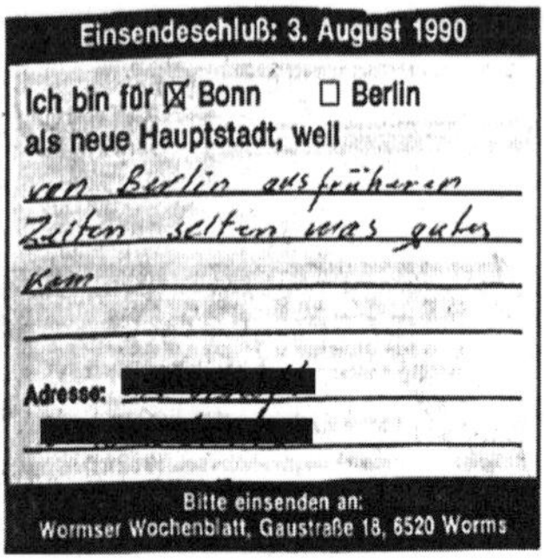
Einsendeschluß: 3. August 1990

Ich bin für ☒ Bonn ☐ Berlin
als neue Hauptstadt, weil
von Berlin aus früheren Zeiten selten was gutes kam

Adresse: [redacted]

Bitte einsenden an:
Wormser Wochenblatt, Gaustraße 18, 6520 Worms

Abb. 5: Zwei von 34 Antworten auf eine Leserumfrage des *Wormser Wochenblatts* vom Juli/August 1990. Worms war der frühere Bundestagswahlkreis Richard von Weizsäckers (BA, B122/38139, S. 247).

Findet sich in diesen Zuschriften also verschiedentlich jenes verfassungspatriotische Selbstverständnis als Bundesbürgerinnen und -bürger wieder, das uns bereits in der Korrespondenz der späten 1970er und 1980er Jahre begegnet ist, so traten die Verfasser in diesem Zusammenhang noch um einiges deutlicher für eine kritische Auseinandersetzung mit der NS-Vergangenheit ein. Sie wurde – gelegentlich polemisch (etwa mittels eines fingierten »Führerbriefs«[59]), meist aber sehr ernsthaft und sachlich – in nahezu allen Briefen thematisiert, die einer Verlegung der Hauptstadt nach Berlin eher skeptisch gegenüberstanden. Allein die zwei Kriege, die von dort ausgegangen waren, seien hinreichende Gründe dagegen, brachte es eine Familie aus Hamm in denkbar knapper Form auf den Punkt. Ein 30-jähriger Mann aus dem rheinland-pfälzischen Vallendar meldete sich ausführlicher zu Wort, um seiner Empörung Ausdruck zu verleihen: »Zusammenkünfte im Reichstag, Gesetze, ausgefertigt und verkündet in Berlin«, dürfe es nie wieder geben. Man bewältige die Geschichte doch nicht, indem man sich am »Tatort« einrichtet, sondern indem man sich von ihm entfernt. Nie hätte er geglaubt, dass er einmal an einen Bundespräsidenten schreiben würde, dieses Thema habe ihn jedoch dazu gebracht.[60]

Die Empörung über Weizsäckers Umgang mit der NS-Vergangenheit in dieser Debatte durchzog viele weitere Briefe. Oft wurden in ost- wie westdeutschen Zuschriften zusätzlich die mit der SED-Diktatur verbundenen Aspekte der Berliner Stadtgeschichte angeführt. Berlin sei ein Ort, der zum »Aufmarschieren geradezu herausfordert«, schrieb ein Theologe, wie »nicht zuletzt auch die 40 Jahre andauernden Aufmärsche einer zweiten Diktatur auf deutschem Boden in Ostberlin gezeigt« hätten. Eine Hauptstadt in der Größenordnung Bonns böte dazu gar keine Gelegenheit. Man müsse nicht nur den preußischen Militarismus, sondern insbesondere den deutschen Nationalsozialismus und seine Vernichtungsgewalt bedenken und daraus für Gegenwart und Zukunft die entsprechenden Schlüsse ziehen. »Berlin wurde de facto zum Ausgangspunkt einer deutschen Kriegs- und Vernichtungsgeschichte, in deren Konsequenz auch Auschwitz zu nennen ist, das zum Symbol der bisher unsäglichsten Inhumanität geworden ist.« Mit einem »freie[n] Nein zu Berlin als *deutsche* Metropole« könnte ein vereintes Deutschland »›in Sack und Asche‹ Buße tun«. Zugleich plädierte der Geistliche dafür, »andere Städte der bisherigen DDR in den Rang politischer Zentren zu erheben und dafür die Gelder sinnvoll einzusetzen«.[61]

Auch die selteneren Wortmeldungen aus Ostdeutschland gegen Berlin argumentierten historisch. In ihnen wurde noch stärker als die NS-Zeit die Epoche danach hervorgehoben – die der »zweiten deutschen Diktatur«. Er gehöre zu den sicher vielen DDR-Bürgern, die nicht für Berlin seien, schrieb beispielsweise ein Bildhauer aus dem mecklenburgischen Kneese. Der Gedanke, dass »Zehntausende ehemaliger Mit- und Zuarbeiter des Partei-, Staats- und sonstigen Apparats auf dem Sprung stehen, um […] von Berlin aus wieder für das übrige Staatsvolk vorzudenken«, löse bei ihm nicht nur Grusel, sondern »ernsthafte Verweigerungsgedanken« aus. Nicht ganz ernst gemeint – als Künstler habe er ohnehin nicht viel – denke er über Steuerhinterziehung nach. Er habe von »Berliner Großkotzerei und

Nabelschau die Nase erstmal restlos voll« und sei nicht bereit, die Stadt »nun auch als Bundesbürger weiterhin mitzufinanzieren«. Bezeichnend – weil ostdeutsch im eigensinnigsten Sinne – ist die systemübergreifende, zwischen Courage, Dissidenz und Renitenz changierende Selbstbeschreibung des Verfassers am Ende seines Briefes: »Einer der ewig und immer Parteilosen aber immer wieder Engagierten, der Sie achtungsvoll grüßt [...].«[62]

Auch andere Ostdeutsche wandten sich an Weizsäcker, um dem Eindruck entgegenzutreten, die Mehrheit der DDR-Bürger wären für Berlin. Ein Burgstädter, der seine Meinung stellvertretend für »viele Menschen in meiner Umgebung« zum Ausdruck bringen wollte, führte für seine Kritik ähnliche Gründe an wie etliche westdeutsche Absender: Berlin habe über weite Strecken gar keine zentrale, und wenn doch, dann eine negative Rolle in der deutschen Geschichte gespielt. Die Stadt als Symbol von Spaltung und Wiedervereinigung zu sehen, greife zu kurz, schließlich sei die Revolution in der DDR im Herbst 1989 von Leipzig ausgegangen. Für Bonn sprächen indessen Kontinuität, Verlässlichkeit und die klar europäische Perspektive – man denke an all die Nachbarn, für die Bonn »wohltuender« sein dürfte als das »ungute Gefühle« weckende Berlin.[63]

Mehr noch lasse es der Bundespräsident mit der »Vereinnahmung aller DDR-Einwohner« für seine »Pro-Berlin-Argumentation« eindeutig an Augenmaß fehlen, urteilte ein Sauerländer, der nach eigenem Bekunden viele persönliche Gespräche mit Ostdeutschen führte.[64] Solcherart Gespräche dürften sowohl auf Reisen in die DDR stattgefunden haben als auch mit Menschen, die seit dem Mauerfall von dort in den Westen gezogen waren. Dazu gehörte ein Dresdener, der sich im Juli 1990 aus Baden-Württemberg zu Wort meldete und monierte, Weizsäcker habe in seiner »Berliner Rede« – »ganz gegen Ihre sonstigen Gewohnheiten« – einen Aspekt völlig außer Acht gelassen: »Sie haben den traurigen Mut, unsere Volksvertreter in eine Stadt pressen zu wollen, die in ihrem Ostteil voll ist mit den Namensschildern der sozialistischen Heiligen [...]. Glauben Sie wirklich, wir seien auf die Straße gegangen – ich war dabei in Dresden –[,] nur um Honecker und Genossen los zu werden, nicht aber deren Ideologie und die sichtbaren Zeichen dafür?« Es wäre ein mutiges Zeichen, würde der Bundespräsident die »Bitte um Entfernung der sozialistischen Symbole im ganzen Land« aussprechen und so seine »Solidarität mit den Bürgern auch außerhalb Berlins« zeigen. Wie in diesem Fall war die Erinnerung an die systematische Bevorteilung Ost-Berlins zu DDR-Zeiten ein Motiv, das sich durch die meisten ostdeutschen Briefe gegen Berlin zog.

Ein anderes war die Sorge, die in Berlin noch immer starke SED-Nachfolgepartei PDS könnte im geeinten Deutschland übergebührlichen Einfluss erhalten beziehungsweise behalten. Die Stadt habe stets »Vorteile auf allen Gebieten« auf Kosten der übrigen Bevölkerung gehabt und nun sei »diese Bevölkerung auch beim Bundespräsidenten ›übrig‹«, beklagte der von der Schwäbischen Alb schreibende frühere Demonstrant.[65]

Diese deutsch-deutschen Stellungnahmen seien hier stellvertretend für viele weitere zitiert, die mit ganz unterschiedlichen biografischen und lebensweltlichen Perspektiven Berlin als Stadt des Kriegs und des Unfriedens betrachteten und Bonn dagegen als Stadt des Friedens und der Vernunft hervorhoben. Nach innen und nach außen sei Bonn eine so »friedliche und schöne« Stadt, schrieb man bei Weitem nicht nur aus dem Rheinland. Es genieße ein Ansehen, das »schließlich auch zur friedlichen Revolution in der DDR und zu deren Beitritt zum Geltungsbereich des Grundgesetzes geführt« habe und dem der Bundespräsident mit seinem Engagement für Berlin nur schade.[66]

Im Gegensatz zum friedfertigen Bonn erscheint (West-)Berlin in vielen Briefen nicht nur als nach außen bedrohlich, sondern als »Moloch«, als Ort des »ungesunden Liberalismus« und der Kreuzberger »Chaoten«-Herrschaft und damit auch als Problem der inneren

Sicherheit.[67] Nicht selten waren diese Positionierungen gleichermaßen geprägt von Illiberalität und gruppenbezogener Menschenfeindlichkeit etwa gegenüber Polen, Rumänen oder Bulgaren wie vom Selbstbild eines »sauberen«, »normalen« Deutschlands. Hier mischten sich in die Bonner Demokratiezufriedenheit immer wieder auch tradierte wie aktualisierte Einstellungen zu »Ausländern«, »Asylmissbrauch« und »Kulturfremden«, die im öffentlichen Diskurs der Bonner Republik seit den 1980er Jahren einen immer größeren Raum einnahmen.[68]

Das Problem der Sicherheit und persönlicher Ängste wurde mit gänzlich anderer Motivation und Dringlichkeit auch von Menschen mit Migrationsgeschichte aufgeworfen. So kamen bei dieser Gelegenheit – der Diskussion um einen Großumzug und seine möglichen Folgen – auch die Wohnsituation und damit die strukturelle Benachteiligung von zugewanderten Menschen und ihren Familien in der bundesrepublikanischen Gesellschaft zur Sprache.[69] Dass eine Verlegung der Hauptstadt massive Auswirkungen auf die örtlichen Wohnungslagen haben würde, wurde in vielen Zuschriften und aus unterschiedlichsten Lebenslagen heraus problematisiert, nicht zuletzt mit Blick auf die enormen Kosten.[70]

Spezifisch jedoch war der Erfahrungshintergrund von Menschen ohne deutschen Pass. Eine Gruppe von Achtklässlern an einer Hauptschule in Nürnberg, deren Post vom Bundespräsidialamt als »türkische Kinderbriefe«[71] kategorisiert wurde, schrieb an Richard von Weizsäcker, dass sie und ihre Familien Angst hätten, aus Deutschland »weg zu müssen«, oder dass in Berlin lebende Ausländer »von Deutschland gejagt werden«, sobald wegen des Hauptstadtumzugs Wohnungen gebraucht würden. Zwei der Schüler insistierten, da sie hier geboren seien, hätten auch sie das Recht zu protestieren, zumal man am 3. Oktober 1990 gesehen habe, dass »da viele Läden beschädigt und ausgeraubt waren«. Wieso wollten die »DDRler« noch, dass Berlin Hauptstadt werde, sie hätten doch schon die Freiheit bekommen? »Wir haben auch angst daß wir weg müssen in die Türkei aber wir sind leider halb deutsche.«[72]

Der Bundespräsident reagierte mit einem Dank für »die freundlichen Briefe« und das ihm entgegengebrachte »besondere Zeichen des Vertrauens«. Sie müssten sich jedoch nicht sorgen, denn der Umzug erfolge nicht von heute auf morgen, und neue Wohnungen müssten entsprechend gebaut werden. Er werde »nicht zu Lasten ausländischer Mitbürger gehen«. Zudem wachse Europa zusammen, die Schüler würden doch sicher einige der Nachbarländer aus den Ferien kennen. Die Hauptstadtfrage sei daher eine Zukunftsfrage, gerade mit Blick auf dieses neue Miteinander. Hier war man sichtlich um eine angemessene Antwort bemüht, doch weder der Verweis auf die vermeintlich zahlreichen Urlaubsreisen noch die am Ende im Namen des Bundespräsidenten gelobte »Solidarität unter deutschen und türkischen Kindern, die in Eurem Brief zum Ausdruck kommt«, waren dazu angetan: Die Schüler hatten schließlich ebendort berichtet, dass in ihrer Klasse kein einziges deutsches Kind saß.[73]

Die Ängste von Menschen, die ohne Pass auf Dauer in Deutschland lebten, wurden im Kontext der Hauptstadtdiskussion aber auch in einer beachtlichen Zahl von Briefen deutscher Staatsangehöriger thematisiert. Wie erwähnt, spielte der Verweis auf Freundschaften oder Auslandserfahrungen gerade in der von Westdeutschen eingesandten Post eine prominente Rolle. In der Verbindung mit dem Nachdenken über die Relevanz der NS-Vergangenheit kam diese gegenüber zugewanderten Menschen solidarische Haltung besonders klar zum Ausdruck – wurde vom Bundespräsidialamt allerdings kaum jenseits der vorbereiteten Antwortentwürfe adressiert. Beispielsweise meldete sich ein 21-jähriger Ludwigshafener zu Wort, der sich als »politisch interessierter Europäer deutscher Staatsangehörigkeit« bezeichnete und die schnelle Einheit mit großer Skepsis und Sorge um den Erhalt der bewährten Ordnung verfolgte. Er stehe nicht allein mit seiner Angst vor einem »erneuten Einzug des

Faschismus in Deutschland«, schrieb der junge Mann. Angesichts von Grundgesetz- und Hauptstadtdiskussion sowie eines zunehmenden Wirtschaftsnationalismus befürchte er einen »Rückschlag im Prozeß der europäischen Einigung, die um ein Vielfaches wichtiger für die Welt ist als die Einigung Deutschlands«. Berlin sei die Hauptstadt Adolf Hitlers gewesen, der sich »wie zuvor Kaiser Wilhelm II. auf den blinden Gehorsam seiner preußischen Untertanen verlassen konnte und so eine bis dahin für unmöglich gehaltene Grausamkeit initiierte, die in der ganzen Welt bis heute tiefe Wunden« hinterlassen habe. Er glaube nicht, dass er die Schmerzen der Hinterbliebenen der ermordeten »Juden, Polen, Russen, Sinti und Roma u. a. auch nur erahnen« könne. Umso schlimmer sei es für ihn zu hören, dass sich »in diesen Menschen neue Befürchtungen regen, daß sie z. T. schon jetzt wieder Ängste um ihr eigenes Schicksal und das ihrer Familien ausstehen«. Wie man diesen Menschen entgegentreten solle angesichts der vielen Deutschen, die nichts aus der Vergangenheit gelernt hätten und »wieder einmal mit Tränen in den Augen die rechte Hand zum Deutschen Gruß erheben«, besonders in der DDR und gerade in Berlin, wisse er nicht. Wohl aber sei er aus all diesen Gründen gegen Berlin als Hauptstadt.[74]

Während unter den Kritikern der Berlin-Perspektive also demokratie- und vergangenheitspolitische Argumente dominierten, stechen aus den nicht minder zahlreichen Briefen, die Weizsäckers Eintreten *für* Berlin begrüßten, die Freude über das Ende von DDR und die staatliche Teilung, eine starke Zukunftsorientierung und innerdeutsche Erwägungen hervor. Letztere waren nicht selten nationalistisch getönt, und das in Briefen aus West wie Ost. Von Herzen danke sie dem Bundespräsidenten für sein Engagement zugunsten Berlins, schrieb eine Leipzigerin. Unzweifelhaft vertrete er damit »auch die Interessen des größten Teils der neuen Bundesbürger, die sich geprellt fühlen müßten, wenn ihre Hauptstadt nun auf einmal Bonn heißen« würde. Sie hoffe, ihre spontane Wortmeldung »von der

Basis« erfreue auch den »Inhaber eines solch hohen Amtes«.[75] Eine Frau, die von 1940 bis 1945 in Berlin gearbeitet und »in verschiedenen Luftschutzkellern die Menschen dort kennen und schätzen gelernt« hatte, schrieb aus Kehl am Rhein, dass sie das »Tauziehen« um die Hauptstadt beschäme. Das »Wunder der Wiedervereinigung« sei allein den »Menschen der ehemaligen Ostzone zu verdanken«, und eine Entscheidung gegen Berlin würde eine »neue Trennung schaffen, einen tiefen Graben aufreißen, der schmerz- und dauerhafter für die Menschen jenseits der einstigen Demarkationslinie« sein werde.[76]

Viele konnten die heftige Kritik an Weizsäckers Votum nicht nachvollziehen, da Berlin seit Jahrzehnten als Hauptstadt gehandelt worden war und es jetzt nur darum ging, ein Versprechen einzulösen. Stellvertretend dafür folgender Unterstützerbrief eines Hamburger Anwalts: »Wieviel Schwüre wurden doch für Berlin seit 1945 geleistet: Berlin, das Fanal und der Garant der Einheit in Freiheit im Osten, der 17. Juni in Berlin, ›Ich rufe die Völker der Welt‹. Jeder unserer Nachbarn wurde an die Berliner Mauer geführt und reagierte darauf: ›Ich bin ein Berliner‹, die Freiheitsglocke, die Luftbrücke!« Seine Familie lebe in Ost und West, gerade deshalb dränge es ihn »zu einer eigenen Identifizierung mit einer wirklichen Hauptstadt meines Vaterlandes«. Kleinkariert, provinziell, kurzsichtig und egoistisch seien die Kritiker, so der Anwalt weiter. Dabei gehe es hier um Deutschlands Glaubwürdigkeit in der Welt und um die »Einhaltung eines Versprechens im Angesicht der neuen Bundesländer«, hinter dem eine »ganz große Mehrheit« des deutschen Volkes stehe.[77]

Manche flankierten die Pro-Berlin-Bemühungen des Bundespräsidenten, indem sie die »Schatten«-Argumentation umkehrten: Gerade wegen seiner »schlimmen« nationalsozialistischen Vergangenheit müsse Berlin endlich wieder Hauptstadt werden. Damit ließe sich dieser »Makel ausmerzen« und den Völkern zeigen, dass »aus Berlin demokratisch und europäisch-völkerverbindend regiert werden kann«, schrieb ein weiterer Hamburger, der seinen Brief mit »Ihr ›Bundesbürger‹« unterzeichnete.[78]

Auffällig oft hoben westdeutsche Wortmeldungen die hohe symbolische Bedeutung hervor, die eine Entscheidung für Berlin für die ostdeutsche Bevölkerung hätte. Der Schritt würde den »Mitbürgern der neuen Bundesländer endlich einmal in einem einzigen Punkt [...] zeigen: Ihr seid nicht vereinnahmt und erobert worden!!«, schrieb ein junger Mann aus Lehrte.[79] Ein anderer argumentierte, ein Votum für Berlin wäre ein überfälliges Zeichen der Solidarität, gerade angesichts der Konsequenz, mit der die DDR binnen weniger Monate abgewickelt werde: »Da wir diesen Menschen so manches von ihrer Identität nehmen, lassen wir sie ihre Hauptstadt in die Wiedervereinigung als unsere gemeinsame Hauptstadt einbringen.«. Ein West-Berliner Lehrer gab wiederum zu bedenken, Berlin sei die »letzte Bastion der Aufrechten von ehemals ›drüben‹, die unter großen persönlichen Opfern – ich habe Leute vom Neuen Forum Leipzig kennengelernt [...] – die Revolution von 89 ermöglicht haben.« Die Stadt sei »ihre letzte Identifikation, ihre letzte Bestätigung der Vorgänge vom Herbst 89 – ihr letztes Symbol«. Eine Frau aus Itzehoe in Schleswig-Holstein plädierte gar dafür, nur die Einwohner Berlins und der neuen Länder per Volksentscheid über die Frage abstimmen zu lassen, denn der Westteil habe in dieser Diskussion schon sehr viel »›Porzellan‹ zerschlagen« und Glaubwürdigkeit eingebüßt. Man könne dem Ostteil gegenüber einiges wiedergutmachen, »wenn wir ihm Gelegenheit zur Aufwertung (zur Identitätsfindung) geben«. Und überhaupt: Warum sollte immer nur der Westen »am längeren Hebel sitzen«? Ähnlich schließlich die Wortmeldung einer Bayerin, die vom südlichen Ende der Republik schrieb, man sei es den »Menschen in den neuen Bundesländern schuldig, daß sie durch die Hauptstadt wieder in die Mitte rücken und ihr negatives ›Ost‹ verlieren«. Auch sie erinnerte daran: »Nicht wir Westler, sondern die Menschen in der ›DDR‹ haben die Wiedervereinigung erkämpft. Die Frau schloss ihr Plädoyer gegen den

Status quo der Bonner »Lieblichkeit« mit dem Hinweis, die Luft in Berlin sei »selbst heut noch besser als das oft lähmende Dunstklima in Bonn!«[80]

Natürlich kam auch aus Ostdeutschland Zustimmung für Weizsäckers Engagement für »unser Vaterland« und die »Rolle Berlins als Hauptstadt eines *neuen Deutschlands*«, wie es zwei Ost-Berliner Absender formulierten – und die politische Semantik aus der Zeit vor 1989 mit bemerkenswerter Leichtigkeit in die Zeit danach übertrugen. Man habe so viel Unfreiheit durchgemacht, schrieb eine Frau, ebenfalls aus Ost-Berlin, sodass diese Frage sofort und natürlich für Berlin entschieden werden müsse. Die Stadt sei keine Ruine mehr, und »die Politiker, denen es hier nicht gefällt, können unseren Berlinern ihre jetzigen Posten abtreten. Wir haben hier viele kluge und gewandte Leute, auch aus der ehemaligen DDR.« Derlei Skepsis westdeutschen Politikern gegenüber wurde häufiger geäußert. Man dürfe die Sache keinesfalls von Bonner »Hausbesitzern« abstimmen lassen, schrieb ein 48-Jähriger, denn das Ergebnis sei dann völlig vorhersehbar. Es müsse offen abgestimmt werden, »um zu sehen, welcher Politiker uns betrügen will«. Sollte es eine Mehrheit für Bonn geben, würde er nie wieder wählen gehen.[81]

Mitunter artikulierten ostdeutsche Verfasserinnen und Verfasser in diesem Zusammenhang auch und in besonders prononcierter Weise – mutmaßlich lange unterdrückte – deutschnationale Haltungen. Etwa wenn ein Sachse die Diskussion um die deutsche Hauptstadt als »nationale Schande« bezeichnete, für die er sich »als Deutscher vor den anderen Europäern schämen« müsse. Die »Zeit des Provisoriums« sei nun vorbei, und die »alte deutsche Hauptstadt« könne wieder Regierungssitz werden, schrieb der Mann aus »D~~DR~~-8060 Dresden« [sic] an Bundestagspräsidentin Rita Süssmuth – und per Verteiler auch an Bundespräsident, Bundeskanzler, Bundesfinanzminister, den sächsischen Ministerpräsidenten und die *Super-Zeitung* in Berlin, ein 1991/92 nur für den Osten produziertes Boulevardblatt aus dem Burda-Verlag. Würde man die »vorübergehende [sic] gelähmte Funktion als Hauptstadt« verewigen, käme das einer Bestätigung des »Triumpf[s] der Sieger« noch nach 45 Jahren gleich. Vielmehr werde mit Berlin die »Westlastigkeit Deutschlands und Europas ausgeglichener«, was für das »erhoffte ganze vereinigte Europa bedeutungsvoll« sei. Bezeichnend ist an dieser Einsendung nicht zuletzt, dass sich dieser Dresdener, der sich mehr »Selbstachtung, früher hätten wir Nationalstolz dazu gesagt« und weniger »unnötige[s] Gezänk« wünschte, *gegen* eine Volksbefragung aussprach: Das Volk würde eher aus persönlichen denn aus sachlichen Motiven abstimmen, und eine knappe Entscheidung für Berlin wäre »blamabel«.[82]

Auch wenn derlei Wortmeldungen nicht häufig waren, deuten sie auf eine nicht zu unterschätzende weltanschaulich-normative Grundhaltung hin, die die ostdeutsche politische Kultur bis in die Gegenwart hinein prägt: eine Nähe zu den Normalisierungsdiskursen und autoritären Führungsvorstellungen der Neuen Rechten, ein Fremdeln mit Meinungspluralismus und streitbarer Demokratie, eine geo- beziehungsweise großmachtpolitisch begründete Äquidistanz zum Westen und zum Osten, namentlich Russland, und nicht zuletzt ein von den NS-Verbrechen relativ unbeeindrucktes Geschichtsbild. Die Intensität, mit der in so vielen westdeutschen Briefen auf die Verbrechen des Nationalsozialismus verwiesen wurde, begegnet einem in der ostdeutschen Post so nicht. Der »Hitlerfaschismus« ist zwar Thema, aber dunkler und wirkmächtiger figurierten hier die Schatten des SED-Regimes. Dieser verkürzte historische Blick zurück ist aufgrund der zeitlichen Nähe des Zusammenbruchs des Staatssozialismus einerseits gut nachvollziehbar. Andererseits verweist er aber zugleich auf das überaus problematische Erbe des DDR-Antifaschismus.

Über dieses Erbe (und das der dazugehörigen Rede vom »sozialistischen Patriotismus«) ist viel diskutiert worden, es bleibt ein kontroverser Gegenstand der Forschung und der öffentlichen Auseinandersetzung. Heute ist unbestritten, dass der Umgang mit der

Zeit des Nationalsozialismus in der DDR höchst politisiert und instrumentalisiert war – man zog alle möglichen »Lehren«, ohne wirklich zu lernen. Weite Teile der Bevölkerung entwickelten in der Selbstsicht als das »andere Deutschland« eine zwar faschismus-, aber kaum *selbst*kritische Grundeinstellung. Die weitgehend versäumte beziehungsweise ideologisch verzerrte Vergangenheitsbefragung auf der gesellschaftlichen wie auf der individuellen Ebene dürfte so langfristig zur Stärke von Rechtspopulismus und -radikalismus im Osten beigetragen haben.[83]

Dennoch wird seit einiger Zeit versucht, die antifaschistische Bilanz der DDR aufzuwerten und für die geschichtspolitischen Lagerkämpfe der Gegenwart zu mobilisieren. Aus Sicht etwa der Philosophin Susan Neiman, einer Verfechterin eines solchen Perspektivwechsels, verkennt die »Häme, mit der Westdeutsche auf den Antifaschismus der DDR reagieren«, dass man dort »nie auf der Singularität des Holocaust bestanden«, den 8. Mai unzweideutig als Befreiung und schon immer auch die deutschen Kolonialverbrechen thematisiert habe. Es sei eine »Schande, dass es bis heute keine gesamtdeutsche Erinnerungskultur gibt.« Unter Berufung auf »die Ostdeutschen«, von denen in Sachen Antifaschismus und antiimperialer Unrechtsbewältigung durchaus etwas zu lernen sei, sollte Neiman zufolge die Aufarbeitung kolonialer Verbrechen forciert und zugleich der auf den Holocaust fokussierte staatliche Gedenkkonsens infrage gestellt werden.[84]

Die Tatsache, dass die Analyse der Hauptstadtdiskussion 1990/91 in deutsch-deutscher Perspektive so unvermittelt in die (geschichts-) politischen Auseinandersetzungen der Gegenwart führt, macht die längeren demokratiegeschichtlichen Linien sichtbar, die so vielfältig wie widerspruchsreich von der Zeit der deutschen Teilung in die Berliner Republik reichen. Wir sind es gewohnt, diese Transformationszeit als Gewinn- und Verlustgeschichte zu erzählen, als Saga vom relativen sozioökonomischen Erfolg und absoluten kulturellen Kahlschlag, als unendliche Geschichte der Suche nach »innerer

Einheit« und als Lehrstück über die Gefährdungen der Demokratie, das sich zwar nicht nur im Osten der Republik abspielt, dort aber mit besonderer Intensität. Doch fördert ein integrierter Blick auf die Hauptstadtdiskussion bemerkenswerte Nuancen und Differenzierungen zutage – auch und gerade wenn man sie im Lichte ihres Ausgangs betrachtet: der nach einer »denkwürdigen Debatte« denkbar knappen (und gerade darin ehrlichen) Entscheidung für Berlin in den Morgenstunden des 21. Juni 1991 im Deutschen Bundestag.[85]

Die Bürgerbriefe zur Hauptstadtfrage spiegeln in eindringlicher Weise das Ringen der parlamentarischen Vertreterinnen und Vertreter, die Vielfalt der Motiv- und Interessenlagen, das Aufeinandertreffen und überraschende Konvergieren äußerst disparater politischer, historischer und persönlicher Befindlichkeiten im besten Sinne sowie nicht zuletzt ein trotz aller Differenzen nie versiegendes innerdeutsches Verständigungsbedürfnis. Mit ihren weniger zahlreichen, aber stets substanziellen Wortmeldungen brachten Ostdeutsche ihre erfahrungsgesättigten Argumente vor. Sie traten hier als Gleichberücksichtigung einfordernde Neubundesbürger in Erscheinung und partizipierten in einem demokratischen Diskurs, der sich befreit und plural entfalten konnte und in gewisser Weise endlich ein von (Selbst-)Respekt getragenes Gespräch auf Augenhöhe mit dem Staatsoberhaupt – und dabei implizit immer auch mit einer breiteren mitbürgerlichen Öffentlichkeit – ermöglichte. Es ging politisch- und erinnerungskulturell sehr viel »Bonn« in die Berliner Republik ein, aber auch viel »Ost-Berlin« – einerseits in skeptischer Hinsicht, als Sinnbild der SED-Diktatur, andererseits in affirmativer Hinsicht, als gestaltungsoffener Zukunftsort, an dem der demokratische Sturz dieses Regimes zwar nicht initiiert, aber vollendet worden war.

Für viele Westdeutsche und die in jenen Monaten rasant »alternde« Bundesrepublik war die Hauptstadtdiskussion ein paradoxer Moment der Selbstfindung. Just in dem Augenblick, in dem sich die dem Provisorium gerade entwachsene Bonner Demokratie am stärksten als solche und mit sich selbst identifizierte – identifizieren *musste*, um den Umzug doch noch abzuwenden –, kam sie an ihr Ende. So erlebte die westdeutsche Gesellschaft mit der Entscheidung für Berlin auch eine Art »Abwicklung«, mit der sie noch recht lange hadern sollte – noch 2007 hielt bei einer Umfrage im Westen über ein Drittel den Hauptstadtbeschluss für falsch.[86] Freilich konnte sie den ökomomischen, sozialen und kulturellen Folgen dieser Abwicklung ungleich resilienter begegnen als die in jeder Hinsicht ressourcenärmeren Ostdeutschen. Zugleich zeigten viele »Altbundesbürger« bei dieser Gelegenheit nicht nur hinsichtlich der Lehren aus der NS-Zeit ein hohes Maß an geschichtspolitischer Sensibilität und Haltung, sondern angesichts der spezifisch ostdeutschen, menschlichen Kosten der Einheit auch eine bemerkenswerte Solidaritäts- und Einfühlungsbereitschaft.

Verfassungsfragen. Das Ringen um Grundgesetz und »ostdeutsche Lage« in den 1990er Jahren

Die finanziellen Kosten der Einheit, zu denen nicht zuletzt auch der Hauptstadtbeschluss beitrug, haben die 1990er und frühen 2000er Jahre wirtschafts- und sozialpolitisch entscheidend geprägt. Ob man diese Kosten als akzeptablen »Preis« oder schwer erträgliche »Last« auffassen sollte, wird seither in Politik, Wissenschaft und Gesellschaft intensiv diskutiert.[87] Auf den Glücksdiskurs unter dem Eindruck der *tausend Aufbrüche* und zugleich der einmaligen, erfolgreich genutzten Chance zur staatlichen Einheit folgte alsbald ein allumfassender Krisen- und Kahlschlagsdiskurs. Anfang 2001 stand Wolfgang Thierse zufolge »die wirtschaftliche und soziale Lage in Ostdeutschland auf der Kippe«.[88] Dieser Diskurs prägt in unterschiedlichen Variationen und gebunden an immer ähnliche gedenkpolitische Logiken und aufsehenerregende Wahlausgänge bis heute das innerdeutsche Selbstgespräch.

Der angesichts der ost- wie gesamtdeutschen Lage Mitte der 1990er Jahre so plausible wie ermüdende Krisendiskurs ist vielfach beschrieben und kritisiert worden.[89] Parallel dazu hat sich eine von ost- wie westdeutsch sozialisierten Politikern und nicht wenigen realpolitisch argumentierenden Wissenschaftlern getragene Erzählung des im Großen und Ganzen geglückten demokratischen Weges etabliert, der sich ungebrochen bis ins frühe 21. Jahrhundert fortsetzt. In dieser Sicht ist die Vereinigung als vor allem staats- und geopolitischer Erfolg zu bewerten. Unter den gegebenen Umständen wird den handelnden Akteuren und Akteurinnen bescheinigt, Deutschland innen- wie außenpolitisch in die bestmögliche Richtung navigiert zu haben.[90]

Wie immer man zu diesen allesamt im Bilanzierungsmodus verharrenden Einschätzungen steht, aus demokratiegeschichtlicher Perspektive geben sie kaum hinreichenden Aufschluss über die spezifischen politisch-kulturellen Auswirkungen des Umbruchs von 1989/90. Dabei ist die Frage müßig, inwiefern sich das vereinigte Deutschland anders entwickelt hätte, wenn der Bundestag im Sommer 1991 nicht für Berlin, sondern für Bonn gestimmt hätte. Es lässt sich jedoch zeigen, dass der Weg in die Berliner Republik von einer grundsätzlich zwiespältigen Entwicklung geprägt war: Einerseits präfigurierte die Berlin-Entscheidung ein vereintes Deutschland, das nie zuvor in seiner Geschichte dermaßen weltoffen, gestaltungsbereit und im friedlichen Sinne einflusswillig in Erscheinung getreten ist – und von der Außenwelt auch überwiegend so wahrgenommen wurde und wird. Die Stimme der deutschen Regierungen wiegt etwas in der Welt. Mitunter wird sie als zu schwach oder zu forsch kritisiert, aber sie zählt. Nach eineinhalb Legislaturperioden der ersten rot-grünen Bundesregierung schrieb die ostdeutsche Physikerin Angela Merkel 2005 von Berlin aus Geschichte. Als erste Frau im

Bundeskanzleramt erreichte sie vom Spreebogen aus als »Kanzlerin der freien Welt«[91] in vier Amtszeiten zumindest vorübergehend den Status einer globalen Ikone. Berlin ist eines der beliebtesten Reiseziele des globalen Städtetourismus und zugleich Zufluchts- und Sehnsuchtsort für verfolgte und getriebene Menschen, nicht zuletzt für die besonders jungen in den besonders bedrängten Regionen der Welt. Schließlich steht Berlin auch kulturell sowohl als konkreter Ort als auch – im Sinne einer nun schon über dreißigjährigen »Berliner« Republikgeschichte – als abstrakter Raum für Aufbruch: für vielerlei künstlerische, lebensweltliche und gesellschaftliche Aufbrüche, im Kleinen wie im Großen, im innerdeutschen wie internationalen Dialog.[92]

Andererseits haben sich die 1990/91 mit Blick auf die ostdeutsche Bevölkerung so intensiv debattierten Identitäts- und Integrationsfragen mit dem Umzug der Hauptstadt alles andere als verflüchtigt. Die ersten Jahre nach der Einheit waren von der radikalen sozioökonomischen Transformation der ostdeutschen Wirtschaft und Gesellschaft geprägt. Abwanderung und Arbeitslosigkeit bis zu einem Höchststand von 19,5 Prozent (1997) – während parallel dazu im Westen zeitweilig die Arbeitslosigkeit sank und das Bruttoinlandsprodukt stieg – verursachten bis heute nachwirkende materielle und psychosoziale Folgen quer durch alle Schichten und Generationen. Und in der höheren Unterstützung für die PDS/Die Linke, immer wieder über die 10-Prozent-Marke reichenden Wahlergebnissen für rechtsradikale Parteien, in einer strukturell niedrigeren Wahlbeteiligung (3–8 Prozent weniger als im Westen) und Demokratiezufriedenheit (2018 um 16 Prozent niedriger) sowie einer strukturell höheren Zustimmung zu autoritären und rassistischen Einstellungen wurden und bleiben die fünf »neuen Länder« auch längerfristig als besondere politische Kulturlandschaft sichtbar.[93] Ihren eigensinnigen Ausdruck fand diese Entwicklung in der maßgeblich von Ostdeutschland aus getriebenen Stabilisierung und zugleich Radikalisierung der urspünglich als rein westdeutsch-nationalliberales Projekt gegründeten AfD – ausgerechnet in der Amtszeit der ersten ostdeutschen Kanzlerin.

Diese zwiespältige Entwicklung lässt sich nur in einer deutschdeutschen und vor allem auch europäisch-global gerahmten Perspektive angemessen verstehen. Als Jürgen Kocka 1994 den Begriff der »Vereinigungskrise« prägte, war damit keineswegs nur die kollektive Frustration der Ostdeutschen über ihre vermeintlich gescheiterte Ankunft im Westen gemeint; allzu oft wurde die Formulierung seither in dieser verkürzten Bedeutung gebraucht. Vielmehr bezog ihn der seit 1988 an der Freien Universität Berlin lehrende Geschichtsprofessor auf eine gesamtdeutsch-global verflochtene Gemengelage. In dieser offenbarten sich sowohl hinsichtlich der Ursachen als auch der Folgen des Umbruchs von 1989 eine Vielzahl von krisenhaften Entwicklungen, die bereits länger existierten und nun, Anfang bis Mitte der 1990er Jahre, in dramatisch zugespitzter Weise zusammenfielen.

Als Historiker und Zeitgenosse versuchte Kocka, der damals ein wichtiger Akteur im Prozess der »Abwicklung« der DDR-Geschichtswissenschaft war, diese Entwicklung gewissermaßen im Livekommentar-Modus zu analysieren. »Die Erfahrung der letzten Jahre«, kontemplierte er in einem Vortrag vom Dezember 1993, »ist sicherlich verschieden deutbar. Aber unübersehbar und sehr erlebbar scheint mir seit 1989 die ausgeprägte Bedingtheit, ja Abhängigkeit der sozialen Verhältnisse des Alltagslebens, der Lebenswelt und der Kultur von der Politik, und zwar von der Politik in ihren großen nationenübergreifenden Zusammenhängen. Der Zusammenbruch des Sowjetreichs und des Kommunismus, die staatliche Vereinigung Deutschlands und die damit erst richtig beginnende Vereinigungskrise, die teils schon blutigen Konflikte in Osteuropa und die Renaissance des Nationalismus nicht nur dort, das sind politische Vorgänge, […] die unsere soziale Situation, Kultur und Weltsicht einschneidend beeinflussen. Die Macht der großen politische

Zusammenhänge ist gegenwärtig massiv erfahrbar, und zwar als besorgniserregende Krise.«[94]

Kocka sprach hier natürlich als Sozialhistoriker, der eine noch bis vor Kurzem für unproblematisch erachtete Sozialgeschichte »*with the politics left out*« für nunmehr unvorstellbar hielt. Zugleich sprach er hier und bei vielen anderen Gelegenheiten auch als nachdenklicher Bundesbürger, der die Errungenschaften ebenso wie die Begrenzungen des westlich-liberalen Demokratiemodells umsichtig in die Waagschale der innerdeutschen Vereinigungsbalance legte. Diese Vereingung vollziehe sich »als Integration – und Auflösung – der DDR in die Bundesrepublik«, und das sei grundsätzlich auch richtig so, schrieb er im Frühjahr 1991 – mitten in der Hauptstadtdebatte – im Kontext der Diskussion um die Zukunft der ostdeutschen Geschichtswissenschaft. Zwar sei das bundesrepublikanische System »alles andere als vollkommen«; es enthalte »Widersprüchlichkeit und Irrationalität, Ungerechtigkeiten und Häßlichkeiten, Unsicherheit und Entfremdung, es kennt Sieger und Verlierer, Nutznießer und Opfer«. Dennoch sei dieses System »dem, was die DDR ausmachte, und dem, was von ihr übrig blieb, eindeutig überlegen«. Das sehe nicht zuletzt auch die große Mehrheit der Ostdeutschen so. Vor allem sei aber nicht zu erkennen, wie die Schwächen des westlichen Modells durch die »Übernahme von einzelnen Bestandteilen des DDR-Erbes zu beheben sein sollten«.[95]

Die so lokal, national wie global angelegte »Vereinigungskrise« stellte also eine veritable Herausforderung für die bundesrepublikanische demokratische Ordnung dar, die mit dem Untergang der DDR eine maßgebliche Legitimationsquelle und identitätsstiftende Vergleichsfolie verloren hatte. Als »Testfall für unsere parlamentarischen Institutionen, Parteien und politischen Klassen« lasse die »Krise des Ostens« die »Schwächen des Gesamtsystems manifest werden«, konstatierte Kocka schließlich in einem 1994 für ein amerikanisches Publikum verfassten Aufsatz über die »Verwestlichung und ihre Grenzen«. Man denke nur und nicht zuletzt an »die rechtsradikalen Angriffe auf in Deutschland lebende Ausländer oder Asylsuchende«, die 1991 in ostdeutschen Städten begannen. Diese Übergriffe hätten wiederum eine bundesweite Anschlagswelle ausgelöst, die 1992/93 in westdeutschen Städten – in Solingen und Mölln – »mörderische« Ausmaße erreichte.[96] Selten wurde der deutsche Vereinigungsrassismus damals so dezidiert thematisiert.

Die Auseinandersetzung mit der »Widersprüchlichkeit« und den »Schwächen« des bundesrepublikanischen Systems, mit den nicht nur institutionellen und sozialen, sondern eben auch zwischenmenschlich spürbaren »Ungerechtigkeiten und Häßlichkeiten«, die Kocka so präzise wie behutsam einforderte, fand damals nur in Teilen von Politik, Medien und Gesellschaft statt. Der im Zuge der Einheit mit frischer Dringlichkeit konstatierte Reformbedarf, den vor allem SPD, Bündnis 90/Die Grünen, Gewerkschaften und weit in die 1980er Jahre zurückreichende Bürgerinitiativen in Ost und West sahen, stieß auf Regierungsebene sowie in der Breite der Gesellschaft auf wenig Unterstützung. Nicht selten wurden entsprechende Forderungen, etwa nach der Erweiterung der im Grundgesetz verankerten Grundrechte und Staatsziele, als »Kinkerlitzchen« (Otto Graf Lambsdorff), politische Romantik oder gar Angriffe auf die bewährte Bonner Ordnung abgetan.[97]

Die am Ende des vorherigen Kapitels schon erwähnte Gemeinsame Verfassungskommission von Bundestag und Bundesrat (GVK), die zwischen 1992 und 1994 vereinigungsbedingte Grundgesetzfragen verhandelte, war der einzige institutionalisierte Raum, in dem dieser deutsch-deutsche Reformdiskurs systematisch und unter großer öffentlicher Anteilnahme geführt wurde. Die Demokratieideen aus den fünf neuen Bundesländern, die in der Herbstrevolution so vielstimmig artikuliert worden waren und alsbald unter dem verengenden Rubrum »ostdeutsche Verfassungsinteressen« gebündelt wurden, kamen hier ausführlich zur Sprache. Sie betrafen insbesondere die Themenbereiche Staatsziele (soziale Sicherheit, Mitmenschlichkeit, Gemeinsinn), Grundrechte (Datenschutz, Gleichberechtigung), Plebiszite und »innere Einheit« (Präambel, Frage der Vollendung der Einheit und einer ostdeutschen Kammer). Dies waren aber keineswegs rein »ostdeutsche« Themen, sondern sie wurden auch von Parlamentariern aus der westdeutschen Linken (im weitesten Sinne) auf die Agenda gesetzt. Dass sich diesbezügliche Reformideen am Ende nicht durchsetzten, lag nicht primär an einer Marginalisierung der Ostdeutschen. Vielmehr verlief die entscheidende Bruchlinie zwischen den eher konservativen und den eher progressiven Parteiinteressen in Kommission und Parlament.[98]

Die Arbeit der GVK animierte damals etwa eine Million Menschen dazu, sich per Brief, Unterschriftensammlung oder Postkarte an das Parlament zu wenden, um einzelne Reformvorschläge einzubringen oder aktiv zu unterstützen. Die über 800 000 individuell oder gesammelt eingesandten Zuschriften an die Kommission sind zwar nicht in Gänze überliefert. Aber auch die etwa 3500 erhaltenen Schreiben geben einen fundierten Einblick in die damals gesellschaftlich am meisten diskutierten Verfassungsaspekte.[99] Am häufigsten schrieben Bürgerinnen und Bürger in jenen frühen Nachwendejahren, um sich für die Aufnahme plebiszitärer Verfahren, die Verankerung sozialer Rechte, für Umwelt- und Tierschutz sowie die Gleichstellung der Geschlechter, Minderheiten- und Asylrechtsschutz einzusetzen (zu Letzerem gab es aber auch viele ablehnende Schreiben). Bemerkenswert an dieser Bürgerbriefsammlung ist – neben den Hunderten von Protestschreiben gegen die geringe Repräsentanz von Frauen in der Kommission (23 Prozent) – die Vielfalt an Vorschlägen zur »Weiterentwicklung«, wie es meist hieß, der parlamentarischen Demokratie und des Grundgesetzes. Deren Befürworter hofften darauf, das am Ende dieses Prozesses eine Verfassung für das vereinte Deutschland zur Abstimmung stehen würde – »in einem Verfahren, das über Bundestag und Bundesrat herausreicht«, wie es die SPD-Bundestagsfraktion in ihrem Antrag zur Einrichtung der GVK formulierte.[100]

Die große Mehrheit derjenigen, die sich schriftlich an die GVK wandten – darunter übrigens mehr Frauen als in allen anderen von mir untersuchten Briefkonvoluten –, teilte diese Hoffnung und forderte so nachdrücklich wie detailreich die Erweiterung der Bürgerbeteiligung, etwa über Volksentscheide, Volksbegehren, Volksinitiativen und Volksbefragungen auf Bundesebene. Diese Forderungen wurden insbesondere in den hier noch seltener überlieferten Briefen aus Ostdeutschland erhoben (ihr Anteil lag weit unter dem ostdeutscher Mitglieder in der Kommission von 17 Prozent[101]). Auch in dieser Korrespondenz spielten die im gesellschaftlichen Alltag angesammelten demokratischen Erfahrungen der letzten Jahre und Jahrzehnte als Argumentationsbasis eine bedeutende Rolle: Die einen beriefen sich, aus dem Westen der Republik schreibend, auf »40 Jahre Demokratieerfahrung in Deutschland/West« – man tue doch bitte nicht so, als wäre das »bundesdeutsche Grundgesetz das heilige Sanktmonium [sic]«; die anderen, etwa aus Dessau schreibend, führten die Erfahrungen aus der DDR- und Wende-Zeit an.[102]

Aus Westdeutschland und West-Berlin eingesandte Briefe brachten die ganze Palette an seit den 1970er Jahren im Umkreis der Grünen sowie der Friedens-, Umwelt- und Frauenbewegungen diskutierten direktdemokratischen Ideen vor. So sollten die »Oppositionsrechte und insgesamt die Rechte des Parlaments im GG ausgebaut werden«, forderte der Arbeitskreis Verfassungsfragen des SPD-Ortsvereins Lüneburg. Eine Hamburgerin sandte einen »Bürgervorschlag« ein, nach dem Ideen, die von mindestens 10 000 Menschen unterstützt würden, von der Kommission gehört werden sollten. Da das Grundgesetz »die Grundlage des gesellschaftlichen und staatlichen Lebens« sei, müssten Bürgerinnen und Bürger an dessen »Neugestaltung« aktiv beteiligt werden. Ein Breisgauer schlug die Einführung eines parlamentarischen »Initiativrecht[s] für Bürgerinitiativen« vor, das sich in Formen der direkten Demokratie (Begehren und Abstimmungen) niederschlägt«. In einem Land, in dem weit mehr Menschen Mitglieder von Bürgerinitiativen als von

Parteien seien, könnte dies einen »Demokratisierungsschub« bewirken und dabei helfen, die Parteienverdrossenheit zu reduzieren. Es gab jedoch auch nationalistisch getönte Schreiben, etwa eines von einem älteren Herrn aus dem baden-württembergischen Landkreis Calw. Er forderte die Kommission auf zu prüfen, ob die Einflussnahme der Alliierten auf die Formulierung des Grundgesetzes 1949 »die deutschen Interessen verletzt hat und ob die entsprechenden Passagen entsprechend korrigiert werden sollten. Ähnliches gilt für das Verbot gewisser politischer Organisationen und Vereine [...].« Mit Letzteren meinte er wohl vor allem rechtsradikale Zusammenschlüsse.[103]

In den ostdeutschen Zuschriften an die GVK werden erneut sehr »eigen-sinnige« Demokratievorstellungen sichtbar. Diese Charakterisierung verweist auf Überlegungen aus der DDR-Geschichtsschreibung, die den Fokus auf das Verhältnis von Herrschaft und Gesellschaft gelenkt haben. Sie sensibilisieren dafür, welche subjektive Bedeutung einzelne Individuen jeweils ihrer Mitwirkung in den von der SED geschaffenen Strukturen und Organisationen zuschreiben. Denn wie auch immer ein Herrschaftsanspruch angelegt und intendiert ist, Menschen verhalten sich dazu stets auch aus individuellen Erwägungen und Sinngebungen heraus. Sie denken und handeln also ungeachtet aller Kontrollversuche im Wortsinne »eigen-sinnig«. Mitunter stärken sie so die Diktatur, mitunter setzen sie ihr aber auch Grenzen.[104]

Beispielhaft für derlei über 1989 hinausreichende eigensinnige Positionierungen zur jeweils herrschenden politischen Ordnung seien die Vorschläge eines Rostocker Kinderarztes zur »Konstituierung eines Organs zur Volkskontrolle« zitiert. Nach eigenem Bekunden hatte der Mann sie bereits im November 1989, wenige Tage vor dem Mauerfall, als Gesetzesvorlage für eine frei gewählte Volkskammer formuliert; wegen des schnellen Beitritts habe seine Idee dann aber »nicht mehr den parlamentarischen Weg nehmen können«. Im Januar 1992 sandte er sie an die GVK. Er schlug darin vor, von der lokalen bis zur nationalen Ebene Organe einzurichten, die als »unabhängige, frei gewählte Gremien des Volkes [...] zur Kontrolle *aller* Dienststellen, Betriebe, Institutionen, Kliniken, parteilichen und gesellschaftlichen Formationen einschließlich privatwirtschaftlicher Produktions- und Handelsformen« dienen würden. In ihnen sollten Menschen aus allen Stadt- und Landkreisen sowie »allen Gesellschaftsschichten und Berufsgruppen« und unabhängig von der Mitgliedschaft in Parteien oder Organisationen vertreten sein. Auch wenn sein Vorschlag Strukturbezüge und »Termini« der ehemaligen DDR enthalte, so der 54-jährige Mediziner an den Ko-Vorsitzenden der GVK, Henning Voscherau (SPD), bitte er darum, ihn ernsthaft zu prüfen und »auf bundesdeutsche Bedingungen umzudenken«. Für die »unerwartete Wiedervereinigung«, die nun die Grundlage für eine Grundgesetzänderung geschaffen habe, bedürfe es der »Erfahrungen aus beiden ehemaligen Teilen Deutschlands«.[105]

In seinem Antwortschreiben verwies das GVK-Sekretariat darauf, dass ein solches Organ mit dem »parlamentarischen System des Grundgesetzes nicht vereinbar« sei und die »parlamentarische Kontrolle von den Parlamenten ausgeübt« werde. Hier sei der »institutionelle und funktionale Ort der Kontrolle von Regierung und Verwaltung«.[106] Offenbar akzeptierte der Rostocker Arzt diese Erläuterungen und regte in einem zweiten Schreiben die Aufnahme des Rechts auf Wohnen ins Grundgesetz an. Es dürfe keine Obdachlosigkeit in Deutschland geben. Der letzte oder vorletzte Arbeitgeber eines Menschen, der obdachlos wird, müsse ein »menschenwürdiges Wohnen gewährleisten«; könne er dies nicht, müsse das Land oder die Kommune einspringen.

Diese beiden Briefe aus Rostock enthalten wesentliche Gesichtspunkte des ostdeutsch-postsozialistischen Demokratiediskurses der 1990er Jahre: die Angst vor erneutem Machtmissbrauch und vor Korruption in Staat und Verwaltung, ein Grundmisstrauen gegenüber Parteien und Parlamenten und daraus abgeleitet die Forderung nach »Volkssouveränität statt Parteiherrschaft«, wie es eine Dessauerin formulierte (oder »Parteienabsolutismus«, so Thierse einmal in der GVK); den Wunsch, buchstäblich alle in die Organisation des staatlichen und gesellschaftlichen Lebens einzubeziehen; die Sicherung elementarer sozialer Bedürfnisse sowie das Verlangen nach Berücksichtigung sowohl spezifisch ostdeutscher Erfahrungen mit Diktatur und Demokratie als auch spezifisch bundesdeutscher Systemschwächen bei der Gestaltung des vereinigten Deutschlands.[107]

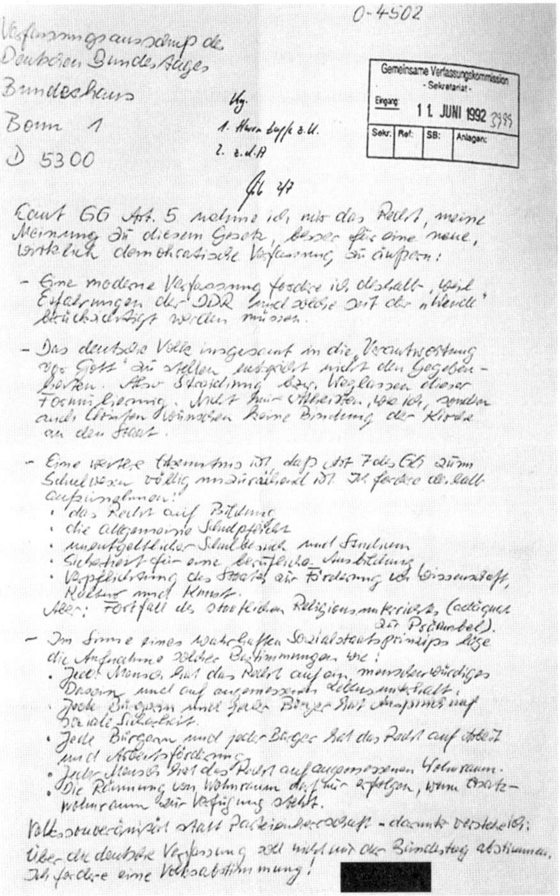

0-4502

Verfassungsausschuß des
Deutschen Bundestages
Bundeshaus
Bonn 1
D 5300

Gemeinsame Verfassungskommission
- Sekretariat -
Eingang: 11. JUNI 1992

Sekr.	Ref:	SB:	Anlagen:

2. z.d.A

Laut GG Art. 5 nehme ich mir das Recht, meine Meinung zu diesem Gesetz, besser für eine neue, wirklich demokratische Verfassung zu äußern:

- Eine moderne Verfassung fordere ich deshalb, weil Erfahrungen der DDR und solche seit der „Wende" berücksichtigt werden müssen.

- Das deutsche Volk insgesamt in die „Verantwortung vor Gott" zu stellen entspricht nicht den Gegebenheiten. Also Streichung bzw. Weglassen dieser Formulierung. Nicht nur Atheisten, wie ich, sondern auch Christen wünschen keine Bindung der Kirche an den Staat.

- Eine weitere Erkenntnis ist, daß Art. 7 des GG zum Schulwesen völlig unzureichend ist. Ich fordere deshalb aufzunehmen:
  - das Recht auf Bildung
  - die allgemeine Schulpflicht
  - unentgeltlicher Schulbesuch und Studium
  - Sicherheit für eine berufliche Ausbildung
  - Verpflichtung des Staates zur Förderung von Wissenschaft, Kultur und Kunst.

  Aber: Fortfall des staatlichen Religionsunterrichts (adäquat zur Präambel).

- Im Sinne eines wahrhaften Sozialstaatsprinzips läge die Aufnahme solcher Bestimmungen wie:
  - Jeder Mensch hat das Recht auf ein menschenwürdiges Dasein und auf angemessenen Lebensunterhalt.
  - Jede Bürgerin und jeder Bürger hat Anspruch auf soziale Sicherheit.
  - Jede Bürgerin und jeder Bürger hat das Recht auf Arbeit und Arbeitsförderung.
  - Jeder Mensch hat das Recht auf angemessenen Wohnraum.
  - Die Räumung von Wohnraum darf nur erfolgen, wenn Ersatzwohnraum zur Verfügung steht.

Volkssouveränität statt Parteienherrschaft – darunter verstehe ich: über die deutsche Verfassung soll nicht nur der Bundestag abstimmen. Ich fordere eine Volksabstimmung! [redacted]

Abb. 6: Eine der wenigen ostdeutschen Zuschriften an die GVK – eine Frau aus Dessau listet ihre Forderungen auf, 1992.

So vielfältig und eigensinnig die aus der Bevölkerung kommenden Vorschläge waren und so vereinzelt hier auch ostdeutsche Stimmen Gehör fanden, so eindringlich warben vor allem die GVK-Mitglieder aus den Reihen der Opposition – darunter prominente ehemalige DDR-Bürgerrechtler wie Wolfgang Thierse, Angelika Barbe, Wolfgang Ullmann und Gerd Poppe – dafür, die direktdemokratischen Impulse aus der 1989er-Revolution in ein »reformiertes« Grundgesetz einfließen zu lassen. Man könnte auch sagen, sie *framten* die Frage der Bürgerbeteiligung als spezifisch ostdeutschen Beitrag zu einer gesamtdeutschen Verfassungsordnung und Gesellschaftsvision. »Die Verfassung einer demokratisch reifen und sozial stabilen Gesellschaft muß sich den Mitsprache- und Mitwirkungsansprüchen seiner [sic] Bürger öffnen«, forderte der »neue Bundesbürger« Thierse in der 6. Sitzung der GVK, die sich im Mai 1992 mit der Frage der Bürgerbeteiligung befasste. Er ging dabei von einer Reife und Stabilität aus, die sich sowohl in über vier Jahrzehnten bundesrepublikanischer Demokratiegeschichte als auch in den »Erfahrungen aus dem leidenschaftlichen Aufbruch im Herbst 1989« entwickelt hätten. Nach alldem habe man »wirklich Anlaß dazu, dem eigenen Volk weniger zu mißtrauen als die Väter des Grundgesetzes«.[108] Somit sei diese einigungsbedingte Debatte um das Grundgesetz eine Gelegenheit, »die Parteiverdrossenheit, die Politik- und Wahlmüdigkeit«, den »Vertrauensschwund der Politiker und Parteien, der Parlamente und Regierungen« sowie die »Integrationsprobleme« und schwindende »Orientierungsfähigkeit« der Parteien zu adressieren. Statt »Predigten, Deklamationen und Aufforderungen, zu den Parteien zurückzukehren«, müsse man »andere Formen demokratischer Mitwirkung anbieten, um unsere Demokratie reicher, funktionsfähiger oder, um es mit dem blassen Wort zu bezeichnen, moderner zu machen«.[109]

Doch alle diesbezüglichen Vorschläge und Diskussionen führten am Ende nicht dazu, dass das Grundgesetz im Zuge der Deutschen Einheit um direktdemokratisch-plebiszitäre Elemente ergänzt wurde.

Die Ablehnung solcher Verfahrensideen war in den Regierungsparteien überwältigend. Dabei begründeten die Skeptiker ihre Haltung nicht nur mit der Stärke der bewährten (»vernünftigen«) repräsentativen Ordnung und den historischen Erfahrungen mit plebiszitärer Volksmobilisation in der Weimarer Zeit und im Nationalsozialismus. Sie brachten darüber hinaus auch die alltägliche Bonner Demokratieerfahrung in Anschlag, die sich von der straßendemokratischen Erfahrung am Ende der DDR, mit der die Grundgesetzreformer argumentierten, fundamental unterscheide. 1989 sei eine »Ausnahmesituation« gewesen, ein Moment des Aufbegehrens gegen eine Diktatur, so der CSU-Politiker Norbert Geis in der GVK-Sitzung vom 6. Mai. Die Bundesrepublik sei hingegen, gänzlich unberührt vom nachbarlichen Systemsturz, der »Normalfall« – eine Demokratie. Und im Normalfall gelte, »daß die Menschen ihrer Arbeit nachgehen, sich Freizeit gönnen, in ihrer Familie leben und sich nicht immer mit politischen Fragen auseinandersetzen. Im Normalfall gilt die Verfassung. Darüber haben wir uns zu unterhalten.« Der Hinweis auf das »positive Erlebnis *unmittelbarer* Demokratie, das uns wie ein Fest erschien« und das Thierse als letzten »Rest von Selbstbewusstsein« der Ostdeutschen beschwor, sei daher nicht ganz so »durchschlagend«, wie es zunächst scheine, so Geis. Man sprach hier also nur scheinbar von derselben Sache: Geis ging es mit der Demokratie der Parlamente um die staatliche Ordnung der Gesellschaft, Thierse mit der Demokratie der Straße um die Möglichkeit wirksamen gesellschaftlichen Protests.[110]

Am Ende lag es an der Unvereinbarkeit dieser beiden Positionen und Demokratieerfahrungen, dass das »Erbe von 1989« keinen expliziten Niederschlag im Grundgesetz fand. Immerhin aber sind erweiterte soziale Grundrechte und plebiszitäre Verfahrenswege in allen fünf ostdeutschen Länderverfassungen verankert worden – ein Umstand, der in Analysen der ostdeutschen politischen Kulturgeschichte seit 1990 leider noch kaum eine Rolle spielt.[111] Einige spezifisch ostdeutsche Verfassungsideale haben sich also durchaus durchgesetzt, wenn auch nur auf regionaler Ebene. Dass dies auf Bundesebene im Rahmen der Grundgesetzdiskussion 1992/93 nicht geschah, wurde schon damals als historisches Versagen der Verfassungskommission kritisiert. »Gute Debatte, schlechte Ergebnisse«, spitzte die PDS die Bilanz der GVK zu. Bündnis 90/Die Grünen sprachen von einer »vertanen Chance«, und diverse Leitartikler beklagten, dass die Kommission mit ihrer Arbeit der historischen Bedeutung der deutschen Einigung nicht gerecht geworden sei.[112]

Und doch: Trotz ihrer Ergebnislosigkeit in Sachen Stärkung der »unmittelbaren« Bürgerbeteiligung im Grundgesetz war diese einzigartige deutsch-deutsche Verfassungsdiskussion ein großer Moment zivilgesellschaftlicher Selbstverständigung.[113] Mitten im allgemeinen Vereinigungskrisendiskurs war mit der Kommission ein *institutionalisierter* Raum entstanden, in dem Fragen von Gemeinwohl und Staatswesen, Demokratieideal und Demokratiewirklichkeit unter reger öffentlicher (parlamentarischer, medialer und bürgerschaftlicher) Anteilnahme diskutiert werden konnten. Die Demokratievorstellungen, die während der Kommissionsarbeit so konkret und umfassend wie selten in »Normalfall«-Zeiten sichtbar wurden, folgten zudem nicht rein ost- oder westdeutschen Logiken, sondern spiegelten die in der Breite der Gesellschaft vorhandenen Ideen in ihrer ganzen Vielfalt und Widersprüchlichkeit. Dennoch war auch dieser einzigartige zivilgesellschaftliche Moment von den damaligen ost-westlichen Verhärtungen, etwa infolge des heute kaum mehr vorstellbaren Stasi-Abrechnungsfurors, geprägt. Beispielhaft dafür steht der Selbstmord des PDS-Bundestagsabgeordneten und GVK-Mitglieds Gerhard Riege im Februar 1992. Der frühere DDR-Jurist, der in den 1950er Jahren auch Inoffizieller Mitarbeiter des MfS war, sah sich angesichts seiner Vergangenheit im Bundestag mehrfach heftigsten Angriffen ausgesetzt. An seinen Freitod erinnerte 30 Jahre später unter anderem die *Süddeutsche Zeitung* – als eine der »Wunden der Einheit«.[114]

Anders, als es seinerzeit insbesondere ostdeutsche Zeitungskommentatoren vorhersagten, ist die Verfassungsdebatte seither nicht wieder mit vergleichbarer Dringlichkeit aufgeflammt. Das Grundgesetz erachteten diese Kommentatoren als nach wie vor reform- und legitimationsbedürftig. »Daß das Volk nicht für die neue Verfassung abstimmen darf, beleuchtet deren Legitimiationsdefizite besonders grell«, konstatierte etwa die *Mitteldeutsche Zeitung*.[115] Auch wenn diese Sicht schon damals wenig begründet war und heute kaum mehr vertreten wird, könnte es sich gerade in einer parlamentarischen Demokratie als sinnvoll erweisen, die historischen Erfahrungen mit solchen transparlamentarischen Räumen, in denen jenseits von Epochenbrüchen eine grundsätzliche gesellschaftliche Selbstverständigung ermöglicht wird, eingehender zu betrachten.

Am Ende dieser Rückschau auf die Verfassungsdebatte der frühen 1990er Jahre bleibt darauf hinzuweisen, dass damals viele Reformbefürworter mit einigen nicht unproblematischen Vorannahmen argumentierten: »Parteienverdrossenheit« ist in der Tat ein strukturelles Problem parlamentarischer Demokratien. Doch die Rede vom »Vertrauensschwund« hebt immer wieder neu an, ohne dass die Einstellungsforschung auf eine nachhaltige Erosion des Vertrauens in die Institutionen schließen lässt. Im Gegenteil liegt dieses in Deutschland mit leichten Schwankungen durchweg auf einem mittelhohen Niveau zwischen etwa 60 und 85 Prozent, je nach Institution. Und auch wenn die Parteien in derlei Skalen seit den 1990er Jahren meist den letzten Platz einnehmen, liegt Deutschland mit 37 Prozent im europäischen Vergleich auf dem dritten Platz (hinter den Niederlanden und Luxemburg; das Schlusslicht bildet Griechenland mit nur 4 Prozent).[116] Freilich sind diese 37 Prozent dennoch eine betrübliche Zahl. Allerdings könnte ein moderates Maß an Misstrauen – oder positiver ausgedrückt: Skepsis – gegenüber Parteien auch Ausdruck eines gewachsenen demokratischen Bewusstseins (im Sinne einer ausgeprägten Fähigkeit zur Machtkritik) in der Bevölkerung sein. Dafür spricht auch, dass sich eben trotz aller Schwundbehauptungen bislang keineswegs ein absehbar ins Bodenlose sinkendes Vertrauen konstatieren lässt.

Eine weitere problematische Vorannahme betrifft den unterstellten positiven Zusammenhang zwischen Bürgerbeteiligung und Zustimmung zur repräsentativen Demokratie. So ist fraglich, ob etwa die bereits erwähnte Tatsache, dass zwischen 1992 und 1994 in allen fünf ostdeutschen Landesverfassungen Volksgesetzgebungsverfahren verankert wurden, dazu beigetragen hat, die dortige Demokratiezufriedenheit zu erhöhen. Sie stieg zwar zwischen 1991 und 2018 von 43 auf 68 Prozent, lag aber stets etwa 15 bis 20 Prozentpunkte unter den westdeutschen Werten, die im selben Zeitraum von 68 auf 83 Prozent gestiegen sind.[117] Direktdemokratische Praktiken auf Bundesebene werden wiederum erst in jüngster Zeit systematischer diskutiert und ausprobiert, etwa mit den sogenannten Bürgerräten. Es bleibt abzuwarten, welchen Effekt sie auf die Stabilität und Akzeptanz des politischen Systems haben.[118] Der Aufstieg und Wähler- sowie Mitgliederzuwachs für die AfD (und im Übrigen auch die Grünen) in den vergangenen Jahren, insbesondere zwischen 2014 und 2019, hat darüber hinaus gezeigt, dass Parteien ihre »Integrationsprobleme« und Orientierungsdefizite durchaus überwinden können und dass eine Mobilisierung von Parteilosen für einen Parteieintritt beziehungsweise von Nichtwählerinnen und Nichtwählern zum Wählen möglich ist – die Frage ist nur, zu welchem Preis und für welche Programmatiken dies im konkreten Falle geschieht.

Blickt man nun in der Gesamtschau auf das erste Jahrzehnt nach der Vereinigung zurück, dann verlief die Ankunft der Deutschen in der Berliner Republik ideen- und debattenreich, unübersichtlich und zugleich meist konstruktiv, entlang alter und neuer Gräben – und alles andere als geradlinig. Das »*Wir sind das Volk!*« der Straße habe sich mit der Vereinigung »rasch in ein repräsentatives System nach westlichem Muster« verwandelt, behauptete ein maßgeblicher Akteur jener Zeit, Richard von Weizsäcker, in seinen Memoiren. Bis ins

Frühjahr 1990 habe die »direkte Demokratie die Richtung und das Tempo bestimmt«. Mit der Entscheidung für den Beitritt zur Bundesrepublik auf parlamentarischem Wege seien dann jene vier Worte *Wir sind das Volk!* zu »vielen Tausenden von Worten in immer neuen Vereinbarungen und Verordnungen« gewachsen.[119] Der so verwandelte ostdeutsche Aufstand hatte in dieser Sicht – beinahe zauberhaft – Eingang in die geregelte Ordnung einer erweiterten Bundesrepublik und damit gewissermaßen seine vollkommene demokratische Verwirklichung gefunden.

Der frühere Bundespräsident zeichnete hier den Umbruch von 1989/90 als Großkapitel der deutschen Demokratiegeschichte nach. Doch dieser geradezu romantische Blick auf das Geschehen wird der Komplexität und Widersprüchlichkeit der tatsächlichen Entwicklung nicht annähernd gerecht – ja nicht einmal den Gründen für die *gelungenen* Aspekte der Vereinigungsgeschichte. Abgesehen davon hat das *Wir sind das Volk!* seither auch noch eine ganz andere, durchaus trübe Karriere gemacht: Zunächst tauchte der Spruch just in jenem Kontext auf, in dem Wolfgang Clement am Anfang dieses Kapitels auf einen arbeitslosen Schlosser in Wismar traf – den Anti-Hartz IV-Protesten. Sie fanden zwischen 2004 und 2006 in über 200 deutschen Städten statt, wobei sich die Demonstrationen, wie 1989 meist montags organisiert und mit Slogans wie »Nieder mit Hartz IV, das Volk sind wir!«, auf den Sommer und Herbst 2004 konzentrierten. Auch lagen die Teilnehmerzahlen in Ostdeutschland aufgrund der stärkeren Betroffenheit deutlich höher als im Westen – hier wandten sich die Proteste ja nicht zuletzt auch gegen die Zerstörung dessen, was man sich seit den harten 1990er Jahren zugemutet und aufgebaut hatte. Initiiert hatte sie im Juli 2004 der Magdeburger Bahnarbeiter Andreas Erholdt, der trotz Umschulung und Hunderten von Bewerbungen »von Freiburg bis Flensburg« ebenfalls langzeitarbeitslos war, seiner Verzweiflung aber mit politischer Aktion zu begegnen suchte. Für Erholdt bedeutete Demokratie, dass »Schröder und wie sie alle heißen […] Angestellte des

Volkes« seien, denen gekündigt werden müsse, wie er es auf einer Demonstration unter dem Beifall seiner schnell anwachsenden Anhängerschaft ins Megafon rief. Es gelte, die Politik daran zu erinnern, dass das Grundgesetz ein »Leben in Würde und Anstand« verspreche und nicht, mit Hartz IV »dahinzuvegetieren«.[120]

Zehn Jahre später mutierte das »*Wir sind das Volk!*« zum Straßenschrei der *Pegida*-Bewegung, einer südostdeutschen Randerscheinung mit zeitweise beachtlicher und auch überregionaler Reichweite bis in die Mitte der Gesellschaft – und über Verbindungen in die 2013 gegründete AfD bald auch in die Parlamente. Hatten sich schon in die Hartz-IV-Proteste immer wieder rechtsradikale Gruppen gemischt, was örtlich zu Zerwürfnissen und teils auch zum Erliegen der Proteste geführt hatte, so mobilisierte *Pegida* im Windschatten von 9/11, *War on Terror* und den Finanz- und Euro-Krisen (2007/2010) von Anfang an offen mit völkischen und islamfeindlichen Parolen. Die soziale Not, die vorgeblich auch hier das zentrale Motiv war, war längst keine Frage der angemessenen wirtschafts- und sozialpolitischen Programmatik mehr, sondern der deutschtümelnden Selbstermächtigung zur Aushebelung eines ganzen Systems.[121]

Im krassen Gegensatz zu Weizsäckers verklärender Deutung des Umbruchs als »*Wir sind das Volk!*«-Verwandlung griffen die Initiatoren und Stichwortgeberinnen von *Pegida* in ihren Verlautbarungen immer wieder die zentralen Erfahrungs- und Erinnerungspunkte der ersten Jahrzehnte der Berliner Republik auf. Es gelang ihnen, das scheindemokratische Erbe der DDR-Zeit und die straßendemokratischen Impulse der 1989er-Revolution gleichermaßen zur Legitimation einer antiparlamentarischen Revolte wiederzubeleben. 1989 habe ein Volk »für Freiheit und Frieden gekämpft – und es hat gesiegt!«, hieß es exemplarisch in einer im November 2017 im Internet verbreiteten Erklärung zum 28. Jahrestag des Mauerfalls. »Die darauffolgenden 25 Jahre waren geprägt von Umdenken, Umlernen, Wiederaufbau und der Idee, eine gesamtdeutsche Einheit zu werden.« 2014 sei dann im Osten erneut eine »Widerstandsbewegung«

entstanden, die sich »regierungskritisch und islamkritisch gegen eine Regierung« stelle, die, »wie zu tiefsten DDR-Zeiten, permanent gegen die Mehrheit des Volkes« entscheide. Zwölf Jahre habe »diese Art der Politik« funktioniert, womit der Beginn von Angela Merkels erster Kanzlerschaft 2005 als Fixpunkt gesetzt war. Zwei Finanzkrisen und einen Atomausstieg habe »das Volk teuer und unnötig – aber geduldig – mitfinanziert«. Doch die »›Flüchtlingskrise‹, die unsere Wirtschaft, unsere Kultur und unsere Zukunft bedroht«, mache man nicht mehr mit. Und so trachtete *Pegida* im Herbst 2017 – wenige Wochen nach dem Einzug der AfD in den Bundestag – danach, »dass ein Regime nun zum zweiten Mal innerhalb einer Generation in die Knie gezwungen wird. Wir sind das Volk! Wir sind gekommen um zu bleiben, und wir bleiben, um zu siegen!«[122]

Problematisch sind derlei Pamphlete nicht nur wegen der oft kritisierten Vereinnahmung von »1989«, sondern vor allem wegen der Anmaßung, mit der hier eine Handvoll (nicht nur) ostdeutscher Männer und Frauen ein ganzes Kapitel der jüngsten, ostwestlich geteilten Demokratiegeschichte verzerrt, banalisiert und letztlich zu zerstören versucht.

5 Umbruch, Aufbruch, AfD: Ambivalenzen der Demokratie in der Ära Merkel

Ich habe keine Lust, Experte für AfD-Wähler zu sein, weil ich aus der DDR komme.[1]

ANGELA MERKEL, SEPTEMBER 2021

Nicht einmal eine Generation nach dem Mauerfall lag die politische Führung der Berliner Republik ganz in ostdeutschen Händen. Im März 2012 wurde der Rostocker Theologe Joachim Gauck zum Bundespräsidenten gewählt und damit an die Spitze eines Staates, dessen Regierungsgeschäfte bereits seit sieben Jahren die ostdeutsche Physikerin Angela Merkel führte. Diese Entwicklung ist einerseits erstaunlich. Schaut man aber genauer in die Statistiken zur Elitenrepräsentation, ist sie andererseits gar nicht so überraschend. Denn obwohl Ostdeutsche bis heute in vielen Bereichen des gesellschaftlichen Lebens strukturell unterrepräsentiert sind, waren sie im »staatspolitischen Sektor«, also den Führungsebenen von Parteien, Legislative und Bundesexekutive, zwischen 1990 und 2013 stets leicht überrepräsentiert. Mitunter lag ihr Anteil hier – bei einem Bevölkerungsanteil von etwa 16 Prozent – bei bis zu 25 Prozent.[2]

Dieser Anteil von bis zu 25 Prozent belegt auf seine Weise die konstruktive Wirkung und Wirkmächtigkeit der *tausend Aufbrüche* seit 1989. So windungsreich und konfliktgeladen der Weg ostdeutscher Männer und Frauen in die Praxis der parlamentarischen Demokratie von der kommunalen bis in die Bundesebene war, so vielstimmig und nachhaltig haben sie sich darin zu behaupten gewusst. Das gilt nicht nur für Merkel und Gauck, sondern für Dutzende bundesweit einflussreicher ostdeutscher Politiker und Politikerinnen.

Über deren individuelle Erfahrungen lässt sich inzwischen einiges in ebenso klugen wie selbstkritischen Memoiren nachlesen, etwa in Marianne Birthlers eindrücklichem Buch *Halbes Land. Ganzes Land. Ganzes Leben*. Doch die Historisierung der politischen Sozialisation und des spezifischen Einflusses ostdeutscher Politikerpersönlichkeiten seit 1990 steckt noch in ihren Anfängen. Sicher erschöpft sich ihr Beitrag zum Gelingen der Berliner Demokratie nicht in einer Einordnung als die ewig »Unterschätzten«, wenngleich dieser Aspekt eine gewisse Rolle gespielt haben mag.[3]

Die staatspolitische Präsenz ostdeutscher Männer und Frauen ist freilich nicht gleichbedeutend mit hinreichender politischer Repräsentation. Sowohl in der Wahrnehmung als auch faktisch gibt es in Ostdeutschland vielmehr eine veritable Repräsentationslücke, das heißt Ostdeutsche sind und – mehr noch – *fühlen* sich mit ihren Interessen im gesellschaftlichen und politischen Leben der Bundesrepublik nicht hinreichend vertreten. Die einschlägigen Berichte der Bundesregierung zeichnen 30 Jahre nach dem Mauerfall, gestützt auf aktuelle politikwissenschaftliche Forschungen, ein ernüchterndes Bild. Die in der Zeit vor *und* nach 1989 liegenden Ursachen für diese Lücke werden darin in ihrer ganzen Dramatik vor Augen geführt. »Auf die Schubwirkung historisch gewachsener Sozialmilieus kann politische Partizipation in Ostdeutschland seit 1990 nicht setzen«, heißt es etwa in einem der jüngsten Berichte aus dem Jahr 2019. Nach der Vereinigung hätten sich dort noch immer keine »Sozialmilieus als Lebensumfelder traditionellen Formats gebildet«. Zudem seien »jene Großorganisationen, die gesellschaftliche Interessen bündeln« und üblicherweise als »Gesinnungsgemeinschaften fungieren« – also vor allem politische Parteien, Gewerkschaften, Unternehmerverbände und Kirchen –, »schwach aufgestellt«.[4] Die daraus resultierende Repräsentationslücke wirke sich entscheidend, nämlich lähmend und destabilisierend zugleich, auf die politische Partizipation aus – und damit auf die vor Ort gelebte und erfahrene Demokratie: Die Mitgliedschaft in politischen Parteien und gesellschaftlichen Organisationen ist allgemein niedrig, weshalb die Wählerbindung eher gering und das Wechselwählen verbreiteter ist als im Westen. Wo vermittelnde Organisationen wie Parteien, Gewerkschaften oder Unternehmerverbände »kraftlos« blieben, heißt es in dem Bericht weiter, fehlten »institutionelle Ankerplätze für Formen verbandlich getragener Interessenvermittlung und politischer Willensbildung«. Es mangelt somit an essenziellen Voraussetzungen für demokratische Kompromissfindung und Konfliktregulation. In einem solchen »organisationellen Vakuum«, so das Fazit, neigten Menschen dazu, mit »der Politik« *unmittelbar* kommunizieren zu wollen und von dieser zu erwarten, dass das »eigene Anliegen direkt und ungefiltert« durchgesetzt wird. Die Folge seien sehr hohe, stark individualisierte wie personalisierte Erwartungen an Politik, deren Nichterfüllung geradezu zwangsläufig zu nicht nur politischer, sondern auch persönlicher Enttäuschung führe: »Das Politikern gewährte Vertrauen wird schneller entzogen; Parteivorlieben werden rascher umgeschichtet; Protest bricht sich bei allgemeinen Wahlen und in Gestalt von Demonstrationen stärker Bahn.«[5]

Vor dem Hintergrund einer also insgesamt recht widersprüchlichen Entwicklung geht es in diesem abschließenden Kapitel um die Ambivalenzen der Demokratie in der Ära Merkel. Die Kernfrage lautet: Warum ist es trotz der eingangs erwähnten starken »staatspolitischen« Präsenz ostdeutscher Frauen und Männer in der Berliner Republik bislang nicht gelungen, die faktische und wahrgenommene Marginalisierung ostdeutscher Interessen in der politischen Architektur des Landes zu überwinden? Auf der Suche nach einer Antwort gehe ich einerseits dem Zusammenhang von ostdeutscher Repräsentationslücke und rechtspopulistisch-nationalradikalen Mobilisierungserfolgen der 2010er Jahre nach und andererseits der sich enorm ausweitenden Gestaltungsmacht, die ostdeutsche Politikerinnen und Politiker, allen voran die Kanzlerin, zeitgleich entfalten konnten.[6] Welche Relevanz hatte die ostdeutsche Herkunft einer Frau, die qua Amt einen gewichtigen Teil der Verantwortung für diese Partizipations- und Repräsentationsprobleme trug? Wie prägte ihre Kanzlerschaft das Verhältnis der Ostdeutschen zur bundesrepublikanischen Ordnung – und damit die Demokratie insgesamt?

Jede Analyse der überdurchschnittlich stark verbreiteten rechtspopulistischen Einstellungen und entsprechender Wahlergebnisse in Ostdeutschland sieht sich dem Vorwurf ausgesetzt, die Geschichte dieser Region zu verkürzen. Weil das zumindest teilweise zutrifft, denn es liegt gewissermaßen in der Natur der Sache – will man ein Problem angemessen erfassen, ist ein Fokus darauf unerlässlich –, ist die hier folgende Betrachtung in einen zweifachen Perspektivwechsel eingebettet. Zunächst richtet sich der Blick auf die ostdeutsche Mehrheitsgesellschaft seit 1990, die *nicht* radikal demonstriert und wählt, die trotz massiver sozialer Verwerfungen den Beitritt zur Bundesrepublik nie infrage gestellt hat und die real existierende Demokratie ungeachtet ihrer Schwächen aufrichtig wertschätzt. In einem weiteren Schritt wird es um die AfD als ein genuin deutschdeutsches politisches Projekt gehen; selbst ihr ostdeutscher Schwenk um 2015 muss als ein gesamtdeutscher Angriff auf die demokratische Ordnung eingeordnet werden. Die demokratiegefährdenden »Aufschläge«, die in jüngster Zeit immer stärker auch die »Integrationsfähigkeit des gesamten Systems betreffen« (Wolfgang Schroeder), mögen geografisch gesehen aus dem Osten kommen.[7] Ihr geistiger Ursprung liegt jedoch in der Wiederbelebung lange überwunden geglaubter radikalnationalistischer Staats- und Gesellschaftsvorstellungen, die weit ins großdeutsch-deutsch-volksdemokratisch geteilte 20. Jahrhundert zurückreichen.

Demokratie ohne Wunder. Eine andere Geschichte der Einheit

»Ostdeutschland ist im Aufwind. Zumindest grundsätzlich gesprochen«, lautete im Herbst 2022 das vorsichtig revolutionäre Resümee des ersten Berichts des Ostbeauftragten der Ampelkoalition, Carsten Schneider (SPD). Er wollte damit einen »neuen Blick« auf den Osten etablieren. Nicht mehr die Defizite und Angleichungsrückstände gegenüber dem Westen sollten fortan hervorgehoben werden, sondern die »Potentiale eines modernen Ostdeutschlands«.[8] Wer die Regierungsberichte seit den 1990er Jahren kennt, weiß, dass dort schon immer auch von den »Errungenschaften und Leistungen der Ostdeutschen« die Rede war. Neu war anno 2022 nur, dass der Ostbeauftragte nun unter leicht anderem Titel mit im Kanzleramt saß und an einer Elitenförderungsstrategie für den Osten arbeitete, die sich zunächst auf nicht weiter spezifizierte »niedrigschwellige Maßnahmen« und etwas Forschungsförderung beschränkte.[9]

Dabei ist ein *anderer* Blick auf die Zeit seit 1990 und das deutsch-deutsche Ringen um »innere Einheit« mehr als überfällig, nicht zuletzt in Ostdeutschland selbst. Vergegenwärtigt man sich die großen Linien der dortigen wirtschaftlichen, sozialen, politischen und kulturellen Entwicklung, so lässt sich durchaus von einer eigensinnigen und überwiegend konstruktiven Aneignungsgeschichte der bundesrepublikanischen Ordnung sprechen. Das wird erst recht deutlich, wenn man zentrale Parameter des »innere Einheit«-Diskurses einmal gegen den Strich liest. So hat der massive wirtschaftliche Einbruch der frühen Nachwendezeit, der in der öffentlichen Wahrnehmung bis heute vor allem mit der Privatisierungspraxis der Treuhand in Verbindung gebracht wird, in mehrfacher Hinsicht sehr viel gekostet: Arbeitsplätze, Standorte, Traditionen, Lebenswerke und Alltagssinn, eine Unmenge an Geld und nicht zuletzt die Euphorie von Revolution und Einheit. Dennoch verweisen die Höchststände der Arbeitslosenquote in den 1990er Jahren von bis zu knapp 20 Prozent nicht nur auf eine soziale Notlage. Sie bedeuten im Umkehrschluss auch, dass die große Mehrheit der ostdeutschen Bevölkerung entweder nicht arbeitslos wurde oder andere Arbeit fand, wenngleich unter oft hohen persönlichen und beruflichen Anpassungszwängen.

Ein anderer Bereich von existenzieller Bedeutung ist die Frage des Wohnens und der Eigentumsverhältnisse. Der im Einigungsvertrag festgeschriebenen Regelung »Rückgabe vor Entschädigung« wird in der öffentlichen Wahrnehmung eine ähnlich verheerende Wirkung zugeschrieben wie der Treuhandpolitik. Doch selbst wenn ein befürchteter Wohnungsverlust mitunter als genauso existenzbedrohend wahrgenommen werden kann wie der tatsächliche Verlust, sollte man die Bilanz der damaligen Auseinandersetzungen zwischen ostdeutschen Mietern beziehungsweise Besitzern und westdeutschen »Alteigentümern« angemessen würdigen: Laut einer Studie zu den vereinigungsbedingten Konflikten um »Rückgabe oder Entschädigung« wurden von den etwa 2,2 Millionen Anträgen auf Rückgabe 22 Prozent per Gerichtsbeschluss bewilligt. Immerhin 68 Prozent der Anträge wurden hingegen abgelehnt, und die Eigentumsverhältnisse blieben unverändert.[10]

Schließlich sei daran erinnert, dass am Ende der ersten Phase der radikalen Transformation der ostdeutschen Wirtschaft und Gesellschaft die dafür maßgeblich verantwortliche Regierung kaum abgestraft wurde. Zwar verloren CDU/CSU in der Bundestagswahl von 1994 in Ostdeutschland durchschnittlich 3,3 Prozent der Stimmen (in Sachsen-Anhalt gewann sie 0,2 Prozentpunkte hinzu), die Partei des »Kanzlers der Einheit« blieb dort aber in der Fläche mit sagenhaften 38,5 Prozent stärkste Kraft, nicht zuletzt auch in der Arbeiterschaft.[11] Die stärksten Verluste – 9,4 Prozent – erlitt die FDP, die 1990 noch knapp 13 Prozent der Ostdeutschen gewählt hatten. Die SPD gewann 7,2 Prozent hinzu, landete aber mit 31,5 Prozent deutlich hinter der Union auf Platz zwei (in Westdeutschland erhielten CDU/CSU 42,1 und SPD 37,5 Prozent).

Für diese Wahlergebnisse gibt es ein ganzes Bündel von Gründen. Hier ist vor allem festzuhalten, dass der harte Übergang in die soziale Marktwirtschaft – mit Betriebs- und Grubenschließungen, zigtausendfachen Abwicklungen, Arbeitsbeschaffungsmaßnahmen, Massenprotesten und Streiks bis hin zum Hungerstreik in Bischofferode – das Vertrauen in die Bundesregierung nicht nachhaltig erschüttert hatte. Dafür zog vor allem die Treuhandanstalt, die als Idee am Runden Tisch geboren worden war und als »Arena des Übergangs« eine Art extrapolitische Einrichtung darstellte, den Zorn der ostdeutschen Gesellschaft auf sich. Sie wurde kurz vor ihrer Auflösung 1994 nicht nur in den Medien als die mächtigste und gleichzeitig umstrittenste Behörde des Landes wahrgenommen. In der Folge blieben die *politisch* Verantwortlichen im Kanzleramt und in den zuständigen Bundesministerien von diesem Zorn weitgehend verschont. Mit der Schließung der Treuhand ließ sich dieses düstere Kapitel der Saga von den »blühenden Landschaften« erstaunlich geräuschlos abwickeln – so leise, als »hätten die Akteure ein schlechtes Gewissen«, mutmaßte damals der *Spiegel*.[12]

Den großen Einbruch erlebte die Kohl-Regierung dann bekanntlich aber doch noch. Angesichts der »Vereinigungskrise«, die sich ab Mitte der 1990er Jahre verfestigte, verlor sie 1998 in der dritten gesamtdeutschen Bundestagswahl im Westen 5,1 und im Osten 11,2 Prozent der Stimmen. Die SPD siegte unter Gerhard Schröder mit 42,3 beziehungsweise 35,1 Prozent. Dass dieser Sieg im Osten deutlich schwächer ausfiel, lag vor allem an der SED-Nachfolgepartei PDS, die ihre beachtlichen knapp 20 Prozent aus dem Jahr 1994 noch einmal verbessern konnte und 21,6 Prozent der ostdeutschen Wählerstimmen holte (im Westen blieb sie mit 1,2 Prozent aber marginal). Die hohen Erwartungen, die man in eine rot-grüne Bundesregierung gesetzt hatte, gerade im Bereich der Arbeitsmarkt- und Sozialpolitik, bestätigten sich 2002 noch einmal, als die SPD im Osten knapp 40 Prozent holte, ihr dort bislang stärkstes Ergebnis.

Wie schwer diese Erwartungen mit der »Agenda 2010« enttäuscht wurden, zeigte sich dann jedoch in den vorgezogenen Wahlen von 2005, als Schröder anders als Kohl 1994 keine Schonfrist gewährt bekam. Vielmehr fuhr seine SPD gerade im Osten mit knapp 10 Prozent dramatische Verluste ein, während das Minus im Westen nur 3,2 Prozent betrug. Die PDS lag derweil mit der CDU/CSU gleichauf und mit 25,3 Prozent nur noch knapp fünf Punkte hinter der SPD. Im Westen stimmten hingegen 37,4 Prozent für Merkel und ermöglichten ihr damit die Wahl zur ersten Frau – und ersten Ostdeutschen – im Kanzleramt.

Dieser kurze Überblick bis in den Beginn der Ära Merkel hinein zeigt, dass die ostdeutsche Mehrheitsgesellschaft ihre Stimme seit 1990 in völlig nachvollziehbarer Weise in die gesamtstaatliche Waagschale geworfen hat. Gelegentlich war sie – mit jeweils guten Gründen – den Regierenden gegenüber wohlwollender (1994) oder auch kritischer (2005) eingestellt als die westdeutsche Wählerschaft. Und sie unterschied sich lange Zeit links der politischen Mitte durch die regional spezifische Konkurrenzsituation zwischen SPD und PDS – was nicht zuletzt zeigt, dass es, anders als der oben zitierte Bericht der Bundesregierung von 2019 behauptet, im Osten sehr wohl »gewachsene Sozialmilieus« mit gesinnungsgemeinschaftlicher Bündelungsfunktion gab und gibt, nur eben (post-)sozialistisch geprägte. Ab 2013 sollte sich dann mit dem Aufstieg der AfD – maßgeblich gefördert durch ein weiteres gewachsenes Sozialmilieu, nämlich das der Skinhead- und Neonazi-»Subkultur«[13] – bald auch das dortige Mitte-rechts-Spektrum nachhaltig verändern. Darauf wird gleich noch näher einzugehen sein. Die ostdeutsche Wählerschaft spielte somit bis in die frühen 2010er Jahre stets eine eigene, keineswegs nur irrlichternde Rolle; ihre Stimmen und Stimmungen hatten ein überwiegend moderierend-korrektives und jedenfalls bundespolitisch nicht zu vernachlässigendes Gewicht.

Schließlich sind diese Befunde noch im Lichte von zwei Fundamentalparametern jeder Demokratie zu wägen: der Wahlbeteiligung und der Demokratiezufriedenheit. Auch hier lässt sich ein anderes als das gängige Bild zeichnen, denn beide haben sich im Laufe der Jahrzehnte als relativ hoch und stabil erwiesen. Obwohl die Wahlbeteiligung von historischen 93,4 Prozent zur Volkskammerwahl im März 1990 seither nie wieder erreicht wurde, lag und liegt sie bei Bundestagswahlen nur leicht unter der westdeutschen und ist mit durchschnittlich 72,5 Prozent (West: 77,8 Prozent) tatsächlich verhältnismäßig hoch geblieben. Hinsichtlich der Demokratiezufriedenheit sind die Zahlen weniger eindeutig, da entsprechende Umfragen im Laufe der Jahrzehnte in Zuschnitt und Durchführung stark variierten. Dennoch gibt es aussagekräftige Ergebnisse, die sich auch anders als üblich lesen und miteinander in Beziehung setzen lassen. Wagt man einmal den diachronen Vergleich mit der Bundesrepublik der 1960er und 1970er Jahre, so sind die Zustimmungswerte in Ostdeutschland eine Generation nach dem Umbruch und dem Einzug der Demokratie durchaus eindrucksvoll. Die ersten belastbaren Zahlen gibt es für das Jahr 1977, also aus einer Zeit enormer gesellschaftlicher Mobilisierung, Liberalisierung und auch Polarisierung. Gut 70 Prozent der bundesdeutschen Bevölkerung gaben damals an, mit dem »ganzen politischen System« zufrieden zu sein. Der Wert unterlag seither leichten Schwankungen nach unten, ehe er 2016 wieder bei gut 70 Prozent stand. Im Vergleich dazu lag die Demokratiezufriedenheit in Ostdeutschland nach 1990 zwar stets 15 bis 20 Punkte unter dem westlichen Wert und pendelte sich seit 2013 bei etwas über 50 Prozent ein.[14] Angesichts der radikal verschiedenen Transformationserfahrungen ist es dennoch bemerkenswert, dass mehr als die Hälfte der Ostdeutschen *trotz* Kahlschlag und *ohne* Wirtschaftswunder angibt, mit der Demokratie insgesamt zufrieden zu sein – und dass die Differenz zum demokratie- und wohlstandsgewöhnten Westen nicht noch höher ausfällt. Untersuchungen, die nach der prinzipiellen Zustimmung zur »Demokratie als Idee« fragen, ergeben schließlich gar, dass diese in Ost und West seit Jahren bei über 90 Prozent liegt und sich die Werte hier gegenwärtig kaum voneinander unterscheiden.[15]

Die Unterschiede zwischen Ost und West sind also relativ und meist sogar sehr plausibel. Sie haben unterschiedliche Ursachen und Konsequenzen, was zwar banal, aber gerade dann bedeutsam ist, wenn man sich den deutlich höheren Zustimmungswerten der AfD in Ostdeutschland zuwendet. Denn die AfD ist eine gesamtdeutsche Partei – die erste und bislang einzige erfolgreiche Neugründung im vereinten Deutschland. Aktuelle Forschungen zeigen, dass sie bundesweit ein gewisses Grundpotenzial an nationalliberal-wertkonservativ bis radikalnationalistisch-völkisch eingestellten Wählern und Wählerinnen bindet (darunter etwa 5 Prozent mit einem geschlossen rechtsextremen Weltbild) und sich vor allem dank dieses Bodensatzes rechts von der Union etablieren konnte. Wilhelm Heitmeyer hat für diese politische Weltanschauung jüngst den Begriff des »autoritären Nationalradikalismus« geprägt und damit eine nötige Abgrenzung und zugleich Präzisierung der allzu vagen Rede vom »Rechtspopulismus« vorgenommen. Sie stellt damit keineswegs eine »neue politische Strömung bisher bürgerlich-orientierter Personen« dar, sondern macht lediglich intergenerationell tradierten, extrem rechten Einstellungen ein neues Parteiangebot.[16]

Entscheidend und erklärungsbedürftig ist also nicht so sehr dieser zwar problematische, aber zugleich überschaubare Bodensatz, sondern die Tatsache, dass die AfD in Ostdeutschland im Vergleich zu den westlichen Bundesländern deutlich höhere Wahlergebnisse erzielt. Dieser Unterschied betrug bei der Bundestagswahl 2013 noch 1,5 Prozent, wuchs dann aber 2017 auf 12 Prozent, und 2021 machte er 10,9 Prozent aus. Vergleicht man zusätzlich die Landtagswahlergebnisse zwischen 2014 und 2023, zeigt sich eine ähnliche Differenz: In Westdeutschland erreichte die Partei in diesem Zeitraum auf Länderebene im Durchschnitt etwa 8 Prozent, im Osten dagegen fast 18 Prozent.[17]

Die Wahlergebnisse klaffen zwar weniger stark auseinander, wenn man die Ost-/West-Achse verlässt und stattdessen regionale Eigenheiten und insbesondere soziale sowie demografische Faktoren berücksichtigt. Ähnlich strukturierte Regionen stimmen demnach ähnlich ab; je dünner besiedelt, älter und wirtschaftlich schwächer etwa eine Gemeinde ist, desto höher scheint die Bereitschaft zu sein, für die AfD zu stimmen.[18] Trotzdem bleibt ein spezifisch ostdeutscher Überhang, der sich nur erklären lässt, wenn man zwei entscheidende Aspekte dieser jungen Parteigeschichte einbezieht. Da ist einerseits die besondere Art und Weise, in der sich das Führungspersonal der AfD und ihr rechtsintellektuelles Umfeld langfristig auf Ostdeutschland als »Experimentierküche« (Götz Kubitschek) eingelassen haben und lokale Protestbewegungen wie *Pegida* zu kooptieren wussten. Sie verlieh der Behauptung, *die* politische »Alternative« zu sein, eine einzigartige Mobilisierungskraft und Folgerichtigkeit. Andererseits sind hier einige spezifisch ostdeutsche Demokratievorstellungen bedeutsam, die vor 1989 geprägt und dann im Umbruch mit besonderem Nachdruck verhandelt wurden. Sie sorgten für den nötigen gesellschaftlichen Resonanz- und Toleranzraum, in dem die völkisch-illiberalen Untertöne eines »solidarischen Patriotismus« (Björn Höcke) oder einer »Partei des gesunden Menschenverstandes« (Grundsatzprogramm) als nicht *per se* anstößig wahrgenommen werden.

Demokratie als Drohung. Der Aufstieg des Rechtspopulismus in deutsch-deutscher Perspektive

In den inzwischen gut zehn Jahren ihres Bestehens hat die AfD bereits drei Entwicklungsstufen durchlaufen und spiegelt damit auf ganz eigene Weise die Demokratiegeschichte der letzten vier Jahrzehnte wider: In ihrer Gründungszeit war sie als Projekt überwiegend frustrierter früherer CDU-Mitglieder ein spätes Kind der

Bonner Republik. In ihren mittleren Jahren der von West nach Ost ausgreifenden bundesweiten Ausbreitung war sie ein Produkt des auf der politischen Rechten besonders dynamisch zusammenwachsenden vereinten Deutschlands. Die letzten Jahre waren schließlich durch eine weitere Radikalisierung und eine Verfestigung der starken Wahlergebnisse im Osten gekennzeichnet, sodass die Partei bald mit dem Umstand konfrontiert sein könnte, zunehmend nur noch als ostdeutsche Regionalpartei wahrgenommen zu werden.[19]

Die AfD wurde von Leuten aufgebaut, die sich als »Liberale«, »Konservative« oder »freie Bürger« und ihren Protest als »bürgerlich« verstanden, und sie wurde zu Beginn auch überwiegend von einer entsprechenden Klientel getragen und gewählt.[20] Dabei diente und dient die Selbstbezeichnung »bürgerlich« vor allem dazu, antiliberale, nationalistische und rassistische Haltungen zu kaschieren. Die Partei kultiviert Wilhelm Heitmeyer zufolge eine »rohe Bürgerlichkeit« – unter einer »dünnen Schicht zivilisiert-vornehmer (›bürgerlicher‹) Umgangsformen« dominieren autoritäre und sozialdarwinistische Einstellungen.[21] Auch die anfangs verbreitete Annahme, die Mehrheit der Anhänger komme aus sozial schwachen Milieus, hat sich als irrig erwiesen. Nicht zuletzt der Blick auf westdeutsche Hochburgen etwa in Baden-Württemberg zeigt, dass fehlende Parteienbindung, Unzufriedenheit mit der Arbeit der regierenden Parteien, nationalistische Positionen und Statusangst (aus regional unterschiedlichen Gründen) deutlich relevanter sind. Die AfD, so eine einschlägige Studie, hat sich somit als ein »Sammelbecken unterschiedlicher politischer Milieus und Wählerschichten« etablieren können und ist in den letzten Jahren gar zum Bindeglied zwischen dem »rechten Rand des politischen Spektrums und dem systemfeindlichen bewegungsförmigen Rechtsextremismus« geworden.[22]

Das Potenzial, als Sammelbecken am rechten und rechtsextremen Rand zu fungieren, hatte die Partei von Anfang an. Sie verstand es, mit ihren zunächst gegen den Euro beziehungsweise die Eurorettungspolitik, dann gegen Geflüchtete und Zuwanderer gerichteten

Parolen, jene Überforderungs- und Verdrossenheitsgefühle einzufangen, die seit den Finanzkrisen von 2008/2010 stetig zugenommen hatten. Staat, Wirtschaft und Volk setzte die AfD in ihrer »alternativen« Programmatik auf neue und zugleich altbekannte Weise miteinander in Bezug: Das Volk, heißt es im 2016 in Stuttgart verabschiedeten Grundsatzprogramm, müsse wieder Souverän werden, nachdem eine »kleine, machtvolle politische Führungsgruppe innerhalb der Parteien« zum »heimlichen Souverän« geworden sei und einen »illegitimen Zustand« hergestellt habe. Mit Volksentscheiden nach Schweizer Vorbild solle dem Volk das Recht gegeben werden, über vom Parlament erlassene Gesetze abzustimmen.[23] Ein »starker Staat« müsse die »deutsche kulturelle Identität« des »deutschen Staatsvolks«[24] erhalten, das vielerlei globalen, vermeintlich katastrophenartigen Bedrohungen – »Marktturbulenzen«, fremde Schuldenberge, »Flüchtlingswellen« – ausgesetzt sei. So verbindet die AfD christlich-konservative, völkisch-nationalistische und direktdemokratische Positionen, die sie in viele Richtungen ideologisch anschlussfähig macht. Mit ihrer Vorstellung von einer Welt, in der ethnisch homogene »Wettbewerbsstaaten auf völkischer Basis« miteinander in mal mehr, mal weniger friedlicher Konkurrenz stehen, knüpft sie an Welt- und Politikbilder an, die bis in die Weimarer Zeit zurückreichen.[25]

Zentraler Referenzpunkt dieser Programmatik war und ist der vermeintlich wiederherzustellende Rechtszustand. Schon lange bevor die AfD die Flüchtlingspolitik der Regierung Merkel systematisch als »Rechtsbruch« diffamierte, warf sie der Kanzlerin wegen der Eurorettungspolitik vor, ihren Amtseid gebrochen zu haben. Von solchen Unterstellungen, die den Kern der Präambel des Grundsatzprogramms der Partei ausmachen, ist es nicht weit zum Vorwurf des »Volksverrats«. Zudem setzte man gegen die Idee der europäischen Integration von Beginn an auf ein »Europa der Vaterländer« und die Rückkehr zu einer »Europäischen Wirtschaftsgemeinschaft«. Und schließlich sah sich die Partei in der »Tradition der beiden Revolutionen von 1848 und 1989«, ihr »bürgerlicher Protest« artikuliere den »Willen, die nationale Einheit in Freiheit zu vollenden«. Die Revolution von 1918/19, die die erste deutsche Republik begründete, fehlt bezeichnenderweise in dieser Traditionsaneignung.[26]

Dafür griff die AfD noch eine andere, lange Zeit eher im bündnisgrün-sozialdemokratischen Spektrum gepflegte Tradition auf: die der basisdemokratischen Verheißung. »Als freie Bürger treten wir ein für direkte Demokratie, Gewaltenteilung und Rechtsstaatlichkeit«, heißt es in der Präambel zum Grundsatzprogramm. Die Partei fordert nicht nur Volksabstimmungen auf Bundesebene – das deutsche Volk sei ebenso mündig wie das schweizerische und in der Lage, »ohne Einschränkung über jegliche Themen direkt abzustimmen« –, sondern auch die Direktwahl des Bundespräsidenten. Die Auswahl der Kandidaten finde derzeit »hinter verschlossenen Türen durch Absprachen der Parteien« statt. Um die Wahl »transparenter und parteienunabhängiger« zu gestalten, trete man zur Ermöglichung einer »Direktwahl durch das Volk« für eine Änderung des Artikels 54 GG ein. Ein entsprechender Gesetzesentwurf der AfD-Bundestagsfraktion scheiterte im Januar 2022 an der Ablehnung aller anderen im Parlament vertretenen Parteien.[27] Dazu passt – aus Sicht der AfD – schließlich die ebenfalls im Grundsatzprogramm enthaltene Behauptung, die »Allmacht der Parteien und deren Ausbeutung des Staates« gefährde »unsere Demokratie«. Sie vertiefe die Politikverdrossenheit und sei »nicht zuletzt auch Wurzel der gesellschaftsschädigenden Politischen [sic] Korrektheit und des Meinungsdiktats in allen öffentlichen Diskursen«. Diese Entwicklung könne nur durch »direkt-demokratische Entscheidungen des Volkes« korrigiert werden, nur sie könnten »die Parteien wieder in das demokratische System integrieren«.[28]

Damit ist die AfD die derzeit einzige Partei in Deutschland, die behauptet, die basisdemokratischen Impulse aus der Zeit vor und nach dem Umbruch 1989 zu vertreten. Vor allem in ostdeutschen

Wahlkämpfen tritt sie mit dem Versprechen auf, für eine Politik »von unten nach oben« zu sorgen.[29] In der politischen Kommunikation von Grünen, der SPD und der Linken hingegen spielen basisdemokratische Reformideen – anders als in den frühen 1990er Jahren – schon länger keine nennenswerte Rolle mehr. Eher unvermittelt findet sich dort gelegentlich ein Widerhall der gerade im Osten weit verbreiteten Vorstellungen von Politik als einer direkten, ungefilterten Interessenvertretungsveranstaltung. Wenn etwa die ehemalige Bundesfamilienministerin Franziska Giffey (SPD), die 1978 in Frankfurt/Oder geboren wurde, in Gesprächen mit Bürgern vor Ort ganz im Ernst fragt: »Soll ich was mitnehmen an den Kabinettstisch?«, so suggeriert sie damit, dass eine direkt vom Eisenhüttenstädter Straßencafé bis ins Berliner Kanzleramt führende Politik nicht nur möglich, sondern ganz selbstverständlich sei – als ob gutes Regieren aus summarischer Einzelbedürfnisbefriedigung bestünde.[30] Doch von derlei Ausnahmen abgesehen scheinen die diversen Bürgerbeteiligungsdiskussionen der jüngsten Zeit – beispielsweise zu Bürgerräten, die auch in der FDP und der CDU/CSU geführt werden – im Kontrast zur AfD nicht programmatisch, sondern vor allem taktisch motiviert zu sein.

Mit einer gegen das »System Merkel« und eine generelle Parteien-»Allmacht« gerichteten Programmatik sowie einer direkt-demokratischen Politikperspektive verpasste die AfD 2013 knapp den Einzug in den Bundestag. Doch nur ein Jahr später gelang ihr parallel zum Aufstieg rechtspopulistischer Parteien in anderen Staaten mit gut 7 Prozent der Einzug ins Europäische Parlament. Im August und September 2014 – kurz vor den Anfängen der *Pegida*-Bewegung – errang sie bei den Landtagswahlen in Sachsen, Brandenburg und Thüringen zwischen 9,7 und 12,2 Prozent; die radikaleren ostdeutschen Landesverbände um André Poggenburg (Sachsen-Anhalt) und Björn Höcke (Thüringen) gewannen in der Folge enorm an innerparteilichem Gewicht. Sie trieben die Gesamtpartei in einen Richtungsstreit, nutzten und forcierten die öffentliche Diskussion um den Umgang mit Geflüchteten im Laufe des Jahres 2015 als historisches Gelegenheitsfenster und konnten so die AfD auf einen immer stärker autoritär-nationalen und offen rassistischen, vor allem gegen Muslime gerichteten Kurs einschwören.[31] Von den sechs prominenten Köpfen der ersten Stunde – Bernd Lucke, Hans-Olaf Henkel, Konrad Adam, Frauke Petry, Beatrix von Storch und Alexander Gauland – haben nur die beiden letzten diesen Rechtsdrift vollständig mitgetragen. Fortan prangerte die Partei die vermeintlich wahren Gründe für die »chaotische« Asyl- und Europapolitik der Regierung Merkel an: die »Zersetzung unseres Staates und unseres Volkes« (Kubitschek) oder auch die »Umvolkung« (Akif Pirinçci) Deutschlands und Europas. So behauptete beispielsweise André Poggenburg, der zum rechtsextrem ausgerichteten »Flügel« gehörte und die Partei 2019 verließ, um eine noch radikalere zu gründen, im Dezember 2015 auf einer Kundgebung in Weißenfels: »Hier soll ganz bewusst und vorsätzlich das deutsche Volk aufgelöst und abgeschafft werden, das, liebe Freunde, das ist die ungeschminkte Wahrheit.«[32]

Die AfD knüpfte damit an jenes seit 2010 grassierende »Deutschland schafft sich ab«-Geraune an, das seit dem gleichnamigen Buch des Sozialdemokraten Thilo Sarrazin den politischen Diskurs der Republik spürbar nach rechts verschoben hatte. Sarrazins mit rassistischen und verschwörungstheoretischen Annahmen durchzogene Polemik gegen Zuwanderer wurde zusätzlich durch die Behauptung vom »großen Austausch der europäischen Völker durch Massen aus Afrika und dem Nahen Osten« des französischen Rechtsextremisten Renaud Camus befeuert, der dank verlegerischer und publizistischer Hilfe von mit der *Identitären Bewegung* verbundenen Aktivisten wie Götz Kubitschek, dessen Ehefrau Ellen Kositza, Martin Lichtmesz und Martin Sellner auch in Deutschland zunehmend Gehör fand.[33]

Diese Drohszenarien boten von nun an den Rahmen, in dem sich aktuelle Ereignisse deuten ließen. Und tatsächlich schaffte die AfD erst mit dem Propagandaschwenk von der »Euro-« zur »Flüchtlingskrise« im Zuge der »Herbstoffensive 2015« gegen die Aufnahme syrischer Bürgerkriegsflüchtlinge den Sprung von der Kleinpartei – in Hamburg und Bremen hatte sie es im Frühjahr 2015 nur knapp über die Fünfprozenthürde geschafft – hin zu zweistelligen Wahlergebnissen, die sie ab März 2016 in den alten und neuen Bundesländern erzielte. Mit Stimmenanteilen bis zu 24,3 Prozent (Sachsen-Anhalt) zog sie damals sukzessive in neun weitere Landesparlamente und 2017 schließlich auch in den Bundestag ein.[34]

In dieser enormen programmatisch-organisatorischen Bündelung und Zuspitzung manifestierte sich nicht zuletzt ein seit Jahren bundesweit zu beobachtender Anstieg gruppenbezogener Menschenfeindlichkeit und eine wachsende Zustimmung zu autoritären Politikentwürfen. Diese Einstellungen haben in der AfD eine neue »politisch-ideologische Heimat«[35] gefunden – eine Heimat, die anders als frühere Versuche, eine extrem rechte Partei zu etablieren, nicht am Rande der Gesellschaft irrlichtert, sondern sich über ihre – eher westlichen – konservativ-wirtschaftsliberalen Wurzeln und – eher östlichen – plebiszitär-völkischen Anwandlungen mitten in der Gesellschaft kultivieren lässt. Die vor einigen Jahren noch undenkbare Unverfrorenheit, mit der die Partei de facto rechtsextremen Positionen die politische Bühne bereitet und die inzwischen zu ihrer Beobachtung durch den Bundesverfassungsschutz geführt hat, wurde im Laufe der Zeit immer sichtbarer. Um nur ein Beispiel zu nennen: Auf die Frage eines ARD-Reporters, ob ihm die Hinwendung von Neonazis und »Identitären« zur AfD »keine Bauchschmerzen« bereite, antwortete der Bundestagsabgeordnete Frank Pasemann 2018: Nein, jeder könne sich ändern, und gerade junge Menschen verdienten eine »zweite Chance«. Und auf die Nachfrage, warum sich solche Menschen gerade und überhaupt der AfD zuwandten, entgegnete der 1960 in Magdeburg geborene Immobilienverwalter grinsend: »Ja, wo sollen sie sich denn sonst sammeln?«[36]

Ostdeutschland und insbesondere »1989« spielten in dieser Aufstiegs- und Radikalisierungsgeschichte eine entscheidende Rolle – und zwar in fundierterer Weise, als es billige Wahlslogans wie »Vollende die Wende« und »Wende 2.0« vermuten lassen.[37] Zunächst wurde mit der Öffnung der Mauer das ideologische und organisatorische Zusammengehen nationalistischer und extrem rechter Strömungen aus Ost und West überhaupt erst möglich. Sodann markiert die Zäsur »1989« nicht nur den Höhepunkt einer demokratischen Selbstbefreiung. Sie war auch der Ausgangspunkt einer von vor- und nachwendlichen Politisierungserfahrungen geprägten ostdeutschen Identitätssuche, die in Teilen der Bevölkerung ein ethnokratisches Demokratieverständnis verfestigte, das auf homogenen Gemeinschaftsvorstellungen statt auf plural-individualistischen Prinzipien beruht. Als Erinnerungsort einer »erlebten Volksbewegung« schließlich stellt die Parole »*Wir sind das Volk!*« von 1989 eine einzigartige kulturelle Ressource dar, deren Mobilisierung zwar – wie im vorherigen Kapitel gesehen – 2014/15 nicht zum ersten Mal betrieben wurde, im Umkreis von *Pegida* und AfD dafür aber mit dem zweifellos entschiedensten Vorgehen und entsprechend nachhaltiger Durchschlagskraft.[38]

Die Tatsache, dass sich dieser geschichtsträchtige Slogan eine Generation nach dem Mauerfall in offen nationalistischer Tonart wiederbeleben ließ, ist nur vor dem Hintergrund der eigensinnigen Demokratiegeschichte Ostdeutschlands hinreichend zu verstehen. Als sich demonstrierende DDR-Bürgerinnen und -Bürger im September 1989 unter ersten »*Wir sind das Volk!*«-Rufen zusammenfanden, griffen sie nicht nur eine Tradition auf, die bis 1848 zurückreichte, als Ferdinand Freiligrath den Gegnern der demokratischen Revolution entgegendichtete: »Nur, was zerfällt, vertretet ihr! / Seid Kasten nur, trotz alledem! / Wir sind das Volk, die Menschheit wir, / Sind ewig drum, trotz alledem!«[39] Das »*Wir sind das Volk!*« wurde auch deshalb schnell mehrheitsfähig, weil die SED im Laufe des Spätsommers 1989 in ihren Medien immer unverfrorener behauptete, die

Demonstranten seien gemeine »Rowdys«. Das »Wir!« war deshalb ein Gegen-Ruf. Mit ihm wandten sich die Protestierenden gegen die verlogene Volksvertretungsbehauptung der Machthaber, gegen die Bevormundungsrhetorik und die Einschüchterungsversuche der Partei und ihrer »Organe«. Am 2. Oktober 1989 war dann in Leipzig erstmals jener folgenreiche verbale Schlagabtausch zwischen Sicherheitskräften und Demonstranten zu hören: »Hier spricht die Volkspolizei!« – »Wir sind das Volk!« Eine Woche später dann: »Wir sind das Volk – wir sind keine Rowdys.«[40]

Der *Pegida*-Bewegung gelang es im Herbst 2014, vielschichtige und bis in die Umbruchszeit 1989/90 zurückreichende, im weitesten Sinne »volksdemokratische« Hoffnungen und Enttäuschungen zu vereinnahmen, weil man erkannt hatte, dass die Behauptung, »das Volk« werde wie einst in der DDR diffamiert, ausgegrenzt und benachteiligt, enormes Mobilisierungspotenzial enthielt.[41] Auch *Pegida* rief zu »Montagsdemonstrationen« auf und inszenierte das »*Wir sind das Volk!*« als Gegen-Ruf – als trotzige Antwort auf die vermeintliche Schmähung einer *neuen* ostdeutschen Bürgerbewegung: »Wir sind doch keine Nazis, wir sind das Volk!« tönte es regelmäßig von der Straße in die Abendnachrichten. Auf den dazu gezeigten Demonstrationsplakaten standen Aussagen wie »Wir lassen uns nicht länger belügen! Wir sind das Volk!« und »Wacht auf! Die Hand, die einen füttert, beißt man nicht! Wir sind das Volk.« Unter einer Fotomontage, die die Kanzlerin mit Kopftuch zeigte, hieß es: »Frau Merkel, hier ist das Volk.«[42]

Indem sie also an die so wirkmächtige wie flüchtige Erfahrung der »erlebten Volksbewegung« ein Vierteljahrhundert zuvor anknüpfte, erreichte die Gruppe, bald unterstützt von lokalen AfD-Vertretern, nach und nach ein gesamtdeutsches Publikum. Gerade diese Volksgegenbewegungserzählung verlieh ihr eine nicht nur sächsisch-folkloristisch begrenzte, sondern »national« ausgreifende politische Schlagkraft, die die erste »rechtspopulistische Massenbewegung« in der Geschichte der Bundesrepublik ermöglichte.[43]

Auch wenn es *Pegida* inzwischen nicht mehr gelingt, Zehntausende zu mobilisieren, ist hier doch eine hybride politische Kraft entstanden, die den Spagat zwischen außerparlamentarischem Protest und – über die Verbindungen in die AfD – parlamentarischer Agitation dauerhaft zu schaffen scheint. *Pegida* spreche die »Missstände seit mehr als 8 Jahren auf der Straße direkt an und die Abgeordneten der AfD tragen die Sorgen des Volkes in die Parlamente«, so die im Frühjahr 2023 im Internet verbreitete Selbstsicht. Je nach Lage und Gelegenheit kann dieses Arrangement beachtliche Mobilisierungskraft entfalten. Zuletzt war dies im Kontext des russischen Angriffskrieges gegen die Ukraine zu beobachten, der in diesen Kreisen als »fürchterlicher Krieg zwischen Russland und der Ukraine« gesehen und vollständig entlang der Darstellung des Kremls als Verteidigungskrieg gerechtfertigt wird.[44]

Pegida war im Oktober 2014 von Lutz Bachmann, einem unter anderem wegen Körperverletzung vorbestraften gelernten Koch, und einigen Mitstreitern aus Protest gegen eine antiislamistische Demonstration von Kurden gegen den Syrienkrieg in Dresden gegründet worden. Fast ein Jahr vor Beginn der »Flüchtlingskrise« mobilisierten sie gegen einen vermeintlich drohenden »Religionskrieg auf deutschem Boden«.[45] In den folgenden Wochen brachte das nach eigener Aussage »überparteiliche Aktionsbündnis« mit einer Vielzahl von lokalen Ablegern Zehntausende »besorgte Bürger« in Ost- und Westdeutschland auf die Straße, wenn auch im Westen in geringerem Maße, weil sich dort ein entschiedener zivilgesellschaftlicher Widerstand regte. Unter diesen überwiegend aus der Mitte der Gesellschaft kommenden Protest mischten sich neben AfD-Leuten und neurechten Publizisten wie Kubitschek und Jürgen Elsässer zunehmend auch gewaltbereite Gruppen von Hooligans und Neonazis.[46]

Mit der Ankunft von rund einer Million Bürgerkriegsflüchtlingen ab dem Spätsommer 2015 bot sich dann die Gelegenheit, das über Monate angesammelte und vernetzte Protestpotenzial in einen

»Aufstand der Bürger« oder »Volksaufstand« gegen Eliten und Einwanderer zugleich zu kanalisieren. Zwar ging die Zahl der Teilnehmer an den Demos von *Pegida* und ihren diversen Ablegern bald wieder auf wenige Hundert zurück, doch führte diese Mobilisierung zu einem sprunghaften Anstieg von Diskriminierung und Gewalt gegen in Deutschland lebende Geflüchtete. Zwischen 2015 und 2019 zählten zivilgesellschaftliche Vereine (mangels einer verlässlichen staatlichen Statistik) fast 11 000 Übergriffe, darunter 276 Brandanschläge und 1895 Körperverletzungen. Im Jahr 2016 waren es mit 3767 durchschnittlich zehn Übergriffe pro Tag. Diese Zahlen beziehen sich auf ganz Deutschland, aber gemessen an der Einwohnerzahl ist die Gewalt in allen fünf ostdeutschen Bundesländern mit Abstand am stärksten ausgeprägt; statistisch gesehen ist Sachsen derzeit das »gefährlichste Bundesland für Geflüchtete«.[47]

In Chemnitz kam es im Spätsommer 2018 im Umfeld eines Stadtfestes, auf dem ein Mann durch zwei Asylsuchende getötet wurde, zu tagelangen Angriffen auf als »fremd« oder »links« wahrgenommene Personen sowie auf Journalistinnen und Polizisten. Sie markierten den Höhepunkt einer Entwicklung, in deren Verlauf die AfD zum parlamentarischen Arm von *Pegida* und mit der Gruppe vernetzten Neonazis avancierte. Der Vorsitzende der Partei, Alexander Gauland, hatte 2017 nach dem Einzug in den Bundestag triumphierend gedroht, die Bundesregierung fortan zu »jagen«. So führten die scheinbürgerliche Parlamentarisierung einerseits und eine »rassistische Straßenmobilisierung« andererseits zu einer Entgrenzung der Gewalt, wie es sie in Deutschland seit den frühen 1990er Jahren nicht mehr gegeben hatte.[48]

Dass der beschriebene völkische Schwenk gelang, hängt maßgeblich mit der ostdeutschen Perspektive in dieser Geschichte zusammen. Er wurde politisch, strategisch und intellektuell von drei Westdeutschen betrieben, die nach 1990 nach Ostdeutschland gegangen waren und sich dort im wahrsten Sinne des Wortes einnisteten: Alexander

Gauland zog 1991 nach Potsdam, um die von der *FAZ*-Gruppe erworbene frühere SED-Zeitung *Märkische Allgemeine* als Herausgeber zu leiten. Der frühere Redakteur der *Jungen Freiheit* Götz Kubitschek bezog 2001 einen Bauernhof im sachsen-anhaltinischen Schnellroda, wo er den Antaios-Verlag, die Monatszeitschrift *Sezession* und das sogenannte »Institut für Staatspolitik« zu Leitmedien der Neuen Rechten aufbaute. Und der Geschichtslehrer Björn Höcke zog 2008 aus Hessen ins thüringische Bornhagen, von wo aus er bis zu seiner Wahl in den Erfurter Landtag 2014 ins nahegelegene Bad Sooden-Allendorf pendelte.

Brandenburg, Sachsen-Anhalt und Thüringen sind also nicht zufällig zu frühen AfD-Hochburgen geworden. Sie wurden es aber weniger aufgrund eines ausgereiften Masterplans, sondern weil es die drei Genannten und ihre Mitstreiter verstanden, ideologisch flexibel und praktisch anpassungsfähig die Gunst der Stunde – und der Fläche – zu nutzen. Es gelang ihnen, eng vernetzt mit Einheimischen wie Frauke Petry oder André Poggenburg und Rückkehrern wie dem altlinken Dresdener Publizisten Frank Böckelmann, ostdeutsche Gefühls- und Gemengelagen aufzunehmen und mit ihren »von drüben« mitgebrachten nationalkonservativen und rechtsradikalen Überzeugungen zu amalgamieren. Den für viele Ostdeutsche so gegenwärtigen Hoffnungs- und Frustrationserfahrungen der Nachwendezeit und der ambivalenten Bilanz des demokratischen Aufbruchs von 1989/90 verschafften diese »Ost-West-Versteher«[49] auf vielfältigen publizistischen Wegen eine zuvor kaum vorstellbare Resonanz. Das lässt sich etwa an Gaulands jahrelanger publizistischer Tätigkeit in Brandenburg zeigen. Der in Chemnitz geborene und 1959 in den Westen geflüchtete CDU-Mann (er wechselte 2013 zur AfD) widmete sich in den 1990er Jahren der Herausforderung, als westdeutscher Zeitungsmacher die richtige Ansprache an eine tief verunsicherte Leserschaft zu finden. »[W]er klug war, sah darauf, die Leser publizistisch dort abzuholen, wo sie stehengeblieben waren, und nicht auf den ›neuen‹ westlichen Menschen zu setzen«, so Gauland im Rückblick auf seine Zeit als Herausgeber der *Märkischen Allgemeine*. Im Osten habe es »andere Lesegewohnheiten« und gänzlich andere Bedürfnisse gegeben als im Westen. Die östliche Regionalzeitung, in der wie eh und je die Todesanzeigen standen, sei damals ähnlich wie die »Gagarinstraße, über die man in der DDR immer gelächelt hatte«, eine jener letzten Dinge gewesen, die noch »einen Rest von Halt« geboten hätten. In dem »sich ungeheuer beschleunigenden Wandlungsprozeß« sei sie ein »Ort der Selbstvergewisserung« gewesen, »ein Platz für alte Identitäten, die ja nicht alle falsch gewesen waren«. Eine ostdeutsche Regionalzeitung müsse daher alles leisten: »Natürlich sind in erster Linie lokale Informationen gefragt, aber eben auch ein bißchen F.A.Z.-Feuilleton, Lebenshilfe, Nachhilfeunterricht in Geschichte und immer wieder das Erklären von Vorgängen, die 40 Jahre sehr weit weg und sehr fremd waren.«[50]

Während sich in Gaulands Einfühlung genau jene Herablassung mischte, die er den »West-Eliten« im Umgang mit dem Osten oft und gern vorhält, kultivierte Kubitschek sein Ost-Verständnis auf einer existenzielleren Ebene. Kubitschek und seine Frau Ellen Kositza inszenierten ihre Ankunft in der sachsen-anhaltinischen Provinz als persönliche Anverwandlung an ein »Volk, das auf bestimmte Art deutscher geblieben ist als der Westen und das von einem plötzlichen Schicksal gezeichnet scheint«. Der Osten lebe »im toten Winkel der Republik«, aber nur wer hier lebe, könne davon wissen, denn das »finstere Herz dieses graudeutschen Alltags ist selten beschrieben«.[51] Kubitschek und Kositza stilisierten ihren Umzug nach Ostdeutschland als Abschied vom Überdruss westlicher Dekadenz – »Das Glatte, das Satte, das Fertige, den sorglosen Überfluß, die Problemchen [...].« – und als Heimkehr nach »Mitteldeutschland«. Der eigentliche deutsche Osten liegt in ihrer Weltsicht wie ein »verlorener Unterschenkel« jenseits der Oder-Neiße-Grenze: »Nach Wohlstand verlangte uns nicht. Den hatten wir schon. Wir suchten einen ›Ort‹. Am Horizont leuchtete Mitteldeutschland [...]: die unverdorbenere Substanz, vierzig Jahre weniger Bauboom und Konsumterror; Unverstelltes insgesamt, Herzlichkeit ohne Taxierung, Kindergärten, in denen ErzieherInnen noch Tanten hießen, und viel mehr blond als türkisch in den Sandkästen.«. Gefunden hätten sie dort die »dem Menschen gemäße Erkenntnis, daß nicht jeder alleine, selbständig weiterzukommen vermag. Sinnvoll zu leben auch ohne dickes Gehalt, vielleicht sogar ohne Aussicht auf regelmäßige Arbeit: Die kleinen Dörfer Mitteldeutschlands sind Experimentierküchen freilich, die nichts theoretisch aufarbeiten, sondern alles praktisch angehen und dem Westen an Erfahrung meilenweit voraus sind.«[52]

In dieser Erzählung wird aus der Not eine Tugend, wird das zweitklassige Ostdeutschland zum wegweisenden Kerndeutschland. Sie verwandelt politische, soziale und kulturelle Enttäuschung in Ermächtigung. Sie stilisiert die heimatgebundene Überlebenskunst derjenigen, die gezwungenermaßen nicht selbstständig sind, zum Geheimrezept eines völkisch-plebejischen Autoritarismus, der die repräsentativdemokratische (»theoretische«) Ordnung der Gesellschaft radikal ablehnt und stattdessen die prometheischen Kräfte des kleinen Machers im Dorfe als »praktische« Alternative propagiert. Diese Mischung aus Antiliberalismus, Antimaterialismus und Chauvinismus lässt sich in Landstrichen, in denen es besonders viele »aussichtslose« Junge (vor allem Männer) und Alte sowie einen ausgeprägten, im Schatten von SED-Diktatur und BRD-Kahlschlag gediehenen Regionalismus gibt, hervorragend kultivieren. Hier wird nicht nur am protofaschistischen »Lage ohne Auftrag«-Narrativ der Alten/Neuen Rechten weitergewerkelt, das im »kalten Heroismus« des Weimarer Rechtsintellektuellen Ernst Jünger wurzelt.[53] Vielmehr wird hier zugleich ein vermeintlicher Ausweg beschrieben, der kalkulierter als jedes andere bundesdeutsche Politikangebot auf spezifisch ostdeutsche Vorstellungen von Autonomie und Autorität setzt.

Götz Kubitschek ist seit vielen Jahren mit Björn Höcke befreundet. Nicht zuletzt über diese persönliche, ideologische und strategische

Verbindung ist die AfD zu einer radikal rechten Partei geworden. Was Höcke im Groben vertritt – ein offen an die Überzeugungen und Sprechweisen des Nationalsozialismus anknüpfender völkischer Rassismus –, verpackt Kubitschek in bemüht literarisch-philosophierende Texte, die Systemkritik und Sammlungsaktivismus auf effektive Weise verbinden. Die berüchtigte »180-Grad-Wende« etwa, die Höcke Anfang 2017 in seiner »Dresdner Rede« mit Blick auf die deutsche Erinnerungskultur einforderte, hatte Kubitschek in einschlägigen Texten vorgedacht.[54] Er beteiligte sich ebenso frühzeitig und in enger Abstimmung mit Höcke und anderen lokalen Aktivisten an den »Spaziergängen« von *Pegida* in Dresden und dem Leipziger Ableger *Legida*. Den sich damit »endlich« anbahnenden »Aufstand der Bürger« klopfte Kubitschek umgehend auf sein Potenzial als von »unten« wieder gärender Volksrevolution ab. Gleichwohl vermaß, ja taxierte er diese »Leute« sogleich daraufhin, ob sie als »deutsches Volk« überhaupt zur »Reform« des Landes taugten oder ob hier nicht doch nur ein »ausgehöhltes Gebilde, das von sich selbst, von seiner Seele und von Gott nicht mehr viel weiß«, auf der Straße stand, das für eine wirkliche, historische »Schwungrad«-Drehung (wieder Ernst Jünger) ganz untauglich war.[55] Er suchte und fand in Dresden und Leipzig das erste Mal größere Bühnen für sein Programm der »rückgebundenen Mobilmachung« jener, die nicht nur »spielend die Spanne bis zum Tode gehen, sondern eine Spur ziehen und sich ›gebraucht‹ sehen wollen«.[56] In teilweise von Mitstreitern plagiierten Reden bescheinigte Kubitschek den Deutschen eine »große und besondere« Geschichte, in der das Land Kriege geführt habe und von Kriegen überzogen worden sei. Und wie Höcke in seiner »Dresdner Rede« und seit dem »Einzug« in Schnellroda eingeübt hatte, fügte Kubitschek das »mitteldeutsche« Nachwendedrama mühelos in die bemüht-mythische Erzählung eines zerrissenen und zugleich erwachenden Volkes ein. »Wir alle hier«, behauptete er am Abend des 21. Januar 2015 vor 15 000 Leipzigern, sind »diejenigen, die diese deutsche Geschichte weitertragen müssen und weitertragen werden«.[57] Die Ostdeutschen, die sich daran gewöhnt hatten, als Bürger »zweiter Klasse« gesehen zu werden (oder sich so zu fühlen), wurden bei dieser Gelegenheit von einem schwäbelnden ehemaligen Bundeswehrsoldaten zum erwählten Volk im Volke erklärt.

Keine zwei Monate später brachte Höcke auf dem Landesparteitag der Thüringer AfD die »Erfurter Resolution« ein; dass diese von Kubitschek mitverfasst worden war, war damals öffentlich nicht bekannt. Offenbar war ihr Auslöser die Ablehnung des Antrags auf Parteimitgliedschaft von Kubitschek und Kositza, den diese 2014 gestellt hatten.[58] Die Resolution war ein vor allem nach innen gerichteter Aufruf zur »Sammlung« eines »grundsätzlichen, an einer Ausweitung der Parteizone interessierten Geistes«[59] und wandte sich damit gegen die vermeintliche Wandlung der AfD zur »Systempartei«. Sie mahnte zum Erhalt des »Bewegungscharakters« als Voraussetzung für eine »grundsätzliche politische Wende in Deutschland«. Statt sich den Spielregeln des »etablierten Politikbetriebs« anzupassen, müsse man weiterhin danach streben, »selbst den Radius unseres Handelns abzustecken und zu erweitern«.[60] Zur Liste der Unterzeichner gehörte bald auch Alexander Gauland. Kubitschek, der heimliche Mitautor, flankierte den Vorstoß in der *Sezession* mit der Parole: »Es gibt keine Alternative im Etablierten.«[61]

Das war der entscheidende Anstoß, mit dem es dem radikalen »Flügel« der Partei gelang, die »Liberalen« um Bernd Lucke auszubooten. Auf dem im Sommer 2015 folgenden Essener Parteitag konnte sich die Vorsitzende des sächsischen Landesverbands Frauke Petry (eine ostdeutsche Chemikerin) gegen Lucke als Parteisprecherin durchsetzen, und der nationalradikal-völkische Schwenk war geglückt. Die so emphatische wie kalkulierte Einsicht in die ostdeutschen Verhältnisse hatte die Vereinnahmung und Ausschlachtung der dortigen Perspektive ermöglicht. Über die geschickte Transformation von realer Tristesse in utopische Tatkraft war der Weg für die neonationalistische »Wende in Deutschland« bereitet. Sie ermöglichte die offen ausländerfeindliche »Herbstoffensive

2015« und ebnete der Partei mittelfristig den Einzug in alle Landesparlamente und in den Bundestag. Der »Flügel« mag inzwischen formal aufgelöst sein, aber Höcke und seinen in der ganzen Breite der Partei zu findenden Anhängern ist es gelungen, sich als »gute[r] Geist, der darüber wacht, daß wir eine echte Alternative zu den etablierten Parteien bleiben«[62], in einer Weise in die AfD einzuschreiben, die wohl nicht einmal sie selbst für möglich gehalten hatten. In der Sprache des politischen Feuilletons könnte man sagen, dieser in einem spezifischen Sinne vor allem *ostdeutsche* Geist ist mittlerweile zum Markenkern der Partei geworden.

Mit ihrer Wiederwahl in den Bundestag 2021 hat sich die AfD vorerst als genuin deutsch-deutsche Partei und politische Kraft rechts von der Union etabliert. Von dort aus stellt sie die Grundlagen der bundesrepublikanischen Nachkriegsdemokratie in nie dagewesener Deutlichkeit infrage, nicht zuletzt auch mittels eines neuartigen, on- wie offline überaus professionell betriebenen Medien- und gar »Nachrichten«-Angebots.[63] Ihre Jugendorganisation »Junge Alternative« und der »Flügel« sind 2019 vom Bundesamt für Verfassungsschutz zu rechtsextremen »Verdachtsfällen« erklärt worden. Sieben Landesverbände werden von Landesverfassungsämtern als »Prüffälle« und der Landesverband Thüringen als »Verdachtsfall« observiert. Im März 2021 wurde schließlich die gesamte Partei als rechtsextremer »Verdachtsfall« eingestuft, und im April 2023 wurden die »Junge Alternative«, Kubitscheks »Institut für Staatspolitik« in Schnellroda sowie der Verein »Ein Prozent« durch den Bundesverfassungsschutz für »gesichert rechtsextrem« erklärt.[64]

Ungeachtet dieser Radikalisierungsgeschichte zog die Partei zum zehnten Jahrestag ihres Bestehens Anfang 2023 eine bemüht selbstzufriedene Bilanz: Zwar werde sie bundesweit bei derzeit nur 15 Prozent gehandelt, liege in den »fünf östlichen Bundesländern aber weiterhin knapp als stärkste Kraft vor der CDU«.[65] Wer die Parteiumfeld-Presse etwas genauer liest, stößt auf eine Vielzahl von ungelösten taktischen, strategischen und ideologischen Konflikten.[66]

Doch in der Tat sehen Umfragen die AfD in Ostdeutschland regelmäßig vorn. Ob sich diese Werte auch in den Landtagswahlen 2024 niederschlagen werden, muss sich zeigen – Umfragewerte und Wahlergebnisse der Partei lagen bislang teils nah beieinander, teils weit auseinander, und zwar in beide Richtungen. Jedenfalls glaubt nicht nur der Ko-Vorsitzende Tino Chrupalla, der zum zehnten Parteigeburtstag Zuversicht auszustrahlen suchte, man werde mit dem Rückenwind des Erreichten bald im Osten regieren, dann im Westen und schließlich auch im Bund. Das Problem der fehlenden Koalitionspartner, insbesondere der »Brandmauer«, die die CDU nach rechts gezogen hat, tat er – selbstbewusst als Ostdeutscher für die Gesamtpartei sprechend – mit zynischer Revolutionsrhetorik ab, in der die 1989 erkämpfte Demokratie nunmehr wie eine Drohung klingt: »Die letzte hier im Land gebaute Mauer, auch die haben wir Ostdeutsche eingerissen.«[67]

Die ostdeutsche Kanzlerin und das Repräsentationsparadox

Dass Angela Merkel laut dem diesem Kapitel vorangestellten Zitat keine Lust hat, als Expertin für die AfD herzuhalten, (nur) weil sie in der DDR aufgewachsen ist, ist eine nachvollziehbare Haltung. Die Bundeskanzlerin äußerte diesen Gedanken ganz am Ende ihrer vierten Amtszeit im September 2021, wenige Tage vor der Bundestagswahl. In einem Gespräch mit der Schriftstellerin Chimamanda Ngozi Adichie über die Frage, wie die eigene Biografie und Identität mit den großen Fragen der Politik zusammenhängen, wehrte sie sich – nicht zum ersten Mal, aber dezidierter als sonst – dagegen, auf ihre Herkunft als »Frau aus dem Osten« reduziert zu werden.[68]

Doch diese Aussage ist problematisch. Sie wirft ein Schlaglicht auf das im Grunde allen Kanzlern seit der Deutschen Einheit zu bescheinigende Versäumnis, sich der politisch-kulturellen Entwicklung in den ostdeutschen Bundesländern mit der gebotenen Aufmerksamkeit zuzuwenden. Dieser Umstand ist in Bezug auf Angela Merkels Kanzlerschaft nicht trotz, sondern gerade wegen ihrer Biografie von besonderer Bedeutung und Tragweite. Die damit aufgeworfene Frage nach der *politischen* Relevanz dieser Biografie lässt sich heute, ohne Zugang zur staatlichen und persönlichen Überlieferung zu Merkels Amtszeit, freilich noch nicht abschließend beurteilen. Die folgenden Überlegungen können also nur eine erste Annäherung an diesen Gegenstand sein. Zunächst geht es darum, wie Merkel selbst ihre ostdeutsche Herkunft thematisierte, sodann, wie diese in der deutschen und internationalen Öffentlichkeit verhandelt wurde, und zuletzt soll versucht werden, die gesamtstaatlichen Konsequenzen und die politisch-kulturelle Prägekraft dieser ersten ostdeutschen Kanzlerschaft zu vermessen.

Der Frage, was Angela Merkel nicht nur als erste deutsche Kanzlerin, sondern als *ostdeutsche* Kanzlerin ausmachte, könnte man zunächst – ganz wie sie selbst – mit einer Mischung aus Pragmatismus und Skepsis begegnen. Pragmatisch in Bezug auf die simple Anerkennung der Tatsache, dass Merkel zwar nicht in der DDR geboren, aber seit kurz nach ihrer Geburt 1954 dort aufgewachsen ist und bis zum Mauerfall 1989 in diesem Land gelebt hat; und skeptisch gegenüber dem Bedürfnis, daraus allzu viele und allzu dezidierte Schlüsse ziehen zu wollen.

Bei näherer Betrachtung wird jedoch deutlich, dass Merkel im Laufe ihres Lebens als öffentliche Person gelernt hat, präzise zu kalibrieren, in welcher Form und Intensität sie ihre Herkunft thematisiert. Als erste Frau und achte Person, die das Bundeskanzleramt der Bundesrepublik Deutschland innehatte, wollte sie hierzulande nie als »die ostdeutsche« Kanzlerin, sondern – ganz dem Amt entsprechend – als Kanzlerin aller gesehen werden. »Nun ja, meine ostdeutsche Herkunft, das bin ja ich. Das ist mein Leben. Aber gleichzeitig bin ich die Kanzlerin *aller* Deutschen«, formulierte sie es in der ihr eigenen, manchmal etwas ungelenken Sprache im Oktober 2020 in einem Interview.[69] Und in ihren stets zuversichtlichen Bilanzen der Zeit seit 1990 redete sie mit routinierter Selbstverständlichkeit nicht von den historischen Leistungen von »uns Ostdeutschen«, sondern von den »historischen Leistungen *der* Ostdeutschen«.[70]

Dies galt bis zum 31. Jahrestag der Deutschen Einheit am 3. Oktober 2021 – dem Tag, an dem Merkel als »angelernte Bundesdeutsche« das erste Mal überhaupt öffentlich auf überzeugende Weise über ihre DDR-Biografie und die damit verbundenen Nachwendeerfahrungen und auch -diskriminierungen sprach; auf diese Rede wird noch zurückzukommen sein.[71] In all den Jahren davor jedoch hatte ihre ostdeutsche Identität in dem Maße an Kontur gewonnen, in dem sie sich von Deutschland entfernte. Hierzulande sprach sie eher selten und zurückhaltend darüber oder nur, wenn sie explizit darauf angesprochen wurde.

Exemplarisch lässt sich das bereits an ihrer ersten Regierungserklärung vom 30. November 2005 im Deutschen Bundestag nachvollziehen. Dies war eine in doppelter Hinsicht außergewöhnliche Gelegenheit, denn damit endete nicht nur die Ära Rot-Grün, sondern Merkel war wenige Tage zuvor auch als erste Frau in der Geschichte der Bundesrepublik für das Amt des Bundeskanzlers vereidigt worden. Auf ihre Herkunft kam sie zu diesem Anlass nur mit wenigen Sätzen zu sprechen, und sie verknüpfte dies geflissentlich mit dem damals als »Überraschung« gedeuteten Zustandekommen der ersten Großen Koalition seit fast vierzig Jahren. Auch für sie sei diese Koalition in mancher Hinsicht eine unerwartete Konstellation, jedoch keineswegs die größte Überraschung ihres Lebens. »Die größte Überraschung meines Lebens ist die Freiheit. Mit vielem habe ich gerechnet, aber nicht mit dem Geschenk der Freiheit vor meinem Rentenalter.« Und sie fuhr fort: »Alle Wege vor 1989 endeten an einer Mauer, die nur wenige Meter von diesem Platz entfernt unser Land für alle Zeit zu zerschneiden schien. Wenn Sie schon einmal in Ihrem Leben so positiv überrascht wurden, dann halten Sie vieles für möglich. Dabei möchte ich bleiben.«[72] Ihr kleines Leben sah Merkel – wie die große Politik – als einen Weg voller unerwarteter Gelegenheiten, die es nur im richtigen Moment zu ergreifen galt.

Diese Botschaft vertrat sie stoisch schon seit ihrem Eintritt in die bundesdeutsche Politik im Jahr 1990. Doch sie vertrat sie als *Ostdeutsche* lange nirgendwo dezidierter als fernab der deutschen Politik, am nachdrücklichsten in einer Rede vor Absolventen der Harvard University in den USA im Mai 2019. Auch wenn diese Rede selbstverständlich gründlich vorbereitet und bis ins kleinste Detail stilisiert war, fiel an diesem sonnigen Nachmittag an der amerikanischen Ostküste das Selbstbild der ostdeutschen Kanzlerin mit dem nach außen hin getragenen Amt der deutschen Kanzlerin in seltener Harmonie zusammen. »Meine erste Arbeitsstelle nach dem Studium«, erzählte sie da, »hatte ich als Physikerin in Ost-Berlin an der Akademie der Wissenschaften. Ich wohnte in der Nähe der Berliner Mauer. Auf dem Heimweg von meinem Institut ging ich täglich auf sie zu. Dahinter lag West-Berlin, die Freiheit. Und jeden Tag, wenn ich der Mauer schon sehr nahegekommen war, musste ich im letzten Moment abbiegen – zu meiner Wohnung. Jeden Tag musste ich kurz vor der Freiheit abbiegen.« Sie sei keineswegs eine »Dissidentin« gewesen, betonte sie weiter: »Ich bin nicht gegen die Mauer angerannt, aber ich habe sie auch nicht geleugnet, denn ich wollte mich nicht belügen.« Dann sei 1989 gekommen und da, »wo früher eine dunkle Wand war, öffnete sich plötzlich eine Tür. [...] Ich musste nicht mehr im letzten Moment vor der Freiheit abbiegen.« In diesen Monaten habe sie persönlich erlebt, »dass nichts so bleiben muss, wie es ist«.[73]

So ähnlich hatte Merkel diese Geschichte auch schon in den sehr persönlichen Gesprächen erzählt, die die Fotografin Herlinde Koelbl in den 1990er Jahren mit ihr hatte führen können.[74] Aber dermaßen offen, emphatisch und öffentlichkeitswirksam hat sie sich in ihrer Heimat kaum je über ihre ostdeutsche Herkunft geäußert. Diese Herkunft beziehungsweise Herkunftserzählung ist also ein politisches Pfund, das die Kanzlerin dort lange so gut wie nie in die öffentliche Waagschale warf.

Erst am Ende ihrer vierten Amtszeit und wohl nicht zufällig in den Ausnahmemonaten der Coronapandemie, die zudem mit den Feierlichkeiten rund um den 30. Jahrestag der Deutschen Einheit zusammenfielen, begann Merkel, ihre Herkunft auch hierzulande in die Waagschale zu werfen. Vielleicht hatte das damit zu tun, dass die globale Pandemie einen Zustand erzeugte, der reale und gefühlte ost- und westdeutsche Unterschiede in einer seit 1990 nie dagewesenen Weise relativierte. Die allmählich wachsende, nachwendlich-gesamtdeutsche Erfahrungsgemeinschaft, auf die viele Zeitbeobachter zur Überwindung der »Mauer in den Köpfen« setzten, hatte jedenfalls seit dem Ausbruch der Pandemie im Frühjahr 2020 ein beachtliches Maß an tatsächlich geteilter Geschichte hinzugewonnen. Diese gemeinsame Erfahrung war freilich keine ermutigende wie etwa eine überwundene Wirtschaftskrise oder eine gewonnene Fußballweltmeisterschaft. Vielmehr war sie eine überaus vielschichtige, entbehrungsreiche, an das solidarische Handeln jedes Einzelnen gebundene Alltagserfahrung: zeitweise übervolle Intensivstationen und Beerdigungsinstitute, Lieferschwierigkeiten und Schlangen vor Supermärkten, Einschränkungen der Bewegungsfreiheit und nicht zuletzt der Zwang, im eigenen Land, auch mal diesseits oder jenseits der Elbe, Urlaub zu machen.[75]

Sicher fühlten sich nicht wenige Ostdeutsche an die staatlichen Drangsalierungen und die Mangelwirtschaft der späten DDR erinnert, an die Einschränkungen der persönlichen Freiheiten und das Schlangestehen im Handel. Und vielleicht wurden diese Erfahrungen in der Pandemiesituation für manch Westdeutschen auch auf ganz neue Art nachvollziehbar. Welchen langfristigen Einfluss dieser gemeinsame Erfahrungsschub auf die innerdeutsche Gemengelage haben mag, bleibt zu untersuchen; der öffentliche Diskurs rund um »das Ostdeutsche« ist nach Jahren der überwiegend AfD-bezogenen Betrachtung in dieser Zeit jedenfalls vielstimmiger und differenzierter geworden – auch wenn sich mit der Querdenker- und Impfgegnerszene ein neues Feld ostwestlich verwobener und zugleich weiterhin trennender Grabenkämpfe aufgetan hat.

Merkels Agieren als oberste politische und eben auch oberste *ostdeutsche* Kommunikatorin in der Pandemie ist mit dieser Entwicklung eng verbunden. Im Herbst 2020 auf die frühen Wochen der Pandemie zurückblickend, zeigte sie eine bemerkenswerte Bereitschaft, ihre ostdeutsche Herkunft mit der Geschichte der Bundesrepublik unter Pandemie-Bedingungen zu verknüpfen. Am Beginn der Coronamaßnahmen hatte sie das auch schon getan, allerdings gewohnt zurückhaltend. Sie wisse, »wie dramatisch schon jetzt die Einschränkungen sind«, hatte sie am 18. März 2020 in einer Fernsehansprache gesagt. Ihr sei bewusst, »wie hart die Schließungen, auf die sich Bund und Länder geeinigt haben, in unser Leben und auch unser demokratisches Selbstverständnis eingreifen. Es sind Einschränkungen, wie es sie in der Bundesrepublik noch nie gab.« Und wenngleich es wohl nicht ihre Absicht war, die Erfahrung der Unfreiheit als Bürgerin in der DDR mit der von ihr als Bundeskanzlerin zu verantwortenden Unfreiheit gleichzusetzen, fügte sie doch den denkwürdigen Satz hinzu: »Lassen Sie mich versichern: Für jemandem wie mich, für die Reise-und Bewegungsfreiheit ein schwer erkämpftes Recht waren, sind solche Einschränkungen nur in der absoluten Notwendigkeit zu rechtfertigen. Sie sollten in einer Demokratie nie leichtfertig und nur temporär beschlossen werden.«[76]

Diese unumwundene, wegen der impliziten Parallelisierung ja durchaus riskante Indienstnahme ihrer »Das Glück der Freiheit«-Biografie lässt sich wohl nur mit höchster politischer Beunruhigung erklären. Auf diese Sätze angesprochen, schmückte die Kanzlerin sie im Herbst 2020 noch etwas detaillierter aus, augenscheinlich unbeeindruckt von der inzwischen angewachsenen Anti-Merkel-/ Corona-»Diktatur«-Szene, die auf ihren Demonstrationen die pandemiebedingten Einschränkungen mit der DDR- oder gar der NS-Diktatur gleichsetzte. Ihre Kindheit und Jugend seien ihr zu Beginn der Maßnahmen »sehr präsent« gewesen, erklärte sie resümierend: »Wir mussten im März sehr stark in die Freiheitsrechte der Menschen eingreifen. Dass ich den Menschen sagen musste, dass man nur als ein Haushalt oder zu zweit auf der Straße sein durfte, dass keine Veranstaltungen stattfinden durften, dass Kinder ihre Eltern im Seniorenheim nicht besuchen durften – das waren gravierende Einschränkungen. Im Nachkriegsdeutschland hatte es nie eine Situation gegeben, in der die Schulen so lange geschlossen waren. Das alles hat für mich Assoziationen ausgelöst, die ich dann auch ausgesprochen habe.«[77]

Man könnte einwenden, dass Querdenker für derlei Parallelisierungen gescholten worden sind und dass selbst in der DDR Menschen, sofern sie nicht in Gefängnissen oder Erziehungsheimen einsaßen, ihre Häuser verlassen konnten, wann sie wollten, und Kinder zur Schule gehen durften. Doch hier sprach die Kanzlerin in einem Moment der Reflektion ungewöhnlich offen über die Erinnerungen, die die Lage im Land in den ersten Pandemie-Monaten in ihr hervorgerufen hatte. Diese Assoziationen zu ihrer Herkunft und den damit verbundenen spezifischen Erfahrungen erklären vielleicht die für Merkel doch ungewöhnliche Intensität, mit der sie sich zu Beginn der Pandemie über Wochen hinweg um eine direkte, verbindliche und empathische Bevölkerungsansprache bemühte. Dass diese Ansprache im weiteren Verlauf der Coronakrise bis zum Ende ihrer Amtszeit spürbar nachließ und zeitweise völlig versiegte, lässt sich wohlwollend als Ausdruck von Überforderung und Erschöpfung deuten oder – kritischer – auch als nicht nur der Kanzlerin anzulastendes Politikversagen auf ganzer Linie.[78]

Angela Merkel trat also bevorzugt aus der Distanz heraus oder in Ausnahmesituationen als *ostdeutsche* Kanzlerin in Erscheinung. In der deutschen Öffentlichkeit hat sie diese Bezüge im Laufe ihrer 16-jährigen Regierungszeit mit Ausnahme des erwähnten Gesprächs und einigen Reden und Interviews kurz vor Ende ihrer Amtszeit nur sehr sparsam hergestellt – wie sie ja überhaupt hinsichtlich ihres persönlichen Lebens eine ausgeprägte Zurückhaltung pflegte.

Die Wahrnehmung von Angela Merkel als Ostdeutscher war entsprechend gespalten. Im Ausland wurde ihre Herkunft viel häufiger und prononcierter thematisiert als im Inland. Innerhalb Deutschlands scheint sich diese Wahrnehmung wiederum entlang ostwestdeutscher Linien zu unterscheiden und zwar aus demselben, durchaus paradoxen Grund: Merkels öffentlich kommunizierte ostdeutsche Identität – das Bild der bescheidenen Physikerin, die die DDR niemals als ihre Heimat akzeptierte und so lange den Blick stoisch gen Westen richtete, bis die Geschichte ihr die Freiheit gab – war geradezu perfekt an bundesrepublikanisch-postsozialistische Erzählerwartungen angepasst, deren Ursprünge bis weit in die Zeit des Kalten Kriegs zurückreichen. Zugleich war die in diesem Sinne angepasste DDR-Identität der Kanzlerin in Ostdeutschland jener neuralgische Punkt, an dem es systemfeindlichen Kräften innerhalb und im Umfeld der AfD gelang, eine nicht unbedeutende Minderheit der dortigen Bevölkerung gegen ihre Regierung in Stellung zu bringen. Aus denselben Gründen, aus denen Merkel im Ausland und in der Bundesrepublik in der noch immer stark westdeutsch geprägten Öffentlichkeit als durchaus vorbild- oder gar idealbildhaft wahrgenommen wurde, wurde sie zumindest für einen Teil der ostdeutschen Bevölkerung zum Feindbild.

Deutschlands Rolle in der Welt war zwischen 2005 und 2021 maßgeblich vom Image der Kanzlerin als »Europe's most influential leader« geprägt – so der Untertitel einer der fundiertesten fremdsprachigen Merkel-Biografien.[79] Darin steckte ein hohes Maß an politischem Respekt, den Merkel sich nicht zuletzt mit der umstrittenen Austeritätspolitik im Kontext der Euro- und Finanzkrisen erarbeitet hatte. Darin steckte aber noch nicht unbedingt jene Aura der moralischen Vorbildhaftigkeit, die ihr infolge der Politik gegenüber Hundertausenden von syrischen Bürgerkriegsflüchtlingen im Spätsommer 2015 in allen Teilen der Welt zugesprochen wurde. Am Ende jenes Jahres erklärte *TIME Magazine* sie zur »Person of the Year« und begründete diese Entscheidung mit einer eindringlich geschriebenen und bebilderten Erzählung ihres Lebens als die Geschichte einer Pastorentochter, deren transformative Reise sie vom sozialistischen Dunkel ins globale Licht geführt hatte. Dort stand sie im Zenit ihrer Macht als gefeierte Ikone, gekrönt mit dem Titel »Chancellor of the free world«.[80]

In der bundesdeutschen Öffentlichkeit, oder präziser: in der veröffentlichten Meinung der Berliner Republik, hatte man sich über Merkels Identität nach Jahren des Fremdelns mit den eigensinnigen Qualitäten dieser Frau bald recht einhellig verständigt. Eine der meistgelesenen Biografien, *Die Erste* von Evelyn Roll aus dem Jahr 2005, erfasste die Komplexität, Leistungsfähigkeit und auch Sperrigkeit der Kanzlerin vor ihrem Einstieg in die Bundespolitik mit viel Feingefühl und Sympathie. Sie war auch durch eine bemerkenswerte Kulanz gekennzeichnet, wenn es um die Frage ging, ob Merkels DDR-Biografie vor dem Hintergrund eines freiwillig von West nach Ost übergesiedelten, christlich-sozialistisch missionierenden Pastorenvaters nicht doch ungewöhnlich reibungslos verlaufen war. Roll kam zu dem Schluss, dass dieses Leben in der DDR ein »Schutzprogramm« gewesen sei, »kein Leben im Widerstand, höchstens im Abstand zur DDR«, und Merkel habe auch nie etwas anderes behauptet. Dies sei die Voraussetzung dafür gewesen, dass sich diese unscheinbar angepasste DDR-Bürgerin zur »Musterschülerin des vereinigten demokratischen Deutschlands« mausern konnte.[81]

Ähnlich wohlwollend urteilte auch der Journalist Stefan Kornelius in seiner 2013 veröffentlichten Studie über *Die Kanzlerin und ihre Welt*. Einerseits hielt er den gelegentlich erhobenen Vorwurf, Merkel habe »für ihren politischen Aufstieg stur die Westgeschichte angenommen, quasi um sich geschmeidig ins System einzufügen«, für berechtigt; ihrem »ersten Leben« hafte nach wie vor »etwas Mysteriöses« an. Andererseits deutete aber auch er ihre ersten 35 Lebensjahre als völlig nachvollziehbares Arrangement einer sehr klugen Frau mit einem sehr perfiden System. »Der engen Welt der DDR begegnete sie mit den Mitteln der DDR«, so Kornelius. »Das System mit den Methoden des Systems zu schlagen« sei damals »ja überhaupt so ein Volkssport« gewesen. Wie in einem »Kokon« habe Angela Merkel in diesem Land bis zuletzt gelebt, habe sich »eingerichtet« und in »größtmöglicher geistiger Freiheit leben und arbeiten können«.[82]

Schließlich fand diese dezidiert wohlwollende Sicht 2021 im noch jungen Hochglanzmagazin *Women's History* ihre mediale Vollendung. Das Titelthema der Februarausgabe des Jahrgangs lautete unter einer riesigen lächelnden Merkel: »Macht ist weiblich. Politikerinnen in der Geschichte, die uns überrascht haben«. Im Heft wird »die Kanzlerin, die keine Feministin sein will«, für ihre Fähigkeit gewürdigt, »nichts persönlich zu nehmen«. Vielleicht, mutmaßte die Autorin des Textes, habe »der DDR-Überwachungsstaat, in dem sie aufgewachsen ist, die Eigenschaft verstärkt, sich selbst in der Öffentlichkeit stets streng zu kontrollieren«.[83] Merkel wird hier zudem als Physikerin vorgestellt, die nie Wissenschaftlerin werden wollte und diesen Beruf nur gewählt habe, weil er als staats- und politikfern galt. Auch diese Deutung suggeriert, Merkel habe in der DDR nur überwintert – hoffend, dass irgendwann ihre Chance kommen würde, gute, freiheitliche Politik zu machen.

Die »Kokon«- oder Überwinterungserzählung ist die bis heute vorherrschende Sicht auf Merkels ostdeutsche Herkunft. Im Jahr 2013 veröffentlichten der Historiker Ralf Georg Reuth und der Journalist Günther Lachmann ein äußerst kritisches, in Teilen auch umstrittenes Buch über *Das erste Leben der Angela M.*, in dem diese nicht nur als »Mitläuferin«, sondern als »Funktionärin« des SED-

Staates dargestellt wurde. Das Buch problematisierte das hohe Maß an Angepasstheit und die über kleinere Ämter auch aktive Mitwirkung am System, über die es Merkel gelungen sei, ihr Leben und berufliches Fortkommen insgesamt recht reibungslos zu organisieren.[84]

Quer durch alle politischen Lager und Medien hinweg sprangen ihr nach der Publikation des Buches Verteidiger ihrer DDR-Biografie zur Seite. Bei aller berechtigten Kritik an dessen Enthüllungsgestus war der Grad an Einhelligkeit und Gewissheit, mit der die kritische Fragehaltung der Autoren zurückgewiesen wurde, doch bemerkenswert.[85] Vielleicht stieß die Selbstdarstellung einer zur »Überwinterung« gezwungenen, ambitionierten und clever die Grenzen des Möglichen ausnutzenden jungen Frau auf so viel Sympathie, weil aus dieser Perspektive Merkels Leben in der DDR gerade für jene, die nicht aus dem Osten kamen, nachvollziehbar wurde, weil sich *ihre* Version dieses Staates als anschlussfähig erwies: Es braucht nicht nur im Kapitalismus ein gewisses Maß an Egoismus und Eifer, um etwas zu erreichen, sondern auch und gerade im Sozialismus. Vielleicht wurde die Kanzlerin gerade aus diesem Grund in der breiten Öffentlichkeit für das hohe Maß an Übereinstimmung ihres »ersten Lebens« mit den Erwartungen des SED-Systems stets eher bewundert als kritisch befragt.

In einer mit größerem zeitlichem Abstand und einer entsprechenden Primärquellengrundlage betriebenen Merkel-Forschung, die sich in den kommenden Jahren erst noch entwickeln muss, könnte sich das affirmative Narrativ ihrer DDR-Biografie jedenfalls durchaus als ein allzu geglättetes, idealisiertes Bild herausstellen. Gründlich zu hinterfragen ist es schon allein deshalb, weil es – wie jedes Politikerimage – maßgeblich von ihr selbst und ihren Beratern gehegt und gepflegt worden ist.

Ungleich eindeutiger sind dagegen schon heute die Belege für das enorme Mobilisierungspotenzial, das in dem Feindbild einer ostdeutschen Kanzlerin steckte. Die Anti-Merkel-Parolen auf *Pegida*-

und AfD-Demonstrationen waren Legion, vor allem in Ostdeutschland. Routiniert wurde Merkel während ihrer zwei letzten Amtszeiten wahlweise als EU-Diktatorin, DDR-Funktionärin oder kopftuchtragende Totengräberin des Abendlandes dargestellt. Gelegentlich wurde gar ihre Hinrichtung gefordert. Dieses Feindbild erwies sich gerade deshalb als so effektiv, weil hier eine Frau an der Spitze der »Altparteienregierung« stand, die vermeintlich vom SED-System in eigener Anschauung bestens hatte lernen können. Wie erwähnt, spielten die Revolution von 1989 und das »*Wir sind das Volk!*« jener Wochen in der Gründungsgeschichte von *Pegida* eine wesentliche Rolle.[86]

Vertreterinnen und Vertreter der AfD bemühten diese Vorwürfe gegen Merkel immer wieder skrupellos, etwa in der Kontroverse um die Rolle der Thüringer CDU in der Wahl von Thomas Kemmerich zum Ministerpräsidenten im Februar 2019. Nachdem Merkel ihre Parteikollegen aufgefordert hatte, dieses Ergebnis rückgängig zu machen, veröffentlichte die AfD-Bundestagesabgeordnete Beatrix von Storch ein Pressestatement, in dem es hieß: »Die ehemalige FDJ-Sekretärin will in Thüringen eine nicht anfechtbare Wahl wiederholen, weil ihr das Ergebnis nicht passt. Einmal SED, immer SED.«[87] Höchst kalkuliert erinnerte sie damit an die Tatsache, dass Merkel einst tatsächlich ein formales Amt in der Jugendorganisation der DDR innegehabt hatte – nach eigener Auskunft war sie während ihrer Zeit an der Akademie der Wissenschaften FDJ-Kulturbeauftragte am Institut für physikalische Chemie gewesen.[88] Von Storch behauptete hier aber zugleich wahrheitswidrig, die Kanzlerin sei SED-Mitglied gewesen. Diese Unverfrorenheit war keineswegs neu, sondern hatte in der AfD zu diesem Zeitpunkt bereits eine gewisse Tradition. So kursierte im Wahljahr 2017 im Netz eine von AfD-Politikern verbreitete Fotomontage, auf der der Leitspruch der CDU im damaligen Bundestagswahlkampf – »Für ein Land, in dem wir gut und gerne leben« – neben einem gefälschten SED-Parteitagsplakat stand, in das derselbe Spruch montiert worden war.[89]

In einer Rede, die der AfD-Abgeordnete Marc Jongen am 2. Oktober 2020 zum 30. Jahrestag der Deutschen Einheit im Bundestag hielt, wurde die ostdeutsche Herkunft Angela Merkels auf besonders zugespitzte Weise zum Stein des Anstoßes stilisiert. Die Kanzlerin selbst war wegen einer Sondertagung des Europäischen Rates in Brüssel nicht im Plenarsaal anwesend. Jongens Rede wurde in der Berichterstattung über die Debatte kaum erwähnt, vielleicht weil ihr Inhalt von den meisten Medien als dermaßen abwegig wahrgenommen wurde, dass man ihr keine weitere Resonanz verschaffen wollte.[90] Sie ist in unserem Kontext dennoch relevant, weil sie paradigmatisch für die nahezu grenzenlose Dehnbarkeit und Mobilisierbarkeit des Feindbildes Merkel in der politischen Rechten steht.

Marc Jongen, ein aus Südtirol stammender studierter Philosoph, war an jenem 2. Oktober der zweite Redner, der für die AfD ans Rednerpult trat. Zunächst hatte der aus der Lausitz stammende Ko-Bundesvorsitzende Tino Chrupalla gesprochen und den Verlust von »Hilfsbereitschaft« und »Mitmenschlichkeit« seit der Wende sowie die Ausgrenzung ostdeutscher AfD-Wähler als Rechtsextreme beklagt.[91] Jongen ging es mit seiner Rede um etwas ganz anderes: Die DDR-Bürger seien 1989 nicht nur für Einigkeit und Recht, sondern auch für die Freiheit auf die Straße gegangen, begann er seine Argumentation. »Und in dieser Hinsicht, meine Damen und Herren«, so Jongen, »liegt leider ein Schatten auf diesem 30-jährigen Jubiläum. Nach 15 Jahren Kanzlerin Merkel tauchen mehr und mehr Aspekte der DDR in der Bundesrepublik wieder auf und leider nicht die der Mitmenschlichkeit im Privaten, von denen du sprachst, lieber Tino Chrupalla, sondern es ist eher so, als hätte sich der freie Westen beim Verschlucken des sozialistischen Unrechtsstaats übernommen und würde sich ihm hinterrücks immer mehr anverwandeln.« Unter dem Beifall der eigenen Fraktion und anschwellendem Gelächter und Protest aus den übrigen Parlamentsreihen – »So ein Quatsch!«, »Ekelhaft!«, »Das ist ja eine Frechheit!« – setzte Jongen seinen Angriff fort. »Ausgerechnet Kohls Mädchen« habe diesen Prozess wesentlich vorangetrieben, was »eine bittere Ironie der Geschichte« sei, aber »angesichts ihrer DDR-Sozialisation wohl kein Zufall«. Wieder entwickele sich eine »Staatsideologie wie weiland der Marxismus-Leninismus, heute bestehend als Klimareligion und Multikultidogma«, wieder werde »diffamiert und ausgegrenzt«. Tagtäglich baue die Regierung an einem »›antifaschistischen Schutzwall‹ in den Köpfen, wie die Mauer im DDR-Jargon hieß, der die Gedanken der Bürger in ideologischen Bahnen halten und abweichende Meinungen dämonisieren soll«. Nicht zuletzt erinnerten »die Erhebung der Moral oder besser des Moralismus über das Recht, die permanenten Rechtsbrüche im Namen des vermeintlich Guten, die unter Angela Merkel zur Regel geworden sind, [...] fatal an die DDR«. Jongens singulärer Angriff auf die Biografie der Kanzlerin gipfelte in einem Rundumschlag gegen alle Parteien, die angeblich nur noch abnickten, was die Regierung vorgab, und damit »immer mehr den Blockparteien der DDR« glichen.[92]

Ich habe diese Rede so ausführlich zitiert, weil sie einen tiefen Einblick in das geschichtsklitternde Feindbild-Denken der Neuen Rechten gibt, das sich mit Blick auf die persönliche Schärfe und die Tatsache, dass es inzwischen sogar ungehindert im Deutschen Bundestag verbreitet werden kann, vielleicht höchstens mit den einstigen verbalen Angriffen auf Willy Brandt vergleichen lässt. Noch wichtiger ist aber, dass diese Rede die politische Sprengkraft aufzeigt, die in der bis heute ungelösten Aufgabe steckt, Ostdeutschland und damit die ostdeutsche Diktatur- und Demokratiegeschichte auf angemessene Weise in das politische Koordinatensystem der Bundesrepublik zu integrieren. Denn dass die AfD für diese radikale, von Hass auf die DDR gesättigte Regierungskritik gerade im Osten viel Zustimmung erhielt, ist angesichts der tatsächlich dort vorhandenen Erfahrungen mit Diktatur, Unfreiheit und Unrecht besonders problematisch und erklärungsbedürftig. Zweifellos gilt es sowohl die Ursachen als auch die Konsequenzen dieser ungelösten Aufgabe für die gesamtdemokratische Ordnung dezidierter und differenzierter zu addressieren als dies in der Regierungszeit Merkels, in der sich all dies so nachdrücklich zuspitzte, der Fall war.

Zur Auseinandersetzung mit dieser Problemlage hat die hier angegriffene Regierungschefin weniger beigetragen, als man von ihr hätte erwarten können. Damit ist nicht gesagt, dass sie persönlich für dieses krude Image als BRD-schluckende Ostmachtfrau verantwortlich wäre. Als die am längsten regierende Bundeskanzlerin der Berliner Republik trägt sie allerdings durchaus eine Verantwortung dafür, dass sich bestimmte historische und einheitsbedingte Problemlagen in Ostdeutschland verfestigen konnten und sich damit ein von den Rechten seit 1990 ohnehin intensiv beackerter Nährboden langfristig als besonders fruchtbar erwies.

Die ostwestlich perspektivierte Geschichte der Deutschen und ihrer Demokratie seit den 1980er Jahren zeigt, dass es für die teilweise eigensinnige politische Entwicklung in Ostdeutschland gewichtige Gründe gibt. Diese zu erfragen und adäquat zu analysieren, ist nicht nur eine Frage der historischen Forschung und der gesellschaftlichen Auseinandersetzung, sondern auch eine staatspolitische Aufgabe.[93] Sie ist trotz der Milliarden von Subventionen, zahlloser Förderprogramme, Ostkommissionen und Beauftragter von keiner der bisherigen gesamtdeutschen Bundesregierungen gemeistert, ja, noch nicht einmal als Aufgabe adäquat erfasst worden. Zudem betrieb Merkel die Politik einer Partei, die schon unter dem »Einheitskanzler« Kohl die besondere Lage der ostdeutschen Länder als Übergangsproblem zu betrachten gelernt hatte. Zu deren Bewältigung setzte man stets ganz überwiegend auf sozioökonomische Problemanalysen und -lösungen – auf die Strahlkraft eines seit den 1950er Jahren gepflegten Wirtschaftswunderoptimismus und, so die Einschätzung Frank Böschs, schlicht auf die »Heilungskraft des Marktes«.[94]

Vielleicht war es vor diesem Hintergrund abwegig zu erwarten, dass Merkel der ostdeutschen Lage ein besonderes, deutlich darüber hinausgehendes Maß an Aufmerksamkeit und Engagement schenken würde. Vielleicht empfand sie die Zwänge der großen Deutschland-, Europa- und Weltpolitik als zu übermächtig, um allzu gründlich im innerdeutschen Kleinklein verharren zu können. Vielleicht aber war ein der Herausforderung angemessener Umgang mit der Lage Ostdeutschlands auch deshalb nicht möglich, weil es an der Erkenntnis fehlte, dass dies eben nicht primär eine Frage des Geldes und des Wirtschaftens ist, sondern ein politisch-kulturelles Problem – eine Frage spezifischer Demokratieerfahrungen und -erwartungen, tradierter Wertvorstellungen und nicht zuletzt struktureller Gegebenheiten, wie etwa die Beschaffenheit und Zugänglichkeit gesellschaftlicher Gestaltungsräume. Die Feinheiten dieses Problemzusammenhangs sind Merkel aufgrund ihrer Herkunft und ihres Scharfsinns gut bekannt. Doch hat auch und gerade sie diese während ihrer langen Regierungszeit – zumindest nach außen hin – auffällig unberücksichtigt gelassen.

Wie gut die Kanzlerin diese Feinheiten kennt, wurde beispielsweise deutlich, als sie aus Anlass der Feierlichkeiten zum 30. Jahrestag der Deutschen Einheit endlich einmal dezidiert, nämlich in einem Interview, das eine Gruppe ostdeutscher Chefredakteure mit ihr führen durfte, danach gefragt wurde, warum es im Osten eine geringere Zustimmung zur Demokratie und höhere Wahlergebnisse für die AfD gibt.[95] »Demokratie ist keine Selbstverständlichkeit«, hob sie zur Antwort an und kam auf die frühen 1990er Jahre zu sprechen. Vielleicht sei in den ersten Jahren der Einheit nicht genügend Zeit gewesen, »um deutlich zu machen, dass die Demokratie auch anstrengend ist. Dass Freiheit auch bedeutet, mitzumachen, sich einzubringen.« Merkel gestand zu, dass trotz aller Fortschritte noch viel zu tun bleibe. So gebe es »in den neuen Ländern viele Beschäftigungen ohne Tarifverträge«. Nach der Wende habe es Arbeitgeber gegeben, »die die schwierige Arbeitsmarktlage ausgenutzt haben, um ihre Beschäftigten nicht gut zu bezahlen«. Viele Ostdeutsche fühlten sich bis heute zweitklassig, und für dieses Gefühl gebe es natürlich Auslöser, »verpasste Lebenschancen zum Beispiel«.

Schließlich äußerte sie noch einen Gedanken, von dem man sich wünschen würde, dass er in ihrem Regierungshandeln eine nachdrücklichere Berücksichtigung gefunden und sie daraus struktur- und demokratiepolitische Schlussfolgerungen gezogen hätte: »Vielleicht hatten manche Menschen auch Scheu vor einem Engagement, weil es in der DDR so viel Zwang zum Mitwirken gab.«[96]

Doch erst zum 31. Jahrestag der Einheit, im Herbst ihrer letzten Amtszeit, sprach Merkel in einer Rede in Halle an der Saale, dem Ort des Anschlags auf die Synagoge von 2019, so deutlich wie nie zuvor von ostdeutschen Befindlichkeiten, und zwar im Zusammenhang mit der Sorge um die Erosion des »gesellschaftlichen Zusammenhalts« in Deutschland.[97] Sie nannte die AfD und deren besondere ostdeutsche Stärke nicht beim Namen, und ihre Aufzählung der Angriffe auf Demokratie und Pressefreiheit, das Schüren von »Ressentiments und Hass« mittels demagogischer Lügen »ohne Hemmung und ohne Scham«, die Diffamierung von Personen oder Gruppen bis hin zum politischen Mord an Walter Lübcke bezog sie eindeutig auf die gesamte Bundesrepublik. Doch in Bezug auf die Ursachen dieser Entwicklung verengte Merkel den Blick auf die innerdeutsche Gemengelage und thematisierte in seltener Klarheit die Diskriminierung von Ostdeutschen, einschließlich ihrer selbst, seit 1990 – wenn auch zunächst in Form einer rhetorischen Frage: »Müssen nicht Menschen meiner Generation und Herkunft aus der DDR die Zugehörigkeit zu unserem wiedervereinigten Land auch nach drei Jahrzehnten Deutscher Einheit gleichsam immer wieder neu beweisen, so als sei die Vorgeschichte, also das Leben in der DDR, irgendwie eine Art Zumutung?« Sie rede so nicht, um sich zu beklagen, und sie rede auch nicht als Bundeskanzlerin, betonte Merkel. Vielmehr spreche sie »als Bürgerin aus dem Osten [...], als eine von gut 16 Millionen Menschen, die in der DDR ein Leben gelebt haben, die mit dieser Lebensgeschichte in die Deutsche Einheit gegangen waren und solche Bewertungen immer wieder erleben«. Am Ende bestand ihr mit persönlichen Stigmatisierungserfahrungen – das *Framing* ihrer DDR-Biografie als »Last«, die Herabsetzung als »angelernte Bundesbürgerin« – untermauertes Plädoyer für »mehr Respekt vor den jeweiligen Biografien und Erfahrungen und auch vor der Demokratie« aus einer salomonischen Mahnung in beide Richtungen: an die Westdeutschen, die bewusste und unbewusste Herablassung gegenüber Ostdeutschen zu verlernen, und an die Ostdeutschen, diese Verletzungen im Engagement für eine freiheitliche Demokratie zu überwinden.[98]

Die Folgen dieser in der Zeit vor und nach 1989 wurzelnden Erfahrungen und Versäumnisse, der Skepsis und der »Scheu«, sich politisch zu engagieren, sind in einschlägigen Studien detailliert nachzulesen. Wie schon erwähnt, ist im Osten die Zahl der Parteimitgliedschaften und der Grad gewerkschaftlicher Organisation niedriger, sind Parteienidentifikation und Wahlverhalten volatiler, sind unkonventionelle Protestformen und Volksbegehren beliebter und die Demokratiezufriedenheit noch immer geringer ausgeprägt als in Westdeutschland.[99] Doch derlei Erkenntnisse hatten bislang wenig politische Durchschlagskraft. Programmatische, das heißt vor allem demokratiepolitische Konsequenzen zeitigten sie so gut wie keine, abgesehen davon, dass ohne nennenswerte Berücksichtigung dieser spezifischen Problemlage Ende 2022 der Entwurf eines »Demokratiefördergesetzes« beschlossen wurde und die Ampelkoalition die systematische ostdeutsche Elitenförderung in Aussicht gestellt hat. Stattdessen wird in Merkels Interviews und Reden deutlich, wie rat- und letztlich hilflos die Kanzlerin – und mit ihr die große Mehrheit des bundespolitischen Personals – dieser Herausforderung gegenüberstand und -steht. »[W]enn man glaubt, nicht ausreichend gehört zu werden, muss man es trotzdem immer wieder versuchen«, so das an die ostdeutschen Landsleute gerichtete Fazit Merkels im erwähnten Interview mit den Chefredakteuren von 2020, mutmaßlich vor allem an jene, die aus Enttäuschung oder Frust AfD wählten. Und natürlich müssten »wir« – wer auch immer damit gemeint war – »für die Demokratie immer wieder werben«.[100]

Der Politikwissenschaftler Karl-Rudolf Korte hat drei Bereiche identifiziert, in denen die bundesdeutsche Demokratie in den letzten Jahren »Substanzverluste« erlitten habe: das Gesprächsklima zwischen Bürgern und Politik, ein abnehmendes Vertrauen in das politische System und ein immer beweglicherer »Koalitionsmarkt«, der das Regieren vielfältiger, aber auch unwägbarer macht.[101] Alle drei Entwicklungen sind in Ostdeutschland – nicht erst in jüngster Zeit – in besonders ausgeprägter Weise zu beobachten. Man hätte erwarten können, dass eine Regierungschefin mit engen biografischen Verbindungen in diesen Teil des Landes daraus andere, passgenauere politische Schlüsse zieht. Zwar wurde eine Kommission geschaffen, die sich mit der Organisation der Feierlichkeiten zum 30. Einheitsjubiläum befassen sollte, dafür mehr als 60 Millionen Euro hätte ausgeben dürfen und das Geld dann mangels Ideen in ein »Zukunftszentrum Deutsche Einheit und Europäische Transformation« als »Symbol für das vereinte Deutschland und die hier lebenden Menschen« steckte – also im Grunde ohne klaren Zweck und Auftrag –, aber an einer langfristigen und transministerial verankerten Strategie mit einem Schwerpunkt auf demokratie- und strukturpolitischen Reformen fehlt es bis heute.[102] Zudem war es offenkundig undenkbar, zumindest einige der fast nur noch symbolischen Stachel im Fleische des innerdeutschen Dauerringens – wie etwa die Angleichung des Rentenniveaus – zur staatspolitischen Aufgabe zu erklären und sie mit entsprechender finanzieller und bürokratischer Schubkraft deutlich frühzeitiger zu beseitigen als ursprünglich vorgesehen. Stattdessen mussten die Ost-Ministerpräsidenten die Rentnerinnen und Rentner ihrer Länder zur 30. Einheitsbilanz im Jahr 2020 ein weiteres Mal auf die Zukunft vertrösten – auf das Jahr 2024, in dem die gesetzlich festgeschriebene Ost-West-Angleichung endlich erreicht sein sollte. Dass diese Angleichung dann letztlich doch ein Jahr früher erfolgte, im Juli 2023, war kein Resultat einer späten Einsicht in diesem Sinne. Vielmehr unterstreicht die Begründung des Bundesarbeitsministers, sie sei aufgrund der »guten Verfassung des Arbeitsmarktes« vorgezogen worden, nur die symbolpolitische Geringschätzung des Themas: Nicht Gerechtigkeit, sondern Gelegenheit gab den Ausschlag. Und schließlich kann man sich fragen, inwiefern entschiedenere und mit erkennbarer Überzeugung ergriffene Maßnahmen die populistische Mobilisierung ostdeutscher Befindlichkeiten womöglich hätten erschweren und die ostdeutsche Aneignung der parlamentarischen Demokratie erleichtern können.

Die Gründe all dieser Versäumnisse, die vielen offenen Fragen lassen sich zum jetzigen Zeitpunkt nicht abschließend klären, und das Kontrafaktische ist ohnehin nicht Sache der Historiker. Aus dieser ersten Annäherung an das Repräsentationsparadox und die Relevanz und Verantwortung Angela Merkels als *ostdeutscher* Kanzlerin dennoch eine Zwischenbilanz zu ziehen, fällt am Ende nicht leicht. Nicht zuletzt, weil inzwischen mit dem folgenschweren Scheitern der deutschen Russlandpolitik und dem Krieg Russlands gegen die Ukraine ein erheblicher Teil ihres politischen Erbes in einer Weise infrage steht, wie es bei ihrem Abschied kaum jemand erwartet hätte. Erste Analyseversuche fallen kritisch bis vernichtend aus.[103]

Innenpolitisch betrachtet, ist das, was Angela Merkel als ostdeutsche Kanzlerin ausmachte, vielleicht noch nicht hinreichend sichtbar. Vermutlich wird sie ihre Sicht der Dinge in ihren Memoiren ausführlich darlegen und zu rechtfertigen suchen. Und vielleicht sollte man »dem Ostdeutschen« in ihrer Kanzlerschaft aber auch noch auf ganz anderen Ebenen nachspüren als auf jenen der Selbstdarstellung, der öffentlichen Wahrnehmung oder der innerdeutschen Demokratiepolitik.

Genau dies soll hier abschließend auf der Ebene von Merkels grundsätzlichem Politikverständnis und ihres politischen Stils unternommen werden. Auch wenn das die Gefahr birgt, sich auf Oberflächlichkeiten zu kaprizieren, sind diesbezüglich einige Aspekte augenfällig geworden, die in besonderer Weise haften bleiben, wenn man Merkels Selbstaussagen liest und die reichhaltige Publizistik durcharbeitet, die sich im Laufe von über drei Jahrzehnten angehäuft hat. Vier dieser Aspekte stehen nicht ausschließlich, aber doch maßgeblich zu ihrem »ersten Leben« in der DDR und ihrer öffentlich kommunizierten ostdeutschen Identität in Bezug, und auch sie haben – weit über die Person Angela Merkel hinausreichend – die deutsche Demokratiegeschichte seit 1990 geprägt.

Da ist zunächst Merkels Politikverständnis, in dem es um die Ordnung eines Gemeinwesens in Freiheit geht. In ihrem ersten Gespräch mit Herlinde Koelbl sagte sie 1991: »Politik hat auch etwas mit Dienstleistung zu tun, mit der schweren Aufgabe, ein Staatswesen in Ordnung zu halten.« Bemerkenswert an dieser Aussage ist nicht nur, dass die Kanzlerin dieses Politikverständnis über Jahrzehnte hinweg so stoisch wie glaubhaft verkörperte. Bemerkenswert ist auch, wie sie es damals begründete und welches Bild sie dabei von ihrer Herkunftsgesellschaft zeichnete: »Sie wissen ja[,] woher ich komme. Mir dürfen Sie ruhig glauben, daß es mir vor allem darum geht, aus dieser manchmal verkommenen und verkorksten Gesellschaft im Osten irgendetwas zu machen.«[104]

Eng damit verbunden ist ein zweiter Aspekt: Merkel hat mit diesem Politikentwurf stets die ganze Gesellschaft im Blick gehabt und schrieb damit jenen »Wir-alle«-Idealismus fort, der nicht nur tief im Diskurs über den »demokratischen Sozialismus« während der DDR-Zeit wurzelte, sondern auch in ihrer eigenen Politisierung im Herbst 1989. Wie im Kapitel über die *tausend Aufbrüche* gesehen, engagierten sich damals sämtliche Bürgerbewegungen für ein Gesellschaftsbild, in dem sich buchstäblich jeder und jede Einzelne (wieder) für das große Ganze verantwortlich fühlen durfte und fühlen sollte.[105] Das hohle Mitspracheversprechen der Einheitspartei sollte mit der Öffnung hin zu Reformen endlich verwirklicht werden – auch im *Demokratischen Aufbruch*, in dem sich die 35-jährige Merkel zu engagieren begann. Es dürfte wenig Zufall darin liegen, dass sie an dieser Grundüberzeugung auch in ihrem programmatischen Wirken in der CDU festhielt. Als Merkel im Jahr 2000 den

Parteivorsitz übernahm, stellte sie ihre inhaltlichen Vorstellungen unter den für bundesdeutsche Verhältnisse durchaus eigenwilligen Begriff der »Wir-Gesellschaft«.[106]

Das führt zum dritten Aspekt: der Rhetorik des Schaffens, des Zupackens. Einerseits ist die Aufbau- und Wirtschaftswunderrhetorik tief in die bundesrepublikanische Politik- und Gesellschaftsgeschichte eingeschrieben. Doch Merkels Schaffens-Mantra hatte zusätzlich eine spezifisch ostdeutsche Formung. Sie betonte gern das Improvisations- und Durchhaltevermögen, das DDR-Bürger nicht erst im Umbruch entwickelten, sondern schon im Staatssozialismus als Überlebens- und Anpassungsstrategie erlernt hatten. Ihr wohl berühmtester Satz, »Wir schaffen das«, gesprochen im Sommer 2015 auf dem Höhepunkt der sogenannten Flüchtlingskrise, war weder eine einmalige Redewendung noch ein »belangloser Füllsatz« auf einer Pressekonferenz.[107] Schon der letzte Satz ihrer ersten Regierungserklärung 2005 – und unzählige weitere Reden – enthielten dieses Mantra: »Deutschland kann mehr und ich bin überzeugt, Deutschland kann es schaffen.«[108]

Schließlich verweist dieser Satz auf einen vierten Aspekt, der Merkel als ostdeutsche Kanzlerin konturierte und in der öffentlichen Wahrnehmung eine wichtige und zugleich recht diffuse Rolle spielte. Man könnte von einem Pathos der Schlichtheit sprechen, das von ihrer Kleidung und ihrem Auftreten bis hin zu ihrer öffentlichen, gerade auch spontanen, unvermittelten Rede reichte. »Wir schaffen das« war ein so wirkmächtiger Satz, weil er in seiner erhabenen Einfachheit ebenso überzeugte wie provozierte. Zeitlich und thematisch aus demselben Zusammenhang stammt die Aussage: »Ich muss ganz ehrlich sagen, wenn wir jetzt anfangen, uns noch entschuldigen zu müssen dafür, dass wir in Notsituationen ein freundliches Gesicht zeigen, dann ist das nicht mein Land.«[109] Oder man denke, als letztes Beispiel aus einer Liste, die sich lange fortsetzen ließe, an den in schlichte Einsichtsfähigkeit gewickelten Offenbarungseid nach der Diskussion um die gescheiterte »Osterruhe« im

Pandemie-März 2021. Ihre öffentliche Entschuldigung, »Dafür bitte ich alle Bürgerinnen und Bürger um Verzeihung«, war ein in der Geschichte der Bundesrepublik einmaliger Vorgang.

In diesem Pathos der Schlichtheit steckt sehr viel von dem, was im Allgemeinen als eine der typisch ostdeutschen »Tugenden« gilt, und zwar nicht im herablassenden Sinne, in dem gern über die angebliche Unbedarftheit der »Ossis« geurteilt wurde und wird, sondern im Sinne von Zurückhaltung und Bedächtigkeit als Ausweis von Souveränität – und eines nicht nur ausgeprägt politischen, sondern gerade auch menschlichen Instinkts. Als der *Spiegel* im Sommer 2021 Abschied nehmend kommentierte: »Diese Gesellschaft hat 16 Jahre lang mit einer Kanzlerin gelebt, der jede Großtuerei offensichtlich vollkommen schnuppe gewesen ist, bei der man – jenseits aller politischen Sympathien – stets sicher sein konnte, dass sie keine Blenderin ist«, war das ein denkwürdiges Kompliment.[110] Es umschreibt sicher eine der größten Quellen für den Respekt und das Vertrauen, das sich Merkel als Kanzlerin – nicht als *ostdeutsche* Kanzlerin – weit über Deutschland hinaus erarbeitet hat. Nach ihrem Abtritt, auf dem Weg zur Historisierung dieser Ausnahmeerscheinung, wird es eine Aufgabe unter anderen sein, diese besondere Aura nicht nur zu beschreiben, sondern auch zu hinterfragen und die politischen Leerstellen der von ihr geführten Bundesregierungen in Bezug auf Ostdeutschland kritisch auszuleuchten.

Fazit: Jenseits der »inneren Einheit«

Der Witz des Republikanismus besteht darin, daß der demokratische Prozeß zugleich die Ausfallbürgschaft für die soziale Integration einer immer weiter ausdifferenzierten Gesellschaft übernimmt.[1]

JÜRGEN HABERMAS (1995)

Dieses Buch widmet sich der Frage nach dem Ort und der Bedeutung der Revolution von 1989 in der deutschen Demokratiegeschichte. Es begibt sich jenseits der heute so gern bemühten »Sternstunden«-Erzählung auf eine historische Spurensuche nach den Vorstellungen von Demokratie und Staatsbürgersein, die seit den 1980er Jahren im geteilten und vereinten Deutschland in der Breite der Gesellschaft verhandelt wurden. In dieser über die Zäsur von 1989/90 hinaus immer enger aufeinander bezogenen politischen Kulturgeschichte der Deutschen und ihrer Demokratie wird zunächst etwas sehr Grundsätzliches deutlich: Demokratie ist kein Zustand, sondern ein Prozess. Sie ist keine statische Idee, sondern ein Sammelsurium veränderlicher Ideale, kein allein staatliches System, sondern eine gelebte, gestalt- und streitbare Form des gesellschaftlichen Zusammenlebens.

Die jüngste deutsche Demokratiegeschichte, mit der sich dieses Buch befasst, besteht nun aus Teilen – oder auch Kapiteln –, die auf sehr unterschiedliche Weise bis weit in die Nachkriegszeit zurückreichen, in der die gesellschaftliche Demokratisierung – was auch immer man im Einzelnen darunter verstand – als die anfänglich kaum denkbare und doch bestmögliche Antwort auf die extrem zerstörerische Realität des Nationalsozialismus erschien. Üblicherweise wird die Geschichte dieses Demokratisierungsprojekts als rein westdeutsche, von 1949 über die Vereinigung bis in die Gegenwart reichende Teilgeschichte erzählt, zu der 1989 eine sich aus den Fängen der SED-Diktatur befreiende ostdeutsche Gesellschaft hinzukam, die die Demokratie erst dann, ganz neu und mehr oder weniger willig, zu lernen begann.[2]

Doch diese Lesart wird weder der westlichen noch der östlichen Teilgeschichte gerecht. Um zu verstehen, welche historische und gegenwärtige Bedeutung der demokratischen Revolution von 1989 in der deutschen Demokratiegeschichte zukommt, muss man anerkennen, dass auch der ostdeutsche Teil dieser Geschichte lange vor 1989 begann. Auch die DDR gilt es also in die Geschichte der deutschen Nachkriegsdemokratie zu integrieren, und zwar indem man sie als *Demokratieanspruchsgeschichte* begreift. Damit wird keineswegs der faktische Diktaturcharakter des SED-Regimes relativiert. Vielmehr können nur auf diese Weise dessen Wesen, spezifische Ausprägung und jahrzehntelange Stabilität hinreichend erfasst und erklärt werden. Denn in der sogenannten Deutschen Demokratischen Republik wurde die »Demokratie« – gern als »sozialistische« oder »wahre« Demokratie apostrophiert – seitens des Staates und der ihn beherrschenden Partei andauernd beschworen. Als sozialistische »Volksdemokratie«, die alle Klassenunterschiede vermeintlich überwinde, wurde sie in höchst widersprüchlicher Weise einerseits zur Grundlage der existenten Ordnung erklärt und andererseits permanent als Ideal gesamtgesellschaftlicher »Mitgestaltung«, ja gar als »hohe moralische Verpflichtung für jeden Bürger« eingefordert.[3]

Mein Ansatz einer politischen Kulturgeschichte »von unten«, mit dem ich anhand massenhaft überlieferter Selbstzeugnisse wie Bürgerbriefen, Flugblättern und Konzeptpapieren einzelner Personen und Bürgerinitiativen subjektive Vorstellungen von Demokratie sichtbar mache, ermöglicht es, die individuelle Aneignung und gesellschaftliche Reichweite dieses demokratischen Anspruchs zu untersuchen – ein Anspruch, in dessen Folge das »Recht« auf staatsbürgerliche Mitbestimmung vor allem als Zwang und durch Zwang wirksam wurde. Zugleich erlaubt der Fokus auf die Wirkmacht eines solchen Demokratieversprechens, den Blick vergleichend auf die ost- und westdeutsche Gesellschaft zu richten, über die Zäsur von 1989 hinweg. Denn selbstverständlich wurde die Demokratie auch in der Bundesrepublik in Politik und Gesellschaft als Ideal verhandelt. Auch dort wurde der im Grundgesetz formulierte Anspruch stets an der Wirklichkeit gemessen, obgleich die Voraussetzungen dafür angesichts tatsächlich gewährter demokratischer Rechte und geregelter Verfahren ungleich besser waren als in der DDR.

Die hier formulierten Thesen fußen auf der systematischen Analyse der erwähnten Selbstzeugnisse, die zwar keine repräsentative, aber dank eines methodisch reflektierten Vorgehens bei der Quellenauswahl und -analyse sowie eines Abgleichs der Befunde mit der vorhandenen Wahl- und Einstellungsforschung eine mehr als nur illustrative Aussagekraft besitzen. Die vergleichende Untersuchung der Bürgerselbstverständnisse und Demokratievorstellungen, wie sie sich in Bürgerbriefen ausdrücken, die in den 1980er und 1990er Jahren an diverse staatliche Stellen gesandt wurden, zeigt, dass die Frage, was es bedeutete, Staatsbürger und Staatsbürgerin zu sein, dies- und jenseits der Mauer auf sehr unterschiedliche Weise beantwortet wurde. Zugleich waren diese Vorstellungen stets ausdrücklich oder indirekt aufeinander bezogen: Die Bundesrepublik wurde im Osten überwiegend in Bezug auf ihr Rechtsstaatlichkeitsversprechen thematisiert, die DDR im Westen – wenn auch seltener – wegen ihres Sozialstaatlichkeitsversprechens. Beide Gesellschaften teilten aber auch jene staatsbürgerliche Untertanentradition, die bis 1945 ein brachiales Volks- und Staatsverständnis genährt hatte und von der es sich nach dem Zweiten Weltkrieg radikal zu distanzieren galt.

Die langfristige Deradikalisierung der (West-)Deutschen und ihre Transformation in »souveräne Mitglieder«[4] der bundesdeutschen Nachkriegsdemokratie lässt sich anhand der zu unterschiedlichen Tages- und Grundsatzfragen eingesandten Bürgerbriefe an die Bundespräsidenten Karl Carstens und Richard von Weizsäcker anschaulich nachvollziehen. Auch wenn darin immer wieder Spuren der radikalnationalistischen und rassistischen Vorgeschichte dieser Republik zutage treten, dokumentieren sie ein dreifaches Selbstverständnis derjenigen, die sie verfasst haben: als genuin teilhabeberechtigte *Wahlbürgerinnen und -bürger*, als staatsfürsorgliche *Steuerbürger* und nicht zuletzt als dem Staat zunehmend selbstbewusst, demokratieerfahren und willig *dienende Bürger*. Der so voraussetzungs- wie folgenreiche Satz »Der Staat bin auch ich«, der in einem Brief eines Hamburger Musikers aus dem Jahr 1984 fiel, bringt diese drei Bedeutungsebenen treffend auf den Punkt.[5]

Während die große Mehrheit der westdeutschen Briefeschreiber davon ausging – und ausgehen durfte –, dass ihre Wortmeldungen, selbst die fundamentalkritischen, nicht als subversive, sondern als konstruktive Beiträge zur bundesrepublikanischen Gegenwart aufgefasst werden würden, und sie regelmäßig auch seriöse Antworten aus dem Bundespräsidialamt erhielten, schrieben DDR-Bürgerinnen und -Bürger unter radikal anderen Vorzeichen und in ungleich unfreiere Umstände hinein. Die politisch-ideologischen Vorgaben und Sprechweisen des Regimes spiegelnd – und nicht selten auch bestätigend – wägte man sich im Land der »sozialistischen Menschengemeinschaft« zuallererst als Mensch; politische Fragen wurden dementsprechend oft als existenzielle Menschseins- oder gar Menschheitsfragen adressiert. Daneben definierten sich ostdeutsche Frauen und Männer in den Schreiben über ihre berufliche, gesellschaftliche oder politische *Funktion* innerhalb des Staates, oder sie äußerten sich schlicht als *DDR-Bürger und -Bürgerin*, als Bewohner eines Landes auf Zeit.

In diesem Land beschwor die dauerregierende Partei und der gesamte ihr untergeordnete Staats-, Verwaltungs- und Medienapparat die vermeintlich demokratische Verfasstheit und Mitwirkungsoffenheit tagtäglich mit einem Nachdruck, ja einer Penetranz, für die es in der Bundesrepublik keine Parallele gab. Die in den Hinterlassenschaften des Ministeriums für Staatssicherheit sehr vielfältige überlieferte Bürgerpost ist denn auch von den schier endlosen Anstrengungen der Verfasser durchzogen, dieses staatlich betriebene Demokratiepathos tatsächlich mit Leben und Gültigkeit zu füllen – oder es als Chimäre zu entlarven und diesem »Arbeiter- und Bauernstaat« teils argumentativ, teils auch real, über die legal oder illegal geplante Ausreise, ganz den Rücken zu kehren. Diese Briefe zeugen nicht nur davon, wie viele Menschen in der DDR innerhalb und außerhalb der Partei um ihre individuelle Mündigkeit ebenso wie um einen besseren, »wirklich« demokratischen Sozialismus rangen. Sie verdeutlichen auch, was es heißt, ein *undemokratisches* Leben führen zu müssen – eine Existenz als »Gedemütigte und Ohnmächtige«, wie es ein Ost-Berliner Freundeskreis 1987 formulierte.[6]

Der Vergleich zwischen den Bürgerbriefen in Ost und West zeigt aber neben diesen Kontrasten auch einige bemerkenswerte Gemeinsamkeiten. Beide Gesellschaften waren in den 1980er Jahren zutiefst bewegte und höchst politisierte Gesellschaften. Für die Bundesrepublik ist dies freilich kein neuer Befund. Interessant und neu ist hier vor allem die vielfach sichtbar gewordene Bereitschaft zur aktiven, »mitbürgerlichen« Aneignung und Auseinandersetzung mit den Prinzipien des Grundgesetzes – und damit dessen alltägliche und zugleich grundsätzliche, weil sinnstiftende Relevanz. Dem in seiner Nachdenklichkeit und Differenziertheit immer wieder beeindruckenden »verfassungspatriotischen« Engagement in der Breite der Bevölkerung konnte hier anhand einer reichhaltigen Quellenlage erstmals eingehender, wenn auch sicher nicht abschließend nachgegangen werden. Mit Blick auf die DDR-Gesellschaft dokumentiert die analysierte, vielfältige Bürgerpost eine bislang kaum so quellennah beschriebene Politisierung bis weit in die Mitte der Gesellschaft hinein – und das lange vor dem revolutionären Herbst 1989. Das noch immer weit verbreitete Bild einer erstarrten, apathischen Nischengesellschaft, die sich nach Jahrzehnten des sozialistischen (Mit-)Experimentierens von Staat und Politik gleichermaßen verabschiedet habe, lässt sich vor diesem Hintergrund kaum aufrechterhalten.

Demokratie wurde auch und gerade in der DDR, der angeblichen zweiten deutschen Republik, im tagtäglichen Vermessen der Kluft zwischen Anspruch und Wirklichkeit gewissermaßen im Dauerkritikmodus – nicht selten aggressiv oder gar offen gewaltbereit – debattiert, gefordert, geübt, verworfen. Diese Erkenntnis betrifft nicht nur die Vorgeschichte der sogenannten Friedlichen Revolution. Vielmehr ist sie für die Rekonstruktion und Einordnung der *tausend Aufbrüche* im Zuge des Zerfalls des SED-Staates 1989/90 von geradezu elementarer Bedeutung.

So intensiv man in der Bundesrepublik über »gute demokratische Freiheiten« debattierte oder darüber, wie eine politische Praxis vom Staatsoberhaupt über die Parteien und Parlamente bis in die Fußgängerzonen hinein gestaltet sein muss, um der »Würde eines demokratischen Staates« gerecht zu werden[7], so eindringlich wurde in der DDR die Demokratie – oft im Zustand der »Dauerschizophrenie«, wie Christa Wolf es 1989 zu formulieren wagte[8] – als staatliches Postulat und alltägliche Utopie verhandelt und damit als Widerspruch an sich. Vorstellungen über Partizipation und Repräsentation, Teilhabe und Mitsprache, Interessenausgleich und die Teilung beziehungsweise Verteilung der Gewalten unterschieden sich dabei fundamental. Das fand nicht nur in den jeweiligen Staatsentwürfen und den damit verbundenen politischen Ordnungssystemen seinen Ausdruck, sondern auch in der gesellschaftlichen Wirklichkeit, in den alltäglichen, persönlichen Lebenslagen, aus denen heraus Bürgerinnen und Bürger »ihren« jeweiligen Staat betrachteten: als gestaltungsbedürftige, aber auch gestaltungsoffene Daueraufgabe im Westen und als schicksalhafte, zwischen Verheißung und Verzweiflung changierende Herausforderung im Osten.

In *beiden* 1949 gegründeten Republiken war die – hier parlamentarische, dort sozialistische – Demokratie auf je eigene Weise legimitationsbedürftig. Dass dies in der Bonner Republik, die zum Bedauern vieler »Altbundesbürger« doch ein Stück weit endete, als sich das vereinte Deutschland 1991 Berlin zur Hauptstadt wählte, auf Dauer und im Großen und Ganzen gelang, während die DDR zusammenbrach, sobald deren Bevölkerung nicht nur den Wohnort, sondern auch die Regierung frei wählen durfte, ist auch, aber längst nicht nur die Geschichte eines geglückten und eines gescheiterten Demokratieversuchs. Der historisierende, in die Breite der Gesellschaft gerichtete Blick offenbart die Grenzen und Blindstellen der Liberalisierung Westdeutschlands ebenso wie die Reichweite und Vielfalt der Demokratieaneignungsversuche in der ostdeutschen Bevölkerung.

Diese doppelte Streitgeschichte der Demokratie hatte im Umbruch von 1989 zweifellos ihren Höhepunkt. Nur wenn man die damals debattierten Demokratie- und Gesellschaftsideen, die viel stärker ostwestlich verflochten waren als bislang wahrgenommen, differenziert zur Kenntnis nimmt, lässt sich die Bedeutung des demokratischen Aufbruchs von 1989 in der deutschen Demokratiegeschichte insgesamt bemessen.

Ihren unmittelbaren Ausgangspunkt hatten die *tausend Aufbrüche* des Umbruchs in einer zunächst innerostdeutschen Selbstverständigungsbewegung, die sich im Laufe der 1980er Jahre immer stärker und eigensinniger – das heißt auch regimekritischer – entfaltet hatte. Langsam verschob sich in den Bürgerbriefen die Sicht auf »Demokratie« als von Staats wegen verordnete Ordnung (mithin also reine Pose) hin zur Demokratie als gesellschaftlich verhandelbarem und aushandlungsbedürftigem Projekt. »Die Demokratie ist keine Geste der Staatsmacht gegenüber der Gesellschaft, sondern ein großes und wachsendes Bedürfnis des Sozialismus«, behauptete ein SED-Genosse schon 1981, womit er zwar das parteiamtliche Versprechen »sozialistischer Demokratie« beherzt herausforderte, zugleich aber – wie viele andere, darunter auch viele Absender ohne SED-Parteibuch – dessen Prämissen nicht grundsätzlich infrage stellte.[9]

So war es kein Zufall, dass der Demokratieanspruch in der DDR mit dem zunehmenden Fokus auf seine in so vieler Hinsicht unzureichenden *gesellschaftlichen* Voraussetzungen immer stärker unter Druck geriet. Die Wahlbeobachtungsaktionen rund um die Kommunalwahlen im Mai 1989, mit denen diese Voraussetzungen dezidierter und effektiver als je zuvor problematisiert wurden, wirkten dabei wie demokratiepolitische Brandbeschleuniger. Erstmals wurde nun das hohle Demokratie-Postulat der SED (gegen-)öffentlichkeitswirksam hinterfragt – geschickt von der Opposition über die Westmedien lanciert und zugleich zunehmend aktiv und mutig in der DDR-Bevölkerung vervielfältigt. In der Folge bildete sich im Sommer und Frühherbst 1989 eine trotz jener westlich-medialen Verstärkungen immer noch überwiegend *innerostdeutsch* gerahmte Öffentlichkeit, die in ihrer emphatischen »Wir alle«-Ausrichtung auf die Gesamtreform – nicht Revolution – der DDR-Gesellschaft geradezu panfamiliäre Züge hatte. Die im dritten Kapitel erwähnte Kontroverse um die »Das haben wir nicht gelernt«-Behauptung Christa Wolfs in der *Wochenpost* vom Oktober 1989, in der eine aufgebrachte Lehrerschaft die Grundlagen der Wert- und Urteilsbildung nicht nur als Problem einer unmündigen Jugend, sondern als Frage der staatsbürgerlichen Identität insgesamt debattierte, steht exemplarisch für den ebenso eindringlichen wie kurzlebigen innerostdeutschen Reformdiskurs.

Mit dem Mauerfall entgrenzte sich diese spezifische Öffentlichkeit buchstäblich über Nacht. Strukturell, thematisch und medial öffnete und weitete sich das inzwischen revolutionäre Geschehen gewaltig. Die plötzlich *grundsätzlich* infrage stehende DDR wurde jedoch nicht nur zum demokratiepolitischen »Abenteuerspielplatz«[10] (Stefan Wolle) unzähliger ostdeutscher Bürgerbewegungen und -initiativen, sondern auch zur Hoffnungs- und Projektionsfläche westdeutscher Demokratiereformer, allen voran die seit Jahren für mehr »Basisdemokratie« streitenden Kritiker der Parteiendemokratie. In den allgegenwärtigen Forderungen nach mehr »Bürgerbeteiligung« und »Basisdemokratie« spiegelten sich die 1949 begonnene DDR-Demokratieanspruchsgeschichte ebenso wider wie die vor allem seit 1968 sich intensivierende Demokratiekritikgeschichte der »alten« Bundesrepublik. In ihrer ostdeutschen Ausprägung revitalisierten diese Forderungen das »volksdemokratische« Urversprechen der ersten *sozialistischen* deutschen Republik, die ja nicht nur die politischen, sondern auch die sozialen Verhältnisse »umstürzen« sollte, und verbanden es mit der realen straßendemokratischen Emanzipationserfahrung des Jahres 1989. In der westdeutschen Zuspitzung kulminierte die große gesellschaftliche Mobilisierung seit den 1960er Jahren in der Zuversicht, mit dem Fall der Mauer werde sich auch für das »Provisorium« Bundesrepublik ein historisches Fenster für die Bearbeitung der schließlich auch hier reichlich vorhandenen »Ungerechtigkeiten und Häßlichkeiten«[11] (Jürgen Kocka) öffnen, mithin für verfassungsrechtliche Reformen Richtung »mehr« und »bürgernähere« Demokratie. So fragte man nun von dort aus, welches Parlament eigentlich das »Gesetz des Marktes« verabschiedet hatte oder warum es nicht auch in Bonn einen Runden Tisch gab.[12]

Die Befürworterinnen und Befürworter dieses Reformdiskurses, die sich meist dem sozialdemokratischen oder grünen Milieu zugehörig fühlten, wollten ihre Vorschläge vor allem als Versuche zur »Weiterentwicklung« der parlamentarischen Demokratie verstanden wissen. Manche davon stellten jedoch durchaus die repräsentativ-demokratische Statik des westdeutschen Staates infrage. Erinnert sei an die Vorstellungen der Bonner *Initiative Demokratie Entwickeln e.V.*, die im November 1989 forderte, die »Volksgesetzgebung« – also Volksabstimmungen und -entscheide – »gleichberechtigt neben freien Wahlen« zuzulassen und Bürgerinitiativen als »Gegenbewegung zu den Parteien« zu stärken.[13] In ostdeutschen Gruppen ging man damals in Sachen Rechtfertigung der Volksgesetzgebung mitunter noch ein großes Stück weiter. Dort wollten manche sie zum »Fundament allen künftigen Verfassungsrechts« erheben und den als halbdemokratisch erachteten »Parteienstaat« den »jederzeit aktivierbaren souveränen Entscheidungen des Volkes« unterordnen.[14]

Ein solcher ostwestdeutsch verwobener Blick sollte jedoch nicht über die *spezifisch ostdeutschen* Demokratievorstellungen des Herbstes 1989 hinwegtäuschen. Was in der Analyse der überlieferten Quellen aus Ost-Berliner und Leipziger Oppositionsarchiven auffällt, sind zunächst der muntere Einfallsreichtum, die unbändige Energie und die konkrete Ernsthaftigkeit, mit denen damals ganz normale Leute offen und plural über Demokratie als Lebensform, über die Frage des Gemeinwohls und die Zukunft ihrer näheren und weiteren sozialen Umgebung nachdachten. Darüber hinaus tritt in diesen Quellen ein großes Bedürfnis nach gesellschaftlicher Harmonie (»ständigem Konsens«) zutage, das sicher von den Befreiungserfahrungen des Umbruchs und zugleich von neuen Verunsicherungen herrührte.[15] Dieses Bedürfnis hatte seinen Ursprung aber wohl auch in der weit über die SED und ihr Ende hinaus wirksamen Idee und Praxis der »Konsensdiktatur« (Martin Sabrow), in der die Herrschenden den Beherrschten ein permanentes Einverständnis – wie fadenscheinig auch immer – mit ihrer Unterdrückung abzuverlangen wussten. Und schließlich, durchaus paradox, durchzog viele Dokumente aus jener Zeit ein Verlangen nach »unmittelbarer« Volksvertretung, nach Möglichkeiten des »direkten Eingreifens« ins politische Geschick nicht nur der eigenen Kommune, sondern des ganzen Landes – am liebsten ganz *ohne* die vermeintlich kompromisslerische, wenn nicht gar den »Volkswillen« korrumpierende Vermittlung von Parteien und Regierungsinstitutionen.

Jahrzehntelang angestaute Ungeduld und Frustration über fehlende Teilhabe mischten sich im Laufe der Monate bis zur staatlichen Vereinigung im Oktober 1990 mit frischer demokratiepolitischer Enttäuschung – angesichts von Wahlergebnissen, in denen die Mehrheit der Ostdeutschen eben nicht für einen »dritten Weg« – eine neue Verfassung oder eine Demokratie anderer als der bundesrepublikanischen Art – votierte. So riefen Leipziger Revolutionäre kaum ein Dreivierteljahr nach dem Mauersturz unter dem Motto *Aufbruch 90* als Antwort auf diese Mehrheitsverhältnisse zu erneuten Protesten auf, wollten mit neuer Kraft wiederum »gegen den Willen politisch Herrschender« auftreten und sie »zwingen«, endlich »wirklich den Volkswillen zu vertreten«.[16]

Dieser Dringlichkeitsdiskurs war jedoch letztlich marginal, aktiv führte ihn nur eine Minderheit innerhalb der ostdeutschen Gesellschaft. Und auch in ostwestlicher Perspektive konnten sich weder die moderaten Stimmen noch die radikalreformerischen Kräfte durchsetzen. Die gemäßigten Stimmen etwa nicht in den aus der Vereinigung hervorgegangenen verfassungsrechtlichen Foren wie dem *Kuratorium für einen demokratisch verfassten Bund* oder der parlamentarischen Verfassungskommission, in denen sie für eine Erweiterung der im Grundgesetz festgeschriebenen Staatsziele – Mitmenschlichkeit oder das Recht auf Wohnen und Arbeit – eintraten. Die radikaleren Kräfte nicht mit ihren diversen Unterschriftenaktionen und Volksbegehrensversuchen, mit denen die Aufnahme plebiszitärer Elemente und mittelfristig der Ersatz des Grundgesetzes durch eine per Volksentscheid abgestimmte Verfassung erreicht werden sollte.

So vielstimmig, unausgegoren oder auch marginal – oder politisch schlicht nicht mehrheitsfähig – all diese demokratie- und verfassungspolitischen Vorstellungen waren, so tiefgreifend, konstruktiv und auch beunruhigend prägten sie die Demokratieentwicklung der nun *Berliner* Republik. Die überdurchschnittlich hohe Präsenz ostdeutscher Frauen und Männer in der Politik beziehungsweise in staatspolitischen Institutionen und Organisationen seit den 1990er Jahren, der im letzten Kapitel nachgegangen wurde, ist wohl der deutlichste Beleg für die produktive Wirkmächtigkeit der *tausend Aufbrüche*. Für sehr viele Beteiligte gerade der demokratie- und verfassungspolitischen Debatten des Umbruchs wurde die Politik zum Lebensthema, oft gar zum Beruf. Es ist daher irreführend, Angela Merkel als Ausnahme von der Regel abzustempeln, wie es oft und gern in der Diskussion um die ostdeutsche Elitenrepräsentanz geschieht.[17] Man wird damit weder der Kanzlerin persönlich noch den faktischen Gegebenheiten noch der ostdeutschen Interessen- und Problemlage insgesamt gerecht. Merkel war sicher eine Ausnahmeerscheinung, aber nur in sehr spezifischer Hinsicht, die eher in ihrer Persönlichkeit als in ihrer Herkunft begründet liegt. Noch folgenreicher ist aber, dass diese Sicht die Frage nach der Selbstwirksamkeitserwartung und -erfahrung, nach der *Agency* ostdeutscher Politiker und Politikerinnen nicht einmal stellt: Wie verstanden, formulierten und vertraten sie nach 1990 »ostdeutsche Interessen«? Welche grundsätzlichen Annahmen über Interessenvertretung, gesellschaftlichen Wandel oder den Zusammenhang zwischen Strukturen und individueller Veränderungsmacht hegten sie dabei? Wie integrierten sie nicht nur ihre berufliche und fachliche, sondern gerade auch ihre biografische Expertise in ihr politisches Engagement? Und wie glaubten sie persönlich, als Abgeordneter, Ministerin, Staatssekretär oder eben auch als Kanzlerin für die ostdeutsche »Gemengelage« *verantwortlich* zu sein?

Eine Auseinandersetzung mit diesen Fragen wäre ein gänzlich anderer Weg der inner(ost)deutschen Selbstverständigung als der derzeit übliche. Es wäre ein Weg jenseits der Klage über die Lage, wie sie mit dem Buch *Der Osten* des Leipziger Literaturwissenschaftlers Dirk Oschmann jüngst wieder und ganz entlang der gewohnten Erregungs- und Zuschreibungslogiken angeklungen ist. Das Buch hat die *Süddeutsche Zeitung* dazu bewogen, den Ost- und Westdeutschen anno 2023 eine »toxische Beziehung« zu bescheinigen.[18] Diese negative, ja geradezu mythische Zuspitzung dürfte gewissermaßen das Pendant zum positiven Mythos der »inneren Einheit« sein, dem die Deutschen in postvolksgemeinschaftlicher Übereinkunft nicht erst seit 1990, sondern tatsächlich schon seit Jahrhunderten anhängen.[19] Eine gesellschaftliche Selbstverständigung, die auf dieser Ebene stattfindet und damit zwangsläufig immer wieder auch in Untiefen führt, kann der historisch gewachsenen politischen Kultur der Gegenwart samt ihrer heutigen Verständigungsbedürftigkeit kaum gerecht werden.[20]

Wie hier am Beispiel einer ersten Annäherung an diese Fragen in Bezug auf die politische Biografie Angela Merkels gezeigt werden konnte, ist die ostdeutsche politische Kulturgeschichte und Gegenwartslage *trotz* der Herkunft der Kanzlerin, die eben keine *ostdeutsche* Kanzlerin sein wollte, im Regierungshandeln der vergangenen Jahrzehnte, ja seit 1990 generell, nicht hinreichend durchdrungen worden. Entsprechend unzureichend – vor allem auf die materielle Ebene (»Aufbau Ost«) und die rhetorische Ebene (»Lebensleistung anerkennen«) konzentriert – war daher auch die bisherige Politik in Bezug auf Ostdeutschland gestaltet. Zugleich hat Angela Merkel ganz unabhängig von einzelnen politischen Positionen und Entscheidungen mittels der ihr eigenen Sprache und Weltsicht, ihres Stils und ihrer stets zurückhaltend-souverän gewahrten Haltung die politische Kultur der vereinten Republik sowie deren Rolle und Wahrnehmung in der Welt so eigensinnig wie grundlegend geprägt.

Das, wenn man so will, »ostdeutsche Element« dieser ambivalenten Kanzlerschaft entspricht damit in gewisser Weise der geteilten Bilanz, die für die jüngste deutsche Demokratiegeschichte insgesamt zu ziehen ist. Dass sich der Aufstieg der AfD, der überdurchschnittlich stark an ostdeutsche Wählerstimmen gebunden war und ist, ausgerechnet unter der Kanzlerschaft Merkels vollzog, ist ein erklärungsbedürftiger und weit über diese Kanzlerschaft hinausreichender Umstand. Dabei geht es nicht um die Zuschreibung persönlicher Verantwortung, sondern um die Frage des angemessenen politischen Problembewusstseins. Ein solches konnte Merkel zumindest nach außen hin allenfalls am Ende ihrer letzten Amtszeit einigermaßen überzeugend vermitteln, etwa wenn sie von der historischen »Scheu« unter Ostdeutschen sprach, sich für oder gar in Parteien zu engagieren, oder von der Einsicht, dass Demokratie ganz und gar nichts Leichtes ist, sondern Mühe macht und der Anstrengung bedarf.

Vielleicht ist aber überhaupt erst mit Abstand erkennbar, wie sehr die AfD als gesamtdeutsch neu gegründete Partei an historisch gewachsene und nach dem Aufbruch quasi auf den wieder leeren Straßen liegen gebliebene Ideen von Basisdemokratie, »unmittelbarer« Volksherrschaft und Bürgerbeteiligung anknüpfen konnte. Sie ist die einzige derzeit im Bundestag vertretene Partei, die als vermeintlich bürgerbewegte »Alternative« zum »System der Altparteien« Volksabstimmungen auf Bundesebene fordert und schon allein damit überdurchschnittlich viele parteienstaatfrustrierte Nichtwählerinnen und -wähler (in Ost und West) mobilisieren konnte. Sie verbindet in der Rede vom »solidarischen Patriotismus« offen das »Nationale« mit dem »Sozialen«, verspricht eine Politik »von unten nach oben« und stößt damit in Ostdeutschland nicht zuletzt deswegen auf weniger Widerspruch als im Westen, weil sich ihre intellektuellen Stichwortgeber diesen Osten als vermeintlich urdeutschen Lebensraum in einer Weise zu eigen gemacht haben, die in der sonstigen bundesdeutschen Parteienlandschaft ihresgleichen sucht.

Doch man sollte den Blick nicht auf die AfD verengen. Die Spuren dieser spezifisch ostdeutschen Demokratiegeschichte finden sich auch in anderen, politisch nicht minder relevanten Zusammenhängen. So lassen etwa Interviewstudien aus den 1990er Jahren zum Selbst- und Politikverständnis von Bürgermeisterinnen und Bürgermeistern darauf schließen, wie entscheidend diese Demokratiegeschichte – und mit Blick auf Westdeutschland analog auch die westliche Tradition – nachwirkt. So war damals das Rollenverständnis ostdeutscher Amtsträger und Amtsträgerinnen auffällig stark von einer »moralischen Verantwortung den Bürgern gegenüber« geprägt.[21] Die Stiftung beziehungsweise Wahrung von Gemeinschaft und sozialer Harmonie galt als vornehmstes Ziel vor allem kommunaler Politik, und es dominierten konsensdemokratische Vorstellungen.

Die Interviews mit ihren westdeutschen Pendants zeigten hingegen ein deutlich anderes Selbst- und Politikverständnis. Sie verstanden sich nämlich überwiegend als Konfliktmanager und sahen ihr

Amt zudem auch als legitime Chance zur Entfaltung persönlicher Potenziale und politischer Ziele. Auch sie sahen Gemeinschaft als »positiv und sehr wichtig an«, so ein weiterer Befund aus den Interviews, diese Wertschätzung betonte hier aber eher die Rolle der Gemeinschaft als »partei- oder fraktionsinternes Korrektiv und Stütze in Konfliktsituationen«. Das Politikverständnis westdeutscher Bürgermeister ist also deutlich klarer pluralistisch sowie konflikt- beziehungsweise konkurrenzdemokratisch konturiert. Parteien spielen darin als Interessenvertretungsinstanzen eine weithin akzeptierte, ja erwünschte Rolle, während sie in Ostdeutschland eher geduldet werden und man hier davon ausgeht, diese müssten nicht nur moderiert, sondern im übergeordneten Interesse gewissermaßen auch »regiert« werden.[22]

Inwiefern sich diese unterschiedlichen Vorstellungen bis in die Gegenwart fortsetzen oder sich inzwischen gewandelt haben, wäre durch vergleichbare Untersuchungen erst noch zu bestimmen. Es spricht aber einiges für eine zumindest partielle Kontinuität. Und es wäre zu fragen, inwiefern gerade das konsensdemokratische, harmonieverpflichtete Politik- und Rollenverständnis ostdeutscher Amtsträger geeignet ist, die vielfältigen sozialen Konflikte zu bewältigen, mit denen ihre Kommunen angesichts der extremen politischen, ökonomischen und kulturellen Veränderungen seit dem Umbruch konfrontiert waren und sind. Diese Frage soll hier – anekdotisch, aber vielleicht auch beispielhaft – anhand einer Bemerkung diskutiert werden, die die Chemnitzer Oberbürgermeisterin Barbara Ludwig im Jahr 2019 gemacht hat. Die 1962 in ebendieser Stadt (damals noch Karl-Marx-Stadt) geborene Ludwig äußerte sie im Kontext des Gerichtsverfahrens gegen die beiden Asylsuchenden, die im August 2018 einen Chemnitzer auf einem Stadtfest getötet hatten. Daraufhin war es zu massiven Mobilisierungen von rechts bis hin zu pogromartigen Ausschreitungen gekommen. Sie hoffe vor allem für die Familie des Opfers, dass es zu einer Verurteilung kommen werde, so Ludwig in einem Zeitungsinterview im März 2019 am Rande eines Friedensfestes zum Gedenken an die Bombardierung der Stadt im Zweiten Weltkrieg, auf dem sie am Abend auch eine Rede halten sollte. Auf die Frage, was passieren würde, wenn es einen Freispruch gäbe, antwortete sie, dass es für Chemnitz dann »schwierig« würde.[23] Auch wenn sie sogleich nachschob: »Aber so wäre das in einem Rechtsstaat«, schien sie mit diesem – nicht im Privaten, sondern als Oberbürgermeisterin öffentlich geäußerten – Gedanken den sozialen Frieden in der Stadt gegen das Rechtsstaatlichkeitsprinzip in Stellung zu bringen. Zudem ist durchaus fraglich, von welcher Art »Frieden« hier die Rede ist, wenn dieser davon abhängt, dass die lokale Neonazi- und Wutbürgerszene nicht durch ein unliebsames Gerichtsurteil in Aufruhr gebracht werden darf.

Das Beispiel illustriert in mehrfacher Hinsicht die enorm komplexen Herausforderungen, mit denen Lokalpolitik heute in Ostdeutschland konfrontiert ist: das Ringen um eine engagierte Zivilgesellschaft, die faktische und mentale Macht eines örtlich hegemonialen Rechtsradikalismus, die Kraft, die der Umbruch gekostet und die Erschöpfung, die er hinterlassen hat (»Die Stadt braucht einen großen Aufbruch, mal wieder«, hatte Ludwig im selben Interview gesagt), die fragile politische Kultur, die polarisierte politische Öffentlichkeit sowie nicht zuletzt die Frage nach der Belastbarkeit einer noch jungen Rechtsstaatstradition. Die Oberbürgermeisterin einer ostdeutschen Kommune kennt all diese (und sicher weitere) Herausforderungen zweifellos sehr genau. Letztere – und damit die langen Linien der ostdeutschen Demokratiegeschichte – klangen schließlich auch in einem Satz an, den Ludwig auf der Abendveranstaltung des Chemnitzer Friedensfestes sagte: »Frieden in dieser Stadt heißt für mich, dass wir es sind, die Frieden machen, alle Bürger.«[24]

Es wäre also unangebracht, die Äußerung Ludwigs als kalkulierten Angriff auf den Rechtsstaat zu interpretieren. Mir geht es mit dem Beispiel vielmehr darum, zu problematisieren, dass sich hier Spuren eines historisch gewachsenen Demokratie- und Gemeinschaftsverständnisses finden, dessen unreflektierte Weiterführung vielleicht nicht im Ursprung, nicht der Absicht nach, aber doch in der Konsequenz dem dahinterstehenden Ideal – einem humanen gesellschaftlichen Miteinander – eher abträglich sein könnte.

Das führt am Ende unvermittelt zum für spätmoderne Demokratien überlebensnotwendigen »Witz des Republikanismus«, von dem der Philosoph Jürgen Habermas im Motto zu diesem Fazit sprach. Das Zitat stammt aus einer Rede, die Habermas am 7. Mai 1995 unter dem Titel »1989 im Schatten von 1945. Über die Normalität einer künftigen Berliner Republik« anlässlich der 50. Wiederkehr des Kriegsendes in der Frankfurter Paulskirche gehalten hat.[25] Ihn trieb die Frage um, wie in einer zunehmend fragmentierten, seit 1990 nicht nur ostdeutsch ergänzten, sondern auch immer stärker migrantisch und globalisierungsgeprägten Gesellschaft ein humanes gesellschaftliches Miteinander – in seinen Worten: »eine von allen Bürgern geteilte politische Kultur«, in der »verschiedene kulturelle, religiöse und ethnische Lebensformen gleichberechtigt« nebeneinander existieren – aussehen kann.[26]

Die Antwort lag für ihn im von der überkommenen (partikularistisch-volksgemeinschaftlichen) Nationsidee losgelösten »demokratischen Prozess«, in dem die »Verwirklichung von Grundrechten« durch die freien und gleichen Bürger und Bürgerinnen selbst immer wieder neu verhandelt werden muss und kann. Das mache ihn, den Republikanismus, zur »Ausfallbürgschaft« für den Zusammenhalt von Gesellschaften, die aufgrund ihrer Verfasstheit keinem homogenen Nationsverständnis mehr anhängen können und wollen. Habermas glaubt, dass der demokratische Prozess – im Idealfall – als Modus nie abgeschlossener gesellschaftlicher Selbstverständigung die »gemeinsame Bindung an historisch errungene republikanische Freiheiten« fördert und damit die »Loyalität zu einer überzeugenden politischen Ordnung, die über alle subkulturellen Differenzen hinweg das wechselseitige Einstehen der Bürger füreinander motiviert«.

Ein solcher Prozess würde auch in Zukunft eine »soziale Integration« ermöglichen – trotz einer immer größeren Vielfalt und Widersprüchlichkeit an vorhandenen Lebensformen und -ansichten.[27]

Nun ist dies eine höchst idealistische Sicht, und der sich seither real vollziehende »demokratische Prozess« in der Berliner Republik war – wie bislang noch jede demokratische Praxis – alles andere als vollkommen. Von einem gleichberechtigten Zugang zu den Strukturen, Foren und Medien gesellschaftlicher Selbstverständigung oder von Chancengerechtigkeit in Bezug auf politische, soziale und kulturelle Teilhabe kann für viele Menschen in diesem Land aus den unterschiedlichsten Gründen nicht die Rede sein. Zugleich ist aber gerade das Nachdenken über den »richtigen« demokratischen Prozess, welches beide hier erzählten Teilgeschichten gleichermaßen umtrieb und prägte, eine seiner wichtigsten Voraussetzungen.

Die Grundlagen und Bedingungen dafür waren in Ost und West sehr lange sehr verschieden – und die damit verbundenen Prägungen und Setzungen werden auf absehbare Zeit nicht verschwinden. Es sei denn, es gelingt, den eingefahrenen, im Grunde utopischen Anerkennungsdiskurs der letzten Jahrzehnte – in dem der Westen dem Osten »Anerkennung« schuldet (und niemals hinreichend geben kann) beziehungsweise der Osten vom Westen »Anerkennung« verlangt (und niemals hinreichend erhalten kann) – aus beiden Perspektiven anders zu führen, ja diese Perspektivteilung selbst zu überwinden.

Dabei könnte wiederum eine philosophische Sicht behilflich sein, denn innergesellschaftliche Anerkennung ist keine Frage der Verteilung (von Geld, Lob, Versprechen), sondern des Status, der Berechtigung. Die US-amerikanische Philosophin Nancy Fraser hat sich intensiv mit den Bedingungen von »Anerkennung« auseinandergesetzt und darauf hingewiesen, dass es »ungerecht ist, wenn einigen Individuen oder Gruppen der Status eines vollwertigen Partners in der sozialen Interaktion vorenthalten wird, und das nur infolge bestimmter institutionalisierter Muster kultureller Wertsetzung, an deren Zustandekommen sie nicht gleichberechtigt beteiligt waren und die ihre besonderen Merkmale oder die ihnen zugeschriebenen Eigenarten verächtlich machen«.[28]

In diese verdichtete theoretische Aussage lassen sich gleich mehrere in diesem Buch gewonnene historische Einsichten einordnen: Die Ostdeutschen haben 1990 zwar dem Beitritt zur Bundesrepublik zugestimmt und wurden somit nominell zu »souveränen Mitgliedern« dieser Gesellschaft. Am *Zustandekommen* der »institutionalisierten Muster kultureller Wertsetzung« in dieser Republik – also der Grund- und Werteordnung samt ihren vielfältigen gesellschaftlichen Ausprägungen und Verstetigungen – waren sie dagegen nicht beteiligt. Stattdessen hatten sie sich in den Jahrzehnten zuvor – als oft im besten Sinne »skeptische Demokraten«[29], welche viele von ihnen in mancherlei Hinsicht bis heute geblieben sind – an einer gänzlich anderen Werteordnung abgearbeitet, deren ideelle Prämissen und kulturelle Praktiken nach 1989 ganz überwiegend hinfällig waren. So wurden die Ostdeutschen 1990, als sie mit der Einheit die bundesdeutsche Staatsangehörigkeit erhielten, keineswegs ohne weiteres zu »vollwertigen Partnern in der sozialen Interaktion«, das heißt, sie waren in der Berliner Republik faktisch zunächst keine »souveränen Mitglieder« dieser Gesellschaft und konnten nur allmählich zu solchen werden. Die daraus folgenden vielfältigen »Verächtlichmachungen« waren und bleiben Gegenstand heftiger, zuletzt durch Dirk Oschmanns Buch wieder neu entfesselter Kritik. Die über diesen Umstand geäußerte Empörung vor allem durch und unter Ostdeutschen mag nachvollziehbar sein, für sich genommen – so viel lässt sich nach 30 Jahren Erfahrung damit sagen – ändert sie aber nichts an deren *Status* innerhalb dieser Ordnung.

Dieser Status kann sich nur in dem Maße ändern – und hat sich seit 1990 bereits merklich geändert –, in dem sich die bis heute gültige, gewachsene Ordnung der »alten« Bundesrepublik als hinreichend gestaltbar erweist, sprich, wie die vorhandenen institutionellen Muster und kulturellen Wertsetzungen im Rahmen des von

Habermas umschriebenen demokratischen Prozesses zur Diskussion gestellt werden können.

Ist man bereit, Habermas in seinem Optimismus zu folgen, wäre so eine *gleichberechtigte* Beteiligung schrittweise erreichbar. Im Übrigen gilt all dies nicht nur für das leidige Ost-West-Problem, sondern in noch weit stärkerem Maße für alle anderen »hinzukommenden« (etwa Einwanderer und Geflüchtete) oder historisch-strukturell marginalisierten (etwa Familien mit NS-Verfolgungsgeschichte) Individuen und Gruppen, deren Status innerhalb der Gesellschaft noch viel weniger gleichberechtigt und partnerschaftlich ist als jener von »Ostdeutschen«. Auch für ihre Erwartungen und Erfahrungen in Bezug auf die Demokratie wollte ich in diesem Buch sensibilisieren.

So war und bleibt auch die bundesrepublikanische Demokratiegeschichte eine Demokratieanspruchsgeschichte mit offenem Ausgang. Und gerade hier hat die Geschichtsschreibung ihren notwendigen, gegenwärtigen Platz, denn eine Gesellschaft ist immer auch geprägt von den Geschichten, die sie sich (über sich) erzählt. Allein die mittels historischer Forschung mögliche Sichtbarmachung der vielstimmigen Demokratieideen des Umbruchs, des ostwestlich verflochtenen Ringens um den Gehalt und die Verwirklichung »republikanischer Freiheiten« ist schon ein in dieser Hinsicht essenzielles Unterfangen, das sich weder in zwei Pappkartons gänzlich finden noch zwischen zwei Buchdeckeln erschöpfend erzählen lässt. Die Einordnung der *tausend Aufbrüche* in die politischen Kulturtraditionen vor und nach 1989/90 zeigt, dass die Deutschen »ihre« Demokratie in jenen Jahrzehnten nicht im Sternstundenmodus verhandelt, sondern überwiegend als anziehende, aber eben auch anstrengende Alltäglichkeit verstanden, debattiert und mitunter auch herausgefordert haben. Diese demokratische Alltäglichkeit ist ein starkes Fundament. Es wird in dem Maße brüchig, in dem man es für eine Selbstverständlichkeit hält.

Dank

Die Idee zu diesem Buch entstand im Rahmen meiner Bewerbung auf die Professur für Zeitgeschichte an der Universität Bielefeld. Seit meiner Berufung im September 2019 auf eben jene Professur habe ich viel dazugelernt – nicht zuletzt und mit reichlich Wehmut, dass für das Schreiben eines Buches neben der Arbeit als Hochschullehrerin sehr wenig Zeit bleibt. Vielmehr ist der Berufs- und Lebensalltag vom ständigen Abgleichen der eigenen Ansprüche mit den vorhandenen Ressourcen bestimmt. Ich danke meinen Kolleginnen und Kollegen im Arbeitsbereich Zeitgeschichte dafür, dass sie mich während und jenseits der wiederholten Fluchten in die – natürlich jeweils »wirklich letzte« – Schreibklausur so vielfältig unterstützt haben: Nadine Engler, Christoph Herkströter, Chiara Johannesmeier, Teresa Malice und Anna Strommenger. Ebenso danke ich meinen studentischen Hilfskräften, die mit diversen Literatur- und Recherchearbeiten mehr zum Gelingen dieses Vorhabens beigetragen haben, als ihnen wahrscheinlich bewusst ist: Andre Kasselmann, Moritz Y. Meier, Jacqueline Nowack, Felix Tiemann, Vanessa Walter und Michelle Wirachowski.

Darüber hinaus habe ich vom Austausch mit Freunden und Kolleginnen profitiert, die mit mir über den jeweiligen Text- und Argumentationsstand gesprochen oder mit Lektürehinweisen und kritischen Rückfragen geholfen haben. Danken möchte ich insbesondere Agnès Arp, Norbert Frei, Nicole Immler, Wulf Kansteiner, Christoph

Kleßmann, Franka Maubach, Ton Nijhuis, Till van Rahden, Kim Wünschmann, Jenny Wüstenberg und Andreas Zick. Die Gelegenheit zu weiterführenden Kolloquiums- und Tagungsgesprächen verdanke ich den Einladungen von Ernst Wolfgang Becker, Marcus Böick, Frank Bösch, Christina von Hodenberg, Ralph Jessen, Hélène Miard-Delacroix und Sven Reichardt.

Für die hervorragende Unterstützung bei der Erschließung der teils großen Mengen von Bürgerbriefen und anderen Dokumenten bin ich den Archivarinnen und Archivaren im Archiv der DDR-Opposition der Robert-Havemann-Gesellschaft e.V., Archiv Bürgerbewegung Leipzig e.V., BSTU-Archiv, Bundesarchiv sowie im Parlamentsarchiv des Deutschen Bundestages sehr verbunden.

Besonderer Dank gebührt Thomas Karlauf, der mich seit Jahren klug, kritisch und kundig begleitet. Wann immer ich ihn um Rat bitte, ob zu fachlichen oder praktischen Fragen, macht er mir das Leben als Autorin leichter und gescheiter. Jens Dehning vom Siedler Verlag hat mit seinem fundierten, geduldigen Interesse an den Themen dieses Buches viel dazu beigetragen, dass die Dringlichkeiten der Gegenwart in der Fülle des historischen Materials nicht aus dem Blick gerieten. Ludger Ikas danke ich für die sehr gute Zusammenarbeit und die vortreffliche Unterstützung bei der Finalisierung des Manuskripts.

Meiner Mutter und meinem Vater, meinen ersten und wichtigsten Lesern, verdanke ich zahlreiche Gespräche, Anregungen, Korrekturen – und den einen inneren Kompass. Meiner Schwester (und ihren munteren Freunden im schönen Leipzig) bin ich für den leider zu seltenen, aber umso wertvolleren Gedankenaustausch zu den in diesem Buch verhandelten Fragen und Thesen dankbar. Die Möglichkeit, diese unvoreingenommen, vielstimmig und alltagsnah diskutieren zu können – nicht nur dort, sondern auch im Münsterländischen mit neuen Freunden und Nachbarn –, empfand ich stets als außerordentliches Glück.

Meine beiden Söhne haben mich auf jeder Seite dieses Buches begleitet. Ihre Rücksicht und Unverzagtheit schätze ich über alles. Ich wünsche ihnen, dass sie ein vom Großen und Ganzen unbeschwertes Leben in und für die Demokratie leben können. Schließlich danke ich meinem Mann dafür, dass er jedem Hang zum Überschwang mit Bedachtsamkeit begegnet und dem Bedürfnis nach Eindeutigkeit mit der Kunst des Perspektivwechsels. Ihm ist dieses Buch gewidmet.

Abkürzungsverzeichnis

ABL	Archiv Bürgerbewegung Leipzig e.V.
BA	Bundesarchiv, Koblenz
BJM	Bundesjustizministerium
BPA	Bundespräsidialamt
BStU	Bundesbeauftragter für die Unterlagen des Staatssicherheitsdienstes der ehemaligen DDR (= Bundesarchiv Stasi-Unterlagen-Archiv)
FDGB	Freier Deutscher Gewerkschaftsbund
FDJ	Freie Deutsche Jugend
GVK	Gemeinsame Verfassungskommission des Bundestages und des Bundesrates
KPD	Kommunistische Partei Deutschlands
KPdSU	Kommunistische Partei der Sowjetunion
MfS	Ministerium für Staatssicherheit
PA	Parlamentsarchiv des Deutschen Bundestages, Berlin
SBZ	Sowjetische Besatzungszone
SED	Sozialistische Einheitspartei Deutschlands
SDP	Sozialdemokratische Partei in der DDR
SMAD	Sowjetische Militäradministration in Deutschland
RHA	Archiv der DDR-Opposition, Robert-Havemann-Gesellschaft e.V., Berlin
ThürAZ	Thüringer Archiv für Zeitgeschichte, Jena
ZK	Zentralkomitee

Anmerkungen

Einleitung: Demokratiegeschichte in integrierter Perspektive

1 Judt, *Dem Land geht es schlecht*, S. 117.

2 Ich danke den Mitarbeiterinnen und Mitarbeitern im Archiv Bürgerbewegung Leipzig für die hervorragende Unterstützung bei der Erschließung dieser und weiterer Bestände. Vgl. ausführlich dazu Kap. 3.2.

3 Kollmorgen u. a. (Hg.), *Diskurse der deutschen Einheit.*

4 Fundierte Belege lieferten zuletzt u. a. Decker u. a. (Hg.), *Autoritäre Dynamiken*; zur Geschichte des Rechtsterrorismus vgl. u. a. Gräfe, *Rechtsterrorismus*, und Quent, *Rassismus, Radikalisierung, Rechtsterrorismus.*

5 Frank-Walter Steinmeier, Rede zum Festakt »30 Jahre Friedliche Revolution«, Gewandhaus Leipzig 2019, https://www.bundespraesident.de/SharedDocs/Reden/DE/Frank-Walter-Steinmeier/Reden/2019/10/191009-Leipzig-Friedliche-Revolution.html. Die »Sternstunden«-Erzählung u. a. auch schon bei Ritter, *Der Preis der deutschen Einheit*, S. 551 f. Alle in diesem Buch angegebenen Internetquellen wurden zuletzt im Mai 2023 auf Gültigkeit geprüft.

6 Vgl. dazu Süß, »Zeitgeschichte als Demokratiewissenschaft«.

7 Krastev/Holmes, *Das Licht*, S. 33–44.

8 Vgl. Manow, *(Ent-)Demokratisierung der Demokratie*, S. 13, 57 ff.

9 Aus sozialwissenschaftlicher Sicht dazu zuletzt: Holtmann, *Die Umdeutung der Demokratie.*

10 Vgl. zu diesem »kotransformatorischen« Ansatz v. a. Ther, *Die neue Ordnung*, S. 277–305; Ther, *Das andere Ende*, S. 91–96.

11 Dazu gehören die Ergebnisse quantitativer Erhebungen ebenso wie die qualitative Sozialforschung; Entstehungskontext und Aussagewert dieser Daten sind entsprechend kritisch zu reflektieren und einzuordnen. Zur historiografischen Auswertung sozialwissenschaftlicher Wissensbestände vgl. Graf/Priemel, »Zeitgeschichte in der Welt der Sozialwissenschaften«, insb. S. 487 f.; ferner

Pleinen/Raphael, »Zeithistoriker in den Archiven der Sozialwissenschaften«. Zur »Subjektivität« vgl. u.a. Fulbrook, *Subjectivity and History.*

12 Vgl. dazu die Überlegungen in Morina, »Geteilte Bilanz«, S. 148–152.

13 Um aus den nicht selten Tausende individuelle Briefe und Dokumente umfassenden Sammlungen eine verlässliche Auswahl zu treffen, bin ich in der Analyse grundsätzlich in zwei Schritten vorgegangen: Zunächst wurden stichprobenartig Inhalt, Datierung, Urheberschaft, Kerninhalte und geografische Verteilung der Dokumente eruiert und in einem weiteren Schritt dann systematisch Bestände gezogen, also etwa bei einer zwölf Bände umfassenden Sammlung von Eingaben – je nach Gesamtumfang – jeder zweite oder dritte Band erschlossen; analog wurde verfahren, wenn Sammlungen alphabetisch, chronologisch oder thematisch strukturiert überliefert sind.

14 Gerade Eingaben spielen in der bundesrepublikanischen Geschichtsschreibung – anders als in Bezug auf die DDR – bislang kaum eine Rolle. Von einer »Blindstelle« spricht Michaela Fenske (*Demokratie erschreiben*, S. 28). Vgl. aber jüngst Gotto, der seine Analyse »kollektive[r] Enttäuschung als Reflex gesellschaftlicher Selbstverständigungsprozesse und als historisch kontingente Erscheinungen der politischen Kultur« auch auf Eingaben stützt (*Enttäuschung in der Demokratie*, S. 4.).

15 »Berliner Republik« ist kein unschuldiger Begriff, sondern eine politische Formel, die in der Selbstdarstellung Deutschlands seit 1990 eine zentrale Rolle spielt. Zugleich dient er in der Alltagssprache – und gleichsam in Fortsetzung der »Bonner Republik« – als Bezeichnung für die Gegenwartsepoche. Ich verwende ihn im Folgenden in dieser pragmatischen Bedeutung, stets mit gedachten Anführungszeichen.

16 Sontheimer, *Deutschlands politische Kultur*, S. 9. Das innerdisziplinäre Pendant zu dieser Kritik ist der von Max Kaase erhobene Vorwurf, politische Kulturforschung zu betreiben komme dem Versuch gleich, »einen Pudding an die Wand zu nageln«, vgl. Kaase, »Sinn oder Unsinn des Konzepts Politische Kultur«.

17 Florack, *Kriegsbegründungen*, S. 7; oder als den »Denk-, Handlungs- und Diskursrahmen« nur der politischen Akteure, wie bei Rohe, »Politische Kultur«, S. 1.

18 So die klassische Formulierung nach Glaab/Korte, »Politische Kultur«, S. 642; ferner Pickel/Pickel, *Politische Kultur- und Demokratieforschung*, S. 49–150. Die Wortverbindung stammt jedoch aus dem deutschen Sprachraum (Johann Gottfried Herder, Georg Gottfried Gervinus, Friedrich Wilhelm Foerster und Max Weber kannten und verwandten sie im heute alltagssprachlichen Sinne, etwa wenn Weber von einer »unterentwickelten politischen Kultur« sprach), vgl. Rohe, »Politische Kultur und ihre Analyse«, insb. S. 322 f.; zur Weiterentwicklung innerhalb der Politikwissenschaft Schwelling, »Der kulturelle Blick auf politische Phänomene«, S. 11–32.

19 Mergel, »Kulturgeschichte der Politik«; Frevert u.a. (Hg.), *Neue Politikgeschichte*.

20 Glaab/Korte, »Politische Kultur«, S. 642.

21 Jarausch, »Die Teile als Ganzes erkennen«, S. 10–30; Kleßmann u. a. (Hg.), *Teilung und Integration.*

22 Der von Bösch herausgegebene Band *Geteilte Geschichte* (2015), der sozial- und strukturgeschichtlich akzentuierte Beiträge zur Geschichte zwischen 1970 und 2000 versammelt, ist ein erster Aufschlag in diese Richtung, aber nur einer der zwölf Beiträge widmet sich dezidiert der »Kultur des Politischen«, vgl. Bösch/Gieseke, »Der Wandel des Politischen in Ost und West«. Zu den Arbeiten, die für die hier anvisierte integrierte politische Kulturgeschichte um 1989 im weiteren Sinne einschlägig sind, gehören u. a. Jarausch, *Die Umkehr*; Gassert, *Bewegte Gesellschaft*; Benz, *Auftrag Demokratie*; sowie auch Nolte, *Was ist Demokratie?* (insb. Kap. VII–IX). Vgl. dazu ferner die konzeptionellen Überlegungen in Maubach/Morina, »Einleitung. Historiographiegeschichte als Erfahrungs- und Resonanzgeschichte«, S. 7–31. Aus politikwissenschaftlicher Perspektive vgl. u. a. Sontheimer, *Deutschlands politische Kultur*, sowie ders., *So war Deutschland nie.*

23 Zur Stillstand-Argumentation vgl. Meuschel, *Legitimation und Parteiherrschaft*; Bösch/Gieseke, »Der Wandel des Politischen«, S. 46 f., 49; Wolle, *Die heile Welt der Diktatur*, S. 51 f., 227 ff.; Weber, *Getrennt und doch vereint*, S. 930 ff.

24 Vgl. etwa Gieseke, »Auf der Suche nach der schweigenden Mehrheit Ost«, S. 67; ders., »Das Infratest-DDR-Programm als Projekt und Quelle«; Ansorg u. a. (Hg.), *»Das Land ist still – noch!«*; Wentker, »Die DDR in den Augen des BND (1985–1990)«, S. 328; sowie Suckut, *Volkes Stimmen.*

25 Vgl. die wichtigen Perspektiverweiterungen z. B. in Alexopoulou, *Deutschland und die Migration*; Lierke u. a. (Hg.), *Erinnern stören*; Plamper, *Das neue Wir.*

26 Dazu ausführlich Morina, »Einleitung: 30 Jahre Gegenwart«, S. 7–16. Einen Eindruck vom jüngsten Diskussionsstand vermittelt Kowalczuk, *Die Übernahme.*

27 Vgl. zum Aufstieg des Rechtspopulismus in deutsch-deutscher Perspektive: Frei/Maubach/Morina/Tändler, *Zur rechten Zeit*; sowie Morina, »Geteilte Bilanz«.

28 Morina, »Das Staatsproblem«.

29 Aus der Vielzahl hier relevanter Arbeiten seien exemplarisch genannt: Jarausch, *Die Umkehr*; Wirsching, *Abschied vom Provisorium*; Winkler, *Der lange Weg nach Westen*, Bd. 2; Frei/Maubach/Morina/Tändler, *Zur rechten Zeit*; einen Überblick über den aktuellen demokratiegeschichtlichen Forschungsstand bieten Stokes, »The Protagonists of Democratization in the Federal Republic«; Kruke/Kufferath, »Einleitung: Krisendiagnosen, Meistererzählungen und Alltagspraktiken«; sowie, weiter rückblickend: Müller/Richter, »Einführung: Demokratiegeschichten«.

30 Herbert, *Geschichte Deutschlands*, S. 1252 – auch wenn Herbert in seinem Resümee nicht ausschließen möchte, dass »am Ende die aus dieser glücklichen Entwicklung erwachsenden Gefahren nicht geringer sind als die überwundenen.«

(ebd.); weit weniger skeptisch Wolfrum, *Die geglückte Demokratie*; Gassert, *Bewegte Gesellschaft*; für eine Auseinandersetzung mit dieser Bilanz vgl. z. B. Schanetzky u. a. (Hg.), *Demokratisierung der Deutschen*. Zu Erkenntnissen und Grenzen einer »Erfolgsgeschichts«-Schreibung vgl. jüngst Hertfelder, »Erfolgsgeschichte Bundesrepublik«.

31 Wiederum exemplarisch seien genannt: Mergel, *Propaganda nach Hitler*; Gatzka, *Die Demokratie der Wähler*; Kruke, *Demoskopie in der Bundesrepublik Deutschland*; Payk, *Der Geist der Demokratie*; Daniel, *Beziehungsgeschichten*; Richter u. a. (Hg.), *Frauenwahlrecht*; von Hodenberg, *Das andere Achtundsechzig*; Heinig u. a. (Hg.), *70 Jahre Grundgesetz*.

32 Van Rahden, *Demokratie*; Alexopoulou, *Deutschland und die Migration*.

33 Z. B. Tüffers, *Die 10. Volkskammer der DDR*; Schröter, »Ein ostdeutscher Marsch durch die Institutionen?«; sowie Anne Hesse, »Zwischen Bonn und Bautzen: Die ostdeutschen Abgeordneten des 12. Bundestages und die politisch-kulturellen Transformationsprozesse in der Bundesrepublik (1990–1994)«, laufendes Dissertationsprojekt, Universitäten Mainz/Paris I.

34 Kowalcuk u. a. (Hg.), *(Ost)Deutschlands Weg*. Diese Mischung zeigt auf frappierende Weise sowohl Forschungslücken als auch -perspektiven auf, wie etwa der Rückblick Marianne Birthlers auf die »Ostdeutsche[n] Schulen im Einheitsprozess. Bildungspolitische Erfahrungen aus Brandenburg« verdeutlicht, in: Ebd., Teil I, S. 531–548.

35 Ther, *Die neue Ordnung*, S. 300 ff.

36 Zit. nach Morina, *Deutschland und Europa*, S. 40. Beispielhaft genannt seien: Renner, »Einheitspraktiker«; Müller, *Die Ostkontakte der westdeutschen Gewerkschaften*; Sziedat, *Erwartungen im Umbruch*; Pahlow/Steiner, *Die Carl-Zeiss-Stiftung*; Böick, *Die Treuhand*. Ein guter Überblick über diesen Forschungstrend bietet Böick u. a. (Hg.), *Jahrbuch Deutsche Einheit 2020*.

37 Heinig u. a. (Hg.), *70 Jahre Grundgesetz*; Richter, *Demokratie*; vgl. aber die zum 60-jährigen Grundgesetz-Jubiläum erschienene Studie von Detjen/Detjen/Steinbeis, *Die Deutschen und das Grundgesetz*; ferner dazu Morina, Vom Sinn des Vergeblichen«.

38 Meier, *Entstehung des Begriffs »Demokratie«*, S. 9. Die griechische »Verfassung«, der der Begriff entstammt, »war nicht Sache von Juristen, sondern von Philosophen und Politikern. Sie war weniger gesetzt als beschrieben. Sie stellte keinen bewußt geschaffenen Rahmen dar, sondern welches ihr Rahmen war, mußte jeweils neu bestimmt werden, je nach den (wesentlich vorgegebenen) Verhältnissen.« Ebd., S. 14.

39 Nolte, *Was ist Demokratie?*, S. 16 ff.

40 Runciman, *So endet die Demokratie*, S. 9 f.

41 Lepore, *Diese Wahrheiten*; ferner auch mit Fokus auf demokratischer Institutionen- und Regierungspraxis, Levitsky/Ziblatt, *Wie Demokratien sterben*.

42 Dazu gehören m. E. so unterschiedliche Studien wie Van Rahden, *Demokratie*; Daniel, *Postheroische Demokratiegeschichte*; Richter, *Demokratie*; Osborne, *Of the People*. Zur Unterscheidung von Demokratie und Demokratisierung vgl. Manow, *(Ent-)Demokratisierung*; sowie Haarmann u. a. (Hg.), *Demokratie, Demokratisierung und das Demokratische*.

43 Osborne, *Of the People*, S. 3 [Übers. C. M.]. Am meisten zugespitzt findet sich das in Richters Arbeit, wo es am Ende heißt: »Demokratie ist eine wunderbare und wunderliche Geschichte. Sie ist eine Affäre voller Krisen, aber auch voller Glück und Neuanfang, gerade für die Deutschen. Die Affäre geht weiter. Die Zukunft ist offen, und vermutlich ist sie hell.« Richter, *Demokratie*, S. 326.

44 Ich folge hier dem Sozialdemokraten Erich Gniffke (vorübergehend SED-Mitglied, 1948 in den Westen geflüchtet), der den Begriff in diesem Sinne treffend schon vor der Gründung der DDR verwandte: »›Volksdemokratisch‹ werden mit kommunistischen Kadern neue Parteien gebildet, die jede Art Demokratie, auch eine volksdemokratische, zu einer Farce machen. ›Volksdemokratisch‹ wurde alles zusammengeschoben, angefangen von den Gewerkschaften bis zu dem ›Deutschen Volksrat‹, so dass immer eine kommunistische Mehrheit dabei herauskam.« Zit. nach Schroeder, *Der SED-Staat*, S. 69.

45 Vgl. Glaeser, *Political Epistemics*, S. xv. [Übers. C. M.].

46 Salheiser, »Welche Akzeptanz hat die repräsentative Demokratie«, S. 355.

47 Bezogen auf die Fassung von 1968: 74-mal, wenn man die Namensnennung »Deutsche Demokratische Republik« außer Acht lässt. Dieser »Weg« und der explizite Bezug zur Demokratie standen nicht in der 1949 verabschiedeten Verfassung. Sie wurden erst 1968 hinzugefügt; der nun auf Dauer gestellte Systemkonflikt hatte die Notwendigkeit einer demokratischen Fassade forciert.

48 Sie übertrug damit das »zweckrationale Modell der Produktion auf die Politik«, so treffend Kloth, *Vom »Zettelfalten« zum freien Wählen*, S. 53; auch Schroeder (*SED-Staat*, S. 72) argumentiert, dass die SED Demokratie als »Synonym für die Durchsetzung ihres Machtanspruchs« missbrauchte. Vgl. dazu auch klassisch Meuschel, *Legitimation und Parteiherrschaft*.

49 Lindenberger, *Herrschaft und Eigen-Sinn*, sowie ders., »Ist die DDR ausgeforscht?«, S. 27–32. Vgl. beispielsweise dazu Palmowski, *Die Erfindung der sozialistischen Nation*, und Port, *Die rätselhafte Stabilität der DDR*, sowie die breitere gesellschaftsgeschichtliche Perspektiven entfaltenden Darstellungen von Fulbrook, *Ein ganz normales Leben*, und Wolle, *Die DDR*.

50 Im Blick auf eine transnationale politische Kulturgeschichte des Staatssozialismus lässt sich mein Ansatz gut mit neueren, der subjektiven Dimension des Politischen gewidmeten Forschungen in Bezug auf die sowjetische Gesellschaft verbinden. Vgl. etwa Tikhomirov, »Das ›Vertrauen der Partei‹ verdienen«; Velikanova, *Mass Political Culture under Stalinism*.

51 Lindenberger, »Der lange Sommer einer kurzen Demokratie«.

1 Staat, Bürger, Sein: Was heißt es, Staatsbürger/-in zu sein?

1 Zit. nach Hettling, »Bürger/Bürgerlichkeit«, S. 124.

2 Wann immer im Folgenden aus Gründen des Erzählflusses das generische Maskulinum verwendet wird, sind darin stets auch weibliche und diverse Personen eingeschlossen.

3 Es wurde immer wieder und wird gerade jüngst deutlicher denn je in Zweifel gezogen, vgl. dazu die Debatte um Neitzels Buch *Deutsche Krieger* (Berlin 2020), v. a. Conze, »Rezension zu: Neitzel, Sönke: *Deutsche Krieger*«.

4 Akademie der Pädagogischen Wissenschaften der DDR, Überzeugungsbildung im Staatsbürgerkundeunterricht: pädagogisch-psychologische Probleme der Überzeugungsbildung im Staatsbürgerkundeunterricht der Klassen 7 und 8, Berlin (Ost), 1971.

5 Orwell, »Literatur und Totalitarismus«, S. 295.

6 Aus den »Unterrichtshilfen Staatsbürgerkunde« der Klassen 7 & 8 des Volksbildungsministeriums (1983, 1985), zit. nach Grammes u. a. (Hg.), *Staatsbürgerkunde in der DDR*, S. 436.

7 Bösch, *Zeitenwende 1979*; Doering-Manteuffel u. a. (Hg.), *Vorgeschichte der Gegenwart.*

8 Palmowski, »Arisen from Ruins«; Müller, *Verfassungspatriotismus*; Thym, »Verfassungspatriotismus«, S. 185–188.

9 Riedel, »Bürger, Staatsbürger, Bürgertum«, S. 685 f.; auch Hettling, »Bürger/Bürgerlichkeit«, S. 126, betont die nichtsemantische und politisch-kulturelle Besonderheit des deutschen Bürgerbegriffs. Das hatte weitreichende Konsequenzen. So hat etwa Canning betont, dass »die Kataloge an partizipatorischen Rechten und Ansprüchen, die der englische Begriff *citizenship* im Allgemeinen bezeichnet«, weder im Konzept der *Staatsbürgerschaft* noch der *Staatsangehörigkeit* eine zentrale Rolle spielen. Canning, »Between Crisis and Order«, S. 216 [Übers. C. M.].

10 Riedel, »Bürger, Staatsbürger, Bürgertum«, S. 690, 700, 706, 712 f., 721; ferner dazu auch Hettling, »Bürger/Bürgerlichkeit«. Vergleichende Überblicke zu diesem Thema weit über die Begriffsgeschichte hinaus bieten Eley u. a. (Hg.), *Citizenship and National Identity*; Gosewinkel, *Schutz und Freiheit?*

11 Riedel, »Bürger, Staatsbürger, Bürgertum«, S. 724.

12 Klassisch, aber noch immer ebenso umfassend wie anregend dazu: Sontheimer, *Deutschlands politische Kultur*; Habermas, *Die Normalität*; vgl. ferner zur Nachkriegszeit Zepp, »Die Neuerfindung der Nation«, sowie deutsch-deutsch vergleichend für die Zeit seit 1980 Bösch/Gieseke, »Der Wandel des Politischen«.

13 Hesselberger, *Das Grundgesetz*, S. 225.

14 Vgl. Hoffmann/Henneke, Schmidt-Bleibtreu, *Grundgesetz GG Kommentar*, S. 91 [Hervorheb. C. M.], sowie die dort aufgeführten Literaturverweise mit

diesbezüglichen Hinweisen zur Entstehungsgeschichte und rechtsdogmatischen Begründungen (v. a. Rdn. 6).

15 Riedel, »Bürger, Staatsbürger, Bürgertum«, S. 685.

16 Herbert, *Geschichte Deutschlands*; Jarausch, *Die Umkehr*; Schanetzky u. a. (Hg.), *Demokratisierung der Deutschen*; Morina, »Geteilte Bilanz«.

17 Bonanni, »Neues zur sozialistischen DDR-Verfassung«, S. 191.

18 Die Formulierung »Gegenentwurf« stammt aus einem Urteil des Bundesverfassungsgerichts aus dem Jahre 2009, das die Einschränkung der in Art. 5 Abs. 1 GG garantierten Meinungsfreiheit im Ausnahmefall rechtfertigte, wenn diese zur »propagandistischen Gutheißung des nationalsozialistischen Regimes in den Jahren zwischen 1933 und 1945« gebraucht werde und Wirkungen entfalten könnte, »die über die allgemeinen Spannungslagen des öffentlichen Meinungskampfes weit hinausgehen«. Vgl. BVerfG, Beschluss des Ersten Senats vom 4. November 2009, 1 BvR 2150/08, Rn. 1–110, S. 64–66, http://www.bverfg.de/e/rs20091104_1bvr215008.html. Zum Vergleich DDR-Verfassung und Grundgesetz: Wissenschaftliche Dienste des Deutschen Bundestages, Ausarbeitung Fragen zur DDR-Verfassung im Vergleich mit dem Grundgesetz, Berlin, 2009, S. 8 f., https://www.bundestag.de/resource/blob/422898/cd5058f62cb62fd679b49ff115b5fc51/wd-3-151-09-pdf-data.pdf

19 Fulbrook, *Ein ganz normales Leben*.

20 Zit. nach Stolleis, *Geschichte des öffentlichen Rechts*, S. 98.

21 Poppe, »Unrecht, Recht und Gerechtigkeit«, S. 83.

22 Moschütz/Rudolf, *Die verfassungsrechtlich fixierten Grundrechte*, S. 1 f., 19, 22, 25, 28 [Hervorheb. C. M.]. Diese 55 Prozent sind bemerkenswert und sprechen für die relative Validität der Studie; vgl. zur Einordnung der Einstellungsforschung in der DDR: Brislinger/Hausstein/Riedel, »Sozialwissenschaftliche Daten aus der DDR«. 91 Prozent der Schülerinnen und Schüler kannten die DDR-Verfassung aus dem Staatsbürgerkundeunterricht.

23 BStU, MfS, HAXX 12886, Bl. 54 (11.1.1989).

24 Eintrag »sozialistische Demokratie«, in: Schütz (Hg.), *Kleines politisches Wörterbuch*, S. 591. Dieses Wörterbuch erschien zwischen 1967 und 1989 in acht Auflagen in der DDR, um einen »großen Benutzerkreis rasch und zuverlässig über die vielfältigen Begriffe [zu] informieren«. Ebd., S. 5.

25 Gibas, *Propaganda in der DDR*, S. 64.

26 »Sozialistische Staatsbürgerschaft förderte zwar ein lokales Zusammengehörigkeits- und Gemeinschaftsgefühl, aber generell betrachtet nicht die Identifikation der Bürger mit dem Staat.« Vgl. Eley/Palmowski, »Citizenship and National Identity«, S. 10 [Übers. C. M.]; sowie Palmowski, »Citizenship, Identity, and Community«, und ders., *Die Erfindung der sozialistischen Nation*.

27 Noelle-Neumman u. a. (Hg.), *Allensbacher Jahrbuch*, Bd. 9, S. 476. Das änderte sich zwar im Laufe des Volkskammerwahlkampfes, doch selbst danach lehnten

noch immer fast die Hälfte der Befragten die Aussage ab. Eine andere Umfrage zur selben Zeit ergab, dass 60 Prozent der DDR-Bürger überzeugt waren, »das Unglück der DDR sei nicht der Sozialismus, sondern die unfähigen Politiker« (ebd., S. 689).

28 Ebd., S. 687–689. 43 Prozent sorgten sich zu diesem Zeitpunkt, dass diese Identität mit der Vereinigung verloren gehen könnte; 47 Prozent befürchteten dies nicht.

29 »40 Jahre Grundgesetz der Bundesrepublik Deutschland – Rede von Bundespräsident Richard von Weizsäcker bei einem Staatsakt in der Beethovenhalle in Bonn«, 24.5.1989, https://www.bundespraesident.de/SharedDocs/Reden/DE/Richard-von-Weizsaecker/Reden/1989/05/19890524_Rede.html

30 Hans Schueler, »Die erste Republik von Dauer«, in: *DIE ZEIT*, Nr. 21, 19.5.1989, S. 1.

31 Herbert, *Geschichte Deutschlands*, S. 1252.

32 Zepp, »Die Neuerfindung der Nation«, S. 171; ferner Frei/Maubach/Morina/Tändler, *Zur rechten Zeit*; Schanetzky u. a. (Hg.), *Demokratisierung der Deutschen*.

33 Sternberger, »Verfassungspatriotismus« (1979), S. 13–16; ders., »Verfassungspatriotismus« (1982), S. 17.

34 Habermas, »Eine Art Schadensabwicklung«, S. 75.

35 Müller, *Verfassungspatriotismus*, S. 35.

36 Schildt, *Deutsche Kulturgeschichte*, S. 429 f.

37 Wirsching, *Abschied vom Provisorium*, S. 394; vgl. ferner zur Protestgeschichte Gassert, *Bewegte Gesellschaft*.

38 Die von Weber angeführte »große Resonanz« des Begriffs »Verfassungspatriotismus«, die zeige, dass die Bundesrepublik Ende der 1970er Jahre »auf dem Weg zur Selbstanerkennung als Staatsnation weit vorangeschritten war«, ist bislang nicht mehr als eine These, deren eingehendere historiografische Untersuchung noch aussteht. Vgl. Weber, *Getrennt und doch vereint*, S. 525.

39 So hat es beispielsweise der Historiker Imanuel Geiss im Oktober 1986 im Kontext des Historikerstreits in einem im *SPIEGEL* abgedruckten Leserbrief formuliert, zit. nach: Augstein (Hg.), »Historikerstreit«, S. 221.

40 Noelle-Neumann u. a. (Hg.), *Allensbacher Jahrbuch*, Bd. 9, S. 564. Zustimmung (zur Aussage »Brauchen kein neues«) West 1989: 65 Prozent, 1991: 59 Prozent; die ostdeutschen Einstellungen wurden nur 1991 abgefragt (18 Prozent).

41 Müller, *Verfassungspatriotismus*, S. 31–33. Vgl. dazu weiterführend: Möllers, *Staat als Argument*; zur Demokratie als »Lebensform« vgl. Rahden, *Demokratie*; als Versuch einer Aktualisierung dieser Ideengeschichte vgl. Hacke, *Die Bundesrepublik als Idee* – ein Essay, in dem die im vereinten Deutschland

weiterlebende »Bonner Republik« als beispielhaft zwischen »Nüchternheit und Vitalität« changierende Demokratieidee gewürdigt wird.

42 Vorländer/Brodocz, »Das Vertrauen in das Bundesverfassungsgericht«.

43 Fenske, *Demokratie erschreiben*, S. 10, 31. Vgl. als weitere Pionierarbeit Gotto, *Enttäuschung in der Demokratie*. Zum Forschungsstand und zur »Blindstelle« in Bezug auf das politische Briefeschreiben vgl. Fenske, *Demokratie erschreiben*, S. 26–32, Zitat S. 28.

44 Vgl. z. B. Mühlberg, *Bürger, Bitten und Behörden*.

45 Für die Analyse wurden aus dem Bestand BA, B122 (Bundespräsidialamt) u. a. Eingaben zu folgenden thematischen Schwerpunkten ausgewertet: 30-jähriges Bestehen der BRD, 30 Jahre Grundgesetz, Wiedervereinigung Eingaben 1983–84, Wahl des deutschen Bundestages 1979–80, Neuwahl des deutschen Bundestages 1983, Information der Ständigen Vertretung der BRD in der DDR zu neuem Geschichtsbewußtsein in der DDR (August 1981); Bürgerinitiativen zur Hilfe von DDR-Übersiedlern, 1979–84, Eingaben zur Sorge um Frieden, 1983, Eingaben zur Ausländerdiskussion, 1982–85. Die Akten sind nicht paginiert, daher gebe ich, sofern ersichtlich, jeweils das Datum des zitierten Schreibens an.

46 BA, B122/23883 Eingaben zur Ausländerdiskussion, A–E, 1982–85.

47 Eine Auswahl aus etwa 500 Briefen, 160 davon aus den 1980er Jahren, sind veröffentlicht in Suckut, *Volkes Stimmen*. Allein eine auf die 1980er Jahre fokussierte Bestandsrecherche zu Briefen und Eingaben beim BStU ergibt knapp 2100 Akten-Signaturen (davon 991 aus der HA XX, der laut MfS-Aufgabenbeschreibung die Überwachung von »Staatsapparat, Blockparteien, Kirchen, Kultur, ›politischer Untergrund‹« oblag) aus mehr als drei Dutzend Diensteinheiten des MfS. Ich habe auch diese stichprobenartig ausgewertet. Ich danke Nina Ziesemer (BStU) für ihre kundige Unterstützung im Umgang mit dieser großen Menge an potenziell relevantem Archivmaterial.

48 Suckut, *Volkes Stimmen*, S. 270.

49 Ebd., S. 16 f.

50 Vgl. Eley/Palmowski, »Citizenship and National Identity«, S. 7 [Übers. C. M.]. Caldwell hat vier historische Bedeutungsebenen von Staatsbürgerschaft identifiziert: »Zugehörigkeit eines Individuums zu einem Staat, das objektive Set von Rechten, das einem Staatsbürger in einem Staat zukommt, die subjektive Wahrnehmung dieser Rechtsansprüche durch einen Staatsbürger oder eine Staatsbürgerin sowie ein subjektives Identifikationsgefühl mit einem bestimmten Staat oder einer bestimmten Gemeinschaft.« Für unseren Zusammenhang sind v. a. die beiden letzteren Bedeutungsebenen relevant. Vgl. Caldwell, »Culture, belonging, and the law«, S. 41 [Übers. C. M.].

51 BA, B122/26482, 21.2.1980. Die Bürgerpost wurde seitens des Bundespräsidialamts beziehungsweise des Bundesarchivs nicht paginiert, die Briefe sind i. d. R. alphabetisch nach Nachnamen der Absender sortiert. Da ich diese

jedoch anonym verwende und damit die zitierten Stellen auch ohne Namensnennung leicht auffindbar sind, gebe ich im Folgenden das Datum des Briefes an. Vgl. zur Methode auch die Hinweise in der Einleitung zu diesem Buch (einschließlich Fußnote 13).

52 Mergel, *Propaganda nach Hitler*, S. 304.

53 BA, B122/26482, 31.7.1980, 27.5.1980.

54 BA, B122/26482, 27.10.1980.

55 Vgl. Eley/Palmowski, »Citizenship and National Identity«, S. 7.

56 BA, B122/26482, 16.9.1980.

57 BA, B122/26482, 18.10.1980. Anfang Dezember 1980 erhielt der Kapitän eine ausführliche, über fünf Seiten lange Antwort aus dem Innenministerium: Die derzeitige Gesetzeslage sei ausreichend, es müsste in der Praxis nur darauf geachtet werden, dass nicht »unnötig Zeit ›verschenkt‹ und mehr Eigeninitiative entfaltet« werde. Ebd., 3.12.1980.

58 BA, B122/26482, 27.10.1980, 11.9.1980.

59 BA, B122/26482, 27.10.1980, 29.6.1980.

60 BA, B122/26842, 28.9.1980, 18.10.1980; BA, B122/32316. Zur ungültigen Stimmenthaltung vgl. auch den Offenen Brief zweier »Jungwähler« in: BA, B122/26842, 12.9.1980 (»Wir werden an dieser Bundestagswahl zwar teilnehmen, aber unsere Stimme den Kandidaten verweigern. Unsere politische Meinung wird damit am 5. Oktober [1980] für ungültig erklärt und als politisches Desinteresse und Unvermögen abgetan werden.«).

61 BA, B122/26482, 29.9.1980.

62 BA, B122/26482, 15.9.1980.

63 BA, B122/26482, 23.5.1980, 10.9.1980, 16.10.1980, 18.9.1980.

64 Gatzka, *Demokratie der Wähler*, S. 31.

65 BA, B122/26482, 24.5.1980.

66 BA, B122/26482, 3.9.1980.

67 Plamper, *Das neue Wir*, S. 113 f.

68 BA, B122/23883, 4.6.1982, 23.6.1980, weitere Briefe u.a. vom 3.6., 18.1., 4.6., 11.6.1982. Eigentlich erwog man, da es sich hier »offenbar um eine gesteuerte Aktion« handelte, auf eine Beantwortung zu verzichten, Ministerialrat Dr. Wemmer schlug jedoch vor, gleichlautende Antwortbriefe mit diesem Inhalt zu versenden. Vgl. ebd., 9.6.1982.

69 Poutrus, *Umkämpftes Asyl*, S. 90; Herbert, *Geschichte der Ausländerpolitik*, S. 265.

70 Es gab mitunter aber auch Deutsche, die für diese Belange eintraten. Hier sei exemplarisch auf den Brief einer Flensburgerin verwiesen, die sich für einen besseren Schulunterricht für Kinder aus migrantischen Familien und die Beschäftigung türkischsprachiger Lehrer einsetzte. Schließlich »sind es ja auch die Steuergelder der türkischen Mitbürger, aus denen Lehrplanstellen finanziert

werden.« Nach Aktenlage war der Einsatz offenbar erfolgreich, die Lehrer wurden in der Tat weiterbeschäftigt (das BPA hatte vor seiner Rückantwort die Stellungnahme der schleswig-holsteinischen Landesregierung eingeholt). BA, B122/23880, 20.10., 27.9.1983.

71 BA, B122/26482, 15.9.1980.

72 Darauf verwies das Bundespräsidialamt immer wieder in seinen diesbezüglichen Antwortschreiben, vgl. die überlieferte Korrespondenz im Bestand BA, B122/38158, z. B. 25.2.1983. Kohl war nach dem Ende der sozialliberalen Koalition über ein erfolgreiches konstruktives Misstrauensvotum am 1. Oktober 1982 zum Bundeskanzler gewählt worden. Da es Zweifel an der Legitimität seiner Regierung gab, führte er über eine fingierte Vertrauensfrage Neuwahlen herbei. Vgl. dazu im Detail Zimmermann, »Stimmen aus dem Volk«.

73 BA, B122/38158, 29.11.1982.

74 BA, B122/38158, 28.12.1982, 15.1.1983, 20.12.1982, 2.1.1983, 3.1.1983, 5.1.1983.

75 BA, B122/38158, 2.12.1982.

76 BA, B122/26482, 29.9.1980.

77 BA, B122/26482, 23.9.1980.

78 BA, B122/26482, 8.9.1980; weitere Beispiele u. a. in: BA, B122/23807.

79 BA, B122/26482, 21.5.1980.

80 BA, B122/26482, 21.5.1980, sowie BA, B122/23864, 30.1.1983. Zur Vorstellung des Bundespräsidenten als »Hüter der Politik« in historischer Sicht und insbesondere Carstens' Selbstverständnis als »unpolitisch« vgl. Kies, »Hüter der Politik«, S. 473 f.

81 BA, B122/26482, z. B. 1.7., 24.5., 30.8., 10.9., 21.9.1980.

82 BA, B122/26482, 22.9., 24.5., 30.9., 25.10.1980.

83 BA, B122/26482, 23.9.1980; BA, B122/38158, 12.1.1983; BA, B122/27111, 15.3.1984.

84 BStU, MfS, HA XX, 12286, Bl. 280 (2.4.1989).

85 BStU, MfS, HA XX 13962, Bl. 9 [Hervorheb. i. O.].

86 BStU, MfS, BVfS Potsdam AKG 402, Bl. 10. Zum Menschenrechtsdiskurs in der DDR vgl. Richardson-Little, *The Human Rights Dictatorship*.

87 Eintrag »Bürger«, in: Schütz (Hg.), *Kleines politisches Wörterbuch*, S. 110.

88 Ebd.

89 Sabrow, »Der Konkurs der Konsensdiktatur«, S. 90.

90 Eintrag »Deutsche Demokratische Republik«, in: Schütz (Hg.), *Kleines politisches Wörterbuch*, S. 130 [Hervorheb. C. M.].

91 Vgl. Sabrow, »Der Konkurs der Konsensdiktatur«, S. 90.

92 Eintrag »Deutsche Demokratische Republik«, in: Schütz (Hg.), *Kleines politisches Wörterbuch*, S. 130; »Menschheit« zit. nach Schulbuch *Staatsbürgerkunde 7*, hg. von einem Autorenkollektiv unter Leitung von Heinz Hümmler, Akademie der Gesellschaftswissenschaften beim ZK der SED, Ost-Berlin, 6. Aufl., 1983, S. 10.

93 Gieseke, *Die Stasi*, S. 183; insgesamt verließen vor 1961 drei Millionen Menschen und zwischen 1961 und 1989 nochmals 650 000 Menschen die DDR (ebd., S. 182). Vgl. Hürtgen, *Ausreise per Antrag*; sowie zur SED-Auswanderungspolitik, insb. den Versuchen, die Antragsflut über »individuelles Zureden in den Griff zu bekommen«, Klabunde, *Einzelpersuasion*, S. 812.

94 BStU, MfS, HA XX 2498, Bl. 11 f.

95 Vgl. etwa das Foto von picture-alliance/epd/Bernd Bohm von der Kundgebung vor der Dresdner Kreuzkirche am 13. Februar 1988 anlässlich des Jahrestages der Bombardierung der Stadt im Zweiten Weltkrieg, https://revolution89.de/aufbruch/verhaftungen-und-ausweisungen/der-protest-geht-weiter

96 BStU, MfS, HA XX 12288, Bl. 171–176. Die Stasi kategorisierte diese Art Zuschriften bzw. Absender als »Ausreiser« (Bl. 172). Weitere Beispiele für menschenrechtliche Argumentationen finden sich in ebd., Bl. 6–10; BStU, MfS, HA XX 12886, Bl. 45; BStU, MfS, HA IX 17406, Bl. 176–179; BStU, MfS, HA XX/4 2732, Bl. 20–22, sowie in Suckut, *Volkes Stimmen*.

97 BStU, MfS, HA XX 12284, Bl. 233. Der Leserbrief war eine Reaktion auf den Artikel »Vertrauen, Vernunft, und gemeinsame Verantwortung« von Karin Retzlaff, *Junge Welt*, 31.3.1987.

98 BStU, MfS, HA KuSch 33211, Bl. 1 (29.9.1989).

99 Suckut, *Volkes Stimmen*, S. 241 (Aug. 1978); diese schlossen hier – nach dem Zugang zu bestimmten Waren und Konsumgütern kategorisiert und passend zum »Konsumsozialismus« der Ära Honecker – »arme Leute, Sozialrentner, Kleinverdiener«, »einfache Normalbürger und Normalverbraucher«, »Neureiche, Emporkömmlinge und Bürger, die vergessen haben, dass auch sie einmal arme Leute und Proleten usw. waren«, »Hohe Partei- und Staatsfunktionäre« sowie »Bürger und Funktionäre mit sehr guten Beziehungen und besten Verbindungen zu den Menschen im anderen Teil Deutschlands« ein. Ebd., S. 241 f.

100 BStU, MfS, HA XX 12286, Bl. 280 (2.4.1989). Weitere Beispiele in BStU, MfS, HA XX 12284, Bl. 28, 83, 295–297, BStU, MfS, HA IX 17406, Bl. 176–179, BStU, MfS, HA XX 12886, Bl. 45, 64–66, 88, BStU, MfS, HA XX 12454, Bl. 105–108, BStU, MfS, BV Bln Abt XX 3203, 82 f.

101 BStU, MfS, HA XX 12886, Bl. 88, wahrscheinlich Sommer 1989, weil hier mit dem »Räuber«-Argument (»Im Westen mögen Räuber wohnen […]«) wohl auf eine Rede angespielt wurde, in der Erich Honecker am 19.1.1989 die Mauer mit dem Satz verteidigt hatte: »Das ist schon erforderlich, um unsere Republik vor Räubern zu schützen, ganz zu schweigen von denen, die gern bereit sind, Stabilität und Frieden in Europa zu stören.« Zit. nach Malycha, *Die SED in der Ära Honecker*, S. 377. Vgl. ähnlich BStU, MfS, HA XX 12886, Bl. 69.

102 BStU, MfS, HA XX 12286, Bl. 186–188 (2.7.1989).

103 BStU, MfS, HA KuSch 33211, Bl. 12–14 (28.10.1989).
104 Wolle, *Die heile Welt der Diktatur*, S. 107–116.
105 BStU, MfS, HA IX 17406, Bl. 152 (12.5.1989).
106 Kleßmann, *Arbeiter im »Arbeiterstaat«*, S. 774. Vgl. dazu auch Engler, *Die Ostdeutschen*, S. 173–208.
107 Suckut, *Volkes Stimmen*, S. 262 (Juli 1979).
108 BStU, MfS, HA XX 12454, Bl. 178 (10.6.1984).
109 Suckut, *Volkes Stimmen*, S. 283 (11.6.1980).
110 Kleßmann, *Arbeiter im »Arbeiterstaat«*, S. 775.
111 Vgl. zum unterschiedlichen Reformmodus in ost- und westdeutschen Bürgerbriefen (konfrontativ vs. dialogisch), Morina, »Geteilte Bilanz«, S. 152 f.
112 BStU, MfS, HA XX 2498, Bl. 43 f.
113 Suckut, *Volkes Stimmen*, S. 301–319, Fn. 480.
114 Ebd., S. 301 f.
115 Vgl. dazu und zu den katastrophalen wirtschaftlichen Folgen dieses Programms, Malycha, *Die SED in der Ära Honecker*, S. 177–256.
116 Suckut, *Volkes Stimmen*, S. 304, 307, 309, 311 f., 319.
117 BStU, MfS, HA KuSch 33211, Bl. 32–34; ähnlich ebd., Bl. 63–65.
118 BStU, MfS, HA KuSch 33211, Bl. 12–14 [Hervorheb. i. O.].
119 Suckut, *Volkes Stimmen*, S. 455 f. (Oktober 1989).
120 BStU, MfS, HA XX 12454, Bl. 238.
121 BStU, MfS, HA IX 17406, Bl. 176–179 (10.5.1989).
122 Ebd., Bl. 179.
123 BStU, MfS, HA XX 12284, Bl. 295.
124 BStU, MfS, HA XX 12886, Bl. 50.
125 Suckut, *Volkes Stimmen*, S. 416–423.
126 *Neues Deutschland*, 13.8.1986, S. 1.
127 BStU, MfS, BV Bln XX 5598, Bl. 136–141. Das Schreiben wurde von der Polizei zur strafrechtlichen Prüfung an die BV Berlin weitergeleitet, laut Aktennotiz (Bl. 141) beschloss man: »Ablage ohne Antwort«.
128 BStU, MfS, BV Bln Abt. XX 3203, Bl. 77 [Hervorheb. C. M., im Original sind sämtliche Umlaute ausgeschrieben].
129 In einer später dem MfS übergebenen Eingabe an die Generalstaatsanwaltschaft Berlin zum Thema Wahlfälschung (Mai 1989) heißt es, die Ursache für »Abscheu, Widerwillen und oftmals sogar Haß gegen diesen Staat DDR« und dafür, »daß wir unsere Illusion gegenüber dem Sozialismus und dem Staat DDR durch Erkenntnis und Erfahrung der realen Wirklichkeit ersetzen mußten, ist die uns zuteil gewordene Rechtswillkür, die Mißachtung unserer Persönlichkeit durch die Verweigerung und Mißachtung unserer grundlegenden Menschenrechte insbesondere unser Recht auf Freiheit, seitens der staatlichen Machtorgane«. In: BStU, MfS, HA IX 17406, Bl. 176 f.

130 Die Eingabe eines Mitarbeiters einer kleinen Vereinszeitung, deren Abonnenten immer mal wieder diese Frage stellten, an Bundespräsident Karl Carstens und die Antwort des BJM vom 16.12.1987 sind überliefert in: BA, B122/32518 »Genaue Uhrzeit der Gründung der BRD«.

131 Müller, *Verfassungspatriotismus*, S. 45.

132 Gassert, *Bewegte Gesellschaft*, verwendet den Begriff vorrangig für die (alte) Bundesrepublik und nur für die Oppositionsbewegung und die Zeit ab 1989 auch in Bezug auf Ostdeutschland.

2 Zweierlei Demokratie: Land der zwei Republiken

1 Schanetzky u. a (Hg.), *Demokratisierung der Deutschen*. Zur historiografischen Einordnung vgl. Kruke/Kufferath, »Einleitung: Krisendiagnosen, Meistererzählungen und Alltagspraktiken«. Zur »Doppelperspektive« vgl. etwa Kleßmann u. a. (Hg.), *Teilung und Integration*; Wengst u. a. (Hg.), *Das doppelte Deutschland*.

2 Vgl. dazu Port, »The Banalities of East German Historiography«; Fulbrook, *Ein ganz normales Leben*.

3 Von Beyme, »Demokratie«, Sp. 1149; Conze/Koselleck/Maier, »Demokratie«, S. 869–873.

4 Vgl. Conze/Koselleck/Maier, »Demokratie«, S. 864, 873. Vgl. zum Faschismus als »Beteiligungsdiktatur« bzw. »*authoritarian democracies*« Reichardt, »Faschistische Beteiligungsdiktaturen«; zur Mobilisierungsmacht und -gewalt im Kommunismus, u. a. Koenen, *Die Farbe Rot*; mit Fokus DDR, Fulbrook, *Ein ganz normales Leben*.

5 Conze/Koselleck/Maier, »Demokratie«, S. 897.

6 Eley, *Forging Democracy*.

7 Vgl. von Beyme, »Demokratie«, Sp. 1139–1150; Conze/Koselleck/Maier, »Demokratie«, S. 889–891.

8 Sachs (Hg.), *Grundgesetz. Kommentar*, S. 778 f. Der »maßgebliche Kern des Demokratieprinzips besteht darin, dass das Volk Träger der Staatsgewalt ist und sie selbst ausübt; Entscheidungen müssen von der Mehrheit des Staatsvolkes frei und gleich getroffen werden. Fixierungen auf spezifische Verwirklichungsformen lässt das Demokratieprinzip als solches nicht zu; so bleibt es für verschiedenste Reformbestrebungen offen«. Ebd., S. 778.

9 Feldkamp, *Der Parlamentarische Rat*, S. 59.

10 Zit. nach ebd., S. 161.

11 Ebenda, S. 198.

12 Zit. nach ebd., S. 195. In den im Juli 1948 von den Westalliierten den Ministerpräsidenten überreichten »Frankfurter Dokumenten« wurde diese Anlage bereits deutlich. Man solle »eine demokratische Verfassung ausarbeiten,

die […] eine Regierungsform des föderalistischen Typs schafft, die am besten geeignet ist, die gegenwärtige zerrissene deutsche Einheit schließlich wieder herzustellen, und die Rechte der beteiligten Länder schützt, eine angemessene Zentralinstanz […] schafft und die Garantien der individuellen Rechte und Freiheiten enthält«. Zit. nach ebd., S. 21. Feldkamp betont – und so wurde es auch vom Parlamentarischen Rat gesehen –, dass hier keine politische Ordnung oktroyiert wurde, sondern im Rat »völlig frei und völlig selbständig« (Adenauer) ausgearbeitet werden konnte. Sämtliche innerdeutschen Verfassungsüberlegungen, die es bei Kriegsende gab, avisierten eingedenk der Weimarer Erfahrungen einen »demokratischen Staat«, in dem die »wichtigsten Verfassungsorgane durch eine verstärkte Beteiligung der Länder« oder eine andere geeignete Instanz kontrolliert werden sollten. Ebd., S. 159, 17. Zu den Ländern als »Kontinuitätsbrücken« in die bundesrepublikanische Nachkriegsgeschichte vgl. Langewiesche, *Vom vielstaatlichen Reich zum föderativen Bundesstaat*, S. 5–22, 103.

13 Conway, *Western Europe's Democratic Age*.

14 Herf, »›Hegelianische Momente‹«; Erler (Hg.), *»Nach Hitler kommen wir«*. Vgl. klassisch die Darstellung dieser Sicht z. B. in Badstübner u. a. (Hg.), *Die antifaschistisch-demokratische Umwälzung*.

15 Ulbricht, *Die Legende vom »deutschen Sozialismus«*, S. 91.

16 Furet, *Das Ende der Illusion*, S. 465.

17 Ulbricht, *Die Legende vom »deutschen Sozialismus«*, S. 91.

18 Zit. nach Amos, *Die Entstehung der Verfassung*, S. 24. Vgl. ferner dazu Epstein, *The last revolutionaries*.

19 Jarausch, »The Failure of East German Antifascism«, S. 213 [Übers. C. M.]. Vgl. ferner dazu Furet, *Das Ende der Illusion*, insb. Kap. 10.

20 Morina, *Legacies of Stalingrad*, S. 25–44; Fulbrook, *Ein ganz normales Leben*, S. 40–50. Die SED erhielt in den relativ freien Wahlen vom September 1946 (relativ, weil die Ausgangspositionen und Wahlkampfbedingungen der antretenden Parteien höchst verschieden waren) 57 Prozent der Stimmen.

21 Vgl. Amos, *Die Entstehung der Verfassung in der Sowjetischen Besatzungszone*, S. 49, 40 f.

22 Walter Ulbricht in einem Schreiben an die SMAD-Vertreter Wassili D. Sokolow, Sergei I. Tjulpanow und Fjodor J. Bokow, 11. September 1946. Otto Grotewohl, der als ehemaliger Sozialdemokrat ab November 1946 die Verfassungskommission der SED leitete, formulierte es in der ersten Sitzung des Gremiums noch plastischer: Ziel sei es, »die kommende Verfassungsdebatte so [aufzuzäumen], daß wir [mit unserem Verfassungsentwurf] die übrigen Teile Deutschlands zwingen, sich mit unseren Gedankengängen zu beschäftigen«. Beides zit. nach Amos, *Die Entstehung der Verfassung in der Sowjetischen Besatzungszone*, S. 54, 62 f.

23 Ulbricht an das SED-Zentralsekretariat, 29. August 1946, zit. nach ebd., S. 55.

24 Leonhard, *Die Revolution entläßt ihre Kinder*, S. 440.

25 Ulbricht, *Die Legende vom »deutschen Sozialismus«*, S. 91.

26 Die Idee eines Volksstaates war die zentrale Prämisse in den verfassungstheoretischen Überlegungen der SED. In den im August 1948 von der Führung erlassenen »Richtlinien für die Verfassung der deutschen demokratischen Republik« wird unter den »Grundlagen der Staatsgewalt« zuvorderst »Deutschland als Volksstaat« festgeschrieben. Zit. nach Amos, *Die Entstehung der Verfassung in der Sowjetischen Besatzungszone*, S. 406. Zum Volksstaat (als Gegenbegriff zu Obrigkeitsstaat) vgl. Bruendel, *Volksgemeinschaft oder Volksstaat*, S. 104–110. In der sozialdemokratischen (und damit bis 1917 auch kommunistischen) Ideengeschichte galten Staat und Volk als identisch. »Als *Staat* des Volkes symbolisierte der Begriff die nationale Einheit und als Staat *des Volkes* die Volksfreiheit im Sinne einer Selbstregierung des Volkes.« Ebd., S. 106 [Hervorheb. i. O.].

27 Furet, *Das Ende der Illusion*, S. 473.

28 Zit. nach Feldkamp, *Der Parlamentarische Rat*, S. 190.

29 Ebd., S. 104, 195; Merker zit. nach Amos, *Die Entstehung der Verfassung in der Sowjetischen Besatzungszone*, S. 20.

30 Fetscher, *Karl Marx und der Marxismus*, S. 193. Fetscher schreibt in Bezug auf den »Sowjetmarxismus«, der als politische Ordnungsvorstellung auch den SED-Staat formte: Die »demokratische Fiktion« begreife das »Gesetz als ›Ausdruck des Volkswillens‹ […]. Eine Fiktion, sage ich, weil der wesenhafte und richtige Wille des Volkes hier […] als eine feste vorauszusetzende Größe angesehen wird. Wie die Arbeiterklasse den Willen des werktätigen Volkes, so repräsentiert noch einmal die Partei denjenigen der Arbeiterklasse. Aber auch innerhalb der Partei wird der elitären Führung eine wissenschaftliche Kenntnis des wahren Willens von Partei, Arbeiterklasse und werktätigem Volk unterstellt, so daß auch dann noch die Gesetzgebung als ›demokratisch‹ hingestellt werden kann, wenn sie von kleinsten, unkontrollierbaren Führungsgremien in Partei und Staat ausgeht, deren Entscheidungen der Parteikongreß und der Oberste Sowjet lediglich von Fall zu Fall akklamieren darf.« (Ebd.)

31 Gerd Poppe, Rede zur Vorstellung des Verfassungsentwurfs am Runden Tisch, 4. April 1990, zit. nach Thaysen, *Der Runde Tisch*, S. 146 [Hervorheb. C. M.]. Die Staatsform einer reformierten DDR legte der Entwurf erst im II. Kapitel als »rechtsstaatlich verfaßter demokratischer und sozialer Bundesstaat«, bestehend aus den Ländern, fest; das I. Kapitel war ausschließlich der Würde und den individuellen Rechten und Freiheiten des Einzelnen sowie den gesellschaftlichen Gruppen und Verbänden gewidmet. Vgl. ebd., S. 143–149, sowie den gesamten Entwurf in: Thaysen, *Der Zentrale Runde Tisch der DDR*, Bd. 5, S. 668–712.

32 Van Rahden, *Demokratie*, S. 10.

33 Steinmetz, »Neue Wege einer historischen Semantik des Politischen«, S. 8. Analog zu den in diesem Band präsentierten »Situationsstudien« (ebd., S. 16) zur Verwendung des Politikbegriffes wird hier das Erkenntnispotenzial einer historischen Semantik des Politischen erprobt, das die klassische, Eliten(texte)-fokussierte Ideengeschichte um gesellschafts- und alltagsgeschichtliche Facetten erweitert und so erst semantischen Wandel und damit die Relevanz von Ideenbegriffen als, mit Koselleck gesprochen, »Faktoren und Indikatoren geschichtlicher Bewegung« zu erklären ermöglicht. Vgl. Koselleck, »Einleitung«, S. XIV.

34 Steinmetz, »Neue Wege einer historischen Semantik des Politischen«, S. 17.

35 Haarmann/Kenner/Lange, »Demokratie, Demokratisierung und das Demokratische«, S. 1 [Hervorheb. i. O.]. Das zeigt auch die Tatsache, dass die Demokratiezufriedenheit erst seit den 1980er Jahren systematisch erforscht wird. Vgl. dazu Wissenschaftlicher Dienst des Deutschen Bundestags (Hg.), *Vertrauen in die Demokratie*, S. 7–10, sowie Campbell, »How critical are Germans of democracy?«. Die ältesten demokratiezustimmungsrelevanten Daten (Allensbach & Allgemeine Bevölkerungsumfrage der Sozialwissenschaften, ALLBUS) reichen bis 1967 zurück. Vgl. Noelle-Neumann u. a. (Hg.), *Allensbacher Jahrbuch der Demoskopie*, Bd. VIII, S. 216, sowie GESIS (Hg.), *Allgemeine Bevölkerungsumfrage*, S. 333.

36 Korte (Hg.), »Das Wort hat der Herr Bundeskanzler«, S. 18–24.

37 Detjen, *Politische Bildung*, S. 118–123, 137–139.

38 Ebd., S. 173. Im Grunde bis heute Bestand hat der damals definierte Kernauftrag: »Förderung der politischen Urteilsfähigkeit und, darauf aufbauend, der politischen Handlungsfähigkeit«; beide Fähigkeiten kennzeichneten »den politisch mündigen Bürger einer Demokratie«. Explizit demokratiebezogene Themenkomplexe (die es so in den 1960er Jahren noch nicht gab, wo der Fokus auf Kontextwissen zu historischen und moralischen Fragen sowie auf nichtdemokratischen Systemen lag) waren u. a.: »Grundrechtsbindung, Gewährleistung politischer Freiheit und Gewaltenteilung als kennzeichnende Merkmale demokratischer Verfassungsstaaten, die Demokratie als Volksherrschaft in ihren Ausprägungen als repräsentative und als plebiszitäre Demokratie«. (Ebd.)

39 Zit. nach Grebing u. a. (Hg.), *Willy Brandt*, S. 219, 223 f. Zur Einordnung vgl. Korte (Hg.), »Das Wort hat der Herr Bundeskanzler«, S. 172–192.

40 So der Kommentar in der *Frankfurter Allgemeinen Zeitung* am Tag nach der Erklärung, zit. nach Korte (Hg.), »Das Wort hat der Herr Bundeskanzler«, S. 190.

41 Frei, *1968*, S. 228. Koenen, *Das rote Jahrzehnt*; Gassert, *Bewegte Gesellschaft*, S. 103 ff.; zur Lesart des Jahrzehnts als »braun« – infolge der rechtskonservativen bzw. -extremen kulturellen Gegenrevolte – vgl. jüngst Frei/Maubach/Morina/Tändler, *Zur rechten Zeit*, S. 137–150.

42 Vgl. Noelle-Neumann u. a. (Hg.), *Allensbacher Jahrbuch der Demoskopie*,

Bd. VIII, S. 217, 223; ein bündiger Überblick findet sich in Noelle-Neumann, »Vorstellung«, S. 11.

43 Die Definition nach Haarmann/Kenner/Lange, »Demokratie, Demokratisierung und das Demokratische«, S. 2.

44 BA, B122/25723, 31.3.1979.

45 BA, B122/25723, 16.1.1979. Die »Stiftung Mitarbeit« gibt es bis heute, der Vorstoß war erfolgreich, denn seit 1980 erhält sie regelmäßig Mittel aus dem Budget des Bundesinnenministeriums. Vgl. das Sonderheft »50 Jahre Stiftung Mitarbeit«, Informationen der Stiftung Mitarbeit Nr. 3/2013, sowie https://www.mitarbeit.de/wirueberuns/leitbild/

46 Etwa in: BA, B122/38158, 17.2.1983, 28.12., 30.12., 28.12.1982; BA, B122/26482, 8.9.1980, 1.7.1980, 23.5.1980, 18.9.1980; BA, B122/32512, 7.2.1989, 15.2., 31.3., 24.5., 31.5.1989, 20.4.1990; BA, B122/25723, 24.4.1979.

47 BA, B122/25723, 9.2.1979.

48 BA, B122/25723, 26.5.1978; Schmidt zit. nach »Kanzler schlägt den 23. Mai als nationalen Feiertag vor«, *Die Welt*, 23.5.1978, in: ebd.

49 BA B122/34044, 11.6.1987. Zur Geschichte des Nationalgedenkens und insbesondere des 17. Juni als »innen- und deutschlandpolitische Waffe« in der Bundesrepublik vgl. Wolfrum, *Geschichtspolitik*, S. 249–257, 342–345, 356, Zitat S. 257.

50 BA, B122/25723, 24.4., 8.5.1979.

51 BA, B122/32512, 18.4., 15.2.1989.

52 BA, B122/38158, 12.1.1983.

53 BA, B122/38158, 28.12.1982, 12.1.1983, 2.12.1982, 29.11.1982, 15.1.1983, 20.12.1982, 27.12.1982; BA, B122/32512, 20.4.1990, 9.3.1989; BA, B122/25723, 16.1., 25.4.1979; BA, B122/26482, 20.9., 21.2., 8.9., 1.7., 24.5., 30.8.1980.

54 Conze, *Die Suche nach Sicherheit*, S. 15–17, 705.

55 BA, B122/26482, 12.7.1980.

56 BA, B122/32512, 25.5.1989. Gute Überblicke zur Diskussion bieten Detjen/Detjen/Steinbeis, *Die Deutschen und das Grundgesetz*, S. 205–231, sowie Schanetzky, »Verfassungsreform und direkte Demokratie«.

57 BA, B122/23883, 16.1.1981. Auf der Vorderseite stand fett unterstrichen: »Stoppt den Asylantenstrom in der BRD«. Hassschreiben dieser Art finden sich zahlreich in Teilbeständen des Bundespräsidialamts neben Eingaben zur rechtlichen, sozialen und politischen Stellung von Migrantinnen und Migranten.

58 BA, B122/23883, 10.1.1981. Regelmäßig erhielt Carstens Protest- und teils übelste Hetzbriefe, wenn er sich öffentlich für Respekt gegenüber Migrantinnen und Migranten aussprach oder »Gastarbeiterfamilien« zu besonderen Anlässen – etwa zu Weihnachten 1982 – in die Villa Hammerschmidt einlud. Vgl. z.B. ebd., S. 136 f. Es gab aber stets auch zustimmende und über Gewalt und Herabwürdigungen besorgte Post; nach den hier exemplarisch eingesehenen

Beständen zu urteilen waren diese aber deutlich in der Minderzahl. Zur Einordnung vgl. Maubach, »Konjunkturen der Mobilisierung von rechts«; Poutrus, *Umkämpftes Asyl*, S. 83–102; Bösch, *Zeitenwende*, Kap. 5; sowie Türkmen, »Migration und Rassismus in der Bonner Republik«.

59 BA, B122/32512, 31.5.1989.

60 Noelle-Neumann u. a. (Hg.), *Allensbacher Jahrbuch*, Bd. 9, S. 617, 619. Die letzte Zahl wurde im Januar 1990 ermittelt, im April waren es noch mehr, 83 Prozent. Dieser Peak war sicher eine Folge des Vereinigungsgeschehens, doch auch wenn die Zahlen ein Jahr davor vielleicht um 20 Prozent niedriger gelegen haben dürften, wäre der Anteil mit fast zwei Dritteln immer noch beachtlich.

61 Rucht/Teune, »Einleitung: Das Protestgeschehen«, S. 10. Zum weiteren Kontext vgl. etwa Gassert, *Bewegte Gesellschaft*, S. 131–165; Milder, *Greening democracy*; Gaumer, *Wackersdorf*.

62 Rucht/Teune, »Einleitung: Das Protestgeschehen«, S. 14; Rucht, *Modernisierung und neue soziale Bewegungen*, S. 168. Durchschnittlich ca. 34 Prozent bezeichneten sich zwischen 1982 und 1989 als »Unterstützer« und ca. 22 Prozent als »Sympathisanten« einer der großen sozialen Bewegungen (Ökologie, Anti-Atomkraft und Frieden); auch diese Zahlen waren die höchsten im Vergleich mit Frankreich, den Niederlanden und der Schweiz. Ebd., S. 169; Noelle-Neumann u. a. (Hg.), *Allensbacher Jahrbuch*, Bd. 9, S. 569 (Umfrage Bürgerinitiativen, 1984).

63 Ausschnitte aus dem Interview wurden als »Dokument der Zeit« unter dem Titel »Mit offenem Visier« abgedruckt in: *DIE ZEIT*, Nr. 50, 4.12.1987. Das ZDF-Interview »Chancen und Perspektiven für Recht und Demokratie« vom 29.11.1987 ist online nachlesbar: https://www.bundesregierung.de/breg-de/service/bulletin/chancen-und-perspektiven-fuer-recht-und-demokratie-bundespraesident-richard-von-weizsaecker-gab-dem-zdf-fuer-die-sendung-bonner-perspektiven-am-29-november-1987-folgendes-interview--808856

64 BA, B122/33887, 4.12.1987.

65 Noelle-Neumann u. a. (Hg.), *Allensbacher Jahrbuch*, Bd. 9, S. 606.

66 BA, B122/33887, 5.2.1989.

67 BA, B122/33887, 11.12.1987 [Hervorheb. i. O]. Ähnlich etwa auch in einem Brief vom 9.12.1987, ebd.

68 Das BPA hatte dem BMI Ende Dezember 1987 eine ähnlich lautende Eingabe zur Identifizierbarkeit von Polizisten (»Da die Polizei ein Vorbild sein soll[,] wäre dies eine vertrauensbildende Maßnahme«; »Druck erzeugt Gegendruck«) weitergeleitet und eine Stellungnahme »zu der von zahlreichen Bürgern in den Briefen an den Herrn Bundespräsidenten aufgeworfenen Frage erbeten«; über drei Monate kam keine Reaktion, und erst nach zweiter Aufforderung sandte das BMI am 9.5.1988 ein Schreiben zur »Kennzeichnung von Polizeibeamten mit Namen«; BA, B122/33887, 9.5., 19.4., 12.4., 5.4., 5.2.1988.

69 BA, B122/33887, 9.12.1987. Weizsäcker sah sich die dem Schreiben beigefügte Kopie des Films (*Spaltprozesse* von Bertram Verhaag und Claus Strigel) an und bedankte sich für diesen »eindrücklichen« Film »herzlich – nicht zuletzt deshalb, weil ich mich dadurch in eigenen Überlegungen bestärkt fühle«, und fügte den ursprünglichen Wortlaut des Fernsehgesprächs bei. Ebd., 17.12.1987.

70 BA, B122/32569, 19.6.1986.

71 Herbert, *Geschichte Deutschlands,* S. 996 ff.; Noelle-Neuman u a. (Hg.), *Allensbacher Jahrbuch*, Bd. 9, S. 599, 643.

72 Andere größere Sammlungen gibt es zu den Themen Neuwahlen, Wiedervereinigung und Hauptstadtfrage.

73 Details in: Herbert, *Geschichte der Ausländerpolitik*, S. 278–284; kritischer Poutrus, *Umkämpftes Asyl*, S. 162 ff.; Alexopoulou, *Deutschland und die Migration*, S. 222–227.

74 BA, B122/35061, 2.8., 10.7., 16.6., 29.6., 18.6., 5.4.1990 [Hervorheb. C. M.]. Die Aussagen stammen von Einzelpersonen ebenso wie von Organisationen wie der »Vereinigung deutsch-ausländische Solidarität e. V. Rüsselsheim und Umgebung«, der »Regionalgruppe Asyl Egelsbach« oder dem Bundesvorstand der Grünen, die per offenem Brief an den Bundespräsidenten herantraten.

75 BA, B122/35061, 22.5., 19.6.1990 (Europa), ähnlich in einem Brief vom 24.4.1990. 1989 war zudem die Einführung des Gemeinde- und Kreiswahlrechts für Ausländer in mehreren sozialdemokratisch regierten Bundesländern vom Bundesverfassungsgericht gestoppt worden; interessanterweise führte die SED im Frühjahr 1989 im Schnellverfahren ein solches Wahlrecht für Ausländer ein, u. a. um von der ansteigenden Kritik an der Wahlpraxis in der DDR abzulenken, vgl. Kloth, *Vom »Zettelfalten« zum freien Wählen«*, S. 151–160.

76 So der Wortlaut im Gesetzesentwurf »Neuregelung des Ausländerrechts« vom 27.1.1990, BT-Drucksache 11/6321, S. 1, https://dserver.bundestag.de/btd/11/063/1106321.pdf

77 BA, B122/35061, 17.5.1990.

78 BA, B122/35061, 7.5., 30.4., mehrere Briefe mit Datum 23.4., 9.5., 2.4.1990. Freilich waren hier Eltern und Lehrer beteiligt, die mit den Kindern offenbar über das Gesetz und seine Folgen gesprochen hatten und sie ermutigten, an den Bundespräsidenten zu schreiben. Und sie haben sie vielleicht auch dazu angehalten, ihm zum Geburtstag zu gratulieren.

79 Van Rahden, *Demokratie*, S. 140 f. [Hervorheb. C. M.].

80 Schütz (Hg.), *Kleines politisches Wörterbuch*, S. 122.

81 Ebd., S. 122 f. [Hervorheb. i. O.].

82 Und analog als »*auf neue Art* diktatorisch (gegen die Bourgeoisie)«. Vgl. ebd., S. 123. In einem »anderen Sinne« werde der Begriff Demokratie zur »Charakterisierung der Stellung der Mitglieder in Parteien, Verbänden, Vereinen usw.« verwendet. Diese »innere Demokratie« bedeute, dass der »Einfluß der

Mitglieder auf die Leitung von Organisationen gesichert« sei, und finde ihre »klarste Ausprägung im ›demokratischen Zentralismus‹« (ebd.). Da dies ein Oxymoron ist, ein Widerspruch in sich (ein auf die Machtsicherung der Zentrale (»ZK«) gerichteter Pluralismus ist keiner), war gerade diese Phrase ein Dauerangriffspunkt der inner- wie außerparteilichen Opposition.

83 Zitiert aus einem Schülergespräch aus dem Kontext eines Unterrichtsforschungsprojektes (1986/87) an der Pädagogischen Hochschule Leipzig, in dem der vermittelte ideologische »Referenzrahmen« oft eher implizit, mit Formulierungen wie dieser, kenntlich wurde. Zit. nach Grammes u. a. (Hg.), *Staatsbürgerkunde in der DDR*, S. 428.

84 *Pädagogisches Wörterbuch der DDR* (1987), zit. nach Grammes u. a. (Hg.), *Staatsbürgerkunde in der DDR*, S. 19, 54. Vgl. beispielhaft den Unterrichtsstoff zu den »Antifaschistisch-demokratischen Umgestaltungen« im Lehrbuch *Staatsbürgerkunde*, 7. Klasse, 1988, S. 31–39. Dies war das einzige Kapitel, in dem die Demokratie der DDR explizit zur Sprache kam (von der Errichtung »demokratischer Machtorgane« über die »demokratische Bodenreform« bis zur »demokratischen Schulreform«). Demokratie als eine »Form der Machtausübung« oder Staatsordnung wurde nicht eingehender behandelt.

85 Zit. nach Grammes u. a. (Hg.), *Staatsbürgerkunde in der DDR*, S. 208.

86 Feige, »Sozialistische Demokratie als historische Errungenschaft«.

87 Richardson-Little, *The Human Rights Dictatorship*, S. 4 [Übers. C. M.]; sozialistische Grundrechte definierte der führende Menschenrechtstheoretiker in der DDR, Hermann Klenner, als »nicht charakterisiert durch eine staatsfreie Sphäre, in der der einzelne seiner privaten Willkür nachgehen kann [...], sondern durch die immer umfassendere staatlich organisierte Beherrschung der gesetzmäßigen gesellschaftlichen Beziehungen durch die Volksmassen«. Zit. in ebd., S. 81 bzw. hier aus dem Original: Klenner, *Studien über die Grundrechte*, S. 53. Zum Kontext vgl. auch Hoffmann, »Zur Genealogie der Menschenrechte«.

88 Zit. nach Richardson-Little, *The Human Rights Dictatorship*, S. 85. Ich danke dem Autor herzlich für die Mitteilung des Wortlauts des deutschen Originals.

89 Stolleis, *Verfassungs- und Verwaltungsgeschichte*, S. 12; zu Eingaben vgl. u. a. Mühlberg, *Bürger, Bitten und Behörden*, zum Problem von Rechts- und Unrechtsstaat jüngst Holtmann, »Die DDR – ein Unrechtsstaat?«; sowie Poppe, »Unrecht, Recht und Gerechtigkeit«.

90 Zit. nach Schütz (Hg.), *Kleines Politisches Wörterbuch*, S. 546. Wiederum in Abgrenzung zum »bürgerlichen Rechtsstaatsbegriff«, der im kapitalistischen Staat nur der »Verschleierung seines Klassencharakters und der weitgehenden Rechtlosigkeit der demokratischen Kräfte« diene, schütze der sozialistische Rechtsstaat »die Interessen seiner Bürger und erweitert deren Rechte ständig«. Nur dieser sei der »deutsche Rechtsstaat!«. Vgl. ebd., S. 545 f.; das Argument der Unterordnung bei Markovits, *Gerechtigkeit in Lüritz*, S. 27.

91 Zit. aus Konferenz über Sicherheit und Zusammenarbeit in Europa, Schlussakte, 1. August 1975, Abschnitt VII, S. 8, online abrufbar unter: https://www.osce.org/de/mc/39503; Zum »Rechtediskurs« vgl. Hoffmann, »Zur Genealogie der Menschenrechte«, S. 184; sowie umfassend Wolff, *Die Mauergesellschaft*.

92 »Demokratisierung« zit. nach Hildermeier, *Geschichte der Sowjetunion*, S. 1071; mit dem Begriff »Revitalisierung« umschreibt Hildermeier Gorbatschows Ansinnen, vgl. ebd.

93 BStU, MfS, HA XX/12454; Bl. 229–232. Ein weiteres Beispiel für eine solche Erwartungshaltung in Suckut, *Volkes Stimmen*, S. 440, in einem anonymen Brief an die UdSSR-Botschaft in der DDR: »Solche mutigen Männer wie Sie, Genosse Gorbatschow, der dem Sozialismus ein menschenwürdiges Antlitz verleiht, aber auch mehr Demokratie und Freiheit gibt, wünschen wir uns in der DDR. [...] Wir haben die Bevormundung in den 40 Jahren endgültig satt. Widerspruch ist doch kein Widerstand. Wir wollen doch auch nicht den Sozialismus abschaffen.« (Sep. 1989).

94 Es wurde nur nach dem Substantiv »Demokratie« gesucht, nicht nach anderen Wortformen, etwa »demokratisch« oder »Demokratisierung«, was die Fundstellen vervielfachen würde. Vergleicht man die vier Jahrzehnte miteinander, ist auffällig, dass die 1980er Jahre (1980–1988) die Dekade war, in der der Begriff am seltensten fiel, durchschnittlich nur 574 Mal, das niedrigste Jahr (426 Nennungen) war 1985.

95 Suckut, *Volkes Stimmen*, S. 459 f.

96 Ebd., S. 296 (November 1980). Weitere aus sehr unterschiedlichen Gründen und Perspektiven, aber mit ähnlicher Stoßrichtung verfasste Beispiele für die Infragestellung des Demokratiepostulats in BStU, MfS, HA XX 12454, Bl. 238; Suckut, *Volkes Stimmen*, etwa S. 342, 452, 457, 481, 503.

97 Suckut, *Volkes Stimmen*, S. 363. Ähnlich auch ebd., S. 434: »In jeder bürgerlich gewählten Demokratie würde der führende Staatsmann seinen Hut nehmen und gehen. In der sozialistischen Diktatur der Neubarone und Stalinisten [und] Bonzen ist das offensichtlich undenkbar, da lautet die Devise: Pfründe und Privilegien sichern – auf Kosten des Volkes!!«

98 BStU, MfS, HA XX, 12286, Bl. 211.

99 Vgl. im Einzelnen dazu Kloth, *Vom »Zettelfalten« zum freien Wählen*, S. 115–129, Zitat Mielke, ebd., S. 132; zur Opposition in der DDR und der verstärkten Repression seitens des Regimes vgl. Kowalczuk, *Endspiel*, S. 251–261, Zitat S. 251.

100 Erich Honecker, Referat auf der Beratung des Sekretariats des ZK der SED mit den 1. Sekretären der Kreisleitungen über »Die Aufgaben der Parteiorganisationen bei der weiteren Verwirklichung der Beschlüsse des XI. Parteitages der SED«, abgedr. in: *Neues Deutschland*, 7.2.1987, S. 3–11, Zitat

auf S. 3. Zu den sowjetischen Reformen vgl. Hildermeier, *Geschichte der Sowjetunion*, S. 1072 ff., zur Wahlreform und deren unmittelbaren Folgen insb. S. 1082–1085.

101 Gorbatschow, »Die Umgestaltung und die Kaderpolitik der Partei«. Rede auf dem Plenum des Zentralkomitees der KPdSU, 27. Januar 1987, und Schlußwort auf dem Plenum des Zentralkomitees der KPdSU, 28. Januar 1987, abgedr. in: *Neues Deutschland*, 30.1.1987, S. 3.

102 Hildermeier, *Geschichte der Sowjetunion*, S. 1072 f.

103 Erich Honecker, Referat auf der Beratung des Sekretariats des ZK der SED mit den 1. Sekretären der Kreisleitungen über »Die Aufgaben der Parteiorganisationen bei der weiteren Verwirklichung der Beschlüsse des XI. Parteitages der SED«, abgedruckt in: *Neues Deutschland*, 7.2.1987, S. 3–11, Zitat auf S. 3.

104 Ebd., S. 4.

105 Zur »Strategie der Partizipation« der SED vgl. Kloth, *Vom »Zettelfalten« zum freien Wählen*, S. 111 f., 278 f. Kloth spricht treffend von einem bis zum Ende wirksamen »quantitativ-identitären Demokratieverständnis« der Partei (ebd., S. 148).

106 BStU, MfS, HA XX 11678, Bl. 15 (17.2.1987). Ähnlich in einem Leserbrief eines mit Namen unterzeichnenden 14-jährigen Berliners an die *Junge Welt*. Angesichts der »Enthüllungen« des »einzigen ehrlichen Kommunisten auf Erden, Gorbatschow«, fragte dieser: »Wann wird bei uns aufgeräumt?«, Suckut, *Volkes Stimmen*, S. 351.

107 BStU, MfS, HA XX 12886, Bl. 56.

108 Suckut, *Volkes Stimmen*, S. 436 f. (September 1989). Ähnlich auch in ebd., S. 395–402: »Man lauert ja nur darauf[,] welche Meinungsäußerung vom Politbüro gestattet ist – der ›demokratische Zentralismus‹ funktioniert.« Keine Rede von »innerparteilicher Demokratie«. Die UdSSR habe die »Fehlentwicklung« erkannt und eingesehen – »mehr Demokratie führt zum Sozialismus. Es ist noch viel zu tun, um zu Marx und Lenin zurück zu finden.« (28.9.1988), Zitat auf S. 397, 399.

109 Suckut, *Volkes Stimmen*, S. 382 (die Bilder vom Vorgehen der Polizei erinnere ihn an Aufnahmen in der *Aktuellen Kamera* aus »dem besetzten Palästina«, ebd.).

110 BStU, MfS, HA XX 12745, Bl. 174. Ähnlich etwa Suckut, *Volkes Stimmen*, S. 424.

111 Suckut, *Volkes Stimmen*, S. 301–319, Zitat auf S. 319.

112 BStU, MfS, HA XX 2498, Bl. 48–51 (7.10.1984).

113 BStU, MfS, HA XX 12745, Bl. 173 (19.1.1988).

114 Die Formulierung »fehlende Demokratie« stammt aus einem Schreiben der Dresdener *Notgemeinschaft der Deutschen Demokraten* an Egon Krenz,

19.10.1989, zit. nach Suckut, *Volkes Stimmen*, S. 457. Zu Logik und Ablauf der »sozialistischen Wahlbewegung« vgl. Kloth, *Vom »Zettelfalten« zum freien Wählen*, S. 94 f.

115 Das *Neue Deutschland* titelte am Tag nach den Wahlen: »Einmütige Entscheidung für unsere erfolgreiche Politik des Friedens und des Sozialismus. 99,8 Prozent stimmten für die Kandidaten der Nationalen Front«, in: *Neues Deutschland*, 7.5.1984, S. 1. *Der Spiegel* hatte u.a. am 8.4.1984 von Boykottaufrufen via Flugschriften vor allem in Thüringen berichtet, deren Wirkung allerdings zu Recht als »gering« eingeschätzt wurde. Vgl. »Bedeutender Höhepunkt. Neue Form des Protestes in der DDR: Auf Flugblättern wird zum Boykott der Kommunalwahl aufgerufen«, in: *Der Spiegel* 15/1984.

116 Vgl. dazu Großmann, *Fernsehen, Revolution und das Ende der DDR*; sowie Bösch, »Medien als Katalysatoren der Wende?«.

117 Dieses und die folgenden Sendungszitate aus dem Mitschnitt vom 24.4.1989, https://www.bpb.de/mediathek/video/394/aufruf-zum-boykott/

118 Zit. nach dem Mitschnitt vom 24.5.1989, online verfügbar: https://www.bpb.de/mediathek/video/290623/7-mai-1989-wahlbetrug-in-der-ddr/. Kritiker in der DDR wurden darin mit der Bemerkung zitiert, dass damit ein großer Glaubwürdigkeitsverlust einhergehe; wenn der Generalstaatsanwalt diese Fälschungsdelikte nicht verfolge, bedeute das einen »erheblichen Verlust von Rechtsstaatlichkeit«. Hier stellt sich die Frage, ob sich darin die phrasenhafte Sprache der SED spiegelt oder ob damit tatsächlich impliziert werden sollte, dass »Rechtsstaatlichkeit« früher einmal bestanden habe. In Wahlprüfungsdokumenten der Opposition finden sich auch präzisere Positionierungen wie etwa diese: »Durch die offensichtliche Wahlmanipulation hat das ohnehin umstrittene Wahlsystem seine Glaubwürdigkeit verloren.« Vgl. die von 18 Gruppen gemeinsam verfasste »Öffentliche Stellungnahme zu den Kommunalwahlen 1989«, 12.5.1989, in: BStU, MfS, HA IX 17406, Bl. 23; darin auch eine detaillierte Auflistung weiterer Auszählungsdifferenzen in Berliner Wahlbezirken. Vgl. zu den Vorgängen insgesamt Kloth, *Vom »Zettelfalten« zum freien Wählen*, S. 145–156.

119 Zit. nach *Neues Deutschland*, 8.5.1989, S. 1.

120 Kloth, *Vom »Zettelfalten« zum freien Wählen*, S. 115.

121 BStU, MfS, HA IX 17406, »Maßnahmen zur Zurückweisung und Unterbindung von Aktivitäten feindlicher, oppositioneller und anderer negativer Kräfte zur Diskreditierung der Ergebnisse der Kommunalwahlen am 7. Mai 1989«, Mai 1989, Bl. 1; sowie BStU, MfS, ZAIG 17252, Bl. 1–17, Zitat auf Bl. 3, »Bericht über den Inhalt und die Bearbeitungsergebnisse der in der Wahlbewegung 1989 an die zentralen und örtlichen Staatsorgane gerichteten Eingaben der Bürger«, 13.7.1989.

122 BStU, MfS, HA IX 17406, »Maßnahmen zur Zurückweisung und Unter-

bindung von Aktivitäten feindlicher, oppositioneller und anderer negativer Kräfte zur Diskreditierung der Ergebnisse der Kommunalwahlen am 7. Mai 1989«, Mai 1989, Bl. 2.

123 BStU, MfS, ZAIG 17252, Bl. 3. Schwerpunktthemen in den übrigen 180 000 Eingaben waren laut dem Bericht v. a. Wohnraumfragen, Bauwesen, Versorgung, Nachrichtenwesen und Umweltfragen, und die schreibenden Bürger forderten »die Lösung ihres persönlichen Problems mit zunehmender Unduldsamkeit« (ebd., Bl. 3). Die Eingaben erreichten mit mehr als 1,3 Millionen im Jahr 1988 ihren Höhepunkt, vgl. Mühlberg, *Bürger, Bitten und Behörden*, S. 177.

124 BStU, MfS, HA XX/7838, Bl. 5 (28.4.1989) [Hervorheb. i. O.].

125 Suckut, *Volkes Stimmen*, S. 418 (März 1989).

126 Ebd., S. 420–423.

127 BStU, MfS, HA IX 17406, Bl. 35, »Hinweise über Aktivitäten feindlicher, oppositioneller u. a. negativer Kräfte zur Diskreditierung der Ergebnisse der Kommunalwahlen am 7. Mai 1989«, 16.5.1989. Bereits 1984 und 1986 zu den Volkskammerwahlen hatte es vereinzelte Versuche aus der Opposition und der Bevölkerung gegeben, die Stimmauszählung zu überprüfen. Vgl. Kloth, *Vom »Zettelfalten« zum freien Wählen*, S. 268 ff.

128 Suckut, *Volkes Stimmen*, S. 427 (8.6.1989).

129 Ebd., S. 426 (18.5.1989).

130 BStU, HA XX 12284, Bl. 330 f. (26.5.1989).

131 BStU, HA XX 17406, Bl. 52 f. (8.5.1989)

132 BStU, MfS, HA IX 17406, Bl. 44 (22.6.1989). Beispiele für Anzeigen und für eine solche Beschwerde gegen Nichtverfolgung finden sich u. a. in ebd., Bl. 48, 52, 56, 61, 64, 70, 71, 72; Beschwerde Bl. 65 f.; für den Umgang mit besonders hartnäckigen Beschwerdeführern lieferte das MfS Formulierungshilfen für die Abweisung von Anzeige bzw. Beschwerde, in: ebd., Bl. 41.

133 BStU, MfS, HA IX 17406, Bl. 23.

134 Kloth, *Vom »Zettelfalten« zum freien Wählen*, S. 280–300.

3 Tausend Aufbrüche: Frühling im Herbst

1 Zit. nach Krone, *»Sie haben so lange das Sagen, wie wir es dulden«*, S. 355 [Hervorheb. i. O.].

Archiv Bürgerbewegung Leipzig e.V. (fortan ABL), 4.40, *Bewegung »Wissen für das Volk«*, S. 1.

Kleßmann, »Am Ende der großen Kämpfe?«, S. 27; ausführlich dazu Wolff, »In der Teilung vereint«.

Zur Ideenwelt der Bürgerbewegung vgl. klassisch u. a. Neubert, *Geschichte der*

Opposition in der DDR; den Quellenband Rein (Hg.), *Die Opposition in der DDR*; sowie Klein, »Die doppelte Isolation«; Leistner, »Oppositionelle Akteurskonstellationen im Herbst 1989«.

5 Dietrich, *Kulturgeschichte der DDR*, Bd. III, S. 2165–2241; Kowalczuk, *Endspiel*, S. 407–550 (der aber darauf hinweist, dass etwa die basisdemokratischen Vorstellungen sehr unscharf blieben; ein solches Modell sei seit dem Sommer in der Opposition verhandelt worden, »ohne dass hier wie später anderswo deutlich wurde, in welchem Verhältnis dieses zum Mehrparteiensystem stünde.« Ebd., S. 356); Wolle, *Die DDR*, S. 397–446; Weber, *Getrennt und doch vereint*, S. 1077–1138. Vgl. ausführlicher und einordnend, Morina (Hg.), *Deutschland und Europa seit 1990*, S. 13–15; dies., »Geteilte Bilanz«; sowie Langner, »›Alles ist noch nicht so, wie wir uns das vorstellen‹«.

6 Vgl. Kowalczuk, *Die Übernahme*, S. 61. Zu verweisen wäre z. B. auf den Forschungsverbund »Diktaturerfahrung und Transformation. Biographische Verarbeitungen und gesellschaftliche Repräsentationen in Ostdeutschland seit den 1970er-Jahren« an der Universität Jena, auch wenn in einzelnen Teilprojekte auch westdeutsche und migrantische Perspektiven thematisiert werden. Der *overall* Zuschnitt ist klar ostdeutsch konzipiert. Vgl. jüngst auch u. a. Sziedat, »Die ›friedliche Revolution‹ im Westen«.

7 Van Rahden, *Demokratie*, S. 140 f. Zu den Ereignissen von 1989 vgl. u. a. Kowalczuk, *Endspiel*, zum Stand der historiografischen Debatte jüngst Siebold, »Die Zeitgeschichtsforschung und die Zäsur von 1989«; sowie Allen, »Against the 1989–1990 Ending Myth«; einen aktuellen bibliografischen Überblick bietet Eckert, *SED-Diktatur*, Kap. VII u. VIII.

8 Langner, »Rezension«; sowie z. B. jüngst Links, »Die andere Geschichte der Umbruchjahre«. Die meiste Aufmerksamkeit haben diesbezüglich bislang noch die ostdeutschen Verfassungsideen und deren gesamtdeutsche Verhandlung erhalten, vgl. dazu u. a. Morina, »Vom Sinn des Vergeblichen«; sowie Stein, »Möglichkeiten und Grenzen«.

9 Vgl. z. B. Wolfrum, *Die geglückte Demokratie*, S. 441; Jarausch, *Die Umkehr*, S. 256.

10 Zit. nach Maier, »Interrogating ›Civil Society‹«, S. 31 [Übers. C. M.].

11 Kocka, »Zivilgesellschaft in historischer Perspektive«, S. 32 f. Gemeinwohlorientiert ist eine Bewegung nach Kocka, wenn sie »jedenfalls *auch* an allgemeinen Dingen orientiert ist, d. h. von den je eigenen partikularen Erfahrungen und Interessen der Beteiligten ausgehend, sich für das allgemeine Wohl engagiert.« Ebd., S. 33 [Hervorheb. i. O.].

12 Alexander, *The Civil Sphere*, S. 31.

13 Kuschel, *Schwarzhörer*, S. 307; ferner u. a. Wolle, *Die DDR*, S. 178–186; Kowalczuk, *Freiheit und Öffentlichkeit*, sowie grundlegend Requate, »Öffentlichkeit und Medien«, insb. S. 26–32; gegen eine »Überschätzung« der

Relevanz des Westfernsehens in der DDR argumentiert Meyen, »Kollektive Ausreise?«.

14 Gieseke, »Auf der Suche«.

15 Vgl. Joestel (Hg.), *Die DDR im Blick der Stasi 1988*, S. 36; Gieseke, »Das Infratest-DDR-Programm«, S. 235.

16 Vgl. dazu u. a. Lierke u. a. (Hg.), *Erinnern stören*.

17 Zit. nach Rein (Hg.), *Die Opposition in der DDR*, S. 13. *NF*-Vertreter Sebastian Pflugbeil sprach in einem Interview von »schweren Störungen in der Gesellschaft, die nur durch wirklich gemeinsame Anstrengungen auf ganz breiter Basis zu beheben sind.« Zit. nach ebd., S. 20 f. Ähnlich *Demokratie Jetzt*: »Liebe Freunde, Mitbürgerinnen, Mitbürger und Mitbetroffene! Unser Land lebt in innerem Unfrieden. Menschen reiben sich wund an den Verhältnissen, andere resignieren.« Zit. nach ebd., S. 59.

18 Ebd., S. 14 f. (Sept. 1989), 29 (Okt. 1989), 38 f. (29.10.1989), 59 (12.9.1989).

19 Ebd., S. 15 (4.10.1989), 60 (12.9.1989), 46 (29.10.1989).

20 Ebd., S. 69 (Sept. 1989), 62 (12.9.1989) [Hervorheb. C. M.], 85 f. (24.7.1989), 122 (4.10.1989) [Hervorheb. C. M.].

21 Arendt, *Vita activa*, S. 33–72. Zur differenzierten Analyse historischer pluraler und gelenkter Öffentlichkeiten vgl. Requate, »Öffentlichkeit und Medien«.

22 Vgl. etwa die Reaktion auf einen Artikel von Jens Walther in der *Jungen Welt* vom 16.2.1988, in dem er für ihre Freiheit demonstrierende Ausreisewillige in Dresden als vom Westen gelenkte »Kleindarsteller« erniedrigt hatte. BStU, MfS, HA XX 12288, Bl. 171–176 (22.2.1988); oder die Reaktion auf den Artikel »Ein Egoist, wer sich aus dem Sozialismus stiehlt«, abgedruckt in der *Junge-Welt*-Reihe »Vom Wert unserer Werte« (7./8.1.1989), in: BStU, MfS, HA XX 12886, Bl. 50 (7.1.1989). Zum Umgang mit Ausreisewilligen in der DDR vgl. grundsätzlich u. a. Mayer, *Flucht und Ausreise*; sowie die instruktive Spezialstudie zu Halberstadt Hürtgen, *Ausreise per Antrag*, insb. Kap. 7.

23 »Sich selbst aus unserer Gesellschaft ausgegrenzt«, in: *Neues Deutschland*, 2.10.1989, S. 2.

24 Zit. nach Rein (Hg.), *Die Opposition in der DDR*, S. 161 (8.10.1989). Zu den bis heute nicht sicher festzustellenden Zahlen vgl. Heidemeyer/Effner, »Die Flucht in Zahlen«, S. 27 f. Am 11.10.1989 nahm die SED-Führung in einer Erklärung den Satz implizit zurück: »Der Sozialismus braucht jeden […]. Gerade deshalb lässt es uns nicht gleichgültig, wenn sich Menschen, die hier arbeiteten und lebten, von unserer Deutschen Demokratischen Republik losgesagt haben.« Zit. nach Kowalczuk, *Endspiel*, S. 411.

25 Vgl. dazu u. a. die »mikrohistorische Fallstudien«-Perspektive in Pollack, *Das unzufriedene Volk*, S. 25–78, der den Zusammenhang von Ausreisegeschehen und Protest betont und die gesellschaftliche »Volksbewegung« der intellektuellen »Bürgerbewegung« samt deren unterschiedlichen Ziele (»demonstrative

Konfrontation« vs. »konstruktiver Dialog«) einander gegenüberstellt, ebd., S. 66, 70 f.; sowie Eckert, *Revolution in Potsdam*.

26 Kowalczuk, *Endspiel*, S. 408.

27 Aus den »Thesen für eine demokratische Umgestaltung in der DDR«, *Demokratie Jetzt* (12.9.1989), zit. nach Rein (Hg.), *Die Opposition in der DDR*, S. 62.

28 Zum Volksbegriff vgl. Wildt, *Volk, Volksgemeinschaft, AfD*.

29 So eine Formulierung im Grünungsaufruf von *Demokratie Jetzt*, zit. nach Rein (Hg.), *Die Opposition in der DDR*, S. 59.

30 Suckut, *Volkes Stimmen*, S. 327 f., 331, 440, 408.

31 Verwiesen sei hier nur auf die zwischen September 1989 und März 1990 an das *Neue Forum* versandten Privatbriefe, die in Krone (Hg.), *»Sie haben so lange das Sagen, wie wir es dulden«*, S. 33–353, teilweise publiziert vorliegen, oder auch auf die zahlreichen Leserbriefe an die Zeitung des *Neuen Forums, die andere*, in: RHA/AND 9–29 (die Briefe füllen 20 Archivbände); und auf die Auswahl an Leserbriefen nur vom 9.11.1989 an die *Junge Welt*, abgedr. in Jung (Hg.), AufBRUCH.

32 Zit. nach Gruner (Hg.), *Angepaßt oder mündig?*, S. 9 f.

33 Gruner, *Angepaßt oder mündig?*, S. 18, 23 f., 26, 28, 30, 31 f., 34, 37, 79, 102. »Schizophrenie« war ein seinerzeit häufig (und in diversen verwandten Bedeutungen) gebrauchter Begriff; so antwortete Konrad Weiß in einem Interview auf die Frage, ob die Ereignisse in der DDR nicht »ein einziger Triumph für den Westen« seien, mit dem Bild der »gesellschaftlichen Schizophrenie, unter der wir hier in der DDR leiden. Die Menschen arbeiten und leben hier, aber sie emigrieren allabendlich per Fernseher in die Bundesrepublik.« Zit. nach Rein (Hg.), *Die Opposition in der DDR*, S. 72 (Ende September 1989).

34 Bispinck, *Bildungsbürger*, S. 186; Honecker zit. nach Malycha, *Die SED in der Ära Honecker*, S. 564; Angaben zur SED-Mitgliedschaft in Grammes u.a. (Hg.), *Staatsbürgerkunde in der DDR*, S. 154.

35 Schulordnung von 1979 zit. nach Margedant, »Bildungs- und Erziehungssystem«, S. 1518; Seghers zit. nach ebd., S. 1519.

36 Gruner, *Angepaßt oder mündig?*, S. 30.

37 Rein (Hg.), *Die Opposition in der DDR*, S. 109 [Hervorheb. i. O.].

38 Aufruf der Initiativgruppe abgedr. in ebd., S. 87 [Hervorheb. i. O.]; zum MfS-Bericht (ZIAG) über das Gründungstreffen der SDP am 7.10.1989 in Schwante vgl. »Information Nr. 4517/89 über die weitere Formierung DDR-weiter oppositioneller Sammlungsbewegungen«, zit. nach Münkel, *Herbst '89 im Blick der Stasi*, S. 69–85, Zitat S. 74.

39 Zit. nach Kloth, *Vom »Zettelfalten« zum freien Wählen*, S. 220. Es wäre interessant zu explorieren, inwiefern in dieser Skepsis auch eine parlamentarismuskritische bis -feindliche Denkhaltung steckte, die bis zu Rosa Luxemburg zurückreicht, der »radikaldemokratischen«, m. E. antidemo-

kratischen, weil illiberalen Ikone von Generationen von Linken. Vgl. dazu Morina, *Die Erfindung des Marxismus*, S. 323–346, 461–473.

40 Kowalczuk, *Endspiel*, S. 356.

41 Zit. nach Krone (Hg.), *»Sie haben so lange das Sagen, wie wir es dulden«*, S. 366 (16.1.1990).

42 Zitate aus: »Entwurf: Grundlagen einer Programmplattform *Bürgerliste Leipzig* (1990) sowie »Für eine sozialistische Räteregierung«, *Gruppe IV. Internationale* (10.11.1989), beide in: ABL, 4.40. Initiativen und Verbände ab Herbst 1989 (Informationsmaterial) (fortan ABL, 4.40.).

43 Sziedat, »Die ›friedliche Revolution‹«, S. 238. So war auch die »›friedliche Revolution‹ von Beginn an eine grenzüberschreitende, eine auch westdeutsche Denkfigur. In sie gingen nicht zuletzt westdeutsche Denkmuster und Bedürfnisse ein.« Ebd., S. 244.

44 BA, B122/35601, 26.4.1990.

45 Thaysen, *Der Runde Tisch*, S. 26, 50 f. Zu den Einzelheiten, v. a. zum Ringen um eine effektive Kontrolle der SED-Regierung, vgl. auch Kloth, *Vom »Zettelfalten zu freien Wahlen«*, S. 518 ff.

46 Vgl. dazu Klages/Paulus, *Direkte Demokratie*, S. 123–143.

47 Weidenfeld u. a. (Hg.), *Handbuch zur deutschen Einheit*, S. 165.

48 Zit. nach Rein (Hg.), *Die Opposition in der DDR*, S. 15, 43, 47, 60, 86, 109 f.

49 So ein Vertreter des FDGB in der Sitzung vom 7.12.1989, zit. nach Kloth, *Vom »Zettelfalten« zum freien Wählen*, S. 574.

50 In einer Pressekonferenz am 15.3.1990 schlug er dem Bundespräsidenten vor (er hatte versucht, ihn vorab deswegen zu konsultieren), die Spitzen aller Parteien zu einem Gespräch »über die Erfahrungen im DDR-Wahlkampf« einzuladen; vgl. Brandt an von Weizsäcker, 15.3.1990, in: BA, B122/33611. Seines Erachtens sei es unnötig gewesen, »so viele Unsitten bundesdeutscher Wahlkämpfe« in die DDR »zu exportieren«; umso mehr komme es nach der Wahl, in »den bevorstehenden Phasen des Übergangs«, darauf an, »das Selbstwertgefühl der Landsleute in der DDR nicht zu verletzen, sondern in ihnen das Bewußtsein gleichwertiger Partnerschaft zu stärken«. Vgl. Willy Brandt, Rede zur Bundespressekonferenz am 15.3.1990, in: ebd., S. 6, 8.

51 Zit. sind hier der Titel des Wahlprogramms der PDS, in: ABL 1.37.006; aus der Wahlprogrammatik der Allianz für Deutschland (CDU-Ost, DSU und DA), in: ABL 1.37.005; sowie aus der Präambel des Wahlprogramms der *Initiative Frieden und Menschenrechte*, die im Wahlbündnis mit dem *Neuen Forum* und *Demokratie Jetzt* antrat, zit nach ABL, 1.37.009.

52 Konrad Weiß' Formulierung in einem Interview zit. nach Rein (Hg.), *Die Opposition in der DDR*, S. 72 (Ende September 1989).

53 ABL, 4.40 *Freie Initiative '89 Volksentscheid* (Nov. 1990).

54 Ähnlich auch die Argumentation der *Initiative Volkswille*, o. D. [vor März 1990],

in: ABL, 4.40 *Initiative Volkswille, Weimar/Leipzig*. Zur neuen Verfassung fand 1968 der einzige Volksentscheid in der DDR statt, in dem die Zahl der Stimmenthaltungen und Nein-Stimmen größer war als bei den davor abgehaltenen Volkskammerwahlen, vgl. Bonanni, »Neues zur sozialistischen DDR-Verfassung«, S. 200. Damit sollte »die gesamte jahrelange Argumentation des Gegners hinsichtlich der demokratischen Legitimität der DDR gegenstandslos« gemacht werden, so eine SED-interne Analyse von 1967 (zit. nach ebd., S. 201). Während das Grundgesetz weiterhin als »Provisorium« galt und keine Volksentscheide vorsah, konnte sich die DDR rühmen, die einzige »vom Volk« verabschiedete deutsche Verfassung zu haben.

55 ABL, 4.40 *Freie Initiative '89 Volksentscheid* (Nov. 1990).

56 ABL, 4.40 Aufruf zur Grundwahl, *Bewegung »Wissen für das Volk«* (25.12. (»Julmond«) 1989), S. 1–3.

57 Ebd., S. 4.

58 ABL, 4.40 *Bürgerinitiative Deutsche Friedensbewegung*, o. D. [vor Mai 1990] [Hervorheb. i. O.], S. 1–3.

59 Ebd., S. 2–4.

60 ABL, 4.40 »Die ›Radikale Linke‹ oder Verband linker Nostalgie?«, o. D. [Anfang 1990], S. 2, 11.

61 ABL, 4.40 *Gruppe IV. Internationale*, »Für eine sozialistische Räteregierung«, 10.11.1989; der Verweis auf die *Böhlener Plattform* auf S. 2. Ähnlich wie die *Radikale Linke* argumentierten auch *Studentische Anti-Wiedervereinigungsinitiativen Berlin*, vgl. den Demo-Aufruf »Wollt ihr die Bananenrepublik?«, 19.12.1989, in: ebd.

62 ABL, 4.40, o. D. [ca. Februar 1990]; ähnlich der Aufruf zur Wahlhilfe »Freie Wahlen. Wir haben sie gefordert. Wir müssen sie aber auch durchführen! Es fehlen noch viele Wahlhelfer!«, in: ABL 50.005.01.003.

63 ABL, 4.40 Konzernbonzen statt Parteibonzen? Es reicht!, o. D. [vor März 1990].

64 ABL, 4.40 *Initiative Volkswille, Weimar/Leipzig*, o. D. [vor März 1990], die Unterschriften sollten dem Präsidenten der Volkskammer am 31. März übergeben und über den Vorschlag zur Ergänzung der Verfassung sollte am 7. Oktober 1990 abgestimmt werden – man ging also davon aus, dass die DDR bis dahin noch existieren würde.

65 Das »Weimarer Memorandum« war das Ergebnis von Gesprächen, die im Februar 1989 zwischen ost- und westdeutschen »engagierten Demokraten« in Weimar stattgefunden hatten. Der Ort war zufällig gewählt, dann aber »strömten den Gesprächen aus der Geschichte dieser Stadt so viele Anregungen entgegen, daß man an Fügung glauben mochte, gerade hier sich begegnet zu sein. So bekam das Arbeitsergebnis seine besondere Nuance: Im Memorandum verbindet sich der ›Geist von Weimar‹, der Geist der deutschen Klassik, über die Konstitution der ersten deutschen Republik (1919) mit der Perspektive einer

›deutschen Oktober-Revolution 1989‹ – ›Faust‹ Teil III.« Zit. nach »Weimarer Memorandum«, 18. März 1990, S. 7, http://www.volksgesetzgebung-jetzt.de/sites/default/files/pdf/weimarer-memorandum.pdf

66 ABL, 4.40 *Initiative Volkswille*, S. 2. Beuys hatte 1982 auf der documenta 7 eine Nachbildung der Zarenkrone Iwans des Schrecklichen öffentlich eingeschmolzen und daraus als Friedenssymbole einen Hasen und eine Sonnenkugel gegossen. 1984 machte die »Aktion Volksentscheid«, die sich u.a. in einer Petition an den Bundestag für plebiszitäre Verfahren einsetzte, die Darstellung zum Logo für ihre Sache.

67 Gerhard Meister an Angela van Bademer, Kuratorium für einen demokratisch verfaßten Bund deutscher Länder, 18.9.1990, in: RHA, WU 447 138. Meister ist bis heute im Vorstand des Vereins Internationales Kulturzentrum Achberg e. V. aktiv.

68 Vgl. etwa ABL 50.005.01.003 (Flugblatt der »DDR-Sektion« der *Demokratie-Initiative 90*); RHA, WU 450 101.

69 ABL, 4.40 *Initiative Volkswille*, S. 1 f. [Hervorheb. i. O.].

70 ABL, 4.40 *IDEE Initiative Demokratie Entwickeln e.V.*, Bonn, 28.11.1989 [Hervorheb. i. O.]. Der Verein hatte sein Büro im Keller des Gebäudes, im dem damals auch die Heinrich-Böll-Stiftung saß.

71 Ebd. [Hervorheb. i. O.].

72 ABL, 4.40. Aufbau eines *Arbeitskreises Demokratie* in Frankfurt und Leipzig, 28.2.1990.

73 Zit. aus dem Parteiprogramm von 1980, S. 4 f. Vgl. zum Kontext Milder, *Greening Democracy*. Zu den Petitionen vgl. die Berichte des Petitionsausschusses in Bundestagsdrucksache 10/2979, S. 14 (https://dserver.bundestag.de/btd/10/029/1002979.pdf) bzw. 11/4570, S. 17 (https://dserver.bundestag.de/btd/11/045/1104570.pdf); sowie Geitmann, »Volksentscheide auch auf Bundesebene«. Die »Omnibus«-Initiative setzt bis heute auf die »Verantwortungserfahrung eines jeden Menschen für die Gesamtgestalt weltweiten Zusammenlebens und die Möglichkeit *aller* an deren Mitgestaltung«. Zit. nach Selbstdarstellung auf www.omnibus.org [Hervorheb. i. O.], dort auch der Hinweis auf die lateinische Bedeutung von *omnibus*: »für alle, durch alle, mit allen«.

74 Z. B. in den *Umweltblättern* vom 27.6.1987 und im *Grenzfall* Nr. 04/1987, in: RHA, PS 107/15 und PS 047/08 (ausweichlich des RHA-Findbuchs »Samisdat in der DDR«, S. 74, 143.

75 ABL 40.4 Aufbau eines *Arbeitskreises Demokratie* in Frankfurt und Leipzig, 28.2.1990, S. 1–3.

76 So Gerd Poppe bei der Vorstellung des Entwurfs am 4. April 1990, zit. nach Thaysen, *Der Runde Tisch*, S. 146.

77 Vgl. Klages/Paulus, *Direkte Demokratie*, S. 53 ff.

78 Vgl. dazu u.a. Guggenberger u.a. (Hg.), *Verfassungsdiskussion*. Zuletzt wurden

solche Forderungen dezidiert 2019 rund um das Grundgesetz-Jubiläum erhoben, u.a. von Markus Meckel, vgl. »Das Grundgesetz zur deutschen Verfassung machen«, 18.3.1990, http://markusmeckel.eu/aktuelles/

79 ABL, 4.40. Aufbruch 90, o. D. [Frühsommer 1990].

80 Hollitzer u.a. (Hg.), *Die Friedliche Revolution in Leipzig*, Bd. 1, S. 216 ff., 305. Hattenhauer ist zudem eine der Mitbegründerinnen des ABL.

81 ABL, 4.40. *Aufbruch 90*. [Hervorheb. i. O.]; ferner ABL, 50.005.01.003 Flugblatt der »DDR-Sektion« der *Demokratie-Initiative 90*; sowie ABL, 4.40 *Informationsdienst für direkte Demokratie* Nr. 4/1990, München, 2.7.1990, S. 1–5, darin auch die genannten Prominenten.

82 Banditt, »Das ›Kuratorium‹«; Morina, »Vom Sinn des Vergeblichen«.

83 Allensbach hat im Oktober 1989 nur die Westdeutschen dazu befragt. Damals – noch vor dem Mauerfall und der Wiedereröffnung der »deutschen Frage« – befürworteten nur 17 Prozent ein neues Grundgesetz. Vgl. Noelle-Neumann u.a. (Hg.), *Allensbacher Jahrbuch*, Bd. 9, S. 564 f.

84 ABL, 4.40 Programm der *Deutschen Jugendpartei* (DJP), 28.4.1990, S. 2 f. Ein weiteres, diesmal von Koblenz aus initiiertes Beispiel war die *Gesamtdeutsche Vereinigung Gruppe 146*, die »1989« als Vollendung der Einheits- und Freiheitsbewegung von »1848« deutete. Sie strebte für das Frühjahr 1991 gesamtdeutsche Wahlen zu einer gesamtdeutschen Nationalversammlung an, deren »vordringlichste Aufgabe« die Ausarbeitung einer »Verfassung für ganz Deutschland« sei. Vgl. ABL, 4.40 *Gesamtdeutsche Vereinigung Gruppe 146*.

85 ABL, 4.40 Entwurf Grundlagen zu einer Programmplattform der *Bürgerliste Leipzig*, o. D. [Okt./Nov. 1990], S. 1.

86 Vgl. zur Chiffre ’89 vgl. etwa Jessen, »Das Volk von 1989«; Begrich, »Das ’89-Narrativ«; Frei/Maubach/Morina/Tändler, *Zur rechten Zeit*, Kap. 8.

87 ABL, 4.40 Entwurf Grundlagen zu einer Programmplattform der *Bürgerliste Leipzig*, o. D. [Okt./Nov. 1990], S. 1.

88 Zit. aus dem Bundesprogramm (1980), S. 5.

89 Vgl. zum Kontext jüngst Schikowski, »Parteikritik als Integrationsfaktor«. Ein weiteres Beispiel dafür ist die Gründung einer westdeutschen *Initiative Demokratie Jetzt* im Juni 1990 in Frankfurt am Main als »Schwesterorganisation« von *Demokratie Jetzt* aus der DDR. Sie wollte die »Anliegen und Erfahrungen der dortigen Demokratiebewegung« aufnehmen und sich für eine »Bereicherung unserer parlamentarischen Demokratie durch Möglichkeiten direkter Bürgerbeteiligung« einsetzen. Auch hier war die Rede von einem »erstarrte[n] System der repräsentativen Demokratie, das die BürgerInnen auf eine bloße Zuschauerrolle zwischen den Wahlen beschränkt«. Diese muss »aufgebrochen werden, damit sie Subjekte des politischen Handelns werden«. Bürgerbewegung wird hier als Angebot »zur Einmischung in eigener Sache« definiert. Vgl. die Grün-

dungserklärung von *Demokratie Jetzt*, zit. nach ABL, 4.40 *Informationsdienst für direkte Demokratie* Nr. 4/1990, München, 2.7.1990, S. 3.

90 Zit. nach ABL, 4.40 *Informationsdienst für direkte Demokratie*, 7/1990, München, 2. Juli 1990, S. 4 passim.

91 Zit. nach ABL, 4.40 *Informationsdienst für direkte Demokratie*, 7/1990, München, 2. Juli 1990, S. 4.

92 Zugespitzt hat Felix Stephan dies in Bezug auf die Literatur analysiert, vgl. Stephan, »Die Diktatur der anderen«; zu Sinn und Notwendigkeit einer solchen gesellschaftlichen (Selbst-)Problematisierung vgl. Grafe u.a. (Hg.), *Die Schuld der Mitläufer*; sowie zur »Aufarbeitung« u.a. Handro u.a. (Hg.), *Aufarbeitung der Aufarbeitung*.

93 Klages/Paulus, *Direkte Demokratie*; Mehr Demokratie e.V. (Hg.), *Volksentscheidranking 2021*.

94 Vgl. dazu ferner Morina, »Vom Sinn des Vergeblichen«. Die hohe Zahl der Zuschriften für die Aufnahme plebiszitärer Verfahren ins Grundgesetz entspricht nicht dem Anteil, zu dem sie in den Akten überliefert sind; darin ist ihr Anteil deutlich geringer. Vgl. dazu im Einzelnen Kapitel 4, Fn. 99 in diesem Buch.

95 Banditt, »Das ›Kuratorium für einen demokratisch verfassten Bund deutscher Länder‹«.

96 Redebeitrag auf der 6. GVK-Sitzung, 14.5.1992, zit. nach: Deutscher Bundestag (Hg.), *Bericht und Sitzungsprotokolle*, S. 6 f.

97 ABL, 4.40 *Informationsdienst für direkte Demokratie*, S. 3.

98 ABL, 4.40 *Demokratischer Bund*, S. 1.

99 ABL, 4.40 *Initiative Volkswille*, S. 1 f.

100 ABL, 4.40 *Freie Initiative '89 Volksentscheid* (Nov. 1990) [Hervorheb. C. M.].

101 ABL, 4.40 *Aufbruch 90*. [Hervorheb. C. M.].

102 RHA, WU 450, *Demokratie-Initiative 90*, 8.5.1990, Bl. 101.

103 Ebd., Bl. 46.

104 ABL, 4.40 *Bürgerinitiative Deutsche Friedensbewegung*.

105 Vgl. z. B. Rein (Hg.), *Die Opposition in der DDR*, S. 60, 62.

106 Wolfgang Ullmann, Stichwortmanuskript für eine Rede auf der Gründungsversammlung des *Kuratoriums für einen demokratisch verfassten Bund deutscher Länder*, 16.6.1990, zit. nach Thaysen, *Der Runde Tisch*, S. 210.

107 Noelle-Neumann u.a. (Hg.), *Allensbacher Jahrbuch, Bd. 9*, S. 558.

108 Ebd., S. 546.

109 Sabrow, »Der Konkurs der Konsensdiktatur«.

1 Richard von Weizsäcker, Hauptstadt Berlin (Berliner Rede), abgedr. in: Ders., *Von Deutschland nach Europa*, S. 171 f., 174.

2 Keßler, *Neue Wut*, ab Min. 01:20:00.

3 Richard von Weizsäcker, Hauptstadt Berlin (Berliner Rede), abgedr. in: Ders., *Von Deutschland nach Europa*, S. 172.

4 Hartz u. a. (Hg.), *Moderne Dienstleistungen*, S. 5, https://www.sozialpolitik-aktuell.de/files/sozialpolitik-aktuell/_Politikfelder/Arbeitsmarkt/Dokumente/hartzteil1.pdf

5 Koalitionsvertrag vom 16. Oktober 2002, S. 1, 7, https://library.fes.de/pdf-files/bibliothek/downl/2002_koalitionsvertrag.pdf

6 Butterwegge, *Krise und Zukunft des Sozialstaates*, S. 183. Die mit dem Hartz-IV-Gesetz vom 24.12.2003 (Bundesgesetzblatt, Jg. 2003, Teil I, Nr. 66) eingeführten Maßnahmen (u. a. Zusammenlegung von Arbeitslosengeld und -hilfe, Neuregelung von Arbeitsvermittlung, Weiterbildung und Sanktionen), die ab Januar 2005 umgesetzt wurden, sollten die »Eigenverantwortung von erwerbsfähigen Hilfebedürftigen […] stärken und dazu beitragen, dass sie ihren Lebensunterhalt unabhängig von der Grundsicherung aus eigenen Mitteln und Kräften bestreiten können« (§ 1, Abs. 1). Im *Hamburger Programm* (2007) versuchte die SPD, sich von diesem Framing zu distanzieren: »Arbeitslosigkeit […], meist nicht selbst verschuldet, verletzt die Menschenwürde, grenzt aus und kann krank machen.« (S. 51) https://www.spd.de/fileadmin/Dokumente/Beschluesse/Grundsatzprogramme/hamburger_programm.pdf

7 Vgl. dazu jüngst Böick/Lorke, *Zwischen Aufschwung und Anpassung*; sowie u. a. Ritter, *Der Preis der deutschen Einheit*.

8 Beispielhaft seien genannt: Mau, *Lütten Klein;* Pollack, *Das unzufriedene Volk*; Gammelin, *Die Unterschätzten*.

9 Vgl. dazu die in der Einleitung diskutierte Forschungsliteratur sowie zu aktuellen Tendenzen Böick, *Die Erforschung der Transformation Ostdeutschlands*.

10 BA, B122/38125–BA, B122/38141. In diesen Akten sind die Briefe alphabetisch nach Nachnamen sortiert, oft ist auch eine Antwort des BPA enthalten. Die einzelnen Akten umfassen meist jeweils zwischen ca. 100 und 500 Seiten; ich habe jede vierte Akte herangezogen und ausgewertet.

11 Vgl. dazu Morina, »Vom Sinn des Vergeblichen«, S. 385. Dieser Formulierung liegt die von Kocka vertretene Einsicht zugrunde, dass Zivilgesellschaft »niemals identisch mit real existierenden Gesellschaften« und also kein irgendwie final und abschließend zu erreichender Zustand ist. Vielmehr unterscheiden sich Gesellschaften »nach dem Maß und der Art, in denen

sie Zivilgesellschaften verwirklichen«. Vgl. Kocka, »Zivilgesellschaft als historisches Problem«, S. 35.

12 Die Zahlenangabe stammt von Franz Bertele, dem damaligen Ständigen Vertreter der BRD in der DDR, in einem Bericht an Bundesminister Rudolf Seiters vom 1.2.1990, zit. nach Jäger, *Die Überwindung der Teilung*, S. 110.

13 Kohls Bemerkung fiel in einem Gespräch mit US-Präsident George Bush, zit. nach Ritter, *Der Preis der deutschen Einheit*, S. 64; Lothar de Maizière, »Wirtschaftswunder nur mit starker CDU möglich,« in: *Zeitung zur Wahl*, hg. von der *Allianz für Deutschland*, o. D. [Anfang 1990], S. 14, zit. nach ABL, 1.37.005; zum Wechselspiel vgl. Jäger, *Die Überwindung der Teilung*, S. 137 f. Jäger sieht darin zugleich die »größte persönliche Leistung« Kohls: »Es war eine Gratwanderung zwischen einer die Radikalisierung [sic] der Straße abwehrenden Stabilisierung der positiven Entwicklung einerseits und einer das SED-Regime destabilisierenden Politik andererseits. Der Wandel zu Demokratie und Einheit sollte kontrolliert provoziert werden.« (Ebd.).

14 ABL, 4.40 Entwurf Grundlagen zu einer Programmplattform der *Bürgerliste Leipzig*, o. D. [Okt./Nov. 1990], S. 1; Helmut Kohl zit. nach »Die Gretchenfrage der Republik«, in: *Der Spiegel*, 11/1990, 11.3.1990, S. 24.

15 Vgl. dazu im Detail Klages/Paulus, *Direkte Demokratie*, insb. S. 47–49. »Zirkularperspektive« stammt von Wolfgang Ullmann, zit. nach Thaysen, *Der Runde Tisch*, S. 210.

16 »Aufzeichnung des Bundesministeriums des Innern 27. Februar 1990: Überlegungen zu verfassungsrechtlichen Fragen im Zusammenhang mit der Einigung Deutschlands«, zit. nach Küsters u. a. (Hg.), *Deutsche Einheit*, Dok. Nr. 196, S. 886.

17 Zit. nach ebd., S. 881, 886. Eine systematische Untersuchung dieses Anspruchs – und seiner Verwirklichung – steht noch aus. Bemerkenswert ist etwa der immer wieder hergestellte Bezug zur »psychologischen« Dimension der Einheit (bzw. die Relegation der damit zusammenhängenden *politischen* Fragen in die Ebene der Kollektivpsychologie). Kohl formulierte es in einer Parteivorstandssitzung im Juni 1990 wie folgt: »Wir müssen jetzt den Staatsvertrag unter Dach und Fach bringen und uns dann unverzüglich dem Thema Artikel 23 GG zuwenden [...]. Bei beidem ist es psychologisch sehr wichtig, daß die DDR als voller Partner erkannt wird und daß selbst vernünftige Forderungen in der Sache von unserer Seite nicht formuliert werden, denn das könnte drüben als Anmaßung empfunden werden. Wir haben die seltsame Situation – tiefenpsychologisch übrigens nichts Neues, es ist menschlich und im Privaten ähnlich –, daß diejenigen, die die meiste Hilfe empfangen, am empfindlichsten sind. [...] Ich plädiere in dieser Runde hier sehr dafür, daß jeder von uns, bei jedem Schritt oder Wort, bei dem, was er sagt oder tut, daran denkt, daß es wichtig ist, daß

der Größere auch den größeren Schritt tut. Dann wird die Sache gut gedeihen.« Vgl. Kohl, *Berichte zur Lage*, S. 154.

18 Zit. nach Jäger, *Die Überwindung der Teilung*, S. 115 f. [Hervorheb. i. O.].

19 Die Verfassungsfrage spielte in Kohls damaligem politischem Denken, wie es sich etwa in seinen Berichten an den CDU-Parteivorstand nachvollziehen lässt, erst ab Mai 1990 eine nennenswerte Rolle; zuvor nur insofern, als es um die Grundsatzentscheidung zwischen Art. 23 und 146 GG ging, wobei es dabei für ihn »in Tat und Wahrheit [...] natürlich ganz entscheidend um wirtschaftliche Fragen« ging. Vgl. Kohl, *Berichte zur Lage*, S. 114; 280, 290 f., Zitat S. 123 (23.4.1990).

20 Rudolf Augstein, »Er kann es wirklich nicht«, in: *Der Spiegel*, 11/1990, 11.3.1990, S. 27.

21 Kohl zit. nach Kohl, *Berichte zur Lage*, S. 218, 307, 319; Schäuble, »Aufzeichnung des Bundesministeriums des Innern 27. Februar 1990: Überlegungen zu verfassungsrechtlichen Fragen im Zusammenhang mit der Einigung Deutschlands«, zit. nach Küsters u. a. (Hg.), *Deutsche Einheit*, Dok. Nr. 196, S. 885. Zum »scheinbar neutrale[n]« Abwägungsprozess vgl. im Detail, Jäger, *Die Überwindung der Teilung*, S. 120 ff., Zitat S. 122.

22 Zit. nach Küsters u. a. (Hg.), *Deutsche Einheit*, S. 144.

23 Slogan auf einem Demonstrationsplakat einer »Anti-Anschluß-Demo« im Frühjahr 1990 in Ost-Berlin, zit. nach *Der Spiegel*, 11/1990, 11.3.1990, S. 30. Zu diesem Artikel war die Karikatur »Abschleppen mithilfe des Grundgesetzes?« aus der *Neuen Osnabrücker Zeitung* abgedruckt, die einen vom Kanzler gefahrenen Transportkran mit der Aufschrift »Kohl & co.« und einen Anhänger in Paragraphen-Form zeigt, an dem ein DDR-Schrottauto hing. Zum Armutsdiskurs im geteilten Deutschland, vgl. Lorke, *An den Rändern der Gesellschaft*.

24 Zit. nach Küsters u. a. (Hg.), *Deutsche Einheit*, S. 144.

25 Ritter, *Der Preis der deutschen Einheit*, S. 61, 241–259.

26 So Jürgen Wohlrabe, Präsident des Berliner Abgeordnetenhauses, in seiner Rede anlässlich der Verleihung der Ehrenbürgerwürde am 29.6.1990; Archiv für Christlich-Demokratische Politik, Bestand Jürgen Wohlrabe 01-700-093/1, hier zit. nach https://www.kas.de/documents/268877/268926/7_file_storage_file_2020_1.pdf/ba815bbb-d121-70ab-4d35-6917bfa49f66?version=1.0&t=1539630364978

27 Richard von Weizsäcker, Hauptstadt Berlin (Berliner Rede), abgedr. in: ders., *Von Deutschland nach Europa*, S. 164–175.

28 Ebd., S. 166 f.

29 Ebd., S. 171–174.

30 von Weizsäcker, *Vier Zeiten*, S. 401.

31 Korte, *Gesichter der Macht*, S. 75.

32 Einen guten Überblick mit weiterführenden Überlegungen zur demokratiegeschichtlichen Bedeutung der Debatte und des Beschlusses bietet D'Antonio, »Aufbruch in die Metropole«; zum Forschungsstand vgl. Küsters, »Der Bonn/Berlin-Beschluss«, S. 1, Fn. 4.

33 Erste Verhandlungsrunde über den Vertrag zur Herstellung der Einheit Deutschlands (Einigungsvertrag), Berlin, 6. Juli 1990, zit. nach Küsters u. a. (Hg.), *Deutsche Einheit*, S. 1324–1327.

34 Zweite Verhandlungsrunde über den Vertrag zur Herstellung der deutschen Einheit (Einigungsvertrag), Berlin (Ost), 1.–3. August 1990, zit. nach Küsters u. a. (Hg.), *Deutsche Einheit*, S. 1450. Die Umfragen in Noelle-Neumann u. a. (Hg.), *Allensbacher Jahrbuch*, Bd. 9, S. 674. Im Laufe des Jahres 1991 stieg jedoch die Zustimmung zum Hauptstadtbeschluss auch im Westen wieder (von 21 Prozent im Juli, kurz nach der Entscheidung, auf 43 Prozent im November), vgl. ebd., S. 675.

35 Weizsäcker publizierte sein »Memorandum zur Hauptstadt«, Bonn, Ende Februar 1991 am 10.3.1991 unter dem Titel »Drehscheibe Berlin« im *Spiegel* (Nr. 11/1991), vgl. https://www.spiegel.de/politik/berlin-als-drehscheibe-a-f9f80cc7-0002-0001-0000-000013488163; das Original befindet sich im Archiv für Christlich-Demokratische Politik, Sankt Augustin (ACDP 01-920-001), vgl. Küsters, »Der Bonn/Berlin-Beschluss«, S. 8, Fn. 45. Im Bestand des Bundespräsidialamtes sind zahlreiche Politikerantworten überliefert, die zeigen, dass Weizsäcker mit seinem Brief gerade auch viele Berlin-Gegner von der Notwendigkeit einer zeitnahen Entscheidung überzeugen konnte. Vgl. BA, B122/38125 (Schreiben u. a. von Möllemann, Teufel, Schröder, Brandt, Lambsdorff, Carstens, Rau).

36 So der Kanzler auf eine entsprechende Nachfrage während einer Pressekonferenz kurz nach Weizsäckers »Berliner Rede«. Zit. nach Jörg Bischoff, »Der ›Herr aus der Oberschicht‹ und die Hauptstadtfrage«, in: *Stuttgarter Zeitung*, 19.7.1990, S. 3.

37 Görtemaker, *Berliner Republik*, S. 48.

38 So z. B. BA, B122/38127, S. 42 (10.6.1991), S. 45 (29.5.1991), S. 113 (8.10.1990), S. 149 (6.7.1990); BA, B122/38133, S. 167 (10.6.1991); BA, B122/38139, S. 55 (24.3.1991), S. 67 (3.6.1991), S. 84 (11.10.1990), S. 128 (14.3.1991), S. 175 (24.4.1991). Anfang Juni 1991, wenige Wochen vor der Bundestagsdebatte zum Thema, schlug die SPD-Fraktion im Bundestag den Regierungsparteien – erfolglos – eine Änderung des Grundgesetzes vor, »die es ermöglicht, die in Artikel 2 Abs. 1 Satz 2 des Einigungsvertrages vorgesehene Entscheidung über die Frage des Sitzes von Parlament und Regierung durch einen Volksentscheid zu treffen, der jedenfalls noch in diesem Jahr stattfinden sollte«. Vgl. Hans-Jochen Vogel an Alfred Dregger und Hermann Otto Solms, 3.6.1991, in: BA, B122/38125, S. 32; das Schreiben ging vorab auch z. K. an den Bundes-

präsidenten, vgl. ebd., S. 35 f. (1.6.1991). Die meisten Bürgerbriefe, die einen Volksentscheid forderten, beantwortete das BPA mit zwei ggf. leicht abgewandelten Standardantworten, die dort seit Mitte 1990 feststanden: »Nach der Auffassung des Bundespräsidenten ist die Frage [...] politisch und juristisch offen. Die Entscheidung hierüber wird zu gegebener Zeit ein gesamtdeutscher Souverän, das heißt ein aus gesamtdeutschen Wahlen hervorgegangenes Parlament zu treffen haben.« Vgl. das Schreiben in BA, B122/38125, S. 27, o. D. [Sommer 1990]; oder – so die zweite Standardantwort – mit: »Zu Ihrer Anmerkung, diese Frage solle durch einen Volksentscheid [...] entschieden werden, ist anzumerken, daß ein solcher Volksentscheid aufgrund unserer Verfassungslage derzeit hier nicht möglich ist.« Zit. nach BA, B122/38127, S. 40 (14.6.1991); ähnlich auch u. a. in BA, B122/38139, S. 173 (15.5.1991).

39 Vgl. Schindler (Hg.), *Datenhandbuch*, S. 3149. In der Statistik für das 4. Quartal 1990 schloss die Zahl der Eingaben aus den neuen Bundesländern auch solche aus ganz Berlin ein. Die Herkunft der Petitionen wurde bis zur 15. Wahlperiode (2002–2005) statistisch erhoben; der Anteil ostdeutscher Petenten blieb bis 2005 hoch und changierte zwischen 27,8 und 34,6 Prozent.

40 Ebd., S. 3138 f., 3149.

41 BA, B122/38127, S. 36 (3.4.1991). Ich habe in diesem Bestand jeweils die gesamten (unpaginierten) Akten eingesehen und gebe im Folgenden wiederum mit der Seitenzahl die Position des Dokuments in der Akte an.

42 Richard von Weizsäcker, »Drehscheibe Berlin«, in: *Der Spiegel*, Nr. 11/1991, vgl. https://www.spiegel.de/politik/berlin-als-drehscheibe-a-f9f8 0cc7-0002-0001-0000-000013488163

43 BA, B122/38127, S. 80 (11.3.1991); vgl. etwa ebenso die Sendung eines auch als »ganz einfacher Bundesbürger« schreibenden Ingolstädters, der einen argumentativ ganz ähnlich angelegten Abendkommentar des Bayerischen Rundfunks an den Bundespräsidenten sandte, in: ebd., S. 105–108 (2.7.1990); weitere Beispiele vgl. BA, B122/38133, S. 138 (12.3.1991); sowie BA, B122/38139, S. 84 (11.10.1990), 113 (11.3.1991).

44 BA, B122/38127, S. 120 f. (12.7.1990).

45 BA, B122/38127, S. 137 f. (28.3.1991).

46 BA, B122/38127, S. 265 (11.3.1991).

47 BA, B122/38133, S. 114–118 (2.6.1991).

48 BA, B122/38127, S. 162–164 (16.6.1991), S. 168 (17.5.1991); die Verfasser zitierten die Idee, dass Bonn das »deutsche Washington« geworden sei, aus einem ihrem Schreiben beigefügten *FAZ*-Leserbrief des Historikers und ehemaligen langjährigen Direktors des Deutschen Historischen Instituts Paris, Karl Ferdinand Werner, vom 13.6.1991, ebd. S. 164.

49 BA, B122/38127, S. 63 (10.3.1991). Es gab aber auch Bürgerinnen und Bürger,

die diese »Bevormundung« begrüßten, sie angesichts der Lage für sowohl notwendig als auch verfassungskonform erachteten. Es handele sich hier schließlich um einen Sachverhalt, in dem die politischen Parteien – aus ideologischen, materiellen und/oder persönlichen Motiven – zu einer »seriösen Meinungsbildung nicht bereit seien«, schrieb – eine seltene Ausnahme – ausgerechnet ein Mann aus Bonn; Anlass für sein Schreiben bzw. den übersandten Leserbrief war ein kritischer Kommentar »Über den Zaun« (vermutlich von Robert Leicht) zu Weizsäckers »Memorandum« in: *Die Zeit*, Nr. 12, 15.3.1991, darin hieß es u. a.: »Angenommen, der Bundespräsident hätte sich mit aller Energie dafür eingesetzt, daß Parlament und Regierung in Bonn bleiben – wäre das in Ordnung gewesen? Die Frage, ob sich das Staatsoberhaupt in den politischen Streit fordernd einmischen darf, ist unabhängig davon zu beantworten, wie man im Hauptstadt-Streit denkt. Die Antwort lautet wie bisher: nein.« Vgl. BA, B122/38139, S. 328 (16.3.1991).

50 BA, B122/38127, S. 168 (17.5.1991).

51 BA, B122/38125, S. 2–4 (15.3.1991).

52 BA, B122/38125, S. 5 (15.3.1991).

53 BA, B122/38127, S. 256 (17.4.1991), 265 (11.3.1991), 308 (23.7.1990), 348 (19.8.1990).

54 BA, B122/38127, S. 250 (12.3.1991).

55 BA, B122/38133, S. 142 (10.7.1990).

56 BA, B122/38139, S. 146 (12.2.1991).

57 BA, B122/38139, S. 279 (11.3.1991), 227 (11.3.1991).

58 BA, B122/38127, S. 82 (16.7.1990); BA, B122/38139, S. 279 (11.3.1991).

59 BA, B122/38127, S. 195 f. (19.4.1991), auf die Zusendung der »Verfügung unseres damaligen Führers vom 25. Juni 1940« durch einen Bonner Bürger reagierte das Bundespräsidialamt nach Aktenlage nicht. Sie nahm die »Anweisung«, Berlin müsse »in kürzester Zeit durch seine bauliche Neugestaltung den ihm durch die Größe unseres Sieges zukommenden Ausdruck als Hauptstadt eines starken neuen Reiches erhalten«, ausweislich einer Randnotiz unter Weizsäckers Paraphe »z.d.A.«, also schlicht zu den Akten.

60 BA, B122/38127, 344 (15.3.1991); BA, B122/38139, S. 167 (30.7.1990).

61 BA, B122/38139, S. 222 f. (5.7.1990) [Hervorheb. i. O.].

62 BA, B122/38127, S. 104 (11.6.1991).

63 BA, B122/39127, S. 76 f. (22.7.1990), so etwa auch in BA, B122/38139, S. 210 (7.7.1990).

64 BA, B122/38139, S. 219 (10.7.1990).

65 BA, B122/38139, S. 209 f. (7.7.1990); ähnlich z. B. BA, B122/38127, S. 267 (30.6.1990).

66 BA, B122/38139, S. 178 (17.3.1991), 184 (15.2.1991), 172 (18.3.1991).

67 BA, B122/38139, S. 167 (30.7.1990); BA, B122/38127, S. 325 (11.3.1991), 336 (16.11.1990).

68 Vgl. etwa BA, B122/38127, S. 258 f. (9.3.1991), S. 302 (17.3.1991); BA, B122/38139, S. 271 f. (29.7.1990); zur Einordnung u. a. Frei/Maubach/Morina/Tändler, *Zur rechten Zeit.*

69 Vgl. dazu u. a. Alexopoulou, *Deutschland und die Migration*, S. 136–152, die mangelnden Wohnraum bzw. dessen Unzugänglichkeit für Einwanderer als »Einwanderungsbarriere« bezeichnet, ebd., S. 136; vgl. zum weiteren Phänomen des »Einwanderungsrassismus« Maubach, »Mölln, Solingen«, S. 28 ff. Zur spezifischen Erfahrung von Mauerfall und der frühen Jahre nach der Einheit aus migrantischer Perspektive vgl. etwa König/Steffen, »Erinnern heißt stören!«; Weltz-Rombach/Egilmez, »Mit offenem Blick«; Brumlik u. a. (Hg.), *Ver|un|einigung*; zur Gewaltgeschichte vgl. zuletzt u. a. Virchow, »Rechte Gewalt«; Kössler u. a. (Hg.), *Brandspuren.*

70 So etwa BA, B122/38127, S. 331 (3.8.1990), S. 334 (16.11.1990), S. 342 (11.3.1991); BA, B122/38139, S. 225 (11.3.1991), S. 227 (11.3.1991).

71 Vgl. die vermutlich von einem Referenten stammende Randnotiz in BA, B122/38125, S. 192.

72 BA, B122/38125, S. 192–196 (lt. Eingangsstempel 18.4. und 1.5.1991). Alle grammatikalischen und orthografischen Fehler wurden wie im Original wiedergegeben.

73 BA, B122/38125, S. 190 f. (27.5.1991), S. 194.

74 BA, B122/38127, S. 54–57 (5.8.1990).

75 BA, B122/38125, S. 207 (12.3.1991).

76 BA, B122/38127, S. 174 (15.6.1991).

77 BA, B122/38127, S. 189 (15.3.1991).

78 BA, B122/38139, S. 141 (2.6.1990).

79 BA, B122/ 38139, S. 368 (7.4.1991).

80 BA, B122/38139, S. 141 (2.6.1990); BA, B122/38127, S. 210 (3.4.1991), S. 42 (10.6.1991); BA, B122/38139, S. 325 (26.2.1991); die Solidarität bezog sich mitunter auch auf das, was noch kommen würde – die fünf neuen Länder würden »für Jahrzehnte schlimm dran sein«, schrieb eine Villingerin, es dürfe nach der »wirtschaftlichen Ballung im Westen und Süden Deutschlands« nun nicht auch noch das politische Zentrum im Westen bleiben, vgl. BA, B122/38127, S. 267 f. (30.6.1990).

81 BA, B122/38127, S. 192 (10.4.1991), S. 75 (30.6.1990) [Hervorheb. C. M.], S.176 (16.3.1991), S. 142 (9.12.1990).

82 BA, B122/ 38139, S. 9 (12.6.1991).

83 Vgl. dazu u. a. Frei/Maubach/Morina/Tändler, *Zur rechten Zeit*, S. 43–66; Kahane (Hg.), *Geteilte Erinnerung?*; Heitzer u. a. (Hg.), *Nach Auschwitz*; sowie jüngst Walther, »Commemorating the Shoah«.

84 Neiman, »Wie die beiden Historikerstreite zusammenhängen«, S. 17 f.

85 Görtemaker, *Die Berliner Republik*, S. 46.

86 Laut einer Allensbacher Umfrage hielten ihn 82 Prozent der Ostdeutschen für richtig, zit. nach D'Antonio, »Aufbruch in die Metropole«. Schon im Jahr der Entscheidung 1991 schwankte die Zustimmung zum Hauptstadtbeschluss enorm. Sie lag im Juli bei nur 21 Prozent und stieg auf 43 Prozent im November, vgl. Noelle-Neumann u. a. (Hg.), *Allensbacher Jahrbuch*, Bd. 9, S. 675.
Ein gutes Spiegelbild der Auseinandersetzung mit diesem »Adieu an Bonn und seine Republik« (Joschka Fischer) ist die Textsammlung damals aktiver Politikerinnen und Politiker in Schäfer (Hg.), *Abschied von Bonn*; Zitat Fischer in ebd., S. 77–89.

87 Ritter, *Der Preis der deutschen Einheit*; in europäischer Sicht, Wirsching, *Der Preis der Freiheit*.

88 Zit. nach Christoph Dieckmann, »Ostdeutschland steht auf der Kippe«, in: *Die Zeit*, 2/2001. Zur Einordnung vgl. Böick/Lorke, *Zwischen Aufschwung und Anpassung*, S. 44 f.

89 Vgl. etwa Kollmorgen u. a. (Hg.), *Diskurse der deutschen Einheit*; Böick/Lorke, *Zwischen Aufschwung und Anpassung*; Kowalczuk, *Die Übernahme*; zu wichtigen Teilaspekten dieser Diskursgeschichte vgl. etwa Ahbe u. a. (Hg.), *Die Ostdeutschen in den Medien*; Saunders, *Memorializing the GDR*.

90 Stellvertretend seien genannt: Herbert, *Geschichte Deutschlands*; Görtemaker, *Die Berliner Republik*; Rödder, *Geschichte der deutschen Wiedervereinigung*. Zum politischen Diskurs vgl. u. a. Kaase, »Stichwort: Innere Einheit«; Morina/Bahr, »30 Jahre Wiedervereinigung«.

91 Karl Vick/Simon Shuster, »Angela Merkel. Chancellor of the free world«, *TIME*, 21. Dezember 2005, https://time.com/time-person-of-the-year-2015-angela-merkel/?iid=coverrecirc

92 Weiterführend dazu Gerstenberger u. a. (Hg.), *After the Berlin Wall*; Von Beyme, *Hauptstadt Berlin*; Bauer u. a. (Hg.), *Cultural Topographies*.

93 Als Überblick über die sozioökonomischen Daten vgl. Görtemaker, *Die Berliner Republik*, S. 85 ff., 102 ff.; sowie jüngst Böick/Lorke, *Zwischen Aufschwung und Anpassung*; zu Wahlen, Wahlbeteiligung und Demokratiezufriedenheit vgl. zuletzt Holtmann (Hg.), *Die Umdeutung der Demokratie*; Pollack, *Das unzufriedene Volk*; Korte/Michels/Schoofs/Switek/Weissenbach, *Parteiendemokratie in Bewegung*; Salheiser, »Welche Akzeptanz«, S. 343 f.; zum Stand der Einstellungsforschung vgl. Zick u. a. (Hg.), *Verlorene Mitte*; Decker u. a. (Hg.), *Autoritäre Dynamiken*.

94 Kocka, *Vereinigungskrise*, S. 60. Auch am Ende des Jahrzehnts hielt er an dieser Krisendeutung fest und sprach von einer »sich lange hinziehenden Vereinigungskrise«, obwohl nach der Bundestagswahl 1998 allgemein von einer Entspannung der ost- und innerdeutschen Lagen und einer zunehmenden

Angleichung der Verhältnisse ausgegangen wurde. Vgl. Kocka, »Vereinigungskrise?«, S. 18. Zu Kockas Rolle in der sogenannten Abwicklung vgl. Thijs, »Geschichte im Umbruch«.

95 Kocka, *Vereinigungskrise*, S. 60, S. 50 f.

96 Ebd., S. 149. Zur Jahreszahl: Kocka nannte hier 1992, aber tatsächlich begannen die Angriffe schon 1991. Zu Ausmaß und Einordnung dieser Gewaltwelle vgl. jüngst Virchow, »Rechte Gewalt«; Manthe, »Vom Rechtsterrorismus zur rechtsradikalen Gewalt«.

97 Am 12.11.1990 im *Neuen Deutschland*. Zur Staatsdiskussion vgl. Gemeinsame Verfassungskommission des Deutschen Bundestages und des Bundesrates (GVK) (Hg.), Bericht der Gemeinsamen Verfassungskommission vom 5.11.1993, Drucksache 12/6000, S. 65–82; sowie Konegen, »Grundrechte und Staatszielbestimmungen«.

98 Bremers, »›Ostdeutsche Interessen‹«, S. 422, 441 f., setzt sich kritisch und u. a. auf der Grundlage von Akteursbefragungen mit der These auseinander, ostdeutsche Interessen hätten in der GVK keine Berücksichtigung gefunden. Allein zur Beendigung der Arbeit der GVK erschienen im Oktober 1993 innerhalb weniger Tage über 100 Presseartikel, vgl. Gemeinsame Verfassungskommission (Hg.), *Zusammenstellung der Pressereaktionen*.

99 Vgl. PA, 3418; es handelt sich um 33 Kartons mit 3576 Eingaben (das entspricht ca. 0,45 Prozent aller Eingaben). Nach Auskunft des Archivs lässt sich nicht rekonstruieren, nach welchen Kriterien diese Auswahl getroffen wurde. Auch hier sind die Zuschriften alphabetisch nach Nachnamen sortiert, und ich habe jeden dritten Karton ausgewertet. Ein Drittel aller Zuschriften betraf laut GVK-Statistik plebiszitäre Verfahren, was jedoch nicht dem Anteil dazu überlieferter Akten entspricht, der deutlich geringer ist. Die Statistik des GVK-Sekretariats zit. nach Stenographischer Bericht zur 20. Sitzung der GVK am 22.4.1993, S. 1.

100 Der Antrag stand unter dem Titel »Weiterentwicklung des Grundgesetzes zur Verfassung für das geeinte Deutschland«, vgl. Bundestagsdrucksache 12/415 vom 24.4.1991, S. 1. Man hielt eine »breite, öffentliche Diskussion über die Weiterentwicklung des Grundgesetzes […] für erforderlich. In diese Diskussion sollen *in erster Linie* die Erfahrungen der Bürgerinnen und Bürger der neuen Länder Eingang finden. Auch ausformulierte Verfassungsentwürfe gesellschaftlicher Gruppen sowie Vorschläge zur Änderung von Einzelbestimmungen sollen erörtert werden.« Erörtert werden sollten insbesondere: »Staatszielbestimmung Umweltschutz«, »Konkretisierung des bestehenden Sozialstaatsgebotes zur Gewährleistung von Arbeit und menschenwürdigem Wohnen«, Gleichberechtigung, »Stärkung der Bürgerbeteiligung auch auf Bundesebene«, »Ausbau der Mitbestimmungsrechte für Arbeitnehmerinnen und Arbeitnehmer«, Föderalismus und die Verpflichtung auf eine friedliche Weltordnung. Ebd., S. 1 f. [Hervorheb. C. M.].

101 Klages/Paulus, *Direkte Demokratie*, S. 83. Unter den 32 Bundestagsabgeordneten waren fünf aus Ostdeutschland, und unter den zehn ostdeutschen Ländervertretern waren vier ursprünglich westdeutscher Herkunft. Hier diskutierten dennoch nicht überwiegend Westdeutsche unter sich, denn die Opposition hatte prominente Persönlichkeiten, darunter auch Vertreter der DDR-Bürgerbewegung, in die GVK entsandt, u.a. Wolfgang Thierse, Herta Däubler-Gmelin, Hans-Jochen Vogel, Angelika Barbe, Wolfgang Ullmann und Gerd Poppe. Zur ostdeutschen Interessenvertretung in der GVK vgl. Bremers, »›Ostdeutsche Interessen‹«.

102 PA, 3418/14, Schreiben aus West-Berlin vom 6.10.1992; sowie PA, GVerfK 12/45 (alte Signatur), Eingaben »A«, Teil 1, Schreiben aus Dessau, 8.6.1992.

103 PA, GVerfK 12/45 (alte Signatur), Eingaben »A«, Teil 1, Schreiben aus Lüneburg, 12.10.1992; Schreiben aus Hamburg, 30.8.1992; Schreiben aus March-Hugstetten, 9.6.1992; sowie 3418/14, Schreiben aus Kapfenhardt-Unterreichenbach, 16.1.1992. Dies sind nur einige Beispiele; teilweise befasste sich jeder vierte Brief mit der Frage einer stärkeren Bürgerbeteiligung; so z. B. in GVErfK 12/61 (alte Signatur), Eingaben »M«, Schreiben aus Freiburg, Bielefeld, Moers, Hamburg, München, Gottmadingen, Solingen, Wuppertal u.a. In vielen Zuschriften wurde die Denkschrift und der Verfassungsentwurf des im dritten Kapitel erwähnten *Kuratoriums für einen demokratisch verfaßten Bund deutscher Länder* als Anregung erwähnt oder gar mitgesandt.

104 Vgl. Lindenberger, »Die Diktatur der Grenzen«, S. 24.

105 PA, 3418/104, Schreiben (samt 5-seitigem Anhang) aus Rostock vom 22.1.1992 bzw. 7.11.1989 [Hervorheb. i.O.].

106 PA, 3418/104, Schreiben Dr. Busch, 5.3.1992, der in selbigem auf sein Buch über die parlamentarische Kontrolle verwies und es dem Antwortschreiben auch beifügte.

107 PA, GVerfK 12/45 (alte Signatur), Eingaben »A«, Schreiben aus Dessau, 8.6.1992. Thierse übernahm den Begriff »Parteienabsolutismus« vom früheren Bundesverfassungsrichter Helmut Simon, vgl. Deutscher Bundestag, *Bericht und Sitzungsprotokolle*, S. 367. Weitere ostdeutsche Beispiele in diesem Sinne in ebd., Schreiben aus Weimar, 7.2.1992. »Frauen für eine neue Verfassung« fordern, in den Grundrechten u.a. »die Ausweitung des Schutzes der Verfassung auf BürgerInnenbewegungen« zu verankern, »daß die Abgeordneten des Deutschen Bundestages als Vertreterinnen und Vertreter aller Bürgerinnen und Bürger mindestens zur Hälfte Frauen sein müssen«, aber auch »die ausdrückliche Begrenzung der freien Meinungsäußerung dort, wo die Würde der Frau verletzt wird«; sowie in GVerfK 12/61 (alte Signatur), Eingaben »M«, Schreiben aus Dresden, 10.9.1992, in dem die kritische Diskussion von Plebisziten in der GVK als Beleg für die »Befangenheit der Parteien in alten

Denk- und Machtstrukturen« gedeutet wird, »die genauestens ihrer totalen Kontrolle aller gesellschaftlichen Bereiche entsprechen«.

108 Deutscher Bundestag (Hg.), *Bericht und Sitzungsprotokolle*, S. 364–366.

109 Ebd., S. 364.

110 Ebd., S. 379, 366 [Hervorheb. C.M.]. Zitat »vernünftigen« von Geis, ebd., S. 379.

111 Inzwischen wurden auch alle übrigen Länderverfassungen um direktdemokratische Verfahren ergänzt (zumal es diese etwa in Bayern und Schleswig-Holstein schon vor 1990 gab); in der Praxis werden sie äußerst verschieden gehandhabt. Vgl. dazu summarisch Klages/Paulus, *Direkte Demokratie*, S. 145–286; sowie Mehr Demokratie e.V. (Hg.), *Volksentscheidranking*.

112 Bremers, »›Ostdeutsche Interessen‹«, S. 423; *Pressedienst PDS/Linke Liste im Bundestag*, 2.7.1993, *Pressedienst Bündnis 90/Die Grünen im Bundestag*, sowie der Kommentar der *Sächsischen Zeitung* 29.10.1993, sämtlich zit. nach Gemeinsame Verfassungskommission (Hg.), *Zusammenstellung der Pressereaktionen*, S. 3, 17, 38.

113 Vgl. dazu im Einzelnen Morina, »Vom Sinn des Vergeblichen«.

114 Heribert Prantl, »Moral-Monopoly. Die Wunden der Einheit: Vor 30 Jahren nahm sich der PDS-Abgeordnete Gerhard Riege das Leben – aus Angst vor dem Hass gegen ihn«, in: *Süddeutsche Zeitung*, 5./6.2.2022, S. 6. Der GVK-Abschlussbericht listete den Abgeordneten Dr. Riege als Mitglied mit dem Zusatz »verstorben am 15. Februar 1992« auf (S. 121). In den gängigen Analysen der GVK-Arbeit findet diese menschliche Dimension kaum nennenswerte Berücksichtigung. Lesenswert zu Rieges ambivalenter Biografie und zur damaligen Konfliktlage ist der Nachruf von Keßler, »Gerhard Riege«.

115 Zit. nach Presse- und Informationsamt der Bundesregierung, *Pressespiegel Inland Nr. 254 29.10.1993*, S. 5, abgedruckt in: Gemeinsame Verfassungskommission (Hg.), *Zusammenstellung der Pressereaktionen*.

116 So die Zahlen für das Jahr 2017, vgl. Angenendt, »Parteienvertrauen in Deutschland«, S. 106 f.

117 Pickel/Pickel, »Ost- und Westdeutschland«, S. 485.

118 Vgl. jüngst programmatisch Lübbe-Wolff, *Demophobie*; zum Stand der Diskussion um Bürgerräte siehe etwa Kübler/Leggewie/Nanz, »Demokratische Innovation«.

119 von Weizsäcker, *Vier Zeiten*, S. 393 f. Korte weist darauf hin, dass Weizsäcker durchaus auch, z. B. 1992 im Kontext seiner Kritik an der Parteiendemokratie, als Anwalt des Plebiszitären hervorgetreten sei. Vgl. Korte, *Gesichter der Macht*, S. 38.

120 Baumgarten, »Acht Jahre arbeitslos«. Zum Kontext vgl. Rink/Phillips, »Mobilisierungsframes«, S. 52–54, sowie zur Einordnung als »Wir sind das Volk«-Neuaneignung Frei/Maubach/Morina/Tändler, *Zur rechten Zeit*, S. 196 ff. Zur Wahrnehmung der Agenda-2010-Maßnahmen als Angriff auf

das seit 1990 Erreichte vgl. Keßler, *Neue Wut*, u. a. ab Min. 09:15). Zitate Erholdt Min. 08:00; 10:00. In dieser Dokumentation gibt es auch höchst aufschlussreiche Szenen (etwa Min. 22:00–24:00; 27:00–35:00) zu den Diskussionen der demokratischen Prinzipien und taktischen Mittel in der Bewegung (Stichworte »Runde Tische«, »Einheit der Bewegung«, »Masse erzeugen«, »Marsch auf Berlin?«, »keine Parteien, nur Organisation der Bürger«, Großdemo am 2. oder 3.10.?, wer das Volk sei usw.).

121 Vgl. dazu Frei/Maubach/Morina/Tändler, *Zur rechten Zeit*, S. 197–206; Vorländer, *PEGIDA*; Virchow, »AfD, PEGIDA & Co.«.

122 *Pegida*-Erklärung zum 28. Jahrestag des Mauerfalls, November 2017, www.pegida.de. In dieser Deutung wird die DDR-BRD-Gleichsetzung auf die Spitze getrieben (so auch von der AfD-Bundestagsfraktion, vgl. Kapitel 5.2.), indem behauptet wird: »[Das] Regime ›Merkel‹ hat sich die sozialistischen Strukturen von damals angeeignet, das Volk hat zu funktionieren, Obrigkeitsdevotheit ist erwünscht, gerne auch in der Wahlkabine.« Ebd.

5 Umbruch, Aufbruch, AfD: Ambivalenzen der Demokratie in der Ära Merkel

1 Zit. nach Nora Reinhardt, »Was sie verbindet. Chimamanda Ngozi Adichie und Angela Merkel sprechen über Feminismus und Verlust«, in: *Süddeutsche Zeitung*, 11./12.9.2021, S. 22.

2 Vgl. Kollmorgen, »Aus dem Osten an die Spitze?«, S. 20 f. Die jüngste verfügbare Studie gibt für 2018 den Wert 19,8 Prozent an (wobei die Bundesregierung von einem derzeitigen (2023) Bevölkerungsanteil von 20 Prozent ausgeht), zit. nach Der Beauftragte der Bundesregierung für Ostdeutschland (Hg.), *Ostdeutschland*, S. 145. Weder in diesem Bericht noch im »Bundeskonzept zur Steigerung des Anteils von Ostdeutschen in Führungspositionen« (Jan. 2023, vgl. https://www.bundesregierung.de/breg-de/suche/kabinett-verabschiedet-bundeskonzept-zur-steigerung-des-anteils-von-ostdeutschen-in-fuehrungspositionen-2160222) wird diese – zumindest phasenweise – Überrepräsentation thematisiert. Eine der aktuellsten diesbezüglichen Kritiken, Oschmann, *Der Osten*, S. 112, erwähnt diesen Umstand, ohne aber dessen Erklärungsbedürftigkeit auch nur anzudeuten.

3 Gammelin, *Die Unterschätzten*; Birthler, *Halbes Land*. Nicht minder relevant sind die Ebenen der Landes- und Kommunalpolitik, die eigene zeithistorische Forschungen verdienen; viele der Protagonisten des demokratischen Aufbruchs von 1989/90 brachten sich hier ein. In den ostdeutschen Bürgerbewegungsarchiven, u. a. in Leipzig (ABL) und Jena (ThürAZ), reicht die Überlieferung der oppositions- und revolutionsbezogenen Vor- und Nachlässe

oft bis weit in die 1990er Jahre. Zur Historisierung vgl. jüngst u. a. Hesse, »Die ›Ostler‹ in Bonn«; Schröter, »Ein ostdeutscher Marsch«.

4 Bundesministerium für Wirtschaft und Energie (Hg.), *Politische Partizipation*, S. 92.

5 Ebd., S. 93. Auch im westdeutschen Demokratiealltag gibt es natürlich Enttäuschung, doch durch den fundamental anders gelagerten politischen Kommunikationsprozess und Organisationsgrad, der hier politische Konflikte und Entscheidungen prägt, ist diese Enttäuschung viel weniger frustrationsgeladen und wirkt selten rein destruktiv; sie ist als »kommunikativer Code« und »moderate Dissensformel« vielmehr integraler Bestandteil demokratischer Gemeinschaftsbildung und Konfliktbewältigung. Vgl. dazu Gotto, *Enttäuschung*, S. 351 f.

6 Zur Unterscheidung und Präzisierung von Rechtspopulismus und dem autoritären Nationalradikalismus der AfD vgl. Heitmeyer/Freiheit/Sitzer, *Rechte Bedrohungsallianzen*, S. 102 ff.; sowie Heitmeyer, *Autoritäre Versuchungen*, S. 234 f.

7 Hans Monath, »Der Osten hat mehr Einfluss als jede andere Region«, Interview mit Wolfgang Schroeder, in: *Der Tagesspiegel*, 18.6.2021, https://www.tagesspiegel.de/politik/analyse-zu-den-neuen-bundeslaendern-der-osten-hat-mehr-einfluss-als-jede-andere-region/27268832.html

8 Der Beauftragte der Bundesregierung für Ostdeutschland, *Ostdeutschland*, S. 3 f.

9 Das Forschungsprojekt »Elitenmonitor« soll die »Personelle Unterrepräsentation der Ostdeutschen in zentralen Führungspositionen« untersuchen; das Elitenförderungskonzept wurde im Januar 2023 als »Bundeskonzept zur Steigerung des Anteils von Ostdeutschen in Führungspositionen« vorgestellt, vgl. https://www.bundesregierung.de/breg-de/suche/kabinett-verabschiedet-bundeskonzept-zur-steigerung-des-anteils-von-ostdeutschen-in-fuehrungspositionen-2160222

10 Brückweh, »Unter ostdeutschen Dächern«, S. 204 ff., 209. 5 Prozent der Anträge wurden mit einer Entschädigung beschieden, und bei weiteren 5 Prozent wurde die staatliche Verwaltung aufgehoben.

11 Emmert/Jung/Roth, »Zwischen Konstanz und Wandel«, S. 73 ff.

12 »Abschied eines Buhmanns«, in: *Der Spiegel* 51/1994, 18.12.1994. Zur Treuhand als »Arena des Übergangs«, vgl. Böick, »Vom Werden und Vergehen«; ders., *Die Treuhand*; zum Protestgeschehen u. a. ders., »›Aufstand im Osten?‹«; sowie Burchardt, »Protestverhalten«.

13 Vgl. Botsch, »From Skinhead-Subculture«.

14 Die Datenlage ist hier uneindeutig, da die Demokratiezufriedenheit mit je unterschiedlichen Formulierungen abgefragt wird (z. B. »Was würden Sie allgemein zur Demokratie in der Bundesrepublik Deutschland, d.h. zu unseren politischen Parteien und zu unserem ganzen politischen System sagen?« (1977–1988), in: Tausendpfund, »Zufriedenheit mit der Demokratie«, S. 31 f.; oder

es wurde nach der »Zufriedenheit mit dem Funktionieren der Demokratie« gefragt, so in einer Erhebung von 2018, vgl. Brachert, »Bestimmungsgründe«, S. 254 f.). Aktuelle Studien bestätigen den stabil-positiven Trend, vgl. zuletzt Jaeck, »Die ›langen Wellen‹«, S. 46 f. Vermutlich würde eine Metaanalyse, die diese Inkonsistenzen angemessen berücksichtigt, den ca. 20-Prozent-Unterschied bestätigen. Die Angaben zur prinzipiellen Zustimmung zit. nach Tausendpfund, »Zufriedenheit mit der Demokratie«, S. 31 f.

15 Vgl. Decker/Kiess/Eggers/Brähler, »Die ›Mitte‹-Studie in Deutschland«, S. 52; zwischen 2011 und 2016 stieg dieser Wert auch in Ostdeutschland auf bis zu 94 Prozent.

16 Vgl. Kroh/Fetz/Jacobsen, »Neue Partei und rechte Traditionen«, S. 232; ähnlich argumentieren Decker u. a. (Hg.), *Die enthemmte Mitte*, S. 8. Inwieweit hier vergleichbare und auch jeweils spezifische ost- und westdeutsche Traditionen zusammenkommen, bleibt noch zu untersuchen. Zu radikalnationalistisch-rechtsextrem-rassistischem Basispotenzial und »geschlossen rechtsextremem Weltbild« vgl. Decker/Kiess/Eggers/Brähler, »Die ›Mitte‹-Studie in Deutschland«, S. 48.

17 Brachert, »Bestimmungsgründe«, S. 233. Eigene Berechnung auf Grundlage aller Landtagswahlergebnisse von 2014 bis zur Berliner Abgeordnetenwahl im Februar 2023.

18 Mullis/Zschocke, *Regressive Politiken*, S. 6 ff. Gleichwohl ist auch dies keine hinreichende Erklärung, zumal es sich hier noch nicht um gesicherte Forschungsergebnisse handelt. Mullis/Zschocke kritisieren zu Recht, dass die aktuelle politik- und sozialwissenschaftliche Forschung zu schematisch sowie zu wenig vergleichend und »von unten« angelegt sei. Ihre derzeit laufende »lokalisierte« Studie zu Frankfurt am Main und Leipzig verspricht weiterführende Erkenntnisse. Vgl. ebd., S. 25 ff.

19 Die hier folgenden Überlegungen bauen auf die Argumentation auf, die ich im Kapitel »›Wir sind das Volk!‹ Demokratie und Polarisierung im vereinigten Deutschland«, in: Frei/Maubach/Morina/Tändler, *Zur rechten Zeit*, S. 183–206, entwickelt habe. Vgl. zudem Heitmeyer/Freiheit/Sitzer, *Rechte Bedrohungsallianzen*, S. 102–116.

20 Alternative für Deutschland, *Grundsatzprogramm*, S. 6.

21 Heitmeyer, *Autoritäre Versuchungen*, S. 310.

22 Heitmeyer/Freiheit/Sitzer, *Rechte Bedrohungsallianzen*, S. 102; Zitat »Sammelbecken« nach Bergmann/Diermeier/Niehues, »Die AfD«, S. 60; zum Beispiel Baden-Württemberg vgl. Schmitt-Beck/van Deth/Staudt, »Die AfD«. Auch weitere Studien bestätigen diese Befunde, vgl. dazu jüngst Brinkmann u. a. (Hg.), *Rechtspopulismus*, darin insb. zur Statusangst Manow/Schwander, »Eine differenzierte Erklärung«.

23 Alternative für Deutschland, *Grundsatzprogramm*, S. 8 f.

24 Zit. nach »Erklärung zum deutschen Staatsvolk und zur deutschen Identität« (Grundsatzbeschluss des AfD-Bundesvorstands vom 18.1.2021, https://www.afd.de/staatsvolk/). Mit der Erklärung wollte die Partei Behauptungen entgegentreten, sie vertrete einen ethnisch-kulturell verengten Volksbegriff. Es sei »ein völlig legitimes politisches Ziel, welches sowohl dem Geist als auch den Buchstaben des Grundgesetzes entspricht, das deutsche Volk, seine Sprache und seine gewachsenen Traditionen langfristig erhalten zu wollen«.

25 Kellershohn u. a. (Hg.), *Kulturkampf*, S. 12.

26 Alternative für Deutschland, *Grundsatzprogramm*, S. 30 f., 10 f. Das Jahr 1919 findet lediglich pflichtschuldig einmal im Zusammenhang mit der deutschen Verfassungsgeschichte Erwähnung, ebd., S. 10.

27 Ebd., S. 6 f., 13. Unter Verweis auf eine Umfrage aus dem Jahre 2016, nach der sich 70 Prozent der Deutschen eine Direktwahl wünschten, sah die AfD-Fraktion in ihrem Antrag die »Direktwahl des Bundespräsidenten [als] das geeignete Mittel, um den Stimmen der Bürger mehr Beachtung zu schenken, und um hierdurch zu verhindern, dass die hierzulande weit verbreitete Politikverdrossenheit weiter zunimmt«. Vgl. Deutscher Bundestag, Drucksache 20/198 vom 7.12.2021, S. 1 f., https://dserver.bundestag.de/btd/20/001/2000198.pdf

28 Alternative für Deutschland, *Grundsatzprogramm*, S. 6, 9, 11, 13.

29 So beispielsweise der sachsen-anhaltinische Abgeordnete Hans-Thomas Tillschneider im Landtagswahlkampf 2021: »[W]ir stehen gegen alle Alt-Parteien […] und gegen diese Politik der Alt-Parteien, die nicht in unserem Interesse ist, die nicht von unten nach oben funktioniert. Dagegen setzen wir Politik im Interesse unseres Volkes, die von unten nach oben funktioniert.« Zit. nach Niklas Ottersbach »Sachsen-Anhalt vor der Landtagswahl. Radikale AfD, zerrissene CDU«, in: *DLF-Hintergrund*, 4.6.2021, https://www.deutschlandfunk.de/sachsen-anhalt-vor-der-landtagswahl-radikale-afd-zerrissene-100.html; oder auch die AfD Berlin-Spandau, vgl. https://m.facebook.com/afdspandau/videos/andreas-otti-politik-von-unten-nach-oben/634579496893725/?locale=pl_PL&_rdr

30 Zit. nach Henrike Roßbach, »Die Mitnehmerin«, in: *Süddeutsche Zeitung*, 23.8.2019, S. 6.

31 Zur Geschichte der Partei vgl. zusätzlich zur bereits zitierten Literatur Lewandowsky, »Alternative für Deutschland (AfD)«; sowie Amann, *Angst für Deutschland.*

32 Zit. nach Geiges, »Wie die AfD im Kontext der ›Flüchtlingskrise‹ mobilisierte«, S. 59; Kubitschek, *Spurbreite*, S. 122; Pirinçci, *Umvolkung*.

33 Camus; *Revolte*; zur Bedeutung dieser »rechtsintellektuellen Szene« und der Untergangsbehauptung vgl. etwa Heitmeyer/Freiheit/Sitzer, *Rechte Bedrohungsallianzen*, S. 117–126; Speit, »Reaktionärer Klan«; Quent, *Deutschland rechts außen*, S. 179–209; Weiß, *Die autoritäre Revolte*, S, 72 ff.

34 Zur Geschichte der Partei vgl. Lewandowsky, »Alternative für Deutschland (AfD)«, S. 161–170; sowie Amann, *Angst*; zur »Herbstoffensive« vgl. Geiges, »Wie die AfD«.

35 Vgl. Decker u. a. (Hg.), *Die enthemmte Mitte*, S. 8; zum Anstieg gruppenbezogener Menschenfeindlichkeit Heitmeyer, *Autoritäre Versuchungen*.

36 Jana Merkel, Michael Richter, »Die Story im Ersten: Am rechten Rand«, ARD-Erstausstrahlung: 15.10.2018.

37 Zit. nach »AfD will ›Wende 2.0‹ – erst im Osten, dann im ganzen Land«, in: *Süddeutsche Zeitung*, 14.7.2019.

38 Von der – zumindest vorübergehend identitätsstiftenden – »erlebten Volksbewegung« sprach einmal der Thüringer Landesbischof Werner Leich, hier zit. nach Neubert, *Geschichte*, S. 887; zum Erinnerungsort 1989 vgl. etwa Jarausch, »Der Umbruch 1989/90«. Zum ethnokratischen Demokratieverständnis, in dem »gesellschaftliche und politische Teilhabe direkt an die sozio-kulturelle Kollektividentität einer Mehrheitsgesellschaft« geknüpft ist, siehe Salheiser, »Welche Akzeptanz hat die repräsentative Demokratie«, S. 355.

39 Freiligraths Lied wurde in den 1970er Jahren in der DDR-Folk- und Liedermacherszene als antiautoritäres Kunstwerk wiederentdeckt, in dem nicht zuletzt auch die Freiheits- und Einheitsgedanken des nicht mehr gesungenen Textes der DDR-Nationalhymne (»Deutschland, einig Vaterland«) anklangen. Vgl. dazu Schulze, »Was lange gärt«, S. 115 f.; Reichel, *Glanz und Elend*, S. 93.

40 Zit. nach Mitter/Wolle, *Ich liebe euch doch alle!*, S. 216; vgl. dazu auch Pollack, »›Wir sind das Volk‹«, S. 192 f.

41 Zu dieser Entwicklung vgl. Virchow, »AfD, PEGIDA & Co.«.

42 Zit. nach Peter von Becker, »Radikaler Protest über Sachsen hinaus: Warum viele die Demokratie missverstehen«, in: *Der Tagesspiegel*, 23.2.2016, https://www.tagesspiegel.de/politik/warum-viele-die-demokratie-missverstehen-3699025.html; Christian Bengel, »Legida. Der Hass von Leipzig,« in: *ZEIT ONLINE*, 13.1.2015, https://www.zeit.de/politik/deutschland/2015-01/legida-demonstration-leipzig/komplettansicht

43 Weiß, *Die autoritäre Revolte*, S. 139.

44 Vgl. den Demonstrationsaufruf »Großer Dresdner Friedenspaziergang mit Appell für Waffenstillstand und Friedensverhandlungen« vom 25.2.2023 sowie die Presseerklärung zum 1. Jahrestag des Kriegsbeginns vom 22.2.2023, beides auf: www.pegida.de

45 Zit. nach ebd., S. 140. Weiß, *Die autoritäre Revolte*, S. 135–154.

46 Vgl. dazu u.a. Christoph Dieckmann u. a., »Neues aus der Tabuzone«, in: *Die Zeit*, Nr. 52, 17.12.2014, https://www.zeit.de/2014/52/pegida-dresden-wutbuerger-nationalismus-afd/komplettansicht; Melanie Amann, »Jürgen Elsässer: So denkt der Chefideologe der Neuen Rechten«, in: *Spiegel Online*, 13. Januar 2018, https://www.spiegel.de/spiegel/juergen-elsaesser-der-chefideologe-

der-neuen-rechten-a-1187601.html; sowie systematisierend Weiß, *Die autoritäre Revolte*, S. 139–154; und Vorländer, *PEGIDA*.

47 Amadeu-Antonio-Stiftung, *Leben in Gefahr*, S. 16, 8–11. »Aufstand der Bürger« findet sich u.a. bei Kubitschek, *Spurbreite*, S. 123 ff. Zur Rhetorik des »Volksaufstands« vgl. etwa Hannes Munzinger u.a., »Das gefährliche Weltbild von Pegida«, in: *Süddeutsche Zeitung*, 4.2.2016, https://www.sueddeutsche.de/politik/facebook-auswertung-das-gefaehrliche-weltbild-von-pegida-1.2835993

48 Virchow, »AfD, PEGIDA & Co.«, S. 3. Zu den Ereignissen in Chemnitz vgl. Quent, *Deutschland*, S. 19–29; Brichzin/Laux/Bohmann, *Risikodemokratie.*

49 Sundermeyer, *Gauland*, S. 48.

50 Alexander Gauland, »Treue zur alten Zeitung. Andere Lesegewohnheiten und ein Rest Ostalgie«, in: *Frankfurter Allgemeine Zeitung*, 18.5.1998, S. B4. Vgl. ferner auch seine Deutung ostdeutscher Umbruchserfahrungen in Gauland, *Anleitung*, S. 76–79.

51 Ellen Kositza/Götz Kubitschek, »Sein und Haben. Notizen aus Deutschlands Mitte«, in: *Sezession* 7 (2004), S. 25 f.

52 Ebd., S. 25 f., 28.

53 Kubitschek, *Spurbreite*, S. 10. Vgl. jüngst Von der Lühe, »Ernst Jünger«, Zitat S. 24; sowie einordnend Herf, *Reactionary Modernism*, S. 70–108. Es ist eines der Kernmotive des Faschismus, insbesondere junge Männer glauben zu machen, dass ihre Existenz keinen Sinn habe und erst durch das Engagement für eine Sache (»Auftrag«) unter einem Führer ihre »Lage« lebenswert würde. Kubitschek zitiert dieses Motiv am Beginn seines Buches, es ist ein zentraler Ausgangspunkt seines Denkens. Vgl. Kubitschek, *Spurbreite*, S. 10.

54 Nach dem Einzug der Partei in die Landtage von Sachsen, Thüringen und Brandenburg prophezeite er, was künftig von deren Agitation zu erwarten sei: »nichts anderes als das Verlesen eines Katalogs des Versagens der Altparteien [...], und ein Aufruf zu einer Kursänderung um 180 Grad«. Vgl. Kubitschek, *Spurbreite*, S. 122. Zu Höckes Weltbild und Rolle vgl. Klikauer, *Alternative*, S. 111–126; Kemper, »... die neurotische Phase überwinden«.

55 Kubitschek, *Spurbreite*, S. 133 f. Zu Jüngers »Schwungrad«-Metaphorik vgl. Demant, *Zwischen Aktion und Kontemplation*.

56 Kubitschek, *Spurbreite*, S. 10; 123–134.

57 Ebd., S. 132 f. Zum Plagiat vgl. Weiß, *Die autoritäre Revolte*, S. 148–152.

58 Kemper, »... die neurotische Phase«, S. 47–54; Kubitschek, »Höcke und Poggenburg, Henkel und Stein, AfD und Pegida«, 1.4.2015, https://sezession.de/49053/hoecke-und-poggenburg-henkel-und-stein-afd-und-pegida?hilite=Erfurter+resolution

59 Götz Kubitschek, »›Die Erfurter Resolution‹ der AfD – eine rasche Bewertung«, 14.3.2015, https://sezession.de/48882/die-erfurter-resolution-der-afd-eine-

rasche-bewertung; sowie ders., »Höcke und Poggenburg, Henkel und Stein, AfD und Pegida«, 1.4.2015, https://sezession.de/49053/hoecke-und-poggenburg-henkel-und-stein-afd-und-pegida?hilite=Erfurter+resolution

60 Die Resolution ist seit der Auflösung des »Flügels« im Original online nur noch auf versprengten Seiten abrufbar, u. a. hier: https://gei-ge.de/node/1571270400041474/erfurterresolution.pdf; eine Zusammenfassung mit längeren Zitatausschnitten bietet Kemper, »... die neurotische Phase«, S. 50 ff.

61 Götz Kubitschek, »Editorial: Es gibt keine Alternative im Etablierten«, in: *Sezession* 65 (2015), S. 1 f.

62 Höcke, *Nie zweimal in denselben Fluss*, S. 228 f.

63 Im Einzelnen dazu Schroeder u. a. (Hg.), *Smarte Spalter*; sowie Hillje, *Das »Wir« der AfD*.

64 Vgl. Pfahl-Traughber, »Die AfD«; Gärditz, »Die Alternative«; Bundesamt für Verfassungsschutz, Pressemitteilung vom 26.4.2023. https://www.verfassungsschutz.de/SharedDocs/pressemitteilungen/DE/2023/pressemitteilung-2023-2-ifs-ein-prozent-ja.html

65 »Zehn Jahre AfD – eine Chronik«, in: *Sezession* 112 (Februar 2023), S. 14.

66 Vgl. etwa die Beiträge zum Themenschwerpunkt »10 Jahre AfD« im Heft 112 der *Sezession*; sowie die konzise Einschätzung dazu in Gareth Joswig, »Die AfD verrottet von unten«, Interview mit Gideon Botsch, in: *taz*, 5.2.2023, https://taz.de/Politikwissenschaftler-ueber-10-Jahre-AfD/!5913279/

67 Zit. nach Leonie Feuerbach, »Gründungsfeier unter Feinden«, in: *Frankfurter Allgemeine Zeitung*, 7.2.2023.

68 Zit. nach Nora Reinhardt, »Was sie verbindet. Chimamanda Ngozi Adichie und Angela Merkel sprechen über Feminismus und Verlust«, in: *Süddeutsche Zeitung*, 11./12.9.2021, S. 22. Die hier folgenden Überlegungen bauen auf die Argumentation auf, die ich im Vortrag »Angela Merkel. Die ostdeutsche Kanzlerin«, in: *Deutschlandfunk Nova* (Erstausstrahlung 12.9.2021) entwickelt habe; https://www.deutschlandfunknova.de/beitrag/angela-merkel-die-ostdeutsche-bundeskanzlerin

69 Angela Merkel: »Finde es schön, dass eine Ostdeutsche Kanzlerin werden konnte«, RND-Interview, 2.10.2020, https://www.rnd.de/politik/merkel-im-interview-zur-wiedervereinigung-finde-es-schon-dass-eine-ostdeutsche-kanzlerin-werden-konnte-BZQJTAZVUFB3XNNGQHSA7KUIGA.html

70 Regierungserklärung von Bundeskanzlerin Dr. Angela Merkel vor dem Deutschen Bundestag am 30. November 2005 in Berlin, https://www.bundesregierung.de/breg-de/service/bulletin/regierungserklaerung-von-bundeskanzlerin-dr-angela-merkel-795782

71 Rede von Bundeskanzlerin Merkel anlässlich des Festakts zum Tag der Deutschen Einheit am 3. Oktober 2021 in Halle/Saale, 2.10.2021, https://www.bundeskanzlerin.de/bkin-de/aktuelles/rede-von-bundeskanzlerin-merkel-

anlaesslich-des-festakts-zum-tag-der-deutschen-einheit-am-3-oktober-2021-in-halle-saale-1964938

72 Regierungserklärung von Bundeskanzlerin Dr. Angela Merkel vor dem Deutschen Bundestag am 30. November 2005 in Berlin, https://www.bundesregierung.de/breg-de/service/bulletin/regierungserklaerung-von-bundeskanzlerin-dr-angela-merkel-795782

73 Angela Merkel, Rede von Bundeskanzlerin Merkel bei der 368. Graduationsfeier der Harvard University am 30. Mai 2019 in Cambridge/USA, https://www.bundeskanzlerin.de/bkin-de/aktuelles/rede-von-bundeskanzlerin-merkel-bei-der-368-graduationsfeier-der-harvard-university-am-30-mai-2019-in-cambridge-usa-1633384. Ganz ähnlich erzählte sie diese Geschichte bereits am 8. Juni 2011 aus Anlass der Verleihung der *Presidential Medal of Freedom* durch U.S.-Präsident Barack Obama im Rosengarten des Weißen Hauses. Vgl. https://archiv.bundesregierung.de/archiv-de/rede-der-bundeskanzlerin-anlaesslich-der-verleihung-der-presidential-medal-of-freedom-waehrend-des-staatsbanketts-418664. Es gibt auch eine von ihr verschriftlichte und in Deutschland veröffentliche Version dieser Erzählung, allerdings wurde sie in dieser Form in Deutschland m. W. von ihr nicht als Rede gehalten. Vgl. Merkel, »Der 9. November hat mein Leben verändert«.

74 Koelbl, *Spuren der Macht*, S. 48 ff.

75 Als ersten Versuch einer zeithistorischen Einordnung vgl. Thießen, *Auf Abstand.*

76 Fernsehansprache von Bundeskanzlerin Angela Merkel, 18.3.2020, https://www.bundesregierung.de/breg-de/aktuelles/fernsehansprache-von-bundeskanzlerin-angela-merkel-1732134

77 Vgl. RND-Interview mit Angela Merkel, »Finde es schön, dass eine Ostdeutsche Kanzlerin werden konnte«, 3.10.2020, https://www.rnd.de/politik/merkel-im-interview-zur-wiedervereinigung-finde-es-schon-dass-eine-ostdeutsche-kanzlerin-werden-konnte-BZQJTAZVUFB3XNNGQHSA7KUIGA.html

78 Ein Überblick dazu bietet u. a. Alexander, *Machtverfall.*

79 Qvortrup, *Angela Merkel.*

80 Karl Vick/Simon Shuster, »Angela Merkel. Chancellor of the free world«, in: *TIME*, 21.12.2005, https://time.com/time-person-of-the-year-2015-angela-merkel/?iid=coverrecirc

81 Roll, *Die Erste*, S. 36, 45.

82 Kornelius, *Angela Merkel*, S. 26–27, 45, 33.

83 Annina Baur, »Die Kanzlerin, die keine Feministin sein will«, in: *Women's History*, 2/2021, S. 10.

84 Reuth/Lachmann, *Das erste Leben.*

85 Vgl. »Merkel-Biograf fühlt sich missverstanden«, in: *Die Zeit*, 15.5.2013, https://www.zeit.de/politik/deutschland/2013-05/merkel-biograf-ddr-vergangenheit

86 Vgl. etwa die Selbstdarstellung von *Pegida* als »Widerstandsbewegung«, die 25 Jahre nach der Revolution gegen die SED nun gegen eine erneute Diktatur mit »sozialistischen Strukturen« kämpfe: »Im Jahre 2014 ist wieder im Osten – in Dresden – eine Widerstandsbewegung gewachsen, die sich nun seit 3 Jahren regierungskritisch und islamkritisch gegen eine Regierung stellt, die, wie zu tiefsten DDR-Zeiten, permanent gegen die Mehrheit des Volkes entscheidet. Das Regime ›Merkel‹ hat sich die sozialistischen Strukturen von damals angeeignet, das Volk hat zu funktionieren, Obrigkeitsdevotheit ist erwünscht, gerne auch in der Wahlkabine.« Post zum 28. Jahrestag des Mauerfalls, 9.11.2017, https://www.pegida.de/

87 https://www.afd.de/beatrix-von-storch-merkels-antidemokratische-solidaritaet-mit-der-sed-ist-ungebrochen/

88 Merkel/Müller-Vogg, *Mein Weg*, S. 61. Kritisch dazu Reuth/Lachmann, *Das erste Leben*, S. 106–117.

89 https://www.spiegel.de/netzwelt/web/angela-merkel-wahlkampfplakat-mit-sed-spruch-ist-eine-bildmontage-a-1165240.html

90 Nur die *Tagesschau* erwähnte die Rede kurz in ihrer Online-Ausgabe (ließ aber die persönlichen Merkel-Angriffe unerwähnt): »Im Lauf der Debatte kam es schließlich doch noch zu Misstönen. Marc Jongen von der AfD verglich die heutige Bundesrepublik mit der DDR. Deutschland sei auf dem Weg in den Sozialismus.« https://www.tagesschau.de/inland/wiedervereinigung-30-jahre-101.html

91 Zit. nach Deutscher Bundestag, 19. Wahlperiode, 181. Sitzung, 2.10.2020, *Stenographischer Bericht*, S. 22754 f., https://dserver.bundestag.de/btp/19/19181.pdf

92 Ebd., S. 22769 f.

93 Vgl. dazu pointiert Morina, »Das Staatsproblem«.

94 Bösch, *Macht und Machtverlust*, S. 56 f.

95 Angela Merkel: »Finde es schön, dass eine Ostdeutsche Kanzlerin werden konnte«, RND-Interview, 2.10.2020, https://www.rnd.de/politik/merkel-im-interview-zur-wiedervereinigung-finde-es-schon-dass-eine-ostdeutsche-kanzlerin-werden-konnte-BZQJTAZVUFB3XNNGQHSA7KUIGA.html

96 Ebd.

97 Vgl. Rede von Bundeskanzlerin Angela Merkel anlässlich des Festakts zum Tag der Deutschen Einheit am 3. Oktober 2021 in Halle/Saale, 2.10.2021, https://www.bundeskanzlerin.de/bkin-de/aktuelles/rede-von-bundeskanzlerin-merkel-anlaesslich-des-festakts-zum-tag-der-deutschen-einheit-am-3-oktober-2021-in-halle-saale-1964938

98 Ebd. Auch im o. g. Interview vom Oktober 2020 (vgl. Fn. 95) führte Merkel ihre persönlichen Erfahrungen an, allerdings deutlich zurückhaltender, ohne offene Stigmatisierungskritik: »Wenn man in seiner Jugend nicht in Italien oder

Spanien sein konnte und stattdessen in Bulgarien, Rumänien oder Polen, dann hat man einfach einen anderen Erfahrungshorizont und kann bei manchen Dingen nicht mitreden. Das ging mir ja selbst auch so.«

99 Bundesministerium für Wirtschaft und Energie, *Politische Partizipation*.

100 Angela Merkel: »Finde es schön, dass eine Ostdeutsche Kanzlerin werden konnte«, RND-Interview, 2.10.2020, https://www.rnd.de/politik/merkel-im-interview-zur-wiedervereinigung-finde-es-schon-dass-eine-ostdeutsche-kanzlerin-werden-konnte-BZQJTAZVUFB3XNNGQHSA7KUIGA.html

101 Korte, »Regieren unter schwindenden Gewissheiten«.

102 Vgl. dazu Bundesministerium des Innern, *Abschlussbericht*; zit. nach Pressemitteilung der Bundesregierung »Zukunftszentrum als Symbol eines geeinten Deutschlands«, 17.10.2022, https://www.bundesregierung.de/breg-de/themen/deutsche-einheit/zukunftszentrum-einheit-2059090. Zur Kritik vgl. Morina, *Deutschland und Europa*, S. 9f.

103 U. a. Adler, *Die Ukraine und wir*; Bingener/Wehner, *Die Moskau-Connection*.

104 Koelbl, *Spuren der Macht*, S. 48.

105 Vgl. summarisch auch Morina, »Vom Sinn des Vergeblichen«, S. 387–389.

106 So in einer Rede vor dem Hamburger Übersee-Club e.V. vom Februar 2001, vgl. Angela Merkel, »Die Wir-Gesellschaft: Über die Notwendigkeit einer Neuen Sozialen Marktwirtschaft«, https://www.ueberseeclub.de/resources/Server/pdf-Dateien/2000-2004/vortrag-2001-02-21Dr.%20Angela%%20Merkel.pdf. Dort heißt es u. a.: »[J]eder, der in dieser Gesellschaft Solidarität bekommen will, [hat] die Pflicht, das, was er leisten kann, in diese Gesellschaft einzubringen.« Ebd., S. 12.

107 So Kortes Mutmaßung, was der Satz für Merkel selbst bedeutete, vgl. Korte, *Gesichter der Macht*, S. 189.

108 Regierungserklärung von Bundeskanzlerin Dr. Angela Merkel vor dem Deutschen Bundestag am 30. November 2005 in Berlin, https://www.bundesregierung.de/breg-de/service/bulletin/regierungserklaerung-von-bundeskanzlerin-dr-angela-merkel-795782

109 Zit. nach Nico Fried, »… dann ist das nicht mein Land«, in: *Süddeutsche Zeitung*, 17.9.2015. Es war übrigens diese Aussage, die einen Journalisten von der *Welt am Sonntag* dazu bewog, Merkel als »keine geborene, sondern eine angelernte Bundesdeutsche und Europäerin« zu beschreiben, was sie, wie erwähnt, in ihrer Rede zum Tag der Deutschen Einheit 2021 als Beispiel einer Stigmatisierung thematisierte (vgl. oben Fn. 71).

110 Stefan Kuzmany, »Das auch noch«, in: *Der Spiegel*, 30.6.2021, https://www.spiegel.de/politik/deutschland/annalena-baerbock-und-die-plagiatsvorwuerfe-das-auch-noch-kommentar-a-62872215-49cd-4145-8672-3618e4c5662a

1 Habermas, »Aus welcher Geschichte lernen?«, S. 178.
2 Das Verständnis als »Projekt« nach Schanetzky u. a. (Hg.), *Demokratisierung der Deutschen.*
3 So die Formulierungen im Artikel 3 der Verfassung von 1968.
4 Eley/Palmowski, »Citizenship and National Identity«, S. 7.
5 BA, B122/27111, 15.3.1984, S. 1.
6 BStU, MfS, HA XX 13962, Bl. 9.
7 BA, B122/26482, 27.10.1980; BA, B122/26482, 15.9.1980.
8 Zit. nach Gruner, *Angepaßt oder mündig?,* S. 9.
9 Suckut, *Volkes Stimmen*, S. 319.
10 Wolle, *Die heile Welt der Diktatur*, S. 14.
11 Kocka, *Vereinigungskrise*, S. 50.
12 ABL 40.4 Aufbau eines *Arbeitskreises Demokratie* in Frankfurt und Leipzig, 28.2.1990, S. 2.
13 ABL, 4.40 *IDEE Initiative Demokratie Entwickeln e. V.*, Bonn, 28.11.1989.
14 ABL, 4.40 *Initiative Volkswille*, S. 2.
15 Ich danke Claudia Gatzka für die Anregung, dass diese Beobachtung möglicherweise generell auf postdiktatorische Gesellschaften zutreffen könnte. Ein in diesem Sinne weiterführender (auch diachroner und/oder internationaler) Vergleich wäre sicher erhellend.
16 ABL, 4.40. *Aufbruch 90.*
17 Vgl. jüngst z. B. Oschmann, *Der Osten*, S. 19, Fn. *.
18 Cornelius Pollmer, »Los Wochos in Lostdeutschland«, in: *Süddeutsche Zeitung*, 1.3.2023.
19 Vgl. dazu kritisch Morina/Bahr, »30 Jahre Wiedervereinigung«.
20 Untiefen finden sich auch im engeren Sinne in der aktuellen Debatte. So behauptet Oschmann, die Ostdeutschen seien infolge »seit über 30 Jahren bestehende[r] systemische[r] Ächtungen« (S. 12) die in Deutschland am stärksten diskriminierte Gruppe; insbesondere ostdeutsche Männer seien wie kaum eine andere »gesellschaftliche Gruppe« nach 1990 benachteiligt worden (S. 37); zudem werde ostdeutsche Herkunft, anders als andere Herkünfte, nicht als Diskriminierungsgrund anerkannt und diskutiert (S. 57, Fn. *). Die zeithistorische Forschung zur Persistenz und Virulenz von Rassismus und Antisemitismus in Deutschland, die auch im vorliegenden Buch thematisiert wurden, spricht eindeutig gegen diese Thesen. Vgl. als Überblick Morina (Hg.), *Antisemitismus und Rassismus.*
21 Hartmann, *»Ist das nun Politik?«*, S. 79.
22 Ebd., S. 49, 50–52.
23 Konrad Litschko, »Brüchiger Frieden in Chemnitz«, in: *taz*, 17.3.2019.
24 Ebd., [Hervorheb. C. M.].

25 Jürgen Habermas, »Aus welcher Geschichte lernen?«, S. 178.
26 Ebd.
27 Ebd., S. 179.
28 Fraser/Honneth, *Umverteilung oder Anerkennung?*, S. 44.
29 Christoph Möllers, »Auch Minister zu erschießen, ist Demokratie«, in: *Süddeutsche Zeitung*, 15.10.2019.

Abbildungsverzeichnis

Literaturverzeichnis

Adler, Sabine, *Die Ukraine und wir. Deutschlands Versagen und die Lehren für die Zukunft*, 2. Aufl., Berlin 2022.

Ahbe, Thomas u. a. (Hg.), *Die Ostdeutschen in den Medien. Das Bild von den Anderen nach 1990*, Leipzig 2009.

Alexander, Jeffrey C., *The Civil Sphere*, New York, Oxford 2008.

Alexander, Robin, *Machtverfall. Merkels Ende und das Drama der deutschen Politik: ein Report*, München 2021.

Alexopoulou, Maria, *Deutschland und die Migration. Geschichte einer Einwanderungsgesellschaft wider Willen*, Stuttgart 2020.

Allen, Jennifer L., »Against the 1989–1990 Ending Myth«, in: *Central European History* 52 (2019), S. 125–147.

Alternative für Deutschland, »Grundsatzprogramm. Beschlossen auf dem Bundesparteitag in Stuttgart, 30.4./1.5.2016«, Berlin 2016.

Amadeu-Antonio-Stiftung, *Leben in Gefahr. Gewalt gegen Geflüchtete in Deutschland*, Berlin 2020.

Amann, Melanie, *Angst für Deutschland. Die Wahrheit über die AfD: wo sie herkommt, wer sie führt, wohin sie steuert*, München 2018.

Amos, Heike, *Die Entstehung der Verfassung in der Sowjetischen Besatzungszone/DDR 1946–1949. Darstellung und Dokumentation*, Münster 2006.

Angenendt, Michael, »Parteienvertrauen in Deutschland 2017. Ausmaß und Determinanten«, in: *Zeitschrift für Parteienwissenschaften* Nr. 1 (2018): *Mitteilungen des Instituts für Deutsches und Internationales Parteienrecht und Parteienforschung*, S. 106–111.

Ansorg, Leonore u. a. (Hg.), *»Das Land ist still – noch!«. Herrschaftswandel und politische Gegnerschaft in der DDR (1971–1989)*, Köln 2009.

Arendt, Hannah, *Vita activa oder Vom tätigen Leben, München 2013.*

Augstein, Rudolf (Hg.), *»Historikerstreit«. Die Dokumentation der Kontroverse um die Einzigartigkeit der nationalsozialistischen Judenvernichtung*, 4. Aufl., München u. Zürich 1987.

Badstübner, Rolf u. a. (Hg.), *Die antifaschistisch-demokratische Umwälzung, der Kampf gegen die Spaltung Deutschlands und die Entstehung der DDR von 1945 bis 1949 (= Deutsche Geschichte*, Bd. 9), Köln 1989.

Banditt, Christopher, »Das ›Kuratorium für einen demokratisch verfassten Bund deutscher Länder‹ in der Verfassungsdiskussion der Wiedervereinigung«, 2015, https://www.boell.de/de/2015/09/17/die-verfassungsdiskussion-der-wiedervereinigung

Banditt, Christopher, »Einheitserwartungen. Präferenzen, Hoffnungen und Befürchtungen im ›Wendejahr‹ 1989/90«, in: *Berliner Debatte Initial* 30 (2019), S. 67–84.

Bauer, Karin u. a. (Hg.), *Cultural Topographies of the New Berlin*, New York 2017.

Baumgarten, Robert, »Acht Jahre arbeitslos. Der Held von Magdeburg Andreas Ehrholdt, bislang vom Leben nicht verwöhnt, hat seine Rolle gefunden«, in: *Der Freitag*, 13.8.2004.

Begrich, David, »Das '89-Narrativ im Spannungsfeld von Protest und politischer Indienstnahme«, in: Leistner, Alexander u. a. (Hg.), *Das umstrittene Erbe von 1989. Zur Gegenwart eines Gesellschaftszusammenbruchs*, Wien u. Köln 2022, S. 110–120.

Benz, Wolfgang, *Auftrag Demokratie. Die Gründungsgeschichte der Bundesrepublik und die Entstehung der DDR 1945–1949*, Berlin 2009.

Bergmann, Knut/Diermeier, Matthias/Niehues, Judith, »Die AfD: Eine Partei der sich ausgeliefert fühlenden Durchschnittsverdiener?«, in: *Zeitschrift für Parlamentsfragen* 2017, S. 57–75.

Beyme, Klaus von, »Demokratie«, in: ders. (Hg.), *Abbildtheorie bis Diktatur des Proletariats*, Freiburg, Basel u. Wien 1966, S. 1111–1158.

Beyme, Klaus von, *Hauptstadt Berlin. Von der Hauptstadtsuche zur Hauptstadtfindung*, Wiesbaden 2019.

Bienert, Michael C. u. a. (Hg.), *Die Berliner Republik. Beiträge zur deutschen Zeitgeschichte seit 1990 (= Zeitgeschichte im Fokus*, Bd. 2), Berlin 2013.

Bingener, Reinhard/Wehner, Markus, *Die Moskau-Connection. Das Schröder-Netzwerk und Deutschlands Weg in die Abhängigkeit*, München 2023.

Birthler, Marianne, *Halbes Land, ganzes Land, ganzes Leben. Erinnerungen*, Berlin 2014.

Bispinck, Henrik, *Bildungsbürger in Demokratie und Diktatur. Lehrer an höheren Schulen in Mecklenburg 1918 bis 1961*, München 2010.

Böick, Marcus, »Aufstand im Osten? Soziale und betriebliche Protest gegen die Treuhandanstalt und Wirtschaftsumbau in den frühen 1990er-Jahren«, in: Bingen, Dieter (Hg.), *Legitimation und Protest. Gesellschaftliche Unruhe in Polen, Ostdeutschland und anderen Transformationsländern nach 1989*, Wiesbaden 2012, S. 167–185.

Böick, Marcus, »Vom Werden und Vergehen einer (post-)revolutionären Arena. Die Treuhandanstalt in der Umbruchs- und Übergangsgesellschaft«, in: Großbölting,

Thomas u. a. (Hg.), *Deutschland seit 1990. Wege in die Vereinigungsgesellschaft*, Stuttgart 2017, S. 139–160.

Böick, Marcus, *Die Treuhand. Idee – Praxis – Erfahrung: 1990–1994*, Göttingen 2018.

Böick, Marcus, *Die Erforschung der Transformation Ostdeutschlands seit 1989/90. Ansätze, Voraussetzungen, Wandel*, Potsdam 2022.

Böick, Marcus u. a. (Hg.), *Jahrbuch Deutsche Einheit 2020*, Berlin 2020.

Böick, Marcus/Lorke, Christoph, *Zwischen Aufschwung und Anpassung. Eine kleine Geschichte des »Aufbau Ost«*, Bonn 2022.

Bösch, Frank, *Macht und Machtverlust. Die Geschichte der CDU*, Stuttgart, München 2002.

Bösch, Frank, »Medien als Katalysatoren der Wende? Die DDR, Polen und der Westen 1989«, in: *Zeitschrift für Ostmitteleuropa-Forschung* 59 (2010), S. 459–471.

Bösch, Frank (Hg.), *Geteilte Geschichte. Ost- und Westdeutschland 1970–2000*, Göttingen 2015.

Bösch, Frank, »Geteilt und verbunden. Perspektiven auf die deutsche Geschichte seit den 1970er Jahren«, in: ders. (Hg.), *Geteilte Geschichte. Ost- und Westdeutschland 1970–2000*, Göttingen 2015, S. 7–38.

Bösch, Frank, *Zeitenwende 1979. Als die Welt von heute begann*, München 2019.

Bösch, Frank/Gieseke, Jens, »Der Wandel des Politischen in Ost und West«, in: Bösch, Frank (Hg.), *Geteilte Geschichte. Ost- und Westdeutschland 1970–2000*, Göttingen 2015, S. 39–78.

Bollmann, Ralph, *Angela Merkel. Die Kanzlerin und ihre Zeit*, München 2021.

Bonanni, Giandomenico, »Neues zur sozialistischen DDR-Verfassung von 1968: Entstehungsgeschichte und das Problem der Grundrechte«, in: *Jahrbuch für Historische Kommunismusforschung* 12 (2005), S. 189–215.

Botsch, Gideon, »From Skinhead-Subculture to Radical Right Movement. The Development of a ›National Opposition‹ in East Germany«, in: *Contemporary European History* 21 (2012), S. 553–573.

Brachert, Matthias, »Bestimmungsgründe regionaler Unterschiede der politischen Partizipation in Deutschland«, in: Holtmann, Everhard (Hg.), *Die Umdeutung der Demokratie. Politische Partizipation in Ost- und Westdeutschland*, Frankfurt am Main 2019, S. 219–290.

Bremers, Markus, »›Ostdeutsche Interessen‹ in der Gemeinsamen Verfassungskommission«, in: *Kritische Justiz* 29 (1996), S. 421–446.

Brichzin, Jenni/Laux, Henning/Bohmann, Ulf, *Risikodemokratie. Chemnitz zwischen rechtsradikalem Brennpunkt und europäischer Kulturhauptstadt*, Bielefeld 2022.

Brinkmann, Heinz Ulrich u. a. (Hg.), *Rechtspopulismus in Deutschland. Wahlverhalten in Zeiten politischer Polarisierung*, Wiesbaden, Heidelberg 2022.

Brislinger, Evelyn/Hausstein, Brigitte/Riedel, Eberhard, »Sozialwissenschaftliche Daten aus der DDR und den neuen Bundesländern – 1968 bis 1996«, in: Gesellschaft Sozialwissenschaftlicher Infrastruktureinrichtungen e.V. (GESIS) (Hg.), *Materialien zur Erforschung der DDR-Gesellschaft. Quellen. Daten. Instrumente*, Wiesbaden, 1998, S. 95–147.

Brückweh, Kerstin, »Unter ostdeutschen Dächern. Wohneigentum zwischen Enteignung, Aneignung und Neukonstituierung der Lebenswelt in der langen Geschichte der ›Wende‹«, in: Großbölting, Thomas u. a. (Hg.), *Deutschland seit 1990. Wege in die Vereinigungsgesellschaft*, Stuttgart 2017, S. 187–212.

Bruendel, Steffen, *Volksgemeinschaft oder Volksstaat. Die »Ideen von 1914« und die Neuordnung Deutschlands im Ersten Weltkrieg*, Berlin u. Boston 2003.

Brumlik, Micha u. a. (Hg.), *Ver|un|einigung* (= *Jalta. Positionen zur jüdischen Gegenwart*, Bd. 06), Berlin 2019.

Bundesministerium des Innern, für Bau und Heimat, *Abschlussbericht der Kommission »30 Jahre Friedliche Revolution und Deutsche Einheit«*, Berlin 2020.

Bundesministerium für Wirtschaft und Energie (Hg.), *Politische Partizipation in Ostdeutschland. Abschlussbericht des Arbeitsstabs »Angelegenheiten der neuen Bundesländer«*, Halle (Saale) 2019.

Burchardt, Susann, »Protestverhalten in Ost- und Westdeutschland im Vergleich, 1990 bis 1994«, in: Rucht, Dieter (Hg.), *Protest in der Bundesrepublik. Strukturen und Entwicklungen*, Frankfurt am Main u. New York 2001, S. 241–273.

Butterwegge, Christoph, *Krise und Zukunft des Sozialstaates*, Wiesbaden 2018.

Caldwell, Peter C., »Culture, belonging, and the law: naturalization in the Weimar republic«, in: Eley, Geoff/Palmowski, Jan (Hg.), *Citizenship and National Identity in Twentieth-Century Germany*, Stanford, CA, 2008, S. 40–56.

Campbell, Ross, »How critical are Germans of democracy? The pattern and origins of constitutional support in Germany«, in: *Journal of Contemporary Central and Eastern Europe* 28 (2020), S. 113–133.

Camus, Renaud, *Revolte gegen den Großen Austausch*, Schnellroda 2016.

Canning, Kathleen, »Between Crisis and Order. The Imaginary of Citizenship in the Aftermath of War«, in: Hardtwig, Wolfgang (Hg.), *Ordnungen in der Krise. Zur politischen Kulturgeschichte Deutschlands 1900–1933*, München 2007, S. 215–228.

Conway, Martin, *Western Europe's Democratic Age, 1945–1968*, Princeton u. Oxford 2020.

Conze, Eckart, *Die Suche nach Sicherheit. Eine Geschichte der Bundesrepublik Deutschland von 1949 bis in die Gegenwart*, München 2009.

Conze, Eckart, Rezension zu: Neitzel, Sönke: *Deutsche Krieger. Vom Kaiserreich zur Berliner Republik – eine Militärgeschichte*. Berlin 2020, in: *H-Soz-Kult*, 5.5.2021, www.hsozkult.de/publicationreview/id/reb-95530

Conze, Werner/Koselleck, Reinhart/Maier, Hans, »Demokratie«, in: Brunner, Otto u. a. (Hg.), *Geschichtliche Grundbegriffe. Historisches Lexikon zur politisch-sozialen Sprache in Deutschland*, Bd. 1: A–D, Stuttgart 2004, S. 821–899.

Daniel, Ute, *Beziehungsgeschichten. Politik und Medien im 20. Jahrhundert*, Hamburg 2018.

Daniel, Ute, *Postheroische Demokratiegeschichte*, Hamburg 2020.

D'Antonio, Oliver, »Aufbruch in die Metropole. Wie sich durch die Hauptstadtdebatte die Republik veränderte«, https://www.bpb.de/themen/deutsche-einsheit/20-jahre-hauptstadtbeschluss/39728/aufbruch-in-die-metropole/

Decker, Oliver u. a. (Hg.), *Die enthemmte Mitte. Autoritäre und rechtsextreme Einstellung in Deutschland. Die Leipziger Mitte-Studie 2016*, Gießen 2016.

Decker, Frank u. a. (Hg.), *Handbuch der deutschen Parteien*, 3. Aufl., Wiesbaden 2018.

Decker, Oliver/Kiess, Johannes/Eggers, Eva/Brähler, Elmar, »Die ›Mitte‹-Studie in Deutschland 2016: Methode, Ergebnisse und Langzeitverlauf«, in: Decker, Oliver u. a. (Hg.), *Die enthemmte Mitte. Autoritäre und rechtsextreme Einstellung in Deutschland. Die Leipziger Mitte-Studie 2016*, Gießen 2016, S. 23–66.

Decker, Oliver u. a. (Hg.), *Autoritäre Dynamiken. Alte Ressentiments – neue Radikalität. Leipziger Autoritarismus Studie 2020*, Göttingen 2020.

Demant, Oliver, *Zwischen Aktion und Kontemplation. Das Frühwerk Ernst Jüngers unter dem Aspekt individualistischer und kollektivistischer Perspektiven als Bewältigungsversuch der Moderne*, München 2008.

Der Beauftragte der Bundesregierung für Ostdeutschland (Hg.), *Ostdeutschland. Ein neuer Blick. Bericht 2022*, Berlin 2022.

Detjen, Joachim, *Politische Bildung. Geschichte und Gegenwart in Deutschland*, München 2011.

Detjen, Marion/Detjen, Stephan/Steinbeis, Maximilian, *Die Deutschen und das Grundgesetz. Geschichte und Grenzen unserer Verfassung*, München 2009.

Deutscher Bundestag (Hg.), *Bericht und Sitzungsprotokolle. Zur Sache 2/96* (= *Materialien zur Verfassungsdiskussion und zur Grundgesetzänderung in der Folge der deutschen Einigung*, Bd. 1), Bonn 1996.

Deutscher Bundestag (Hg.), *Anhörungen und Berichterstattergespräche. Zur Sache 2/96* (= *Materialien zur Verfassungsdiskussion und zur Grundgesetzänderung in der Folge der deutschen Einigung*, Bd. 2), Bonn 1996.

Dietrich, Gerd, *Kulturgeschichte der DDR*, Bd. III: 1977–1990, Bonn 2020.

Doering-Manteuffel, Anselm u. a. (Hg.), *Vorgeschichte der Gegenwart. Dimensionen des Strukturbruchs nach dem Boom*, Göttingen 2016.

Eckert, Rainer, *Revolution in Potsdam. Eine Stadt zwischen Lethargie, Revolte und Freiheit (1989/1990)*, Leipzig 2017.

Eckert, Rainer, *SED-Diktatur und Erinnerungsarbeit im vereinten Deutschland. Eine Auswahlbibliografie*, 2. Aufl., Halle 2019.

Eley, Geoff, *Forging Democracy. The History of the Left in Europe, 1850–2000*, Oxford u. New York 2002.

Eley, Geoff/Palmowski, Jan (Hg.), *Citizenship and National Identity in Twentieth-Century Germany*, Stanford, CA, 2008.

Eley, Geoff/Palmowski, Jan, »Citizenship and National Identity in the 20th Century«, in: Geoff Eley u. Jan Palmowski (Hg.), *Citizenship and National Identity in Twentieth-Century Germany*, Stanford, CA, 2008, S. 3–26.

Emmert, Thomas/Jung, Matthias/Roth, Diether, »Zwischen Konstanz und Wandel. Die Bundestagswahl vom 16. Oktober 1994«, in: Kaase, Max u. a. (Hg.), *Wahlen und Wähler: Analysen aus Anlass der Bundestagswahl 1994*, Opladen 1998, S. 45–83.

Engler, Wolfgang, *Die Ostdeutschen. Kunde von einem verlorenen Land*, Berlin 1999.

Epstein, Catherine, *The last revolutionaries. German communists and their century*, Cambridge 2003.

Erler, Peter (Hg.), *»Nach Hitler kommen wir«. Dokumente zur Programmatik der Moskauer KPD-Führung 1944/45 für Nachkriegsdeutschland* (= *Studien des Forschungsverbundes SED-Staat an der Freien Universität Berlin*), Berlin 1994.

Feige, Wolfgang, »Sozialistische Demokratie als historische Errungenschaft und ständige Herausforderung den Schülern bewusst machen«, in: *Geschichtsunterricht und Staatsbürgerkunde* 9 (1989), S. 650–657.

Feldkamp, Michael F., *Der Parlamentarische Rat 1948–1949. Die Entstehung des Grundgesetzes*, Göttingen 2019.

Fenske, Michaela, *Demokratie erschreiben. Bürgerbriefe und Petitionen als Medien politischer Kultur 1950–1974*, Frankfurt am Main u. New York 2013.

Fetscher, Iring, *Karl Marx und der Marxismus. Von der Philosophie des Proletariats zur proletarischen Weltanschauung*, München 1967.

Fischer, Joschka, »Warum war es am Rhein so schön? Ein Adieu an Bonn und seine Republik«, in: Schäfer, Hermann (Hg.), *Abschied von Bonn*, Berlin 1999, S. 77–89.

Florack, Martin, *Kriegsbegründungen. Sicherheitspolitische Kultur in Deutschland nach dem Kalten Krieg*, Marburg 2005.

Fraser, Nancy/Honneth, Axel, *Umverteilung oder Anerkennung? Eine politisch-philosophische Kontroverse*, Frankfurt am Main 2021.

Frei, Norbert, 1968. *Jugendrevolte und globaler Protest*, München 2008.

Frei, Norbert/Maubach, Franka/Morina, Christina/Tändler, Maik, *Zur rechten Zeit. Wider die Rückkehr des Nationalismus*, Berlin 2019.

Frevert, Ute u. a. (Hg.), *Neue Politikgeschichte. Perspektiven einer historischen Politikforschung* (= *Historische Politikforschung*, Bd. 1), Frankfurt am Main 2005.

Fulbrook, Mary, *Ein ganz normales Leben, Alltag und Gesellschaft in der DDR*, 2. Aufl., Darmstadt 2011.

Fulbrook, Mary, *Subjectivity and History. Approaches to twentieth-century German society*, London 2017.

Furet, François, *Das Ende der Illusion. Der Kommunismus im 20. Jahrhundert*, München u. Zürich 1998.

Gammelin, Cerstin, *Die Unterschätzten. Wie der Osten die deutsche Politik bestimmt*, Bonn 2021.

Ganzenmüller, Jörg u. a (Hg.), *Gesellschaft als staatliche Veranstaltung? Orte politischer und kultureller Partizipation in der DDR* (= *Europäische Diktaturen und ihre Überwindung*, Bd. 027), Göttingen 2022.

Gärditz, Klaus Ferdinand, »Die Alternative für Deutschland und der Verfassungsschutz«, *VerfBlog*, 2019/1/17, https://verfassungsblog.de/die-alternative-fuer-deutschland-und-der-verfassungsschutz/

Gassert, Philipp, *Bewegte Gesellschaft. Deutsche Protestgeschichte seit 1945*, Stuttgart 2018.

Gatzka, Claudia Christiane, *Die Demokratie der Wähler. Stadtgesellschaft und politische Kommunikation in Italien und der Bundesrepublik 1944–1979*, Düsseldorf 2019.

Gauck, Joachim, Winter im Frühling – Sommer im Herbst, Erinnerungen, München 2009.

Gauland, Alexander, *Anleitung zum Konservativsein. Zur Geschichte eines Wortes*, Berlin 2017.

Gaumer, Janine, *Wackersdorf. Atomkraft und Demokratie in der Bundesrepublik 1980–1989*, München 2017.

Geiges, Lars, »Wie die AfD im Kontext der ›Flüchtlingskrise‹ mobilisierte. Eine empirisch-qualitative Untersuchung der ›Herbstoffensive 2015‹«, in: *Zeitschrift für Politikwissenschaft* 28 (2018), S. 49–69.

Geitmann, Roland, »Volksentscheide auch auf Bundesebene«, in: *ZEITSCHRIFT FÜR RECHTSPOLITIK* 21 (1988), S. 126–131.

Gemeinsame Verfassungskommission des Deutschen Bundestages und des Bundesrates (GVK) (Hg.), *Bericht der Gemeinsamen Verfassungskommission – Drucksache 12/6000 vom 5.11.1993*, Bonn 1993.

Gemeinsame Verfassungskommission des Deutschen Bundestages und des Bundesrates (Hg.), *Zusammenstellung der Pressereaktionen anläßlich der Beendigung der Arbeit der Gemeinsamen Verfassungskommission*, Bonn 1994.

Gerstenberger, Katharina u. a. (Hg.), *After the Berlin Wall. Germany and beyond*, New York 2011.

GESIS – Leibniz Institut für Sozialwissenschaften (Hg.), *Allgemeine Bevölkerungsumfrage der Sozialwissenschaften ALLBUS. Kumulierter Datensatz 1980–1986. ZA1335 Datenfile Version 1.0.0*, Köln 2002.

Gibas, Monika, *Propaganda in der DDR 1949–1989*, Erfurt 2000.

Gieseke, Jens, *Die Stasi. 1945–1990*, 4. Aufl., München 2011.

Gieseke, Jens, »Auf der Suche nach der schweigenden Mehrheit Ost: Die geheimen Infratest-Stellvertreterbefragungen und die DDR-Gesellschaft 1968–1989«, in: *Zeithistorische Forschungen* 12 (2015), S. 66–97.

Gieseke, Jens, »Das Infratest-DDR-Programm als Projekt und Quelle. Zum Vergleich von Geheimdienstberichten und Demoskopie«, in: Münkel, Daniela u. a. (Hg.),

Dem Volk auf der Spur. Staatliche Berichterstattung über Bevölkerungsstimmungen im Kommunismus. Deutschland, Osteuropa, China, Göttingen 2018, S. 223–236.

Glaab, Manuela/Korte, Karl-Rudolf, »Politische Kultur«, in: Weidenfeld, Werner u. a. (Hg.), *Handbuch zur deutschen Einheit, 1949–1989–1999*, Frankfurt am Main u. New York 1999, S. 642–650.

Glaeser, Andreas, *Political Epistemics. The Secret Police, the Opposition, and the End of East German Socialism*, Chicago 2010.

Görtemaker, Manfred, *Die Berliner Republik. Wiedervereinigung und Neuorientierung*, Berlin 2009.

Gosewinkel, Dieter, *Schutz und Freiheit? Staatsbürgerschaft in Europa im 20. und 21. Jahrhundert*, Berlin 2016.

Gosewinkel, Dieter, »›Staatsbürgerschaft‹ als interdisziplinäres Feld historischer Forschung«, in: Angster, Julia u. a. (Hg.), *Staatsbürgerschaft im 19. und 20. Jahrhundert*, Tübingen 2019, S. 1–78.

Gotto, Bernhard, *Enttäuschung in der Demokratie. Erfahrung und Deutung von politischem Engagement in der Bundesrepublik Deutschland während der 1970er und 1980er Jahre*, Berlin u. Boston 2018.

Gräfe, Sebastian, *Rechtsterrorismus in der Bundesrepublik Deutschland. Zwischen erlebnisorientierten Jugendlichen, »Feierabendterroristen« und klandestinen Untergrundzellen*, Baden-Baden 2017.

Graf, Rüdiger/Priemel, Kim Christian, »Zeitgeschichte in der Welt der Sozialwissenschaften. Legitimität und Originalität einer Disziplin«, in: *Vierteljahrshefte für Zeitgeschichte* 59 (2011), S. 479–508.

Grafe, Roman u. a. (Hg.), *Die Schuld der Mitläufer. Anpassen oder Widerstehen in der DDR*, München 2009.

Grammes, Tilman u. a. (Hg.), *Staatsbürgerkunde in der DDR. Ein Dokumentenband*, Wiesbaden 2006.

Grebing, Helga u. a. (Hg.), *Willy Brandt. Mehr Demokratie wagen. Innen- und Gesellschaftspolitik, 1966–1974* (= Berliner Ausgabe / Willy Brandt, Bd. 7), Bonn 2001.

Großbölting, Thomas u. a. (Hg.), *Deutschland seit 1990. Wege in die Vereinigungsgesellschaft*, Stuttgart 2017.

Großmann, Thomas, *Fernsehen, Revolution und das Ende der DDR*, Göttingen 2015.

Grünen, Die, Bundesprogramm DIE GRÜNEN, 1980.

Gruner, Petra (Hg.), *Angepaßt oder mündig? Briefe an Christa Wolf im Herbst 1989*, Berlin 1990.

Guggenberger, Bernd u. a. (Hg.), *Die Verfassungsdiskussion im Jahr der deutschen Einheit. Analysen, Hintergründe, Materialien*, München 1991.

Gusy, Christoph, »Die Geschichte der Staatsbürgerschaft nach 1945, vor allem in Deutschland«, in: Angster, Julia u. a. (Hg.), *Staatsbürgerschaft im 19. und 20. Jahrhundert*, Tübingen 2019, S. 145–200.

Haarmann, Moritz Peter/Kenner, Steve/Lange, Dirk, »Demokratie, Demokratisierung und das Demokratische. Aufgaben und Zugänge der Politischen Bildung. Eine Hinführung«, in: Haarmann, Moritz Peter u.a. (Hg.), *Demokratie, Demokratisierung und das Demokratische. Aufgaben und Zugänge der Politischen Bildung*, Wiesbaden 2020, S. 1–6.

Habermas, Jürgen, »Eine Art Schadensabwicklung: Die apologetischen Tendenzen in der deutschen Zeitgeschichtsschreibung«, in: Augstein, Rudolf (Hg.), *»Historikerstreit«. Die Dokumentation der Kontroverse um die Einzigartigkeit der nationalsozialistischen Judenvernichtung*, 4. Aufl., München u. Zürich 1987, S. 62–76.

Habermas, Jürgen, *Die Normalität einer Berliner Republik*, Frankfurt am Main 1995.

Hacke, Jens, *Die Bundesrepublik als Idee. Zur Legitimationsbedürftigkeit politischer Ordnung*, Hamburg 2012.

Handro, Saskia u.a. (Hg.), *Aufarbeitung der Aufarbeitung. Die DDR im geschichtskulturellen Diskurs* (= *Reihe Politik und Bildung*, Bd. 65), Schwalbach/Ts. 2011.

Hartmann, Kathrin S., *»Ist das nun Politik?« Politikbegriff und Selbstverständnis von Bürgermeistern in Ost- und Westdeutschland*, Wiesbaden 2003.

Hartz, Peter u.a. (Hg.), *Moderne Dienstleistungen am Arbeitsmarkt. Vorschläge der Kommission zum Abbau der Arbeitslosigkeit und zur Umstrukturierung der Bundesanstalt für Arbeit*, Berlin 2002.

Heidemeyer, Helge/Effner, Bettina, »Die Flucht in Zahlen«, in: Effner, Bettina/Heidemeyer, Helge (Hg.), *Flucht im geteilten Deutschland. Erinnerungsstätte Notaufnahmelager Marienfelde*, Berlin 2005, S. 27–31.

Heinig, Hans Michael u.a. (Hg.), *70 Jahre Grundgesetz. In welcher Verfassung ist die Bundesrepublik?*, Göttingen 2019.

Heitmeyer, Wilhelm, *Autoritäre Versuchungen. Signaturen der Bedrohung I*, Berlin 2018.

Heitmeyer, Wilhelm/Freiheit, Manuela/Sitzer, Peter, *Rechte Bedrohungsallianzen. Signaturen der Bedrohung II*, Berlin 2020.

Heitzer, Enrico u.a. (Hg.), *Nach Auschwitz. Plädoyer für einen Paradigmenwechsel in der DDR-Zeitgeschichtsforschung* (= *Wochenschau Wissenschaft*), Frankfurt am Main 2018.

Herbert, Ulrich, *Geschichte der Ausländerpolitik in Deutschland. Saisonarbeiter, Zwangsarbeiter, Gastarbeiter, Flüchtlinge*, 2. Aufl., München 2017.

Herbert, Ulrich, *Geschichte Deutschlands im 20. Jahrhundert*, 2. Aufl., München 2017.

Herf, Jeffrey, *Reactionary Modernism. Technology, Culture, and Politics in Weimar and the Third Reich*, 4. Aufl., Cambridge 1996.

Herf, Jeffrey, »›Hegelianische Momente‹. Gewinner und Verlierer in der ostdeutschen Erinnerung an Krieg, Diktatur und Holocaust«, in: Cornelißen, Christoph u.a. (Hg.), *Erinnerungskulturen*, Frankfurt am Main 2004, S. 198–209.

Hertfelder, Thomas, »Erfolgsgeschichte Bundesrepublik. Vom Anfang und Ende einer Meistererzählung«, in: *Merkur* 76 (2022), S. 5–26.

Hesse, Anne, »›Weiter so‹ oder ›Neuanfang‹? Die Hauptstadtdebatte vom 20. Juni 1991«, in: Marcus Böick u. a. (Hg.), *Jahrbuch Deutsche Einheit 2022*, Berlin 2022, S. 77–89.

Hesse, Anne, »Die ›Ostler‹ in Bonn. Ostdeutsche Bundestagsabgeordnete im Blick westdeutscher Print-Journalisten zwischen 1990 und 1994«, in: Banditt, Christopher u. a. (Hg.), *Die DDR im Plural. Ostdeutsche Vergangenheiten und ihre Gegenwart*, Berlin 2023, S. 289–299.

Hesselberger, Dieter, *Das Grundgesetz. Kommentar für die politische Bildung*, 13. Aufl., Bonn 2003.

Hettling, Manfred, »Bürger/Bürgerlichkeit«, in: Thoma, Heinz (Hg.), *Handbuch Europäische Aufklärung. Begriffe – Konzepte – Wirkung*, Stuttgart u. Weimar 2015, S. 123–131.

Hildermeier, Manfred, *Geschichte der Sowjetunion 1917–1991. Entstehung und Niedergang des ersten sozialistischen Staates*, 2. Aufl., München 2017.

Hillje, Johannes, *Das »Wir« der AfD. Kommunikation und kollektive Identität im Rechtspopulismus*, Frankfurt am Main 2022.

Hodenberg, Christina von, *Das andere Achtundsechzig. Gesellschaftsgeschichte einer Revolte*, München 2018.

Höcke, Björn, *Nie zweimal in denselben Fluss. Björn Höcke im Gespräch mit Sebastian Hennig*. Mit einem Vorwort von Frank Böckelmann, Lüdinghausen u. Berlin 2018.

Hoffmann, Stefan-Ludwig, »Zur Genealogie der Menschenrechte«, in: Heintz, Bettina u. a. (Hg.), *Menschenrechte in der Weltgesellschaft. Deutungswandel und Wirkungsweise eines globalen Leitwerts*, Frankfurt am Main u. New York 2015, S. 161–197.

Hofmann, Hans u. a. (Hg.), *Grundgesetz GG. Kommentar* (= *Wolters Kluwer Online Kommentare*), 15. Aufl., Köln u. Hürth 2022.

Hollitzer, Tobias u. a. (Hg.), *Die Friedliche Revolution in Leipzig. Bilder, Dokumente und Objekte*, Bd. 1, Leipzig 2012.

Holtmann, Everhard (Hg.), *Die Umdeutung der Demokratie. Politische Partizipation in Ost- und Westdeutschland*, Frankfurt am Main 2019.

Holtmann, Everhard, »Die DDR – ein Unrechtsstaat? Eine anhaltende Debatte«, in: Kowalczuk, Ilko-Sascha u.a. (Hg.), *(Ost)Deutschlands Weg in die Zukunft seit 1989. 45 Studien & Essays zur Lage des Landes. Teil I: 1989 bis heute*, Bonn 2021, S. 585–595.

Hürtgen, Renate, *Ausreise per Antrag. Eine Studie über Herrschaft und Alltag in der DDR-Provinz*, o. O. 2014.

Isensee, Josef, »Abstimmen ohne zu entscheiden?«, in: Guggenberger, Bernd u. a. (Hg.), *Die Verfassungsdiskussion im Jahr der deutschen Einheit. Analysen, Hintergründe, Materialien*, München 1991, S. 214–219.

Jaeck, Tobias, »Die ›langen Wellen‹ im Entwicklungsverlauf von politischer Partizipation in Ostdeutschland von 1990 bis zur Gegenwart«, in: Holtmann, Everhard (Hg.), *Die Umdeutung der Demokratie. Politische Partizipation in Ost- und Westdeutschland*, Frankfurt am Main 2019, S. 35–55.

Jäger, Wolfgang, *Die Überwindung der Teilung. Der innerdeutsche Prozeß der Vereinigung 1989/90*, Stuttgart 1998.

Jarausch, Konrad Hugo, *Die Umkehr. Deutsche Wandlungen 1945–1995*, München 2004.

Jarausch, Konrad Hugo, »›Die Teile als Ganzes erkennen‹. Zur Integration der beiden deutschen Nachkriegsgeschichten«, in: *Zeithistorische Forschungen* 1 (2004), S. 10–30.

Jarausch, Konrad Hugo, »Der Umbruch 1989/90«, in: Sabrow, Martin (Hg.), *Erinnerungsorte der DDR*, München 2009, S. 526–535.

Jarausch, Konrad Hugo, »The Failure of East German Antifascism: Some Ironies of History as Politics [1991]«, in: *Historical Social Research / Historische Sozialforschung*, Supplement, 2012, S. 212–228.

Jessen, Ralph, »Das Volk von 1989 als Praxis, Projektion und Erinnerungsort«, in: Großbölting, Thomas u. a. (Hg.), *Deutschland seit 1990. Wege in die Vereinigungsgesellschaft*, Stuttgart 2017, S. 33–50.

Jessen, Ralph u. a. (Hg.), *Zivilgesellschaft als Geschichte. Studien zum 19. und 20. Jahrhundert* (= *Bürgergesellschaft und Demokratie*, Bd. 13), Wiesbaden 2004.

Joestel, Frank (Hg.), *Die DDR im Blick der Stasi 1988. Die geheimen Berichte an die SED-Führung*, Göttingen 2010.

Judt, Tony, *Dem Land geht es schlecht. Ein Traktat über unsere Unzufriedenheit*, München 2011.

Jung, Peter (Hg.), *AufBRUCH – 9. November '89. Leserbriefe aus der DDR* (= *Neue kleine Bibliothek*, Bd. 142), Köln 2009.

Kaase, Max, »Sinn oder Unsinn des Konzepts Politische Kultur für die Vergleichende Politikforschung, oder auch: Der Versuch, einen Pudding an die Wand zu nageln«, in: Kaase, Max (Hg.), *Wahlen und politisches System. Analysen aus Anlaß der Bundestagswahl 1980*, Wiesbaden 1983, S. 144–172.

Kaase, Max, »Stichwort: Innere Einheit«, in: Weidenfeld, Werner u. a. (Hg.), *Handbuch zur deutschen Einheit, 1949–1989–1999*, Frankfurt am Main u. New York 1999, S. 454–466.

Kaase, Max u. a. (Hg.), *Wahlen und Wähler. Analysen aus Anlass der Bundestagswahl 1994*, Opladen 1998.

Kahane, Anetta (Hg.), *Geteilte Erinnerung? Zum Umgang mit Nationalsozialismus in Ost und West*, Berlin 2010.

Kellershohn, Helmut u. a. (Hg.), *Kulturkampf von rechts. AfD, Pegida und die Neue Rechte* (= *Edition DISS*, Bd. 38), Münster 2016.

Kemper, Andreas, »*… die neurotische Phase überwinden, in der wir uns seit siebzig*

Jahren befinden«. Zur Differenz von Konservativismus und Faschismus am Beispiel der »historischen Mission« Björn Höckes (AfD), Berlin 2016.

Keßler, Mario, »Gerhard Riege«, in: *Sozialismus* 4/1992, S. 13–15.

Keßler, Martin, *Neue Wut. Vereinzelter Protest oder neue soziale Bewegung?* (Dokumentarfilm/DVD), Frankfurt am Main 2005.

Kies, Tobias, »Hüter der Politik: Der deutsche Bundespräsident im Fokus öffentlicher Erwartungen (1949–1999)«, in: Steinmetz, Willibald (Hg.), *»Politik«. Situationen eines Wortgebrauchs im Europa der Neuzeit*, Frankfurt am Main u. New York 2007, S. 451–477.

Klabunde, Fabian Heinz-Dieter, *Einzelpersuasion als Kernstück der DDR-Auswanderungspolitik*, Berlin 2020.

Klages, Andreas/Paulus, Petra, *Direkte Demokratie in Deutschland. Impulse aus der deutschen Einheit*, Marburg 1996.

Klein, Thomas, »Die doppelte Isolation. Zum Ausgang der oppositionellen Gruppen in der ›Wende‹«, in: Jarausch, Konrad Hugo u. a. (Hg.), *Weg in den Untergang. Der innere Zerfall der DDR*, Göttingen 1999, S. 259–278.

Klenner, Hermann, *Studien über die Grundrechte. Mit Dokumentenanhang*, Berlin 1964.

Kleßmann, Christoph, *Arbeiter im »Arbeiterstaat« DDR. Deutsche Traditionen, sowjetisches Modell, westdeutsches Magnetfeld (1945–1971)*, Bonn 2007.

Kleßmann, Christoph, »Am Ende der großen Kämpfe? Phasen und Konjunkturen der DDR-Historiografie«, in: *INDES* 2019, S. 25–34.

Kleßmann, Christoph u. a. (Hg.), *Teilung und Integration. Die doppelte deutsche Nachkriegsgeschichte als wissenschaftliches und didaktisches Phänomen* (= *Reihe Politik und Bildung*, Bd. 41), Schwalbach/Ts. 2006.

Klikauer, Thomas, *Alternative für Deutschland: The AfD: Germanys new nazis or another populist party?*, Liverpool 2020.

Kloth, Hans Michael, *Vom »Zettelfalten« zum freien Wählen. Die Demokratisierung der DDR 1989/90 und die »Wahlfrage«*. Zugl.: Lüneburg, Univ., Diss., 1999, Berlin 2000.

Kocka, Jürgen, *Vereinigungskrise. Zur Geschichte der Gegenwart*, Göttingen 1995.

Kocka, Jürgen, »Vereinigungskrise?«, in: Sabrow, Martin (Hg.), *Grenzen der Vereinigung. Die geteilte Vergangenheit im geeinten Deutschland*, Leipzig 1999, S. 9–24.

Kocka, Jürgen, »Zivilgesellschaft als historisches Problem und Versprechen«, in: Hildermeier, Manfred u. a. (Hg.), *Europäische Zivilgesellschaft in Ost und West. Begriff, Geschichte, Chancen*, Frankfurt u. New York 2000, S. 13–39.

Kocka, Jürgen, »Zivilgesellschaft in historischer Perspektive«, in: Jessen, Ralph u. a. (Hg.), *Zivilgesellschaft als Geschichte. Studien zum 19. und 20. Jahrhundert*, Wiesbaden 2004, S. 29–42.

Koelbl, Herlinde, *Spuren der Macht. Die Verwandlung des Menschen durch das Amt. Eine Langzeitstudie*, München 2010.

Koenen, Gerd, *Das rote Jahrzehnt. Unsere kleine deutsche Kulturrevolution 1967–1977*, 5. Aufl., Frankfurt am Main 2011.

Koenen, Gerd, *Die Farbe Rot. Ursprünge und Geschichte des Kommunismus*, München 2017.

König, Jana/Steffen, Elisabeth, »Erinnern heißt stören! Die Dokumentarfilme ›Duvarlar – Mauern – Walls‹ und ›Mauern 2.0‹ auf den Spuren von Rassismus, migrantischem Wissen und Widerstand«, in: Lierke, Lydia u. a. (Hg.), *Erinnern stören. Der Mauerfall aus migrantischer und jüdischer Perspektive*, Berlin 2020, S. 133–156.

Kössler, Till u. a. (Hg.), *Brandspuren. Das vereinte Deutschland und die rechte Gewalt der frühen 1990er Jahre*, Bonn 2023.

Kohl, Helmut, *Berichte zur Lage 1989–1998. Der Kanzler und Parteivorsitzende im Bundesvorstand der CDU Deutschlands* (= *Forschungen und Quellen zur Zeitgeschichte*, Bd. 64), hg. v. Günter Buchstab u. Hans-Otto Kleinmann, Düsseldorf 2012.

Kollmorgen, Raj, »Aus dem Osten an die Spitze? Ostdeutsche in den bundesdeutschen Eliten«, in: Busch, Ulrich u. a. (Hg.), *25 Jahre Deutsche Einheit. Ostdeutschlands fragmentierte Integration*, Potsdam 2015, S. 17–33.

Kollmorgen, Raj u. a. (Hg.), *Diskurse der deutschen Einheit. Kritik und Alternativen*, Wiesbaden 2011.

Konegen, Norbert, »Grundrechte und Staatszielbestimmungen«, in: Konegen, Norbert u. a. (Hg.), *Revision des Grundgesetzes? Ergebnisse der Gemeinsamen Verfassungskommission (GVK) des Deutschen Bundestages und des Bundesrates*, Opladen 1997, S. 29–56.

Konegen, Norbert u. a. (Hg.), *Revision des Grundgesetzes? Ergebnisse der Gemeinsamen Verfassungskommission (GVK) des Deutschen Bundestages und des Bundesrates*, Opladen 1997.

Kornelius, Stefan, *Angela Merkel. Die Kanzlerin und ihre Welt*, Hamburg 2013.

Korte, Karl-Rudolf (Hg.), *»Das Wort hat der Herr Bundeskanzler«. Eine Analyse der großen Regierungserklärungen von Adenauer bis Schröder*, Wiesbaden 2002.

Korte, Karl-Rudolf, »Regieren unter schwindenden Gewissheiten. Substanzverluste der Demokratie und deren politische Herausforderungen in der Berliner Republik«, in: Bienert, Michael C. u. a. (Hg.), *Die Berliner Republik. Beiträge zur deutschen Zeitgeschichte seit 1990*, Berlin 2013, S. 55–76.

Korte, Karl-Rudolf, *Gesichter der Macht. Über die Gestaltungspotenziale der Bundespräsidenten. Ein Essay*, Frankfurt am Main u. New York 2019.

Korte, Karl-Rudolf/Michels, Dennis/Schoofs, Jan/Switek, Niko/Weissenbach, Kristina, *Parteiendemokratie in Bewegung. Organisations- und Entscheidungsmuster der deutschen Parteien im Vergleich*, Baden-Baden 2018.

Koselleck, Reinhart, »Einleitung«, in: Brunner, Otto u.a. (Hg.), *Geschichtliche Grundbegriffe. Historisches Lexikon zur politisch-sozialen Sprache in Deutschland: A-D*, I, Stuttgart 1972, S. XIII–XXVII.

Kowalczuk, Ilko-Sascha, *Freiheit und Öffentlichkeit. Politischer Samisdat in der DDR 1985–1989. Eine Dokumentation*, Berlin 2002.

Kowalczuk, Ilko-Sascha, *Endspiel. Die Revolution von 1989 in der DDR*, München 2015.

Kowalczuk, Ilko-Sascha, *Die Übernahme. Wie Ostdeutschland Teil der Bundesrepublik wurde*, München 2019.

Kowalczuk, Ilko-Sascha u. a. (Hg.), *(Ost)Deutschlands Weg in die Zukunft seit 1989. 45 Studien & Essays zur Lage des Landes. Teil I: 1989 bis heute*, Bonn 2021.

Kowalczuk, Ilko-Sascha u. a. (Hg.), *(Ost)Deutschlands Weg in die Zukunft seit 1989. 35 weitere Studien, Prognosen & Interviews. Teil II: Gegenwart und Zukunft*, Bonn 2021.

Krastev, Ivan/Holmes, Stephen, *Das Licht, das erlosch. Eine Abrechnung*, Berlin 2019.

Kroh, Martin/Fetz, Karolina/Jacobsen, Jannes, »Neue Partei und rechte Traditionen: Die Unterstützung der AfD aus intergenerationaler Perspektive«, in: Brinkmann, Heinz Ulrich u. a. (Hg.), *Rechtspopulismus in Deutschland. Wahlverhalten in Zeiten politischer Polarisierung*, Wiesbaden u. Heidelberg 2022, S. 231–257.

Krone, Tina (Hg.), *»Sie haben so lange das Sagen, wie wir es dulden«. Eine Dokumentation. Briefe an das Neue Forum September 1989 – März 1990* (= *Schriftenreihe des Robert-Havemann-Archivs*, Bd. 4), Berlin 1999.

Kruke, Anja, *Demoskopie in der Bundesrepublik Deutschland. Meinungsforschung, Parteien und Medien, 1949–1990*, Düsseldorf 2012.

Kruke, Anja/Kufferath, Philipp, »Einleitung: Krisendiagnosen, Meistererzählungen und Alltagspraktiken. Aktuelle Forschungen und Narrationen zur Demokratiegeschichte in Westeuropa«, in: *Archiv für Sozialgeschichte* 58 (2018), S. 3–20.

Kubitschek, Götz, *Die Spurbreite des schmalen Grats. Gesammelte Texte 2000–2016*, Schnellroda 2016.

Kübler, Lukas/Leggewie, Claus/Nanz, Patrizia, »Demokratische Innovation durch Bürgerräte«, in: *Aus Politik und Zeitgeschichte* 71 (2021), S. 47–53.

Küsters, Hanns Jürgen u. a. (Hg.), *Deutsche Einheit. Sonderedition aus den Akten des Bundeskanzleramtes 1989/90*, München 1998.

Küsters, Hanns Jürgen, »Der Bonn/Berlin-Beschluss vom 20. Juni 1991 und seine Folgen«, https://www.kas.de/documents/252038/253252/Kuesters_Bonn-Berlin-Beschluss.pdf/69806ed3-d50a-5fb0-a454-c9a84b1bf888

Kuppe, Anne/Presse- und Informationsamt der Bundesregierung (Hg.), *Deutschland 1990. Dokumentation zu der Berichterstattung über die Ereignisse in der DDR und die deutschlandpolitische Entwicklung*, Bonn 1993.

Kuschel, Franziska, *Schwarzhörer, Schwarzseher und heimliche Leser*, Göttingen 2016.

Langewiesche, Dieter, *Vom vielstaatlichen Reich zum föderativen Bundesstaat. Eine andere deutsche Geschichte*, Stuttgart 2020.

Langner, Carsta, »Rezension zu: Brunner, Detlev; Heydemann, Günther: Die Einheit und die Folgen. Eine Geschichte Deutschlands seit 1990. Bonn 2021/Brunner, Detlev: Einheit und Transformation. Deutschland in den 1990er Jahren. Stuttgart 2022«, in: *H-Soz-Kult*, 2.6.2022.

Langner, Carsta, »›Alles ist noch nicht so, wie wir uns das vorstellen‹ – Krisendeutung und Gesellschaftskritik in der späten DDR und der ostdeutschen Umbruchsgesellschaft«, in: Leistner, Alexander u. a. (Hg.), *Das umstrittene Erbe von 1989. Zur Gegenwart eines Gesellschaftszusammenbruchs*, Wien u. Köln 2022, S. 173–194.

Leistner, Alexander, »Oppositionelle Akteurskonstellationen im Herbst 1989 – Vorgeschichte und Nachleben«, in: Kowalczuk, Ilko-Sascha u. a. (Hg.), *(Ost)Deutschlands Weg in die Zukunft seit 1989. 45 Studien & Essays zur Lage des Landes. Teil I: 1989 bis heute*, Bonn 2021, S. 11–27.

Leistner, Alexander u. a. (Hg.), *Das umstrittene Erbe von 1989. Zur Gegenwart eines Gesellschaftszusammenbruchs*, Wien u. Köln 2022.

Leonhard, Wolfgang, *Die Revolution entläßt ihre Kinder*, Leipzig 1990.

Lepore, Jill, *Diese Wahrheiten. Eine Geschichte der Vereinigten Staaten von Amerika*, München 2019.

Levitsky, Steven/Ziblatt, Daniel, *Wie Demokratien sterben. Und was wir dagegen tun können*, München 2018.

Lewandowsky, Marcel, »Alternative für Deutschland (AfD)«, in: Decker, Frank u. a. (Hg.), *Handbuch der deutschen Parteien*, 3. Aufl., Wiesbaden 2018, S. 161–170.

Lierke, Lydia u. a. (Hg.), *Erinnern stören. Der Mauerfall aus migrantischer und jüdischer Perspektive*, Berlin 2020.

Lindenberger, Thomas (Hg.), *Herrschaft und Eigen-Sinn in der Diktatur. Studien zur Gesellschaftsgeschichte der DDR* (= *Zeithistorische Studien*, Bd. 12), Köln 1999.

Lindenberger, Thomas, »Die Diktatur der Grenzen. Zur Einleitung«, in: Lindenberger, Thomas (Hg.), *Herrschaft und Eigen-Sinn in der Diktatur. Studien zur Gesellschaftsgeschichte der DDR*, Köln 1999, S. 13–44.

Lindenberger, Thomas, »Der lange Sommer einer kurzen Demokratie: Die DDR zwischen ›Wende‹ und Vereinigung«, in: Henke, Klaus-Dietmar (Hg.), *Revolution und Vereinigung 1989/90. Als in Deutschland die Realität die Phantasie überholte*, München 2009, S. 343–357.

Lindenberger, Thomas, »Ist die DDR ausgeforscht? Phasen, Trends und ein optimistischer Ausblick«, in: *Aus Politik und Zeitgeschichte* (2014), S. 27–32.

Links, Christoph, »Die andere Geschichte der Umbruchjahre – alternative Ideen und Projekte«, in: Kowalczuk, Ilko-Sascha u.a. (Hg.), *(Ost)Deutschlands Weg in die Zukunft seit 1989. 45 Studien & Essays zur Lage des Landes. Teil I: 1989 bis heute*, Bonn 2021, S. 251–257.

Löser, Martin, *Wende und Wiedervereinigung in der Presse. Untersuchungen zur Berichterstattung in regionalen und überregionalen Tageszeitungen anlässlich des zwanzigsten Jahrestages der friedlichen Revolution von 1989*, Berlin 2013.

Lorke, Christoph, *An den Rändern der Gesellschaft. Armut und soziale Ausgrenzung im geteilten Deutschland*, Berlin 2021.

Lübbe-Wolff, Gertrude, *Demophobie. Muss man die direkte Demokratie fürchten?*, Frankfurt am Main u. Baden-Baden 2023.

Lühe, Irmela von der, »Ernst Jünger. Der Amoralismus des Ästheten«, in: Becker, Christoph u. a. (Hg.), *Das alte Denken der Neuen Rechten. Die langen Linien der antiliberalen Revolte*, Frankfurt am Main 2020, S. 15–29.

Maier, Charles S., »Interrogating ›Civil Society‹. On the Enthusiastic History of a Social-Science Project«, in: Lindenberger, Thomas u. a. (Hg.), *German Zeitgeschichte. Konturen eines Forschungsfeldes: Konrad H. Jarausch zum 75. Geburtstag*, Göttingen 2016, S. 28–41.

Malycha, Andreas, *Die SED in der Ära Honecker. Machtstrukturen, Entscheidungsmechanismen und Konfliktfelder in der Staatspartei 1971 bis 1989*, München 2014.

Manow, Philip, *(Ent-)Demokratisierung der Demokratie*, Berlin 2020.

Manow, Philip/Schwander, Hanna, »Eine differenzierte Erklärung für den Erfolg der AfD in West- und Ostdeutschland«, in: Brinkmann, Heinz Ulrich u. a. (Hg.), *Rechtspopulismus in Deutschland. Wahlverhalten in Zeiten politischer Polarisierung*, Wiesbaden u. Heidelberg 2022, S. 163–191.

Manthe, Barbara, »Vom Rechtsterrorismus zur rechtsradikalen Gewalt. Die Bundesrepublik in den 1980er- und frühen 1990er-Jahren«, in: Kössler, Till u. a. (Hg.), *Brandspuren. Das vereinte Deutschland und die rechte Gewalt der frühen 1990er Jahre*, Bonn 2023, S. 121–136.

Margedant, Udo, »Bildungs- und Erziehungssystem der DDR. Funktion, Inhalte, Instrumentalisierung, Freiräume«, in: Enquete-Kommission »Aufarbeitung von Geschichte und Folgen der SED-Diktatur in Deutschland« des Deutschen Bundestages (Hg.), *Rolle und Bedeutung der Ideologie, integrativer Faktoren und disziplinierender Praktiken in Staat und Gesellschaft der DDR*, Berlin 1995, S. 1489–1529.

Markovits, Inga, *Gerechtigkeit in Lüritz. Eine ostdeutsche Rechtsgeschichte*, München 2006.

Marton, Kati, *The Chancellor. The Remarkable Odyssey of Angela Merkel*, New York 2021.

Mau, Steffen, Lütten Klein. *Leben in der ostdeutschen Transformationsgesellschaft*, Berlin 2019.

Maubach, Franka, »Konjunkturen der Mobilisierung von rechts. Versuch einer zeithistorischen Einordnung«, in: *Wissen schafft Demokratie* 7 (2020), S. 127–135.

Maubach, Franka, »Mölln, Solingen und die lange Geschichte des Rassismus in der Bundesrepublik«, in: *Aus Politik und Zeitgeschichte* 72 (2022), S. 27–32.

Maubach, Franka/Morina, Christina (Hg.), *Das 20. Jahrhundert erzählen. Zeiterfahrung und Zeiterforschung im geteilten Deutschland*, Göttingen 2016.

Maubach, Franka/Morina, Christina, »Einleitung. Historiographiegeschichte als Erfahrungs- und Resonanzgeschichte«, in: Maubach, Franka u.a. (Hg.), *Das 20. Jahrhundert erzählen. Zeiterfahrung und Zeiterforschung im geteilten Deutschland*, Göttingen 2016, S. 7–31.

Mayer, Wolfgang, *Flucht und Ausreise. Botschaftsbesetzungen als wirksame Form des Widerstands und Mittel gegen die politische Verfolgung in der DDR*, Böblingen 2002.

Mehr Demokratie e.V. (Hg.), *Volksentscheidranking 2021*, Berlin 2021.

Meier, Christian, *Entstehung des Begriffs »Demokratie«. Vier Prolegomena zu einer historischen Theorie*, Frankfurt am Main 2015.

Meier, Ulrich/Papenheim, Ulrich/Steinmetz, Willibald, *Semantiken des Politischen. Vom Mittelalter bis ins 20. Jahrhundert*, Göttingen 2012.

Mergel, Thomas, *Propaganda nach Hitler. Eine Kulturgeschichte des Wahlkampfs in der Bundesrepublik 1949–1990*, Göttingen 2010.

Mergel, Thomas, »Kulturgeschichte der Politik, Version: 2.0«, http://docupedia.de/zg/mergel_kulturgeschichte_politik_v2_de_2012

Merkel, Angela, »Der 9. November hat mein Leben verändert«, in: Diekmann, Kai (Hg.), *Die längste Nacht, der grösste Tag. Deutschland am 09. November 1989*, München u. Zürich 2009, S. 151–152.

Merkel, Angela/Müller-Vogg, Hugo, *Mein Weg. Angela Merkel im Gespräch mit Hugo Müller-Vogg*, 2. Aufl., Hamburg 2004.

Meuschel, Sigrid, *Legitimation und Parteiherrschaft. Zum Paradox von Stabilität und Revolution in der DDR 1945–1989*, Frankfurt am Main 1993.

Meyen, Michael, »Kollektive Ausreise? Zur Reichweite ost- und westdeutscher Fernsehprogramme in der DDR«, in: *Pub* 47 (2002), S. 200–220.

Milder, Stephen, *Greening democracy. The anti-nuclear movement and political environmentalism in West Germany and beyond, 1968–1983*, Cambridge 2017.

Mitter, Armin/Wolle, Stefan, *Ich liebe euch doch alle! Befehle und Lageberichte des MfS Januar–November 1989*, Berlin 1990.

Möllers, Christoph, *Staat als Argument*, Tübingen 2011.

Morina, Christina, *Legacies of Stalingrad. Remembering the Eastern Front in Germany since 1945*, Cambridge u. New York 2011.

Morina, Christina, »De eindeloze zoektocht naar de ›Innere Einheit‹: Duits-Duitse toestanden«, in: Jürgens, Hanco u.a. (Hg.), *De vleugels van de adelaar. Duitse kwesties in Europees perspectief*, Amsterdam 2017, S. 68–86.

Morina, Christina, *Die Erfindung des Marxismus. Wie eine Idee die Welt eroberte*, München 2017.

Morina, Christina, »Geteilte Bilanz. Überlegungen zu einer politischen Kulturgeschichte Deutschlands seit den 1980er Jahren«, in: Böick, Marcus u.a. (Hg.), *Jahrbuch Deutsche Einheit 2020*, Berlin 2020, S. 145–168.

Morina, Christina, »Vom Sinn des Vergeblichen. Demokratiekritik und Zivilgesellschaft seit dem Umbruch 1989/90«, in: Schanetzky, Tim u. a. (Hg.), *Demokratisierung der Deutschen. Errungenschaften und Anfechtungen eines Projekts*, Göttingen 2020, S. 382–394.

Morina, Christina, »Einleitung: 30 Jahre Gegenwart«, in: Morina, Christina (Hg.), *Deutschland und Europa seit 1990. Positionen, Kontroversen, Perspektiven* (= *Vergangene Gegenwart. Debatten zur Zeitgeschichte*, Bd. 1), Göttingen 2021, S. 7–31.

Morina, Christina (Hg.), *Deutschland und Europa seit 1990. Positionen, Kontroversen, Perspektiven* (= *Vergangene Gegenwart. Debatten zur Zeitgeschichte*, Bd. 1), Göttingen 2021.

Morina, Christina, »Das Staatsproblem. Wie es mit Ostdeutschland weitergehen kann«, in: *Neue Gesellschaft/Frankfurter* Hefte 1–2 (2022), S. 38–42.

Morina, Christina (Hg.), *Antisemitismus und Rassismus. Konjunkturen und Kontroversen seit 1945* (= *Vergangene Gegenwart*, Bd. 2), Göttingen 2023.

Morina, Christina/Bahr, Andrea, »30 Jahre Wiedervereinigung. Gebt das Bild der ›Inneren Einheit‹ auf!«, in: *Vorwärts* 3.10.2020.

Moschütz, Hans-Dietrich/Rudolf, Stefan, *Die verfassungsrechtlich fixierten Grundrechte und -pflichten im Prozeß der Ausprägung und Festigung von sozialistischen Wertorientierungen*, Leipzig 1989.

Mühlberg, Felix, Bürger, *Bitten und Behörden. Geschichte der Eingabe in der DDR*, Berlin 2004.

Müller, Jan-Werner, *Verfassungspatriotismus*, Berlin 2010.

Müller, Jan-Werner, *Das demokratische Zeitalter. Eine politische Ideengeschichte Europas im 20. Jahrhundert*, Berlin 2013.

Müller, Stefan, *Die Ostkontakte der westdeutschen Gewerkschaften. Entspannungspolitik zwischen Zivilgesellschaft und internationaler Politik: 1969 bis 1989*, Bonn 2020.

Müller, Tim B./Richter, Hedwig, »Einführung: Demokratiegeschichten. Deutschland (1800–1933) in transnationaler Perspektive«, in: *Geschichte und Gesellschaft* 44 (2018), S. 325–335.

Münkel, Daniela (Hg.), *Herbst '89 im Blick der Stasi. Die geheimen Berichte an die SED-Führung*, 4. Aufl., Berlin 2019.

Münkel, Daniela u. a. (Hg.), *Die DDR im Blick der Stasi: 1988. Die geheimen Berichte an die SED-Führung*, Göttingen 2010.

Mullis, Daniel/Zschocke, Alexander, *Regressive Politiken und der Aufstieg der AFD. Ursachensuche im Dickicht einer kontroversen Debatte*, Mannheim u. Frankfurt am Main 2019.

Neiman, Susan, »Wie die beiden Historikerstreite zusammenhängen«, in: Neiman, Susan u. a. (Hg.), *Historiker streiten. Gewalt und Holocaust – die Debatte*, Berlin 2022, S. 7–18.

Neiman, Susan u. a. (Hg.), *Historiker streiten. Gewalt und Holocaust – die Debatte*, Berlin 2022.

Neubert, Ehrhart, *Geschichte der Opposition in der DDR. 1949–1989*, Bonn 2000.

Noelle-Neumann, Elisabeth u. a. (Hg.), *Allensbacher Jahrbuch der Demoskopie*, Bd. 9: 1984–1992, München 1993.

Noelle-Neumann, Elisabeth u. a. (Hg.), *Allensbacher Jahrbuch der Demoskopie*, Bd. VIII, 1978–1983, München 1983.

Noelle-Neumann, Elisabeth, Vorstellung des *Allensbacher Jahrbuchs »Berliner Republik«*, https://www.ifd-allensbach.de/fileadmin/IfD/sonstige_pdfs/JB_2009_RK.pdf

Nolte, Paul, *Was ist Demokratie? Geschichte und Gegenwart*, München 2012.

Orwell, George, *Das George Orwell Lesebuch. Essays, Reportagen, Betrachtungen*, hg. v. Fritz Senn, Zürich 1981.

Orwell, George, »Literatur und Totalitarismus«, in: *Das George Orwell Lesebuch. Essays, Reportagen, Betrachtungen*, hg. v. Fritz Senn, Zürich 1981, S. 293–297.

Osborne, Roger, *Of the People, by the People. A New History of Democracy*, London 2011.

Oschmann, Dirk, *Der Osten. Eine westdeutsche Erfindung*, Berlin 2023.

Pahlow, Louis/Steiner, André, *Die Carl-Zeiss-Stiftung in Wiedervereinigung und Globalisierung 1989 bis 2004*, Göttingen 2017.

Palmowski, Jan, »Citizenship, Identity, and Community in the German Democratic Republic«, in: Eley, Geoff/Palmowski, Jan (Hg.), *Citizenship and National Identity in Twentieth-Century Germany*, Stanford, CA, 2008, S. 73–94.

Palmowski, Jan, *Die Erfindung der sozialistischen Nation. Heimat und Politik im DDR-Alltag*, Berlin 2016.

Palmowski, Jan, »Arisen from Ruins. Socialist Nationalism in the GDR«, in: Jansen, Christian u. a. (Hg.), *Kann es demokratischen Nationalismus geben? Über den Zusammenhang zwischen Nationalismus, Zugehörigkeit und Gleichheit in Europa von 1789 bis heute*, Darmstadt 2021, S. 187–220.

Payk, Marcus M., *Der Geist der Demokratie. Intellektuelle Orientierungsversuche im Feuilleton der frühen Bundesrepublik: Karl Korn und Peter de Mendelssohn*, München 2008.

Pfahl Traughber, Armin, »Die AfD ist (mittlerweile) eine rechtsextremistische Partei«, in: *Sozial Extra* 44 (2020), S. 87–91.

Pickel, Susanne/Pickel, Gert, »Ost- und Westdeutschland 30 Jahre nach dem Mauerfall – eine gemeinsame demokratische politische Kultur oder immer noch eine Mauer in den Köpfen?«, in: *Zeitschrift für Politikwissenschaft* 30 (2020), S. 483–491.

Pickel, Susanne/Pickel, Gert, *Politische Kultur- und Demokratieforschung. Grundbegriffe, Theorien, Methoden. Eine Einführung*, Wiesbaden 2006.

Pirinçci, Akif, *Umvolkung. Wie die Deutschen still und leise ausgetauscht werden*, Schnellroda 2016.

Plamper, Jan, *Das neue Wir. Warum Migration dazugehört. Eine andere Geschichte der Deutschen*, Frankfurt am Main 2019.

Pleinen, Jenny/Raphael, Lutz, »Zeithistoriker in den Archiven der Sozialwissenschaften. Erkenntnispotenziale und Relevanzgewinne für die Disziplin«, in: *Vierteljahrshefte für Zeitgeschichte* 62 (2014), S. 173–195.

Pollack, Detlef, »›Wir sind das Volk!‹ Sozialstrukturelle und ereignisgeschichtliche Bedingungen des friedlichen Massenprotests«, in: Henke, Klaus-Dietmar (Hg.), *Revolution und Vereinigung 1989/90. Als in Deutschland die Realität die Phantasie überholte*, München 2009, S. 178–197.

Pollack, Detlef, *Das unzufriedene Volk. Protest und Ressentiment in Ostdeutschland von der friedlichen Revolution bis heute*, Bielefeld 2020.

Poppe, Gerd, »Unrecht, Recht und Gerechtigkeit. Rechtsstaatlichkeit als Ziel der Revolution in der DDR und die Aufarbeitung des SED-Unrechts durch den Rechtsstaat«, in: Kowalczuk, Ilko-Sascha u. a. (Hg.), *(Ost)Deutschlands Weg in die Zukunft seit 1989. 45 Studien & Essays zur Lage des Landes. Teil I: 1989 bis heute*, Bonn 2021, S. 79–94.

Port, Andrew I., *Die rätselhafte Stabilität der DDR. Arbeit und Alltag im sozialistischen Deutschland*, Berlin 2012.

Port, Andrew I., »The Banalities of East German Historiography«, in: Fulbrook, Mary u. a. (Hg.), *Becoming East German. Socialist structures and sensibilities after Hitler*, New York 2015, S. 1–32.

Poutrus, Patrice G., *Umkämpftes Asyl. Vom Nachkriegsdeutschland bis in die Gegenwart*, Berlin 2019.

Preuß, Ulrich K., »Dokumentation. Der Entwurf der Arbeitsgruppe ›Neue Verfassung der DDR‹ des Runden Tisches für eine Verfassung der Deutschen Demokratischen Republik«, in: *Kritische Justiz* 23 (1990), S. 222–262.

Quent, Matthias, *Deutschland rechts außen. Wie die Rechten nach der Macht greifen und wie wir sie stoppen können*, 2. Aufl., München 2019.

Quent, Matthias, *Rassismus, Radikalisierung, Rechtsterrorismus. Wie der NSU entstand und was er über die Gesellschaft verrät*, 3. Aufl., Weinheim 2022.

Qvortrup, Matthew, *Angela Merkel. Europe's most influential leader*, Richmond, UK 2020.

Rahden, Till van, *Demokratie. Eine gefährdete Lebensform*, Frankfurt am Main u. New York, 2019.

Reichardt, Sven, »Faschistische Beteiligungsdiktaturen. Anmerkungen zu einer Debatte«, in: *Tel Aviver Jahrbuch für deutsche Geschichte* 2014, S. 133–157.

Reichel, Peter, *Glanz und Elend deutscher Selbstdarstellung. Nationalsymbole in Reich und Republik*, Göttingen 2012.

Rein, Gerhard (Hg.), *Die Opposition in der DDR. Entwürfe für einen anderen Sozialismus. Texte, Programme, Statuten von Neues Forum, Demokratischer Auf-*

bruch, Demokratie Jetzt, SDP, Böhlener Plattform und Grüne Partei in der DDR, Berlin 1989.
Renner, Christoph, »Einheitspraktiker – Verwaltungsneuaufbau und politische Bildung im Osten 1989/90–1991. Die Grenzen der Wirkungsmacht westdeutscher Akteure im Vereinigungsprozess am Beispiel des Aufbaus der Thüringer Landeszentrale für politische Bildung«, in: Kowalczuk, Ilko-Sascha u.a. (Hg.), *(Ost) Deutschlands Weg in die Zukunft seit 1989. 45 Studien & Essays zur Lage des Landes. Teil I: 1989 bis heute*, Bonn 2021, S. 269–297.
Requate, Jörg, »Öffentlichkeit und Medien als Gegenstände historischer Analyse«, in: *Geschichte und Gesellschaft* 25 (1999), S. 5–32.
Reuth, Ralf Georg/Lachmann, Günther, *Das erste Leben der Angela M.*, München 2013.
Richardson-Little, Ned, *The Human Rights Dictatorship. Socialism, Global Solidarity and Revolution in East Germany*, Cambridge 2020.
Richter, Hedwig, *Demokratie – eine deutsche Affäre. Vom 18. Jahrhundert bis zur Gegenwart*, München 2020.
Richter, Hedwig u. a. (Hg.), *Frauenwahlrecht. Demokratisierung der Demokratie in Deutschland und Europa*, Hamburg 2018.
Riedel, Manfred, »Bürger, Staatsbürger, Bürgertum«, in: Brunner, Otto u. a. (Hg.), *Geschichtliche Grundbegriffe. Historisches Lexikon zur politisch-sozialen Sprache in Deutschland*, Bd. 1: A–D, Stuttgart 2004, S. 672–725.
Rink, Dieter/Philipps, Axel, »Mobilisierungsframes auf den Anti-Hartz-IV-Demonstrationen 2004«, in: Priska, Daphi u. a. (Hg.), *Protest in Bewegung? Zum Wandel von Bedingungen, Formen und Effekten politischen Protests*, Baden-Baden 2017, S. 52–60.
Ritter, Gerhard A., *Der Preis der deutschen Einheit. Die Wiedervereinigung und die Krise des Sozialstaats*, München 2006.
Rödder, Andreas, *Geschichte der deutschen Wiedervereinigung*, 2. Aufl., München 2018.
Rohe, Karl, »Politische Kultur und ihre Analyse: Probleme und Perspektiven der politischen Kulturforschung«, in: *Historische Zeitschrift* 250 (1990), S. 321–346.
Rohe, Karl, »Politische Kultur: Zum Verständnis eines theoretischen Konzepts«, in: Niedermayer, Oskar u. a. (Hg.), *Politische Kultur in Ost- und Westdeutschland*, Wiesbaden 1996, S. 1–21.
Roll, Evelyn, *Die Erste. Angela Merkels Weg zur Macht*, Reinbek bei Hamburg 2005.
Rucht, Dieter (Hg.), *Protest in der Bundesrepublik. Strukturen und Entwicklungen*, Frankfurt am Main u. New York 2001.
Rucht, Dieter, *Modernisierung und neue soziale Bewegungen. Deutschland, Frankreich und USA im Vergleich*, 2. Aufl., Frankfurt am Main 2020.
Rucht, Dieter/Teune, Simon, »Einleitung: Das Protestgeschehen in der Bundesrepublik seit den 1980er Jahren zwischen Kontinuität und Wandel«, in: Priska, Daphi

u. a. (Hg.), *Protest in Bewegung? Zum Wandel von Bedingungen, Formen und Effekten politischen Protests*, Baden-Baden 2017, S. 9–33.

Rudnick, Carola S., *Die andere Hälfte der Erinnerung. Die DDR in der deutschen Geschichtspolitik nach 1989*, Berlin 2011.

Runciman, David, *So endet die Demokratie*, Frankfurt am Main 2020.

Sabrow, Martin (Hg.), *Grenzen der Vereinigung. Die geteilte Vergangenheit im geeinten Deutschland*, Leipzig 1999.

Sabrow, Martin, »Der Konkurs der Konsensdiktatur. Überlegungen zum inneren Zerfall der DDR aus kulturgeschichtlicher Perspektive«, in: Jarausch, Konrad Hugo u. a. (Hg.), *Weg in den Untergang. Der innere Zerfall der DDR*, Göttingen 1999, S. 83–116.

Sachs, Michael (Hg.), *Grundgesetz. Kommentar*, 5. Aufl., München 2009.

Salheiser, Axel, »Welche Akzeptanz hat die repräsentative Demokratie in Ostdeutschland«, in: Kowalczuk, Ilko-Sascha u. a. (Hg.), *(Ost)Deutschlands Weg in die Zukunft seit 1989. 35 weitere Studien, Prognosen & Interviews. Teil II: Gegenwart und Zukunft*, Bonn 2021, S. 343–358.

Saunders, Anna, *Memorializing the GDR. Monuments and Memory after 1989*, New York u. Oxford 2018.

Schäfer, Hermann (Hg.), *Abschied von Bonn*, Berlin 1999.

Schanetzky, Tim, »Verfassungsreform und direkte Demokratie im deutsch-deutschen Einigungsprozess«, in: Schanetzky, Tim u. a. (Hg.), *Demokratisierung der Deutschen. Errungenschaften und Anfechtungen eines Projekts*, Göttingen 2020, S. 285–298.

Schanetzky, Tim u. a. (Hg.), *Demokratisierung der Deutschen. Errungenschaften und Anfechtungen eines Projekts*, Göttingen 2020.

Schikowski, Florian, »Parteikritik als Integrationsfaktor. Bündnis 90 und die Grünen im Fusionsprozess zwischen Bewegungsvergangenheit und Parteireformen«, in: Holzhauser, Thorsten u. a. (Hg.), *Parteien in der »Krise«. Wandel der Parteiendemokratie in den 1980er- und 1990er-Jahren*, Berlin 2021, S. 97–111.

Schildt, Axel, *Deutsche Kulturgeschichte: Die Bundesrepublik von 1945 bis zur Gegenwart*, München 2009.

Schindler, Peter (Hg.), *Datenhandbuch zur Geschichte des Deutschen Bundestages 1949 bis 1999*, Baden-Baden 1999.

Schmitt-Beck, Rüdiger/van Deth, Jan W./Staudt, Alexander, »Die AfD nach der rechtspopulistischen Wende. Wahlunterstützung am Beispiel Baden-Württembergs«, in: *Zeitschrift für Politikwissenschaft* 27 (2017), S. 273–303.

Schroeder, Klaus, *Der SED-Staat. Geschichte und Strukturen der DDR*, Köln u. Wien 2013.

Schroeder, Wolfgang u. a. (Hg.), *Smarte Spalter. Die AfD zwischen Bewegung und Parlament*, Bonn 2019.

Schröter, Anja, »Ein ostdeutscher Marsch durch die Institutionen? Politische Partizipation vom Spät- zum Postsozialismus«, in: Ganzenmüller, Jörg u. a. (Hg.), *Gesellschaft als staatliche Veranstaltung? Orte politischer und kultureller Partizipation in der DDR*, Göttingen 2022, S. 239–254.

Schütz, Gertrud (Hg.), *Kleines politisches Wörterbuch*, Berlin 1967.

Schulze, Werner, »›Was lange gärt wird Wut‹. Der Vorlauf der DDR Opposition zur friedlichen Revolution«, in: Conze, Eckart u. a. (Hg.), *Die demokratische Revolution 1989 in der DDR*, Köln, Weimar u. Wien 2009, S. 103–120.

Schwelling, Birgit, »Der kulturelle Blick auf politische Phänomene. Theorien, Methoden, Problemstellungen«, in: dies. (Hg.), *Politikwissenschaft als Kulturwissenschaft. Theorien, Methoden, Problemstellungen*, Wiesbaden 2004, S. 11–32.

Siebold, Angela, »Die Zeitgeschichtsforschung und die Zäsur von 1989. Chancen und Verantwortung einer fast abgehängten Diziplin«, in: *INDES* 2019, S. 35–45.

Sontheimer, Kurt, *Deutschlands politische Kultur*, 2. Aufl., München 1991.

Sontheimer, Kurt, *So war Deutschland nie. Anmerkungen zur politischen Kultur der Bundesrepublik*, München 1999.

Speit, Andreas (Hg.), *Das Netzwerk der Identitären. Ideologie und Aktionen der Neuen Rechten*, Berlin 2018.

Speit, Andreas, »Reaktionärer Klan. Die Entwicklung der Identitäten Bewegung in Deutschland«, in: ders. (Hg.), *Das Netzwerk der Identitären. Ideologie und Aktionen der Neuen Rechten*, Berlin 2018, S. 17–41.

Stein, Tine, »Möglichkeiten und Grenzen eines radikalen Neubeginns. Verfassungsdiskussionen im Jahr der Deutschen Einheit«, in: Vorländer, Hans (Hg.), *Revolution und demokratische Neugründung*, Dresden 2011, S. 49–70.

Steinmetz, Willibald, »Neue Wege einer historischen Semantik des Politischen«, in: Steinmetz, Willibald (Hg.), *»Politik«. Situationen eines Wortgebrauchs im Europa der Neuzeit*, Frankfurt am Main u. New York 2007, S. 9–40.

Stephan, Felix, »Die Diktatur der anderen. Die ostdeutsche Literatur hat eine Leerstelle, wenn es um persönliche Verantwortung geht. Warum?«, in: *Süddeutsche Zeitung*, 31.5.2021, S. 9.

Sternberger, Dolf, »Verfassungspatriotismus« (1979), in: Haungs, Peter u. a. (Hg.), *Verfassungspatriotismus*, Frankfurt am Main 1990, S. 13–16.

Sternberger, Dolf, »Verfassungspatriotismus. Rede bei der 25-Jahr-Feier der ›Akademie für politische Bildung‹« (1982), in: Haungs, Peter u. a. (Hg.), Verfassungspatriotismus, Frankfurt am Main 1990, S. 17–31.

Steuwer, Janosch/Kössler, Till, »Deutscher Herbst 1991. Rechte Gewalt und nationale Selbstbetrachtung«, in: *Aus Politik und Zeitgeschichte* 72 (2022), S. 15–20.

Stokes, Lauren, »The Protagonists of Democratization in the Federal Republic«, in: German History 39 (2021), S. 284–296.

Stolleis, Michael, *Geschichte des öffentlichen Rechts in Deutschland*, Bd. 4: *Staats- und Verwaltungsrechtswissenschaft in West und Ost 1945–1990*, München 2012.

Stolleis, Michael, *Verfassungs- und Verwaltungsgeschichte. Materialien, Methodik, Fragestellungen*, Berlin u. Boston 2017.

Süß, Winfried, »Zeitgeschichte als Demokratiewissenschaft. Karl Dietrich Brachers ›Auflösung der Weimarer Republik‹«, in: Danyel, Jürgen u. a. (Hg.), *50 Klassiker der Zeitgeschichte*, Göttingen 2013, S. 47–51.

Suckut, Siegfried (Hg.), Volkes Stimmen. »Ehrlich, aber deutlich« – *Privatbriefe an die DDR-Regierung*, München 2016. Sundermeyer, Olaf, *Gauland. Die Rache des alten Mannes*, München 2018.

Sziedat, Konrad, *Erwartungen im Umbruch. Die westdeutsche Linke und das Ende des »real existierenden Sozialismus«*, München 2019.

Sziedat, Konrad, »Die ›friedliche Revolution‹ im Westen. Bundesrepublikanische DDR-Bilder der Jahre 1989/90 und die Erinnerung heute«, in: Kowalczuk, Ilko-Sascha u. a. (Hg.), *(Ost)Deutschlands Weg in die Zukunft seit 1989. 45 Studien & Essays zur Lage des Landes. Teil I: 1989 bis heute*, Bonn 2021, S. 237–249.

Tausendpfund, Markus, »Zufriedenheit mit der Demokratie. Ein Blick auf die Einstellungen der wahlberechtigten Bevölkerung von 1977 bis 2016«, in: *Informationsdienst Soziale Indikatoren* 60 (2018), S. 29–35.

Thaysen, Uwe, *Der Runde Tisch. Oder: Wo blieb das Volk? Der Weg der DDR in die Demokratie*, Wiesbaden 1990.

Thaysen, Uwe, *Der Zentrale Runde Tisch der DDR*, Bd. 5: *Wortprotokoll und Dokumente*, Wiesbaden 2000.

Ther, Philipp, *Die neue Ordnung auf dem alten Kontinent. Eine Geschichte des neoliberalen Europa*, Berlin 2016.

Ther, Philipp, *Das andere Ende der Geschichte. Über die Große Transformation*, Frankfurt am Main 2019.

Thießen, Malte, *Auf Abstand. Eine Gesellschaftsgeschichte der Coronapandemie*, Frankfurt am Main u. New York 2021.

Thijs, Krijn, »Geschichte im Umbruch. Lebenserfahrung und Historikerbegegnungen nach 1989«, in: Maubach, Franka u. a. (Hg.), *Das 20. Jahrhundert erzählen. Zeiterfahrung und Zeiterforschung im geteilten Deutschland*, Göttingen 2016, S. 386–448.

Thym, Daniel, »Verfassungspatriotismus in der Migrationsgesellschaft«, in: Deitelhoff, Nicole u. a. (Hg.), *Gesellschaftlicher Zusammenhalt. Ein interdisziplinärer Dialog*, Frankfurt am Main u. New York 2020, S. 174–193.

Tikhomirov, Alexey, »Das ›Vertrauen der Partei‹ verdienen, rechtfertigen und wiederherstellen. Das sowjetische ›Ich‹ in Briefen an das Regime im frühen Sowjetrussland«, in: *Geschichte in Wissenschaft und Unterricht* 69 (2018), S. 271–293.

Tüffers, Bettina, *Die 10. Volkskammer der DDR. Ein Parlament im Umbruch. Selbstwahrnehmung, Selbstparlamentarisierung, Selbstauflösung*, Düsseldorf 2016.

Türkmen, Ceren, »Migration und Rassismus in der Bonner Republik. Der Brandanschlag in Duisburg 1984«, in: Lierke, Lydia u. a. (Hg.), *Erinnern stören. Der Mauerfall aus migrantischer und jüdischer Perspektive*, Berlin 2020, S. 99–132.

Ulbricht, Walter, *Die Legende vom »deutschen Sozialismus«. Ein Lehrbuch für das schaffende Volk über das Wesen des deutschen Faschismus*, Berlin 1946.
Velikanova, Olga, *Mass Political Culture under Stalinism. Popular Discussion of the Soviet Constitution Of 1936*, Cham 2018.
Virchow, Fabian, »AfD, PEGIDA & Co. Entstehung und Aufstieg einer völkisch-autoritären Massenbewegung«, in: *Wissenschaft & Frieden* 4 (2018) (Dossier 87), S. 1–15.
Virchow, Fabian, »Rechte Gewalt in Deutschland nach 1945«, in: *Aus Politik und Zeitgeschichte* 72 (2022), S. 10–14.
Vorländer, Hans, *PEGIDA. Entwicklung, Zusammensetzung und Deutung einer Empörungsbewegung*, Wiesbaden 2016.
Vorländer, Hans/Brodocz, André, »Das Vertrauen in das Bundesverfassungsgericht. Ergebnisse einer repräsentativen Bevölkerungsumfrage«, in: Vorländer, Hans (Hg.), *Die Deutungsmacht der Verfassungsgerichtsbarkeit*, Wiesbaden 2006, S. 259–295.
Walther, Alexander, »Commemorating the Shoah in the GDR's (Post-)Perpetrator Society«, in: Artwińska, Anna u. a. (Hg.), *The afterlife of the Shoah in Central and Eastern European cultures. Concepts, problems, and the aesthetics of postcatastrophic narration*, Abingdon, Oxon u. New York 2022, S. 173–191.
Weber, Petra, *Getrennt und doch vereint. Deutsch-deutsche Geschichte 1945–1989/90*, Berlin 2020.
Weidenfeld, Ursula, *Die Kanzlerin. Porträt einer Epoche*, Berlin 2021.
Weidenfeld, Werner u. a. (Hg.), *Handbuch zur deutschen Einheit, 1949–1989–1999*, Bonn 1999.
Weiß, Volker, *Die autoritäre Revolte. Die Neue Rechte und der Untergang des Abendlandes*, Stuttgart 2018.
Weizsäcker, Richard von, *Von Deutschland nach Europa. Die bewegende Kraft der Geschichte*, Berlin 1991.
Weizsäcker, Richard von, *Vier Zeiten. Erinnerungen*, Berlin 1999.
Weltz-Rombach, Alexandra/Egilmez, Gülriz, »Mit offenem Blick. Açık bakışla. Migrantische Perspektiven zur Erinnerungskultur des Mauerfalls und der Wendezeit«, in: Lierke, Lydia u. a. (Hg.), *Erinnern stören. Der Mauerfall aus migrantischer und jüdischer Perspektive*, Berlin 2020, S. 157–188.
Wengst, Udo u. a. (Hg.), *Das doppelte Deutschland. 40 Jahre Systemkonkurrenz*, Berlin 2013.
Wentker, Hermann, »Die DDR in den Augen des BND (1985–1990). Ein Interview mit Dr. Hans-Georg Wieck«, in: *Vierteljahrshefte für Zeitgeschichte* 56 (2008), S. 323–358.
Wildt, Michael, *Volk, Volksgemeinschaft, AfD*, Bonn 2017.
Winkler, Heinrich August, *Der lange Weg nach Westen*, Bd. 2: *Deutsche Geschichte vom »Dritten Reich« bis zur Wiedervereinigung*, München 2014.
Wirsching, Andreas, *Abschied vom Provisorium. 1982–1990*, Stuttgart 2006.

Wirsching, Andreas, *Demokratie und Globalisierung. Europa seit 1989*, München 2015.
Wirsching, Andreas, *Der Preis der Freiheit. Geschichte Europas in unserer Zeit*, 2. Aufl., München 2017.
Wissenschaftlicher Dienst des Deutschen Bundestags (Hg.), *Fragen zur DDR-Verfassung im Vergleich mit dem Grundgesetz. Ausarbeitung WD 3-3000-151/09*, Berlin 2009.
Wissenschaftlicher Dienst des Deutschen Bundestags (Hg.), *Vertrauen in die Demokratie in Deutschland. Ausgewählte Literatur. Dokumentation WD1-3000-003/22*, Berlin 2022.
Wissenschaftlicher Dienst des Deutschen Bundestags (Hg.), *Volksbegehren, Volksentscheid, Volksabstimmung: Begrifflichkeiten und Modelle. WD 3-3000-003-37/09*, Berlin 2022.
Wolff, Frank, »In der Teilung vereint. Neue Ansätze der deutsch-deutschen Zeitgeschichte«, in: *Archiv für Sozialgeschichte* 58 (2018), S. 353–391.
Wolff, Frank, *Die Mauergesellschaft. Kalter Krieg, Menschenrechte und die deutsch-deutsche Migration 1961–1989*, Berlin 2019.
Wolfrum, Edgar, *Die geglückte Demokratie. Geschichte der Bundesrepublik Deutschland von ihren Anfängen bis zur Gegenwart*, Bonn 2007.
Wolfrum, Edgar, *Geschichtspolitik in der Bundesrepublik Deutschland. Der Weg zur bundesrepublikanischen Erinnerung: 1948–1990*, Darmstadt 1999.
Wolle, Stefan, Die *heile Welt der Diktatur. Alltag und Herrschaft in der DDR 1971–1989*, Bonn 1999.
Wolle, Stefan, *Die DDR. Eine Geschichte von der Gründung bis zum Untergang*, Bonn 2015.
Zepp, Marianne, »Die Neuerfindung der Nation. Westdeutscher Staatsaufbau nach 1945«, in: Jansen, Christian u. a. (Hg.), *Kann es demokratischen Nationalismus geben? Über den Zusammenhang zwischen Nationalismus, Zugehörigkeit und Gleichheit in Europa von 1789 bis heute*, Darmstadt 2021, S. 153–186.
Zick, Andreas u. a. (Hg.), *Verlorene Mitte – Feindselige Zustände. Rechtsextreme Einstellungen in Deutschland 2018*, Bonn 2019.
Zimmermann, Harm-Peer, »Stimmen aus dem Volk. Bürgerbriefe an Helmut Schmidt anlässlich des Konstruktiven Misstrauensvotums 1982«, in: Vokus 15 (2005), S. 4–38.

Register der Personen sowie der politischen Gruppen und Initiativen